倒産法制の現代的課題

民事手続法研究 II

山本和彦

有斐閣

はしがき

論文集をまとめてみないかというお話をいただいたとき，率直に言って，驚いた。私にとって，論文集とは，定年退職後長期を経て，それまでの統一した問題意識の下での研究をまとめる，いわば研究者人生を集大成するもの，というイメージのものであったからである。私自身は，集大成するような研究実績はなく，研究において統一した問題意識ももちえていなかった。ただ，その後，意識して自分のこれまで書いてきたものを読み返しているうちに，大きなぶれはあるものの，微かな問題意識の通底を感じることができた。「論文集」と銘打つのは余りに羊頭狗肉であるが，「論文」集という趣旨であれば，一冊にまとめておくことも許されるのではないかと思うに至った。

本書は『倒産法制の現代的課題』と題し，時期的には，2001 年から 2013 年までに公表した論文を収録している。この時期は，倒産法制という観点からは，倒産法の抜本改正が進行し，その成果が表れてくる時期であった。私にとっては，改正倒産法の立案に参画する中で様々な問題を考え，その後の適用過程の中でも再び様々な問題を考えざるをえない時期であった。ここに収められている論稿は，客観的に見て「倒産法制の現代的課題」であるものもあれば，一見そうは見えないものもあるが，少なくとも主観的にはいずれも「倒産法制の現代的課題」なのである。

このような本書に通底する私の問題意識として，大雑把に言えば，「パレート最適」（ないし「パレート改善」）と「清算価値保障」という考え方があるように思われる。倒産手続で担保権や優先権を制約することもそれで皆が得をするのであれば許される，合意（ADR）による倒産処理はすべての人が得をするはずである，その損か得かを決めるベースラインになるのが清算価値である，といった考え方である。こう書くと単純であるし（根が単純であるので仕方がない），倒産手続の基本原理としては違う見方もあることは重々承知しているが（松下淳一『民事再生法入門』（有斐閣，2009 年）2 頁注 1 はそれを鮮やかに示す），少なくとも１つの見方ではあろう。本書は，ある意味で，そのような見方から倒産法を眺めた際に見える１つの景色ということになろうか。

収録した論文は合計20本になったが，それらを選択する際の基準として，いくつかのことを考えた。

第１に，刊行から時間が経っていたとしても，現在的な価値をそれなりに有するものであることである。立法解説の類を除いたことは当然であるが，執筆時にはそれなりの意味があると思って書いたものも，その後の立法や判例の動きの中で意味を失ったと思われるものは割愛した。ただ，執筆後，私の意見と異なる判例が確定あるいは一般化したものであっても（例えば第３章や第８章），なお意味が残っていると主観的に思っているものは収録対象とした。なお，初出後に法律改正があったものは括弧書で現行法を示したり，新たな判例等が出たものは補注を付したりしている。さらに，原論稿公表後の議論の動向についての私見（場合によっては改説した部分）などは各章の末尾の補論で説明した。

第２に，記念論文集や必ずしも一般向けでない雑誌に掲載され，読者にとってアクセスが困難であるものを優先した。中には，「あなたのこういう論文があると聞いたがどこに行けば読めるのか」という問い合わせを受けたような論稿も含まれている。ただ，個人的に思い入れの深いものは，主要雑誌に掲載されていても，収録したものがある。

第３に，倒産法に関係するものを中心としたが，民事執行法に関係するものも収録の対象とした（第18章〜第20章）。倒産法に関する私の考え方と通じる部分があると考えられるからである。

先に述べたように，本書は私の研究者としての集大成などとは到底呼べないものではあるが，それでも研究者としての30年を振り返る契機となった。その中で，当然のことではあるが，多くの方々にお世話になったことを改めて認識し，感謝の思いで一杯である。

何よりも，私が研究者としての道を歩むことができたのは，恩師である新堂幸司先生のおかげである。今なお現役として日々進化しておられる新堂先生の背中は，私の変わらぬ目標である。倒産法改正を主導された竹下守夫先生には，現在も様々な場面でご指導をいただいている。法制審議会の場で竹下部会長から指名され答えられなかった問題を考え続けた拙い成果が本書である。本書でおそらく最も引用させていただいたのが伊藤眞先生のご論稿である。常に柔軟ではあるが決して破れない伊藤説と主観的に格闘した不格好な結果として本書がある。また，様々な場で私の未熟な議論と付き合って頂き，常に有益な示唆をいただいた，山本克己教授及び松下淳一教授にも心よりの感謝を申し上げる。

本書の作成にあたっては，有斐閣書籍編集第1部の佐藤文子さんにお世話になった。いつもながらの適切な助言や丁寧な校正など佐藤さんの献身的な作業がなければ，本書がこの時期にこのような形で世に出ることはなかったであろう。心からの感謝を申し上げたい。

最後に，研究者にとって最も重要な要素である健康な身体を授けてくれた父博及び母孝子にも感謝したい。

2014年8月

山本和彦

目　次

著者紹介

山本和彦（やまもと　かずひこ）

1961年生まれ

1984年　東京大学法学部卒業

現　在　一橋大学大学院法学研究科教授

〈主要著書〉

『フランスの司法』（有斐閣，1995年）

『民事訴訟審理構造論』（信山社出版，1995年）

『民事訴訟法の基本問題』（判例タイムズ社，2002年）

『国際倒産法制』（商事法務，2002年）

『菊井＝村松原著　コンメンタール民事訴訟法Ⅰ～Ⅵ』（共著，Ⅰ（第2版追補版）2014年，Ⅱ（第2版）2006年，Ⅲ 2008年，Ⅳ 2010年，Ⅴ 2012年，Ⅵ 2014年）

『Q&A民事再生法（第2版）』（共編著，有斐閣，2006年）

『民事訴訟法の論争』（共著，有斐閣，2007年）

『よくわかる民事裁判（第2版補訂）――平凡吉訴訟日記』（有斐閣，2008年）

『ADR仲裁法』（共著，日本評論社，2008年）

『ブリッジブック民事訴訟法入門』（信山社出版，2011年）

『民事訴訟法（第6版補訂）』（共著，有斐閣，2012年）

『倒産処理法入門（第4版）』（有斐閣，2012年）

『現代の裁判（第6版）』（共著，有斐閣，2013年）

『民事執行・保全法（第4版）』（共著，有斐閣，2014年）

I　倒産法総論

第 *1* 章
倒産法改正と理論的課題
――利害関係人の法的地位を中心として

1 問題意識

ただいまご紹介いただきました一橋大学の山本和彦です。本日は，「倒産法改正と理論的課題――利害関係人の法的地位を中心として」と題しまして，お話をさせていただきます。後の高木新二郎先生のお話は[補注1]，例によって，実務的な問題意識に的確に裏打ちされ，大変先端的でまたダイナミックなお話であろうと想像いたしますが，私の報告は，実務をあまり知らない一書斎人が立法活動に参画させていただく過程で感じた感想をとりとめもなくお話をするもので，その意味で，大変まとまりのないものですが，高木先生のご報告の前座ということで，務めさせていただきます。

さて，私がこのような報告をさせていただこうと思いましたのは，立法過程の議論の中で，そのときどきに疑問を感じながら，積み残してきた問題が頭の隅に引っ掛かっていたことがあります。ご承知のように，今回の倒産法制の抜本改正は，平成８年の秋に法制審議会倒産法部会が設置され，倒産法制の見直しに関する諮問がされたことに由来します。私自身，幸いにもそのような立法の過程に参加させていただき，１つの条文を作る際にも，いかにさまざまなことを考えておかなければならないか，いろいろと勉強になったところですが，部会やその周辺の研究会等でさまざまな議論をうかがいながら，いろいろな疑

［補注1］ 高木新二郎「不良債権処理の加速と事業再生実務の変化」NBL 751号（2002年）8頁以下。

問を抱くことが多くありました。それはかなり抜本的・理論的な性格のものから，きわめて細かい末梢的なことまでさまざまでした。ただ，法制審の議論といいますのは，会議日の１週間ほど前に資料が送付され，それを１週間かけて検討して会議に臨むわけですが，ほとんど毎週のように会議がありますと，ある事項の審議を終えますと，次の週はまったく別の問題を考えなければならないといったふうで，常に問題に追われ，なかなか感じた疑問点を整理し掘り下げていく時間がないというのが実情です。そして，１つの法律ができますと，今度はまたすぐに次の法律に移るというその繰り返しになっております。

しかし，研究者の立場に立つ人間として，せっかくこのような貴重な経験をさせていただきながら，それでよいのか，ということは常に内心忸怩たる思いでいるところです。立法と理論の関係というのは確かに難しい問題です。ただ，現在の日本の法制の状況を前提とすれば，学者の側も常に将来の立法・改正を睨んでおく必要があることは間違いのないところだと思います。法改正ということはありえないという前提で，多少無理に思える解釈論も展開していくという時代はすでに終わり，むしろ解釈として難しい主張は，いかに立法の中で反映させるのかを考える時代になってきたと思います。その意味では，「常在戦場」でして，立法需要の側からは，時代のニーズに応じて，小刻みかつスピーディな改正がなされていくことは避け難いことでしょう。したがって，学者の側からも常に批判的対応を用意しておくとともに，理想的な立法論に向けた検討作業を日常的・多層的に行っていく必要があると考えます。たとえば，民法の分野では，東京大学の内田貴教授等を中心に，そのような問題意識で立法論を検討する委員会を組織されているようであり[1)]，民事手続法の分野でも同じような活動が必要ではないかと個人的には考えております。そのような観点からは，立法過程に関与した研究者がそれぞれ考えてきた疑問点を出し合うことには，それなりの意味があろうかと思うわけです。

以上，前置きが長くなってしまいましたが，お話する中身は，そのような意味で十分掘り下げられたものではなく，また問題意識に必ずしも統一性はなく，雑駁な感想の域を出ないものです。羊頭狗肉のご批判を免れ難いものとは思い

1)　担保法改正委員会「抵当権法改正中間試案の公表」ジュリ 1228 号（2002 年）182 頁参照。

ますが，ご出席の皆様のご批判・ご教示をいただき，今後さらに考えていきたいという趣旨とご理解いただければ幸いに存じます。

2　担保権者の地位

(1)　倒産手続における担保権者の処遇

さて，それでは，本論のほうに入らせていただきますが，まず倒産手続における担保権者の地位の問題であります。倒産手続における担保権者の処遇につきまして，まず従来の規律を確認した後，それが今回の抜本改正でどのように変容したのか，また変容しつつあるのかについて確認しておきたいと思います。

まず，従来の規律ということですが，破産手続および和議手続では，担保権者は別除権として扱われ，手続外で自由に権利を実行できる一方，会社更生手続では更生担保権者として手続に組み込まれ，手続外での権利実行は禁止され，更生計画における権利変更を受けるものとされていました。このような規律の基本的な部分を私の観点から整理するといたしますと，第１に，担保権者に対して，換価時期の選択権を基本的に保障するものであったことがあります。破産法等におきましても剰余主義の原則は適用となり，別除権者はいつ担保権を実行するか，基本的に自由だったわけです。また，更生手続では確かに開始時に更生担保権の内容が目的物価額に固定されますが，そこでは継続企業価値が基本的に保障されるものとされていました。その意味で，将来の収益についても担保権者が一定の支配権を持っている形になっておりました。それとも関係しますが，第２に，優先弁済の範囲につきましては，別除権については処分価額の範囲で権利が保障されますが，更生担保権については，手続に組み入れられる一方で，原則として継続企業価値を前提とした保障が図られていたわけです。

それでは，今回の抜本改正の中で，以上のような担保権者の地位はどのように変容したのでしょうか，また変容されつつあるのでしょうか。まず，会社更生では，更生担保権という基本的なスキーム自体は維持されましたが，評価基準として時価評価が採用され，また担保権消滅制度（これは要綱等では特別換価制度と呼ばれていたものが名前を変えたものですが）や実行禁止の解除制度などが導入されております。また，民事再生法では，やはり和議時代の別除権構成は維持されましたが，新たに担保権消滅請求の制度が導入され，事業に不可欠な資産について担保権を排除するスキームが認められました。最後に，破産法は現在改正作業が進行中ですが，そこでは，やはり別除権という構成は維持しながら，剰余主義による担保権者の保護は排除し，さらに管財人の任意売却による担保権の強制的な消滅と売却代金の一部財団組入れの制度が検討されております。最後のものは，破産法改正の中間試案（「破産法等の見直しに関する中間試案」（平成14年9月27日））でも，具体的な制度構成が3案に分けて提示されており，いまだ議論が収束したというには遠いところではありますが，何らかの形でそのような制度を導入する方向で，倒産法部会の議論が進んでいるところです[補注2]。

ここでは，以上のような新たな法制度の細かな部分を論じることを目的とするわけではありませんで，このような新たな制度が一体いかなる基本的な考え方に導かれ，そしてそれが将来どのような方向に進むのか，また進むべきなのかを，やや大上段から考えてみたいと思っております。会社更生法，民事再生法，破産法のそれぞれについて，そのような観点から考えてみたいと思います。ただ，そのような倒産法制度の基本となる担保制度もまた現在大きなパラダイム転換の時期を迎えつつあるようです。このような動きは，高木新二郎先生なども主導されているところですが，一言でいえば事業に着目した包括担保・収益担保を目指す方向ということができましょう。そして，当然のことながら，そのような動きは倒産手続のあり方にも多大な影響を与えるものと考えられます。そこで，この問題の最後に，新たな担保法制の動向の倒産手続に与える基本的な影響についても，触れてみたいと思います。

(2)　更生手続における時価評価制度

そこで，まず更生手続における担保権者の取扱いの問題です。新会社更生法案の2条10項[補注3]は，更生担保権の定義の中で，その評価の基準として「更

［補注2］　最終的には，現行破産法では担保権消滅制度として採用された（破186条以下）。その制度の意義及び概要については，本書第6章*4*(1)参照。

［補注3］　同法案はそのまま法律となり，この規律は現行会社更生法2条10項に相当する。

生手続開始の時における時価」としております。周知のとおり，現在の会社更生法〔平成14年改正前〕は，更生担保権の価額を「会社の事業が継続するものとして評定した更生手続開始の時における価額」としており，その解釈についてはさまざまな議論がありますが，一般には，継続企業価値，すなわちgoing concern valueであると理解されてきました。そのような一般的理解からすれば，新法〔平成14年改正法〕は更生担保権の評価基準を大きく変えたわけですが，それはどのような根拠に基づくものなのでありましょうか。

この時価基準がとられたことは，2つの側面での意味をもっております。第1には，従来の継続企業価値の基準を放棄したということであり，第2には，処分価値の基準を採用しなかったということであります。このような結論に至ったのは，いくつか理由がありますが，継続企業価値基準については，企業全体の価値を評価する基準としてはともかく，個別物件についてそのような基準で評価することは著しく困難であるという批判が従来からありました。他方，処分価値の基準は，課税上のメリットを確保するためには全体評定において採用することは不可能であり，そして評価の一回性を維持するためには，更生担保権の評価としてもその採用は困難だということになります。加えて，清算価値保障原則が担保権にも妥当することを前提とすると，結局，更生担保権には100% 弁済する計画しかありえないことになり，更生計画の立案・可決が著しく困難となることも処分価値基準を採用できない理由とされたように思われます。

ここでの関心は，そのような実際的理由に基づく一種の妥協案ともみられるこの時価基準の採用を理論的にどのように説明できるか，ということです。私のみるところ，これは，継続企業価値基準の側からアプローチするか，処分価値基準の側からアプローチするか，両様の説明がありうるように思います。まず，第1の考え方は，継続企業価値の一部を担保権者に配分するため，処分価値を上回る時価を弁済の基準としたという説明です。これは，継続企業価値を利害関係人に対して権利の順位に応じて配分するという観念的清算の考え方を前提にしながら，特定の物を押さえるという担保の特性から，また継続企業価値の構成物への割付けが困難であるという実際的批判にも配慮して，時価総額を超えた余剰価値・暖簾が生じる場合には，それを更生債権者に配分するという形で，微修正したものと位置づけることができましょう。これに対して，第2の考え方は，本来は処分価値が前提となるが，担保権の実行が禁止され，そのおかげで企業が存続するという更生手続の特性に鑑み，競売市場性減価や早期売却市場性減価を担保権者に負担させることは妥当性を欠くという認識の下に，処分価額にいわば上積みする趣旨で時価を基準としたとする説明です。これは，実質的には従来の観念的清算の考え方を放棄することにつながっていくものと考えられます。

この両者は，説明としてはいずれも十分に成立可能なものと思います。ただ，私は，後に述べます担保権の本質に関する理解等を前提に，第2の考え方がより相当であり，また将来の方向を提示しているのではないかと考えております。もちろん，これは，担保権者を目的物から切断して，金額だけの抽象的な債権者グループと観念する従来の更生手続の理解から乖離している面があることは否めません。この説明は，担保権者は更生手続のいわば外在的な存在であり，本来は目的物の処分価額ないしプラス・アルファを支払って消滅すべきものであり，継続企業価値には容喙できない，その意味で，別除権との違いは相対的なものである，という基本的な認識に立っていることになります。

しかし，そもそも，私には，従来前提とされていた更生担保権者の一体的ないしグループ的把握が本当に可能であったろうかという点に，やや根本的な疑問を感じております。たとえば，時価1億円，処分価額7,000万円の不動産が2つあるとします。そして，A不動産には1億円の債権者Xがおり，B不動産には7,000万円の債権者Yと3,000万円の債権者Zがいるとします。そこで，更生担保権を20％カットする更生計画が提出されたといたしまして，ここで，Yを5,600万円にすることは明らかに清算価額保障原則に反すると考えられ，Yの債権を削減することはできないはずです。他方，Xを8,000万円，Zを2,400万円とするのも公平に反すると思われます。むしろZは1,000万円まで削減されるのが公平でしょう。このようなことを考えれば，結局，更生担保権について担保目的物と切り離した抽象的な扱いはそもそも不可能であり，そのように，個別の取扱いをするとすれば，決議も本来個別的にすべきものと考えられます。つまり，すべての担保権者を別々の組にして，反対者にはクラムダウンをかけるというわけです。

しかし，このような手続を，なお「更生手続」と呼ぶことができるのか，あるいは呼ぶべきなのか，という疑問を感じます。結局，これは担保権者の個別の同意によって，権利を減免しているにすぎないものということになるからです。そうだとすれば，処分価値基準を否定する根拠となった担保権者の全員一致の確保の困難さという点は，相対的な問題にすぎないように思われます。たとえば，評価基準を処分価値としても，担保権者に処分価額を保障した上で，弁済期限の猶予を裁判所の決定により認めるというアプローチも不可能ではないと思われます。その場合には，担保権者に現在の処分価値を保障する必要があり，分割弁済の場合には，将来の弁済分について中間利息を控除して現在価値を把握する必要があるかと思いますが，このような方向は，一種の「引き延ばされた担保権消滅」を認めるということになります。このように理解すれば，理論的には，更生担保権の評価は処分価値基準でもよかったのではないかと考えられるわけです。

私は，現在の経済状態等を前提に，政策的な配慮をすれば，新会社更生法案の時価基準は相当なものであると考えます。しかし，将来的にも，なおそれを維持し続けるべきかというと，それは必ずしもそうではないのではないかと思います。次に述べますように，担保権者が本来把握している価値を保障するという観点から，更生手続の扱いも再度見直すべき日がやってくるのではないかということです。その際には，更生担保権の評価基準を処分価値に修正し，全体の財産評定の基準とダブルスタンダードにする可能性はなお十分にあるように思われます。以上が，更生手続における担保権の扱いに関する私の理解です。

(3)　再生手続における担保権消滅制度

次に，再生手続の問題に移りたいと思います。再生手続では，事業継続に不可欠な財産以外の財産については，担保権者は換価時期を選択することが認められております。また，住宅資金貸付債権の特則によって，住宅ローンに関しては不可分性が正面から認められております。他方，事業継続に不可欠な財産については，担保権消滅の制度により処分価値で消滅させることが認められています。その意味で，再生のための必要性に応じて，評価基準のダブルスタンダードを認めているわけです。さて，ここでの私の疑問は，2つありまして，

1つは事業不可欠財産の評価基準である処分価値の意義であり，もう1つはそもそもなぜ事業に不可欠でない財産についてダブルスタンダードが認められているのか，それが適当か，という問題です。

まず，第1点ですが，担保権消滅の場合における評価の基準は，民事再生規則79条1項により，「処分するものとして」の評価とされております。これが継続企業価値や時価とは概念を異にすることは明らかです。また，競売の際の最低売却価額でもないことは，79条2項において，民事執行規則29条の2[補注4]とは異なり，「強制競売の方法による不動産の売却を実施するための評価であることを考慮しなければならない」という文言がないことから，明らかにされております。最低売却価額[補注5]はあくまでも，その後に入札という競争が行われることを前提にして，その出発点を定めるものであり，直接処分する際の価額ではありえないからです。したがって，問題は，ここでの処分価額が競売価額か，あるいは早期売却市場性減価を伴う任意売却価額か，また通常の市場価額か，といった点であり，さまざまな議論があるところです。この点は，このような理解の間で実際上の違いがどの程度出てくるのか必ずしも明確でなく，議論の実益にはやや疑問もあるところですが，理念的には，倒産手続において担保権者が把握している価値をどのように捉えるかに関わる非常に重大な問題であるということができます。

私は，以下の理由から，これを競売価額と考えるべきではないか，と考えております。すなわち，一般的に申し上げれば，担保権者が債務者倒産の場面で把握している資産の価値は，「債務者の協力が得られなくても，担保権者自らの一存で実現できる価値」であると考えるべきものと思われます。なぜなら，倒産手続の開始によって債務者は法主体性を失い，一般債権者の利益を保護する手続機関（それは再生手続におけるDIPを含みます）が選任され，常に担保権

［補注4］　平成16年の民事執行法改正によってこの部分の規律は法律の方に移された結果，現行民事執行法58条2項がこの規定に相当する。同項後段は「評価人は，強制競売の手続において不動産の売却を実施するための評価であることを考慮しなければならない」とする（この規律が規則から法律に移された趣旨については，小野瀬厚＝原司『一問一答平成16年改正民事訴訟法・非訟事件手続法・民事執行法』（商事法務，2005年）120頁参照）。

［補注5］　平成16年の民事執行法改正によって最低売却価額制度は廃止されたところ，現行法によればこれは買受可能価額（民執60条3項参照）を意味することになる。

者とそのような手続機関の間に利害の対立性が生じるからです。そこでは，担保権者の利益を図れば，原則として一般債権者等の利益が減少するというゼロサム性が認められることになります。そのような場面では，管財人や再生債務者に対し，担保権者の権利実現へ協力を求めることはそもそも期待できませんし，また期待すべきでもないと考えられます。そして，任意売却については，それがいかなる形の任意売却であるにせよ，常に管財人や債務者の同意が必要となるのであり，任意売却における実現価格は担保権者が本来把握しているものとはいえないことになります。したがって，そのような管財人等の協力なしに担保権者の申立てにより当然に実現する競売価額こそが担保権者の本来の把握価値といえるというわけです。そして，このことは，再生債務者に一種の先買権を保障している担保権消滅制度の下でも変わりはないと考えられます。もちろん，任意売却において競売よりも高価な換価が可能である場合に，その余剰価値部分を担保権者と手続機関が互いに取得することで，パレート改善が図られる場合には交渉の余地があることは当然ですが，ただ，ここでの議論は，その交渉の出発点となるのは競売価額ではないかという趣旨です。

次に，それでは，再生に不可欠ではない財産について，なぜ担保権の不可分性が維持されるのか，という問題です。これらの財産は担保権の消滅の対象とはなりませんので，原則どおり，被担保債権を全額弁済しない限り，担保権は消滅しません。住宅資金特別条項に関する特則でも，その弁済の方法について特別の扱いが認められてはいますが，その金額についてはやはり債権全額の弁済が必要とされております。しかし，倒産の場面で担保権者が本来把握している価値が競売価額であるとすれば，普遍的に競売価額の弁済による担保権の消滅を認めてもよいのではないか，ということが問題になってきます。これについての1つの説明は，担保目的をDIPが保有している限り，不可分性の原則が維持され，ただ担保権消滅は事業不可欠性から例外的にその原則を排除した制度であると説明するものです。DIPの中途半端な性質に由来するこのような機関性の不貫徹は，否認等にもみられるものであり，担保権消滅もその1つであるというわけです。しかし，理論的にみれば，DIPも一般債権者の地位を保障すべき手続機関であり，それは区別の理由にはなりませんし，そもそも民事再生法自体，管理命令が出た場合でも担保権消滅の取扱いを変えていないことから，このような説明は成立し難いものといわざるをえません。

この点の説明は，私には以下のようなものになるのではないかと思われます。すなわち，一般的な形で担保権の不可分性を外すとしても理論的には特に問題はないけれども，担保目的物が仮に遊休資産であるとすれば，それは担保権の実行を前提に考えてよいので，あえて規定の必要はないことになります。したがって，担保権実行で実現される価値が処分価値であるとすれば，両者は実際には同じ結果となるということです。私の仮説は，民事再生法の立法は，このように，事業不可欠資産と遊休資産との二分法に基づき，いずれにせよ担保権者の把握している価値は競売価額にとどまるという前提に基づいていたのではないかということです。しかし，実際には，特に個人債務者を中心に，事業不可欠資産と遊休資産の中間に，事業とは異なる理由で担保権実行を認めるべきでない資産があったように思われます。たとえば，住宅ローンの付いている住居等がその典型です。このように，再生債務者にとって事業以外の理由で「尻を捲れない」ような財産に関しては，なお消滅請求があってよかったと考えることもできるのではないでしょうか。この点で，事業のために必要な資産は一般債権者のパイを増やすために保護される，その意味で倒産手続は債権者のための手続であって，債務者自身の利益保護は制度として考えないという説明はもちろん成立しえます。しかし，今般の会社更生法の関連法整備の中で，住宅ローンについて，債務者の利益の観点からその被担保債権の随時弁済を再生手続上可能にする規定（民再 197 条 3 項）を置きましたように，このような倒産手続の性格づけは個人債務者の場合には，アプリオリに妥当するとはいい難いようにも思われます。その意味で，将来の方向性としましては，民事再生法の中で担保権消滅を一般化していくことは，私には十分に考えられる方向ではないかと思われます。

(4)　破産手続における財団組入制度

次に，破産手続における担保権者の取扱いについて考えてみます。この点は，現在まさに改正の議論が進行中のものでして，ここでお話することは私の個人的な見解であることはいうまでもなく，またその前提もまだ今後の議論の進展によって揺らぎうるものであるということを最初にお断りしておきたいと思います[補注6]。

この点で最大の議論となっておりますのが，担保目的物の任意売却における売却代金の一部財団組入れの点であることは申し上げるまでもありませんが，その前提として，理論的に大変重要でありながら，従来あまり注目されてこなかった点として，剰余主義の廃止の問題があります。これは検討事項（「倒産法制に関する改正検討事項」（平成9年12月19日））段階からすでに提示されており，意見照会でも法制審の議論でもほぼまったく異論のない点ですが，理論的には1つの大きな転換点となっているように思います。民事執行法の定める剰余主義の本質をどのように理解するかにも関わりますが，現在の学説の多数の理解は，それは無益執行の防止だけではなく，優先担保権者の実体的な地位を保護することにあるとされております。つまり，優先担保権者は本来，担保権をいつ実行するかを決定する権限を有しており，下位の担保権者や一般債権者が権利実行をしてきたからといって，そのような実行時期選択権を奪われてはならないというわけです。そこで，優先権者が100％弁済を受けられる場合はともかく，そうでない限り，下位の債権者による売却を認めないことにしているわけです。このような事情は，一般債権者による包括執行である破産手続でも同じはずです。そこで，現行破産法〔平成16年改正前〕は管財人に換価権を認めておりますが，剰余主義の適用はあり，優先担保権者の実行時期選択権を保護することとしているわけですが，この破産法改正案は，そのような担保権者の実行時期選択権をこれからは保護しないこととし，管財人，すなわち一般債権者の意思で，その時点での処分価額・競売価額により担保権を消滅させてしまうことを認めたわけです。これは，(3)でお話した担保権者の本来把握している価値が倒産手続時の目的物の競売価額であり，それ以上のものではないことを裏側から示しているものという評価を可能とする大変重要なポイントであると思われます。

そのような認識を前提にして，次に，最大の争点である財団一部組入れの問題について，その理論的な根拠を中心に若干考えていきたいと思います。破産法改正の中間試案（前出）はこの問題についてきわめて複雑な甲・乙・丙の3

［補注6］財団組入れの制度は最終的に破産法において維持された。詳細については，［補注7］参照。

案を併記して提案をしているところです。ここでは，3案の違いを詳細にご紹介する時間はありませんので，基本的な考え方だけを要約してみます。もっとも基本となるのは，甲案でして，これは管財人が財産組入額を決定し，担保権者の側にその額に不服があれば自ら競売せよ，というものです。これに対し，乙案は，管財人の組入額提案に不服がある場合に，担保権の実行とともに，裁判所に正当な組入額，つまり処分価額と任意売却価額との差額を決定してもらうという選択肢を別途担保権者のために用意するものです。最後に，丙案がもっとも複雑なものですが，簡単にいえば，任意売却価額では配当が行かない下位の担保権者に対しては甲案と同様の取扱いをする一方，配当を受けるべき担保権者との間で組入額に争いが生じるときは，一次的には当事者間の話合いによるけれども，もし両者が合意して裁判所の判断を仰ぎたいという場合に限って乙案のように，裁判所の価額決定を認めるというものです。

ここでは，個々の提案の具体的な妥当性や手続的な便宜性といった点はさておきまして，理論的にこれらの手続は財産組入れの根拠をどのように説明することになるかという点に絞って検討してみたいと思います。そのような観点からは，甲案と乙案・丙案とが区別できるようにみえます。まず，甲案における財団組入れの根拠は，担保権者の消極的同意に求められることになるように思います。つまり，管財人の組入れの提案に対して，担保権者側が競売申立てをしないところに，財団への拠出の黙示の同意を見いだすというわけです。このような説明は，もちろん理論的に十分成立しうるものとは思いますが，競売申立ての不作為は，常識的に考えれば，任意売却への同意にはなっても，それによってなぜ財団拠出の同意まで認められるのか，やはり疑問は残ります。そのような擬制はやや乱暴にすぎるのではないかという疑問であります。これに対して，乙案や丙案の背後にある発想は，財団に本来組み入れられるべき金額は，任意売却価額と競売価額・処分価額との差額であるというものであるように思われます。そのため，担保権者が担保権を実行して処分価額が実現する際には財団組入れはゼロとなるわけですし，価額決定手続で裁判所は任意売却により実現した価額とは別に処分価額を決定するということになるわけです。そして，そのような意味での処分価額を裁判所が算定しうることは，すでに民事再生法における担保権消滅制度が前提としている点は先ほど申し上げたとおりです。

さて，それでは，任意売却価格と競売価格との差異が一体何に由来するかを考えてみますと，1つは管財人等手続機関による努力で高く売れるようになった分があります。これが財団に帰属すべきことは，きわめて自然に納得を得られると思います。もう1つは，いわゆる競売市場性減価分であり，競売に伴うさまざまな限界，たとえばアフターサービスが不十分であるとか，物件の内覧が不十分であるとか，権利関係が不安定であるとかいった事情に起因する，通常の市場価格からの減価分であります。これを財団に組み入れることは，結局のところ，競売制度の不備を担保権者の負担に帰することになり，不当な感じもします。しかし，よく考えてみれば，実際に担保権者が担保権を実行すれば結局それだけの配当しか得られないわけでして，倒産手続での保護はその限度でやむをえないと思われます。前にも述べましたように，任意売却で実現される価額は，担保権者にとってみれば本来その実現を期待すべきでない価値であり，担保権者が把握しているのは担保権者がその一存で実現できる競売価額を限度とすると考えられます。もちろん，担保権消滅の場合と同様，このような価額はいわば交渉の出発点として措定されるものでして，交渉の結果，担保権者がより多くの弁済を受けることはありえます。

以上のような考え方を徹底しますと，任意売却による剰余が想定される限り，担保権の実行を制限するような制度構成もありうるところですが，やはり再建型手続とは異なり，破産手続において担保権者の換価権を制約する必然性は乏しいといわざるをえません。したがって，現実の制度としましては，担保権実行可能性を維持しながら，担保権者が望む場合には裁判所による処分価額の評価をも認めるような制度が妥当ではないかと思われます。たとえば，競売では1億円で売れるか1億2,000万円で売れるか争いがあるが，任意売却では1億5,000万円で売れるという場合，つまりこれは財団組入額が5,000万円か3,000万円か争いがあるということになるわけですが，破産管財人と担保権者がともに裁判所による評価を望んでいるにもかかわらず，甲案のように，競売を強制して任意売却よりも安い価格しか実現させないのは，パレート最適ではなく，制度的合理性に欠けるといわざるをえません。したがって，私としましては，あくまで理論的な観点からの暫定的な試論にすぎませんが，現段階では，中間試案の乙案が相当ではないかというとりあえずの感想を持っております[補注7]。

⑸ 実体法における担保法パラダイムの転換との関係

以上，各倒産手続における担保権の処遇についてお話してきたところは，既存の担保法制を前提として，担保権者には基本的には目的物の競売による実現価額を保障すればよいのではないか，という仮説に基づき，ありうべき制度構成を議論したものです。しかし，現在，不動産に対する抵当権を中心とした既存の担保のあり方に対して，根本的な観点から疑問を呈し，担保法制のパラダイムの転換を説く考え方が有力なものになってきているように思います。私のお話の前半部分の最後として，このような新たな担保法制の展開が倒産法制に与えうる影響について簡単に触れておきたいと思います。

このような新たな担保のあり方については，高木新二郎先生が座長を務められた経済産業省の企業法制研究会（担保制度研究会）の報告書（「『不動産担保』から『事業の収益性に着目した資金調達へ』」（平成15年））の中で取り上げられ，また東京大学の内田貴教授などを中心に先ごろの金融法学会のシンポジウムでも取り上げられたものですが[2)]，一口でいえば，包括担保化・収益担保化を志向する動きということになります[3)]。従来の不動産を中心としたアセットを担保にとり，その資産価値それ自体に期待する手法に対し，新たな担保手法は，事業のキャッシュフローに着目し，その収益を担保として確実に把握することを志向し，そのため，一般債権者等によって資産の一部が強制的に換価されてプロジェクトの全体性が阻害され，結果として収益が実現できない事態を避けるために，債務者の資産を包括的に担保目的にするような手法です。そして，テクニカルには，このような収益担保・包括担保を実現するために，集合動産について公示制度を設けるとともに，債権譲渡登記の利用可能性を高めるような構想，あるいは工場抵当の適用範囲の拡大やプロジェクト・ファイナンス等の場合のSPCについて強化した企業担保を認める構想等が提案されております。

［補注7］ 破産法では，最終的には基本的にここでいう甲案が採用された。ただ，本文で述べたような批判にも応える形で，担保権者による対抗の方法として，担保権実行の申立て（破187条）に加えて，買受けの申出（破188条）を定め，任意売却を維持しながら，担保権者の側で新たな買受人を探し出してくる方法を認めた。これによって，乙案等で必要となる裁判所による評価を回避しながら，競売よりも高い買受価額の実現の可能性を保障したものである。

2） 内田貴ほか「変容する担保法制――理論と政策」金融法研究資料編⒅57頁以下参照。

3） さらに，内田貴「担保法のパラダイム」法教266号（2002年）7頁以下も参照。

このような収益担保・包括担保の方向が主流になっていくとすれば，それは必然的に倒産手続のあり方にも重大な影響を与えずにはおかないと思われます。ここでは詳細な検討はできませんが，ただちに思い浮かぶ影響として，以下の3点を指摘しておきたいと思います。第1に，包括担保の進展は，必然的に一般債権者に対する配当を大幅に減少ないし完全に消滅させる結果をもたらします。それは，一般債権者の権利保護をいかに図るかという問題を提起することになります。保護の方法といたしましては，一方で，アメリカのUCC改正の際に議論がありましたように，破産手続における財団組入れを一般化する，アメリカでcarve outといわれたような制度を導入する方向がありえ，他方には，保護すべき一般債権を個別に選別して，これを包括担保に優先する先取特権として保護する方法がありえます。後者の方法は，その選別がうまく行えれば適切な方法となりますが，たとえば，売買先取特権に対し，サービス提供者に適切な担保権付与の枠組みが作れるかなど実際にはきわめて困難な問題を多く派生するように考えられます。そうであれば，次善の策として一般債権者のために法定の優先権を認めて包括担保に優先させるといった手続上の措置も十分検討する必要があるように思います。

第2に，収益担保の進展は，再建型手続の資金繰りを困難なものにするという点です。このことは，いわゆるDIPファイナンスとの関係で，高木新二郎先生が早くからご指摘をされているところです。すなわち，従来の倒産手続では，既存債務に対する弁済は停止され，債務者企業の収益を運転資金に利用することができるため，倒産手続中の資金繰りが容易であったところ，収益担保の普及によりそれが困難となり，運転資金を確保する別の方法が必要となり，DIPファイナンスの振興が再建型手続にとって不可欠になるというものです。ただ，今後，収益担保がさらに徹底していきますと，倒産開始前に収益がすでに担保に供され，倒産手続でファイナンスを得るための担保も存しない可能性が生じてきます。したがって，収益担保の一般化の下で再建手続の資金繰りを維持するためには，中止命令による担保権実行の中止と担保権の手続組入れ，さらには担保の強制変換を認めることによる対応等が不可欠になるように思われます。その意味で，収益担保の傾向が進みますと，民事再生手続の限界が露呈せざるをえず，アメリカ連邦倒産法の1978年改正の場合と同様に，担保権を組み入れたDIP型手続として，再生手続と更生手続の一体化を将来的な方向としては考えざるをえなくなるかもしれません。また，収益担保の特性を考えますと，今回の倒産法改正では十分に対処できませんでしたが，担保変換の範囲および手法を大幅に拡大するとともに，手続中の担保価値目減り分を補償するようなスキームも含めて考えていく必要があることになりましょう。

第3に，収益担保の普及は再建手続の追い風となるという可能性も十分に考えられるという点です。といいますのは，収益担保というのは，収益の基礎となる有体物を含む企業体が解体されてしまえば，そもそも無価値になってしまう性質の担保権です。したがって，収益担保権者の立場としては，担保となる収益を確保していくために，抵当権者等他の債権者が個別執行等によって介入してくることを可及的に防止し，キャッシュフロー等事業をモニタリングしながら収益の源泉となる企業体を一体として維持する必要があることになります。そして，ひとたび債務者がデフォルト状態に陥れば，迅速に再建型倒産手続を開始し，事業を生かした状態で再建や事業譲渡等の措置をとることがその担保権者の利益となるわけです。したがって，収益担保の普及は，担保権者が倒産手続開始のトリガーを引く時期を前倒しにする可能性が高く，結果として，再建手続の一般化，またその成功可能性を高めるということも十分に考えられるシナリオです。これはまさにアメリカ連邦倒産法の第11章手続と同じ構図ということになりましょう。

以上のように，新たな担保パラダイムの普及は，倒産手続の制度構成の面においても，その実体・運用の面においても，日本の再建型倒産手続のアメリカ化を加速する要因になっていくように思われ，われわれ倒産法の研究者からも真剣な理論的検討と対応が求められている問題であろうと思っております。

3　倒産処理の決定権と処理内容

以上で，担保権の問題を終わりまして，引き続き，倒産処理の決定権と処理内容と題した問題についてお話をしていきたいと思います。ここでの問題意識は，特に再建型の手続において，倒産処理のあり方を決定する権限が誰に配分され，またどのような処理の内容がされることが本来望ましいものであるのかを考えてみようというものです。以下では，現行法の規律とその問題点について簡単にみた後，この点について，かつて具体的提案を行ったいわゆるBAHMモデルについて紹介し，そのようなモデルの日本における適用可能性について検討してみたいと思います。

(1) 現行法の規律

まず，現行法の規律についてです。現行法上，破産手続ではこの点はきわめて単純でして，その処理の内容は財団を清算した価値の配分以外にはありえず，したがって処理方法に関して誰かが決定するという必要も特にないという形になっております。それに対して，再建型手続においては，多様な再建計画の可能性があり，どのような内容の再建計画を誰が決定するのかがきわめてクルーシャルな問題になることになります。まず，決定権の所在につきましては，再生手続では，それは再生債権者団に，債権者集会の決議という形で与えられております。再生債権者の頭数および債権額の過半数を有する債権者グループが賛同すれば，原則としてどのような計画を定めることも可能です。その意味で，処理内容には特定の基準はありません。ただ，最低限の保障としていわゆる清算価値保障の原則があり，破産清算の場合の価値が各債権者に保障されていないとすれば，決議に反対した再生債権者の財産権を保護するため，その再生計画は認可できないこととなっております。

他方，更生手続の場合には，倒産処理の決定権は，更生担保権者および更生債権者に，関係人集会の決議という形で付与されております。更生会社が債務超過でない場合には，さらに株主にも決定権が付与されます。そして，更生手続における処理の内容としましては，継続企業価値を権利者の順位に応じて配分するという考え方が原則とされます。いわゆる絶対優先原則といわれる考え方です。しかし，これは制度上完全な形で貫かれているわけではなく，上位の関係人が下位の関係人に比べて不利な地位に立たない限り，順位どおりに価値配分が行われていなくても，更生計画を認可できるといういわゆる相対的優先の考え方が現在では通説であり，実務の運用になっております。もちろん，再生手続の場合と同様に，最低限の保障として清算価値保障の原則は妥当しますが，これを満たし，また相対的優先の要請を満たしている限り，継続的企業価値の順位による配分は必ずしもなされなくてもよいということです。

(2) 絶対優先原則の意義と問題点

それでは，このような現行法の考え方にはどのような問題点があるのでしょうか。以下の検討では，本報告の前半部分で検討した担保権者の問題はとりあえず度外視しておきまして，手続債権者と株主の問題を中心に考えていくことにします。

まず，検討のそもそもの前提として，一般手続債権者は，債務者の継続企業価値を把握しているというように考えてよいか，という点を確認しておきたいと思います。この点はそのような前提をとってよいのだろうと思います。すなわち，論理的には，一般債権考は債務者の全財産を差し押さえて，それを売却することができるのでして，売却の手法としては，それが最高価に換価できる手法が本来用いられるべきです。したがって，仮に継続企業価値が個別財産の清算価値の総計を上回るような場合には，一般債権者は継続企業価値を実現できる地位にあると考えてよく，そのような継続企業価値から株主に優先して配当を受けうる立場にあるといえます。したがって，関係人の実体的な地位にもっとも適合した解決をしようとするのであれば，継続企業価値が清算価値を上回る場合，つまり当該企業が再建に値するような場合には，継続企業価値をまず一般債権者に配当し，残余があれば株主に配当するのが原則として相当であるということになります。つまり，絶対優先原則の採用です。

しかし，既存の再生手続・更生手続は，先ほどみましたように，いずれもこのような考え方を採用していないわけですが，そこでの最大の理由は，継続企業価値の評価の困難性にあるのではないかと思われます。つまり，継続企業価値は通常，当該企業の将来収益を割引率で除して算定されるわけですが，一方ではその分子である将来収益の予測が倒産企業についてはきわめて困難であるという事情がありますし，他方ではその分母である割引率の設定には恣意性が避けられず，結局，客観的で関係人のコンセンサスを得ることのできるような数値を出すことは不可能に近いことになります。絶対優先原則を前提にすれば，継続企業価値が実際よりも大きく算定されれば，それによって多くの配当や企業持分を取得できる下位の権利者が有利になるのに対し，それが小さく算定されれば相対的に上位の権利者が利益を得ることになります。したがって，継続企業価値の算定をめぐっては関係人の利害が真正面から対立するわけですが，それを止揚する客観的数値が確保できないとすれば，それを前提に再建計画を定立することは困難になります。その結果，清算価値や相対的優先など最低限の保障を担保しながら，あとは再建計画の内容を関係人の間の協議および議決に委ね，多数決による同意の擬制という手続的正義に基づき計画の正統性を確保しようとしているものといえましょう。

しかし，絶対優先原則がとられないということは，結局，本来配当を受けられない下位の権利者が上位の権利者の犠牲の下に倒産手続における配分を受領していることを意味しているわけでして，それ自体，理論的にみればやはり正義に適っているとはいい難いように思われます。実際に問題がもっとも顕在化するのは，再生手続の場合です。再生手続では，再生債権者に低い配当をしながら，株主が事業のアップサイドをとる再生計画が多いようです。多くの再生計画では，配当率は10% 程度とされますが，いかに継続企業価値の算定が困難であるとしても，このような配分は，100% 減資をしない限り，やはり絶対優先原則からは許されないように思われます。また，更生計画では，主として更生担保権者と更生債権者との間で，同様の関係がみられます。それでは，このような問題意識を前提に，継続企業価値の算定という困難な問題を回避しながら，絶対優先原則の実質である実体的な権利順序に従った権利の実現という趣旨を再建手続においてまっとうする途はないのでしょうか。このような隘路を追求しようとしたのが，ここでご紹介するBAHM モデルです。

(3)　BAHM モデルの内容

BAHM モデルといいますのは，Bebchuk，Agnion，Hart，Moore という4人の人の頭文字をつないだものです。このうち，Bebchuk という方はハーバード大学ロースクールの教官だった人でして，この考え方を最初に提示したこの理論の提唱者ということになります。これが，1988 年の論文です[4)]。他方，Agnion，Hart，Moore という3人は，イギリスの人で，それぞれ欧州銀行，

4)　L. A. Bebchuk, A New Approach to Corporate Reorganizations, Harv. L. Rev. 101, 775-804 (1988).

マサチューセッツ技術研究所，ロンドン経済大学に所属しておられた方々です。その 1992 年の論文は東欧の資本主義化に際して考えられる倒産手続を提案したもの[5]，また 1995 年の論文は当時進行中であったイギリスの倒産法改正について提案したものですが[6]，いずれも Bebchuk の論文に示された権利配分の考え方を前提に，再建計画作成のプロセス等の点で，より具体的な制度の肉付けを行って立法提案としている論稿です。以下，ここでのお話で取り上げたいのは，(2)の問題点に対応して，主に権利配分のあり方の点，つまり Bebchuk によって提案されたモデルの部分ということになります。

さて，日本でも，この BAHM モデルはすでに紹介されております。たとえば，池尾和人教授と瀬下博之教授が共著で「日本における企業破綻処理の制度的枠組み」という論文を書かれ，その中でこのモデルが的確に紹介されております[7]。また，最近では，いわゆる法と経済学の議論の中で，このような倒産手続における処理方法のあり方という観点が注目されているようです。たとえば，藤田友敬助教授〔当時〕が倒産手続における意思決定方法の制度化という問題を取り上げられ，その中で，このようなアプローチは伝統的な法律学においては，「ほぼ完全に無視されている」という評価をされています[8]。確かに一般的に申し上げれば，このような評価は当たっていると思われます。ただ，ここでの BAHM モデルに限っていいますと，実はその日本での適用可能性が実定法学者を含めて真剣に議論されたことがあります。それは，1996 年から 1997 年にかけて経済企画庁の委託調査として行われたもので，新堂幸司教授を代表者とする研究会であり，そこでは最終報告として，BAHM モデルを日本に適用する形での立法提案（「会社再建法要綱」）までしております[9]。この提案は結局，今回の倒産法改正では直接に採用されたわけではありませんが，現下の日本の経済状況に鑑みるとき，なお注目すべき点が多くあるように思われ

---

5)　Ph. Agnion, O. Hart, J. Moore, The Economics of Bankruptcy Reform, The Journal of Law, Economics & Organization Vol. 8, No. 3, 523-546 (1992).

6)　Ph. Agnion, O. Hart, J. Moore, Insolvency Reform in the UK: a Revised Proposal, Insolvency Law & Practices, Vol. 11, No. 3, 67-74 (1995).

7)　三輪芳朗ほか編『会社法の経済学』（東京大学出版会，1998 年）253 頁以下。

8)　藤田友敬「会社法と関係する経済学の諸領域(3)」法教 261 号（2002 年）77 頁。

9)　『平成 8 年度経済企画庁委託調査・M&A 活性化の観点からみた倒産法制のあり方に関する調査』（商事法務研究会，1997 年）。

ます。そこで，この研究に関与した者の1人といたしまして，この研究成果をいまこの時点で改めてご紹介をしておきたいと思ったものです。

まず，BAHMモデルとは何かということですが，この構想のうち，権利配分の部分は，簡単に言えば，デット・エクイティ・スワップ（DES）と下位権利者に対するオプション権の付与を組み合わせて，事業継続価値の評価を回避しながら絶対優先原則を貫こうとする試みです。これを簡単な例でみてみますと，100万円の債権をそれぞれ有する優先債権者が100人，同じく100万円の債権をそれぞれ有する一般債権者が100人，そしてそれぞれ1株を有する株主が100人いるとします。この場合に，BAHMモデルでは，原則として優先債権者にそれぞれ1株を付与しますが，一般債権者はそれぞれ100万円を支払うことによって優先債権者の有する1株を取得できる権利が与えられます。また，株主にも同様に，それぞれ200万円を支払うことによって1株を取得できる地位が付与されます。つまり，下位の権利者には上位の権利者の持分権を買い取る権利，すなわちcall optionの権利が付与されるわけです。そして，一般債権者は当該企業の価値が1億円を超えると考える場合には，オプション権を行使して株を取得するわけですし，株主の場合には企業価値が2億円を超えると判断する場合に初めてオプション権を行使することになります。仮にすべての株主がオプション権を行使しますと，優先債権者および一般債権者が100％弁済を受けて，株主がそれぞれ1株の持分を維持することになりますし，株主がオプションを行使せず一般債権者のみが行使するときには，優先債権者が全額弁済を受けて一般債権者がそれぞれ1株の株主になります。結局，それだけの価値が企業にあると考える権利者のみがオプション権を行使する一方，上位の債権者も全額弁済を受けられるわけですし，権利行使をしなかった下位債権者は，結局，その会社の継続企業価値は自分に配当が回ってこない程度のものであると評価したことになりますから，オプション権が紙くずになっても問題はないというわけです。

このようなBAHMモデルにおける権利配分方法は，まさに客観的な継続企業価値の算定を要しないわけです。そこにあるのは，各権利者の継続企業価値に対する主観的な予想・評価のみです。各権利者は，いわばオウンリスクでオプションを行使するか否かを決めるわけです。また，このスキームによれば，特段の意思決定の手続も必要になりません。なぜなら，それぞれの権利者のグループは，一団となって権利行使の態様を決定する必要はなく，各グループに属する個々人がそれぞれの判断で自己のオプション権を行使するか否かを決めれば足りるからです。たとえば，一般債権者のうち 50 人と株主のうち 50 人がオプションを行使したとしますと，オプションを行使した者がそれぞれ 1 株の株主になり，その弁済金で優先債権者は全額弁済を受け，他の一般債権者はまったく配当を受けずに手続から去って行くだけです。より複雑な行使態様の場合も同じ結論になります。また，これは BAHM モデルに不可欠の要素ではありませんが，仮に付与されたオプション権について市場が成立するとすれば，オプション権を行使しない権利者はそれを行使しようとする権利者にオプション権を売却することにより一定額の回収を図ることができます。また，このモデルでは，最終的に新たな会社は all equity company となり，すべての持分権者は equity holder という対等な立場に立つために，権利者間の利害対立の問題の発生も防ぐことができるというわけです。

(4)　BAHM モデルの日本での適用可能性

以上にみてきましたように，BAHM モデルは，迅速な手続で，かつ，公平な帰結をもたらすことができるもののように思われますが，それでは，このようなモデルを日本で適用することは可能でしょうか。以下の議論は，基本的には，先に述べました新堂幸司教授を中心とした研究会が提案された「会社再建法要綱」における立法提案における発想をご紹介するものです。

このような手続を再生手続の中に導入しようとするならば，株主に議決権取得権をオプションとして与え，株主が全員その議決権取得権を行使すれば，再生債権者の債権額を全額弁済できるような額で議決権を取得できるものとすることが考えられます。たとえば，1 億円の再生債権者がいて，10 万株の株式が発行されている場合には，1 万株の株式を有する株主 A は，1,000 万円を弁済して当該金額分の議決権を取得することができます。そして，仮に他の株主が議決権取得権を行使しなければ，各再生債権者が合計して 90% 分の議決権を行使するとともに，株主 A が 10% の議決権を行使することになります。事業譲渡等が行われなければ，再生計画では，再生債権者に 10% の配当がされるとともに，90% 分の株式が債権額の比率に応じて付与され，権利行使した株主Aに10% の株式が帰属することになるわけであります。換言すれば，既存の株主は100% 弁済に相当する金員を支払わない限り，持分権を完全に失うものとされます。これは，結局，株主にその企業がそれだけの弁済に値する価値を有するか否かを自己責任で判断させるということを意味し，少なくとも機会の付与のレベルで絶対優先原則を貫こうとするものといえます。

更生手続への適用も同じように行うことになります。更生手続では，更生債権者と株主のほかに，更生担保権者も手続内に取り込まれておりますので，株主に加えて更生債権者も議決権取得権を付与されることになります。たとえば，1,000 万円の更生担保権者 20 人，100 万円の更生債権者 500 人がある場合，仮に株主が議決権取得権を行使しないとして，更生債権者のうち，200 人が議決権取得権を行使した場合には，以下のようなことになります。すなわち，議決権取得権を行使しなかった株主および 300 人の更生債権者は完全に失権し，当然に 100% 減資がされます。また，議決権取得権を行使した更生債権者は，2 億円÷500＝40 万円を弁済して議決権を取得します。そして，各更生担保権者は 3% の議決権を，権利行使した更生債権者は各 0.2% 分の議決権を行使することになり，更生計画では，更生担保権者に対して各 40% の配当がされた上，事業譲渡等がされない限り，上記議決権に応じた割合の株式が各権利者に付与されることになるわけです。

このような手続は既存の倒産手続と一見相当に乖離しているように見受けられます。ただ，周知のように，最近では DES を利用して迅速に破綻処理を行うことは，私的整理の手続等を通じて相当に一般化してきているように承知しております。いままで述べてきましたような手続は，そのような DES にプラスして，下位の権利者のオプション権という仕組みを付加したにすぎないものでして，現在の倒産実務の状況の中では，乗り越え難いほど飛躍した提案というわけではないようにも思われます。そして，このような手続が仮に採用できれば，一方では絶対優先原則という1つの正義に適った公平な処理が実現され，他方では原則として再建計画の認可と同時に手続を終了できるという倒産処理の飛躍的な迅速化を図ることが可能になります。そのような意味では，このような手続は，倒産法制の抜本的な改正が終局を迎えつつある現在，次なる課題として十分に真剣な検討に値するように思われます。

(5)　BAHM モデルの法制化の問題点

しかし，このような手続が何の問題もなく法制化できるかといえば，決してそういうわけではないと思われます。いくつかの重要な問題点があるかと思いますが，ここでは3点だけ指摘しておきたいと思います。

第1に，これは前に触れた研究会の報告書の中でも指摘されている点ですが，このような手続を構成し，オプション権を行使するか否かを原則として各権利者の自己責任に委ねる場合，当然のことながら，各権利者が権利を行使するか否かを決断するについて，対象会社の継続企業価値に関する十分な情報が提供されている必要があります。仮にこの点で権利者間に情報の格差があるとすれば，権利者間の公平は決定的に破壊されてしまい，各権利者のオウンリスクに委ねる制度の正統性が失われてしまうからです。しかし，利害関係人の中には，取引先企業や競争相手の企業も存在しうると思われ，そのような者にどこまで企業秘密にわたる情報を開示できるか，また情報を開示した場合に実効的な秘密保持義務を課することができるかなど，きわめて困難な課題が多くあります。もちろん，民事再生法や新会社更生法は手続の情報開示を飛躍的に改善しておりますが，ここで求められる情報は質量ともにより大きなものであるとすれば，なお乗り越えるべきハードルは高いというべきでしょう。

第2に，立場の弱い利害関係人は実際上，付与されたオプション権を行使できないのではないかという問題があります。たとえば，仮に優先更生債権者である労働者もこの手続に組み込むとしますと，100億円の更生担保権がある場合に，優先的更生債権者が1,000人いるとき，労働者が1,000万円支払って1,000分の1の企業持分を取得できるかというと，そのような可能性はきわめて低いでしょう。しかし，オプション権を行使できないとすると，労働者は自己の権利をみすみす失ってしまうわけです。前に述べた研究会の提案は，このような不当な結果を避けるために，労働者の優先的更生債権はこの手続に組み込まず，再建計画の中で弁済するというアプローチをとっております。しかし，考えてみると，この問題は労働者だけの問題ではなく，一般債権者である零細取引先や一般投資家である株主等にも同様に想定できるものです。理論的には，市場でオプション権が売買できるとすればある程度解決できる問題ではありますが，現実にはそのような市場を完備できるかというと，疑問があるように思われます。また，オプションを担保とした融資によることもやはり理論的には考えられますが，実際にはオプションに対する市場の評価は低くなる可能性が大きく，現実的な解決策ではないと思われます。そのように，議決権取得権を行使したくても実際には行使できない権利者が多数に及ぶとしますと，それらの権利者の犠牲の上に，上位債権者が過剰な持分を取得できる結果となり，不当な制度となってしまう可能性が大きくなります。

最後に，過半数の持分を占める権利者が当該企業をコントロールすることができることによるプライムを取得できるという問題もあろうかと思います。株式については，それが理論的には等価値のものであっても，実際には支配株式と少数株式とでは大きな価値の差があることは周知の事実でありましょう。したがって，たとえば，更生担保権者に株式が割り付けられるという場合に，その権利者がメインバンクであり，大きな割合の更生担保権を保有するときには，結果として大株主になることになります。他方，少数の割合の権利者は，少数株主となり，実際の価値の比率よりも低い権利配分しか結果として得られないことになる可能性があるように思われます。特に，日本の更生手続の世界では，倒産時にはメインバンク等に担保権が集中している場合が多いとすれば，このような事態は往々にして生じる可能性があるということになります。そうだとすれば，各権利者の間の実質的な公平が害されてしまうおそれが常にあることになりましょう。

以上のように，BAHMモデルを実際の倒産手続に適用するに際しては，考えなければならない問題が多々あります。しかし，私がここで申し上げたかったことは，さまざまな問題があるにせよ，このような発想は，現在の企業の破綻処理に求められている要請，迅速性と公平の要請に意外に適合している部分が多いのではないか，もしそうであるとすれば，問題点をあげつらい，現行制度からの飛躍を強調するよりも，このような制度をどのように工夫し，また変容していけばその実質を採用できるか，といった建設的な問題設定が必要なのではなかろうかということです。たとえば，高木新二郎先生などが主導されております私的整理の手続や更生計画・再生計画の具体的運用等の中で，自由な発想の下に，このようなものの考え方を取り入れていく余地は果たしてないのでしょうか。このあたりは私のような書斎人には云々する資格はないところですが，皆様からのご意見をおうかがいしながら，今後さらに考えていってみたいと思います。

（初出：NBL 751号（2002年）23頁以下）

［補論］　本章は，民事紛争処理研究基金第17回設立記念講演会「倒産法の現状と将来」における著者の講演録である。倒産法改正が未だ完成していない段階で，改正作業の中で著者が感じた理論的な問題点をやや総論的に取り扱ったものである。

ここで述べた更生担保権制度の問題点については更に，「（松下論文に対する）コメント1」事業再生研究機構財産評定委員会編『新しい会社更生手続の「時価」マニュアル』（商事法務，2003年）243頁以下参照。また，各倒産手続における担保権消滅請求制度の各論的位置づけについては，山本和彦「担保権消滅請求制度について」今中利昭先生古稀記念『最新倒産法・会社法をめぐる実務上の諸問題』（民事法研究会，2005年）453頁以下〔本書第6章〕で検討した。

また，BAHMモデルについても，その後，山本慶子『再建型倒産手続に関する一考察』（IMES Discussion Paper No.2005-J-9, 2005年）10頁以下，長野聡「米国連邦倒産法チャプター11とそれを批判する学説の再検討」季刊企業と法創造23号（2010年）43頁以下などにおいて引き続き研究が進められている。

第2章

倒産法の強行法規性の意義と限界
——契約の「倒産法的再構成」に関する考察とともに

1 問題意識

まず最初に，本報告の問題意識からお話をさせていただきます。それは，倒産手続前にされた契約によって倒産手続の進め方をどの程度制約ないし変容することが許されるか，という点，言い換えれば，倒産法の強行法規性はどの範囲で認められ，倒産手続前の契約関係をどの範囲で変容できるか，という理論的一般的な関心であります。つまり，倒産法の規律と契約の定めが形式的ないし実質的に矛盾抵触するような状態にある場合に，どのようなルールでその矛盾抵触状態を調整するか，という問題意識ということになります。

このように，私自身の問題意識は理論的なものですが，そのような問題設定は実際上の意義をも有しうるものではないかと考えております。たとえば，近時，証券化のスキームや信託の利用において，さまざまな事項を契約によって創設的に規律し，倒産法の適用を回避するような試みの有効性が問題とされております。かつては債務者が倒産に陥った場合を想定して，そこに登場する利害関係人全員を巻き込んで契約によってその規律を変容させるというようなことは実際上不可能であったかと思われます。しかし，先ほどのような局面では，そのような契約上の規律が可能となり，また実務上求められる場面が生じてきているように思われ，それをどのように考えるのか，という点が実務的にも問われているように思われます。

そこで，本報告では，まず倒産法の適用を直接的に回避するような合意の効力を考えてみます。そこでは，いわば正面から倒産法の強行法規性が問題となります。次いで，ある契約において一定の法的性質決定を採用することで，他の種類の契約の場合に適用される倒産法の適用を間接的に回避する効果をもつような合意の効力を考えてみます。これは近時，契約の「倒産法的再構成」の可否という形で議論されている領域に関連します。

なお，本学会ではかつて谷口安平教授が「倒産手続の任意化」という，類似した観点からご報告をされています[補注1]。ただ，谷口教授の当時の問題意識は，倒産法が現実に強行法規として機能しているかどうか，すなわち規範と実務の乖離の原因とその限界に主としてご関心をもたれたものであったかと思われますが，本報告は規範の強行法規性の根拠とそれによる現実のコントロールのあり方という，主として理論的な関心に基づくものと言えようかと思います。

2　倒産法規定の強行法規性

(1)　強行法規性の諸相

それではまず，倒産法規定の強行法規性について考えてみたいと思います。前提として，その強行法規性が問題となる局面には，いくつかのものがあるように思われます。まず第1の類型として，すべての債権者との関係で倒産手続の利用を全面的に排除するような合意の可能性であります。これはいわば極限的な倒産法適用の回避の合意ということができようかと思います。倒産手続が開始しなければ，いかなる倒産法規も適用されないからです。証券化の際のSPVにおいて利用される倒産申立回避特約などが実質的に目指すのは，このような状況ではないかと考えられます。このような状況を達成する方法としては，あらゆる契約相手方との関係で，債権者・債務者双方が申立権を放棄していくという契約的なアプローチのほかに，そもそも倒産手続の対象とならないような法人格を立法で創設してしまうといった制度的なアプローチの可能性もあろうかと思います。

以上のような第1類型の亜型としては，すべての債権者との関係で倒産手続

[補注1]　谷口安平「破産手続の任意化？——その必然と限界」民訴35号（1989年）113頁以下参照。

の一部の制度の利用を排除するような合意が考えられます。たとえば，民事再生法の１つの制度として担保権消滅制度があるわけですが，この担保権消滅を利用するかしないかを事前に債務者会社の定款等で明らかにさせるという構想が東京大学の田中亘准教授〔当時〕から提案されています[補注 2]。これは，先に述べた制度的アプローチに基づくものでありますが，このような類型の可能性を示唆されているものと言えましょう。

次に，第２の類型としては，一部の債権者との関係で倒産手続の一部の制度の利用を排除する合意の可能性があるように思われます。その中には，直接にその制度の利用を排除するような合意を行う方法と，間接的にその利用を排除する結果となる合意を行う方法があります。前者は，たとえば，ある債権者との間で，倒産手続開始による執行禁止効の排除の特約を結ぶといった場合であります。これに対して，後者はさらに，その制度の利用排除が契約の実質的な目的となっている場合と，利用排除自体は目的となっておらず他の目的を追求する契約の結果として利用排除が実現するにすぎない場合とがあるように思われます。前者の例としては，停止条件付債権譲渡契約によって否認権の適用を回避する合意などが考えられ，後者の例としては，倒産債権に関する仲裁合意によって結果として債権確定手続に関する倒産法の適用が排除される場合などが考えられましょう。

(2)　強行法規性の根拠

さて，以上のようにさまざまな局面で倒産法の強行法規性が問題となりえますが，倒産法関係の規律が一般に強行法規と考えられる根拠はどこにあるのでしょうか。この点の検討に際しましては，米国のジャクソンとラスムッセンの論争が参考になるように思われます。ただ，その議論の詳細については，水元宏典教授のご著書の中ですでに詳細な検討がされておりますので[補注 3]，ここではその概要を紹介し，報告者がそこから得た示唆のみを申し上げたいと思い

［補注 2］　田中亘「担保権消滅請求制度の経済分析(1)（2・完）」NBL 799 号（2004 年）31 頁以下，801 号（2005 年）40 頁以下参照。

［補注 3］　水元宏典『倒産法における一般実体法の規制原理』（有斐閣，2002 年）41 頁以下及び 108 頁以下参照。

ます。

ジャクソンは，倒産法規がそもそもなぜ任意法規，デフォルト・ルールでありえないのか，について，簡単に言えば，各債権者の行動の自由に委ねると，債権者総体の利益が失われるという倒産状態における集団性，つまりコモンプール論ないし「囚人のディレンマ」の議論によっていると考えられます。その結果，倒産制度は全債権者が拘束される場合に初めて機能するものであり，債務者がある債権者との間で倒産手続に参加することを回避するような個別の契約を許せば，集団システムの利点を根本的に破壊することになるとして，その強行法規性を導出しているように思われます。

これに対して，ラスムッセンは，ジャクソンは倒産手続開始後のことだけを考えて倒産法規を債権者間の取引モデルと理解していると批判し，実際には，債権者は倒産時の法律関係をも考えて倒産前の与信の条件等を定めるのであり，むしろ倒産手続前の債権者・債務者間の問題を中心として考えます。そして，倒産時の債権者の権利を強行的に制約すればその与信条件等が厳しくなり倒産前の債務者の負担が増えるだけであり，さまざまな状況にあるすべての債務者にとって適合的なルールを議会や裁判所が創設することは不可能であり，結局個々の契約の定めに委ねざるをえないとして，デフォルト・ルール・アプローチの正統性を説くものであります。たとえば，先ほどの担保権消滅制度について考えてみれば，不動産担保を多く有する成熟事業者は一般にその制度の採用が有利ですが，動産や債権の担保しか提供できないような成長途上の事業者，ベンチャー企業等は，その制度の採用によって，倒産時の担保消滅の可能性をおそれる金融機関が取引の拒否や利率の引上げ等を図ることになるので，むしろ制度の適用の排除を選択する可能性があると考えられるわけであります。このように，債務者ごとに，より適合的な規律の採用を図るためには，倒産法は基本的に強行法規ではないと考えるべきことになります。

(3)　倒産手続の利用の排除合意

以上のように，ジャクソンとラスムッセンの対立は，倒産手続開始後の事後的観点を重視するか，倒産手続開始前の事前的観点を重視するかにあると考えられます。また，それぞれが主として念頭に置いている局面にも，微妙なずれがあるようにも思われます。先ほどの私の整理によれば（(1)参照），ジャクソンはどちらかといえば第2類型の局面を念頭に置いているのに対し，ラスムッセンは主に第1類型を検討の対象にしているのではないかと思われます。その意味で，両者の見解が真に正面から対立しているのかについては，なお検討を要しましょう。そこで，以下では，先に提示した類型ごとに個別に問題を検討していきたいと思います。

まず，第1類型の問題を考えてみますと，大企業同士の合意のように，実質的に武器対等の当事者間では，ラスムッセンの指摘するとおり，契約による事前の解決を否定する理由はないように思われます。その意味で，倒産手続の利用を強行法規と考えなくてもよいということになります。しかし，これにはなお問題点があります。第1に，この考えによっても外部債権者は拘束できないという点であります。つまり，契約債権者による倒産手続の開始を否定できるとしても，不法行為債権者等契約外の債権者の申立権を否定することはできません。この点は，ラスムッセン自身も強行法規による対応の可能性しかないと認めていますが，「強行法規による対応」とは結局，この場面では法定債権者等に対して絶対的な優先権を認めていることを意味します。

第2に，実質的にみて，事前に倒産手続における扱いを見通して契約条件の変更を要求することが期待できないような債権者群の問題があります。労働債権者・消費者債権者等の保護の要請であります。情報力や交渉力の平等を措定する完全競争市場を前提とすれば，それで問題はありませんが，そのような前提に疑問があることは明らかでしょう。あるいは，先に述べた田中准教授の見解では，個々の債権者に交渉力がなくても，大口債権者による規律を認めれば，債務者の選択は効率化しうるとされます[補注4]。つまり，大口債権者にとって不当に不利益な制度を採用すると，利率の高騰等を招き，債務者の行為は結果として是正されるという理解であります。しかし，債権者間の利害は常に一致するとは限りません。たとえば，倒産手続利用の排除合意などを考えると，このような合意は通常，情報力や経済力に優れた大口債権者にとっては有利なものであり，交渉力を有する大口債権者を前提にすれば排除合意が成立しやすく，

［補注4］　田中・前掲［補注2］NBL 801号48頁参照。

結果として小口債権者の利益を害するおそれがあることは否定できません。そのような債権者の存在を考えれば，やはり強行法規性を認める必要があるように思われます。

以上のような契約外債権者や小口債権者等を併せて「特定債権者」と呼ぶとすれば，制度的アプローチを前提にすれば，倒産手続の利用を排除する制度はやはり取りえないことになります。また，契約的アプローチを前提にすれば，特定債権者による倒産手続利用の放棄の合意は強行法規に反して効力を有しないということになります。そして，債務者の倒産手続開始申立権限が特定債権者を保護する趣旨をも含んだものと解するとすれば，債務者による放棄の合意も無効と解されることになりましょう。結局，可能性を有するのは，個別の債権者との間で手続利用排除の合意を積み重ねる一方で，できるだけ特定債権者が生じる事態の発生を防止するようなスキームを構築するという形での工夫に止まるのではないかと思われます。

(4) 倒産手続の一部制度の利用の全債権者との関係での排除合意

次に，第１類型の亜型である倒産手続の一部制度の利用を全債権者との関係で排除する合意です。この合意については，第１類型の手続利用排除合意と同様の趣旨が基本的に妥当すると考えられます。すなわち，基本的にはその効力を認めてもよいと思われますが，特定債権者との関係ではその効力が否定されるということであります。ただ，一部利用排除合意の場合に別途注意すべき点もあります。まず，問題とされている個別制度の強行法規性が検討される必要があります。個々の制度についてここで検討する余裕はありませんが，基本的な考え方としては，倒産手続の一貫性からそれが倒産手続の本質に関する制度・規定かどうか，また特定債権者保護の趣旨から当該制度・規定が特定債権者を保護する趣旨のものかどうかなどを勘案して，その強行法規性が決定されていくことになりましょう。

またこの場合は手続が開始することが前提となりますので，特定債権者を倒産手続の外に出すことによってメニューアプローチを選択する余地がありえますが，特定債権者をすべて共益債権等として位置づけるのはフィージビリティに乏しいように思われます。また，特定債権者が現実に手続に登場しない場合には制度排除合意の効力を認めるという考え方もありえますが，事前の段階では特定債権者の登場の可能性を完全には捨象できないため，債権者の予見可能性に欠け，実際上このようなアプローチを採用するメリットは失われてしまうと考えられましょう。以上のような観点から，一部制度の利用排除合意の可能性には限界があるように思われます。

(5)　倒産手続の一部制度の利用の個別債権者との関係での排除合意

以上の検討から，第１類型のアプローチには困難が多いと思われ，実際には第２類型の可能性が現実の問題となるように思われるところです。まず，第２類型のうち，他の債権者にとって有利な合意あるいは他の債権者の法的地位に無関係な合意を一部債権者と行うことは，原則として有効と考えられます。前者の例としては優先権に関する劣後特約などがあり，後者の例としては債権者による倒産手続開始申立権の放棄の特約などがあります。この点でも，消費者契約法や独占禁止法など広い意味での公序による制約の余地はありえますが，それは一般の契約自由に対する制限と基本的に変わりはないとみられます。ただ，現実の認定の際には，他の債権者への影響を慎重に見極める必要があると思われます。たとえば，債権確定訴訟に代わって仲裁合意がされている場合，それは通常他の債権者には無関係ですが，外国など遠隔地で費用の係る仲裁の合意であるような場合には，その費用は他の債権者の負担となり，真に無関係であるとはいえず，次に述べる不利益合意と同視される可能性もあるからです。

次に，より問題であるのは，他の債権者にとって不利益な合意の場合です。このような合意は，他の債権者を保護する強行的な規律を潜脱するおそれがあるものとして，慎重な検討を要します。私はそのような契約の効力について，今のところ以下のように考えています。すなわち，それが倒産手続開始後において効果を有することを意図した合意であるとすれば，倒産手続開始前の債務者はそのような合意をするについて実質的な利害関係〔処分権限〕を欠くので，その効果を認めると制度の効率性を害することになります。たとえば，現在の利率の低下等の利益を得る代償として，不当に大きな倒産手続上の不利益を伴う譲歩を債務者が倒産手続前の融資債権者に対してあえて行うようなおそれがあります。それは危機時期より前の合意であっても同じことであり，債務者に事前の処分権を認めるべきではないと考えられます。ただ，これは当事者の合意の効力を否定して私的自治に介入するものですので，その介入は必要最小限度に止まるべきであり，倒産法秩序に対する侵害が大きな場合のみを規制対象にすべきものと考えられます。

具体的には，規制の要件として，その合意が客観的にみて倒産手続における法律関係を主に対象としており，かつ，倒産法秩序の観点からみて倒産債権者の利益に看過し難い不利益を生じる場合に介入がされるべきことになります。たとえば，期限の利益の喪失特約などについては通常それを認めても実害が小さいので規律の対象外としてよいと考えられるのに対し，倒産解除特約などについては看過し難い不利益をもたらすことが多く，規律の対象とすべきことになります。規制の効果としては，倒産手続の目的と抵触する範囲で合意の効力を否定することになります。原則は当該合意を無効にすることですが，最小限の介入の要請の帰結として，たとえば，停止条件付債権譲渡の場合の判例のように，否認の対象とすれば目的を達するような場合には，あえて無効とはしない選択肢もありえましょう。また，倒産手続と関係する一部の合意内容を無効にすれば足りる場合もあると思われます。

他方，倒産手続外の効果を対象としている条項については，原則として有効と考えられますが，その場合も契約当事者が倒産時を主に念頭に置いていたことが立証されれば，規制の対象とされる可能性もあると思われます。たとえば，賃借人の契約解除の場合の敷金没収条項については，独占禁止法等実体法上の有効性の問題はありえますが，その条項の存在により賃料が低廉化するなど相互の合理的な計算に基づき合意されているとすれば，契約当事者が倒産時を主に念頭に置いていた旨の立証ができない限り，倒産手続の下でもその効力を否定することはできないのではないかと思われます。

3　契約の法的性質決定の変更
――「倒産法的再構成」の批判的検討

(1)　契約の法的性質決定の問題と強行法規性の関係

さて以上が倒産法の強行法規性に関する一般的な検討ですが，次に，契約の法的性質決定の倒産手続における変容という問題を考えてみたいと思います。これは，当事者が契約上前提としている法的性質決定が倒産法秩序に適合しない結果をもたらすような場合に，倒産法が手続の目的達成等の観点から独自の性質決定を行うことができるか，という問題であります。実際の例として，ファイナンス・リース契約につき当事者間で前提とされる賃貸借契約を担保契約として再構成するような場合，譲渡担保や証券化による倒産隔離につき当事者間で前提とされる売買契約を担保契約として再構成するような場合などが挙げられます。このような場合にも，先ほど一般的に検討した点は妥当しますので，たとえば，倒産手続を主たる対象とした合意，すなわち倒産法の担保等に関する強行的規律を回避するためにそのような契約をしたことが客観的にみて認定されるような場合において，それが倒産手続に看過し難い不利益をもたらすときは，強行法規が介入して担保等の規律を及ぼす可能性がありえますが，以下ではそのような意図が認められないような場合にもなお倒産法秩序の観点から介入できるか，を考えてみます。

(2)　倒産法的再構成の考え方と理論構成

このような問題について，近時注目すべき見解として，水元宏典教授の報告[補注5]でも引用された伊藤眞教授により提示された，いわゆる「倒産法的再構成」の考え方があります[補注6]。伊藤教授によれば，この考え方は「資産価値を最大限のものとしてそれを利害関係人に配分しようとする倒産制度の目的を実現し，また破産債権者その他の利害関係人の間の公平を回復するために，利害関係人の権利義務がその本来のものと異なった内容のものとして扱われること」を意味するとされます。たとえば，リース契約でその本来の法的性質が賃貸借であったとしても，倒産制度の目的や当事者間の公平から，それを担保契約という「異なった内容のもの」として扱うことを可能と解されるものであります。

それでは，ここで問題とする法的性質決定との関係において，なぜこのよう

［補注5］　水元宏典「契約の効力と倒産法の強行法規性」民訴56号（2010年）145頁参照。
［補注6］　伊藤眞「証券化と倒産法理（上）（下）」金法1657号6頁以下，同1658号82頁以下（2002年）参照。

な「再構成」が解釈論として可能になるのでしょうか。私には2つの理解がありうるように思われます。第1に，本来は意思表示の内容に従って法的性質は決定されるはずであるが，倒産法ではそれとは異なる基準で決定してよいとする理解であります。これは正面から法的性質決定の問題として捉えるもので，意思表示αは，倒産手続外では賃貸借であるが，倒産手続では担保になると解するものです。第2の考え方は，倒産法の「担保」の規律は，実体法上の担保よりも広い範囲の合意に適用されるとする理解であります。これは概念の相対性，すなわち法解釈の問題として捉えるもので，意思表示αは売買であるが，倒産法における「担保」の概念は一定の内容の売買をも含んだものであると解するものであります。

この点について，私は，第1の考え方を解釈論として採用することは困難ではないかと考えています。本来当事者の意思表示及び実体法の解釈によって定まっているはずの法的性質が，倒産手続の開始によって，明文の規定もなく形成的に変容するということは説明し難いからであります。これに対して，第2の考え方は十分に成立可能なものと思われます。たとえば，高見進教授は金融法学会の証券化に関するご報告[補注7]の中で，「中間命題としての『倒産法上の売買』『倒産法上の担保』」という議論を提起されていますが，法概念の相対性を前提にすれば，一般的には受容可能な考え方ではないかと思われます。ただ，実際上問題になることの多い担保契約の局面では，このような解釈にはなお疑問を否めません。確かにここで問題となるのは非典型担保であり，非典型担保は，所詮は類推適用の世界でありますので，解釈の余地が大きいとは言えます。しかし，破産法2条9号に見られますように，倒産法の世界では実体法上の担保の概念をそのまま維持するという発想が強く見られ，それは非典型担保でも基本的には尊重される必要があるように思われるからです。以上のような観点から，私としては，この問題は結局，倒産法の個別概念の解釈問題と考えていますが，現在議論されている多くの問題との関係では，基本的には実体法的再構成の途を可及的に模索すべきではないかと考えております。

［補注7］ 高見進「流動化・証券化の法律問題(2)――倒産法」金融法研究18号（2002年）41頁参照。

(3) 実体法的再構成論の可能性と限界

以上のように考えるとして，実体法的再構成，すなわち当事者の明示的に表示されている意思とは異なる法的性質決定をすることについて，どのような範囲で認めることができるかは1つの困難な問題であります。ここでは一般的な考え方の道筋のみを示しておきたいと思います。まず，契約の法的性質決定の再構成は，一般的に言えば当事者の意思の変容であり，過激な言い方をすれば国家権力による別種の契約締結強制を含むものであるとすれば，それは本来例外的なものである必要があります。実体法的再構成の謙抑性とも呼ぶべき原則であります。サブリースに関する最高裁判決[補注8]の中で藤田宙靖裁判官は，補足意見として以下のように述べられています。「本件の場合，明確に残されているのは，『賃貸借契約書』と称する契約文書であり，そこに盛られた契約条項にも，通常の建物賃貸借契約の場合と取り立てて性格を異にするものは無い。そうであるとすれば，まずは，ここでの契約は通常の（典型契約としての）建物賃貸借契約であると推認するところから出発すべきであるのであって，そうでないとするならば，何故に，どこが（法的に）異なるのかについて，明確な説明がされるのでなければならない」（傍点著者）ということであります。

そこで，倒産手続の中で，ある契約の法的性質が問題とされるとき，それが実体法の世界において一義的な性質のものとして理解されているときには，基本的にそれを尊重すべきものと考えます。倒産手続の中だけで異なる法的性質決定をすることは，先に述べましたように，本来認められるべきではないと考えられるからであります。他方，実体法が一義的な性質決定を必ずしもしておらず，法的性質決定について，両立し難い複数の可能性を残しているような契約，仮にこれを「両性的契約」と呼ぶとすれば，そのような契約については，倒産法の立場から特定の性質を決定する余地があるように思われます。たとえば，ファイナンス・リースが賃貸借と担保の両性的契約であるとすれば，倒産法上それを担保契約として性質決定するということはありうるのではないかということであります。ただ，その場合には，そのように決定された法的性質は実体法の世界でも妥当すべきことになり，実体法上もリースは担保契約として

［補注8］　最判平成15・10・21民集57巻9号1213頁。

一義的に性質決定されるべきものになると考えられます。

以上のように，原則的に，倒産法においては実体的な法的性質決定の尊重義務があるとすれば，実体法の性質決定及びそれに伴う典型契約の効力は，倒産法の観点からも重要な意味を有することになります。このような観点から，近時議論が高まっている債権法改正に対して，倒産法の観点からもコメントが必要であるということを最後に確認しておきたいと思います。一例を挙げれば，ファイナンス・リースの典型契約化の問題があります。近時の判例[補注9]が示すように，また私自身もそれを正当と考えていますが，倒産手続上リースを担保契約として把握することが相当であるとすれば，実体法の中でもそのような構成が貫徹されることが要請されることになります。民法（債権法）改正検討委員会が提案したファイナンス・リースにおける債務不履行解除に関する規定案[補注10]は実質的な担保構成を採用するものとして支持できるのではないかと考えております。ただ，さらに，水元報告でも言及されましたように[補注11]，民法の中でユーザーの受戻権の保護を考えていくのか，あるいは倒産法の関連改正という形をとるのか，いずれにしましてもリースについて中止命令や担保権消滅の実効性を確保していく必要があるように思われます。そのような点について，さらに今後の議論を要するとは思いますが，本日の報告はそのような検討作業の理論的な基礎を得ようとするものでもありました。

以上で私の拙い報告を終わらせていただきます。

（初出：民事訴訟雑誌56号（2010年）152頁以下）

［補論］　本章は，日本民事訴訟法学会平成21年度（第79回）大会シンポジウム「倒産法と契約」（司会：加藤哲夫教授）における著者の報告記録である。

ここで述べた，伊藤眞教授の「倒産法的再構成」の議論については，更に，山本和彦「倒産法的公序について――『倒産法的再構成』の再構成を目指して」伊藤眞先生古稀記念論文集（有斐閣，2015年刊行予定）所収において，実体法

［補注9］　最判平成7・4・14民集49巻4号1063頁，最判平成20・12・16民集62巻10号2561頁など参照。

［補注10］　民法（債権法）改正検討委員会「債権法改正の基本方針」【3.2.7.01】以下（NBL 904号（2009年）350頁以下）参照。

［補注11］　水元・前掲［補注5］151頁参照。

的再構成，法概念の相対性及び倒産法的公序の観点から，より包括的に再整理を試みている。なお，証券化をめぐる著者の見解については，本書第13章及び第14章参照。

また，ファイナンス・リースの法改正をめぐっては，その後，法制審議会民法（債権関係）部会の検討作業が進められており，同部会の中間試案では，（本報告の趣旨とはやや異なり）「賃貸借に類似する契約」の一種として規定することが提案されていたものの（民法（債権関係）の改正に関する中間試案第38の15(1)参照），最終的には採用されない方向であり，将来の担保法全面改正に向けて仕切り直しとなっている。なお，ファイナンス・リースをめぐる著者の見解の詳細については，本書第5章参照。

第 3 章

支払不能の概念について
——偏頗行為否認の要件を中心に

1 問題意識
——支払不能概念の意義

(1) 新法下における支払不能概念の意義

本章は，新破産法の下での支払不能の概念を検討することを目的とする[1)]。新破産法は，旧法と同様に，破産手続開始の原因として支払不能の概念を用いている（破 15 条 1 項）。そして，旧法と異なる点として，第 1 に，その概念が利用される場面が拡大されている点がある。すなわち，偏頗行為否認の要件（破 162 条 1 項 1 号）及び相殺禁止の要件（破 71 条 1 項 2 号・72 条 1 項 2 号）としても，支払不能概念が用いられている。第 2 に，その概念の定義が法律の中でされている点がある。すなわち，明文で，支払不能は「債務者が，支払能力を欠くために，その債務のうち弁済期にあるものにつき，一般的かつ継続的に弁

1） 破産法のほか，平成 16 年改正後の民事再生法及び会社更生法においても，支払不能の概念が用いられるようになっている。旧法の下では，開始原因も「破産原因の生ずるおそれ」とされていたため，これらの法律では支払不能概念が直接に問題となることはなかった（したがって，これらの法律の解説書等でも支払不能について詳細な検討がされることはなかった）。しかし，新法の下では，否認の要件（民再 127 条の 3 第 1 項，会更 86 条の 3 第 1 項）や相殺禁止の要件（民再 93 条 1 項 2 号・93 条の 2 第 1 項 2 号，会更 49 条 1 項 2 号・49 条の 2 第 1 項 2 号）として正面から支払不能概念が用いられており（なお，民事再生法 93 条 1 項 2 号及び会社更生法 49 条 1 項 2 号に，破産法 2 条 11 項とパラレルな定義が括弧書でされている），破産法と同様の検討を要することとなっている。

済することができない状態」として定義されている（破2条11項）。

以上のような新たな法律の下では，支払不能の概念をめぐる議論が旧法下とは異なってくる可能性があろう。第1に，その概念をめぐる議論の重要性の変化である。旧法では，破産原因としてのみ問題となっていたため[2)]，特に日本のように，債務者が経済的に完全に破綻して初めて破産手続が利用される場合が一般的である国では，実際には支払不能であるか否かをめぐって争いが生じることはほとんどなかった。その結果，判例等で支払不能の概念が問題にされることは余りなく[3)]，また学説上の議論も必ずしも実際の必要性に根ざしたものではなかった（その結果として母法であるドイツ法の議論に強く影響されたものであった）のではないかと思われる。しかるに，新法の下では，この概念が偏頗行為否認や相殺禁止の基準ともされるため，利害関係人の間で熾烈に争われる場合が飛躍的に増加する可能性があると予想される[4)]。すでに，新法下の議論の中で（さらに言えば新法立案の過程から）実務家を中心にこの点に強い関心が向けられていることは，その重要性をよく示しているものと言うことができよう。その意味で，新法の下で，この概念について再検討する必要性が認められる。

第2に，新法では支払不能についての定義規定が設けられた点がある。すなわち，破産法2条11項は「この法律において『支払不能』とは，債務者が，支払能力を欠くために，その債務のうち弁済期にあるものにつき，一般的かつ継続的に弁済することができない状態をいう」としている。この定義は，おおむね旧法下の多数説の理解と同様のものであるといえるが，旧法ではその内容は全面的に解釈に委ねられていたものが，新法の下では，この規定の解釈とし

2）旧法下でも，支払停止概念の二義性を認め，否認の要件として実質的に支払不能を基準に考える見解はあったが（注5）参照），一般の支持を得ていたわけではなかった（たとえば，伊藤眞『破産法』（有斐閣，1988年）287頁注68は，「注目すべき議論であるが，解釈論としての成熟を待ちたい」とされていた）。

3）著名な例として，東京高決昭和33・7・5金法182号3頁，東京地決平成3・10・29判時1402号32頁などがあるが，全体としては少数に止まっていた。これは，開始決定の要件として問題になるとすれば，決定＝抗告手続ということになり，平成8年の新民訴法制定まではおよそ最高裁判所による審理の可能性が存在しなかったことも影響している可能性があろう。

4）加えて，開始原因の場合（注3）参照）とは異なり，判決手続で争われるので，最高裁判所による判断の機会も飛躍的に増加すると見られる。

て，そこに示された個々の文言の解釈論として議論が展開されることになり，議論の状況は大きく変わってくるものと考えられる。

第3に，第2の点に付随して，支払不能の概念について，新破産法の下では二義的に理解することが困難となっている点が指摘できよう。旧法下では，周知のように，支払停止の概念について，破産手続開始原因の推定事由としての支払停止と否認・相殺の基準時としての支払停止とを別の概念として理解する見解があった[5)]。新法でも，その意義の相違に鑑みれば，破産手続開始原因としての支払不能と否認・相殺の基準時としての支払不能とを別個の概念と理解する考え方もありえないではない。しかし，新法は定義規定を設け，「この法律において『支払不能』とは」そのように理解されるものと定めた以上，異なる条文の間で支払不能について実質的に別の概念と解する余地はおよそなくなったものと考えざるをえない[6)]。その意味で，新法の下では，破産手続開始原因と否認・相殺の基準時と共通のものであることをアプリオリの前提として，支払不能の概念を論じる必要があろう。

(2)　本章の検討対象――債務不履行の現実化の必要

以上のような認識の下で，本章は支払不能概念の再検討を目的とするものであるが，紙幅の関係及び著者の能力の関係から，上記概念を全面的に検討する余裕はなく，最も問題になりうると考える1点に絞って検討作業を行いたい。すなわち，支払不能の認定について実際に債務不履行が生じていることが必要か否か，という問題である。換言すれば，債務者が，支払能力を欠くために，その債務を一般的かつ継続的に弁済することができない状態にあるとしても，すべての債務が未だ履行期にないような場合には，支払不能にはならないのか

---

5)　青山善充「支払停止の意義と機能」鈴木忠一＝三ケ月章編『新・実務民事訴訟講座(13)』（日本評論社，1981年）55頁以下，斎藤秀夫ほか編『注解破産法（上）〔第3版〕』（青林書院，1998年）471頁以下〔宗田親彦〕など参照。

6)　このような理解につき，伊藤眞ほか編『新破産法の基本構造と実務』（ジュリスト増刊，2007年）22頁〔山本和彦〕参照。また，山本克己「否認権（下）」ジュリ1274号(2004年）124頁以下も，「手続開始原因としての支払不能と偏頗行為の否認の要件としての支払不能は，概念内容を等しくすると考えるべきである。新破産法2条11項が支払不能について単一の定義を置いているのも，その趣旨に出たものであると考えられる」とされている。

どうか，という問題である[7]。このような問題は，偏頗行為否認を考える際には，実際上きわめて重要な論点になりうるところである。けだし，債務者が倒産手続開始申立前に偏頗弁済をするについて，近い将来債務不履行（デフォルト）が発生することを予見しながら，一部の債務を期限到来時にまたは期限前に[8]弁済してしまうという事態は十分に生じうるからである。

そこで，以下では，具体的な事例を想定しながら，検討していくことにしたい。まず，各事例に共通する前提として，債務者Sに対して，債権者A（債権額100万円，履行期4月1日），債権者B（債権額100万円，履行期4月8日）のみがあるものとする。

【事例1】　現段階ではSに債務不履行はないが，手元の唯一の事業用資産（時価100万円）を売却し，その代金でAに対する債務を弁済すること。この場合に，売却代金が廉価であった場合（【事例1-1】）と代金が適正価格であった場合（【事例1-2】）とをさらにサブカテゴリーとして分類できる。

【事例2】　現段階ではSに債務不履行はないが，金融業者Cから100万円を借り入れ，Aに対する債務を弁済すること。この場合に，Cからの融資が高利であった場合（【事例2-1】）と融資が適正利率であった場合（【事例2-2】）とをさらにサブカテゴリーとして分類できる。

【事例3】　現段階ではSに債務不履行はないが，Sの手元には100万円の資金しかなく，その後将来にわたって収益や融資を得られる可能性がまったくない中で，Aに対する債務を弁済すること。

以上の【事例1】から【事例3】について，4月1日にAに対して弁済がされた場合（履行期弁済）と3月25日に弁済がされた場合（期限前弁済）とがありうるが，いずれについて否認の対象となるかが問題となりうる。このような検討の最終的な目的は，前述のように，【事例3】のような場合が否認の対象となるかであるが，それを【事例1】や【事例2】との比較の中で検討してみよ

7)　この問題については，伊藤ほか編・前掲注6）406頁も参照。なお，著者は，債務不履行の必要性の問題と履行期到来の問題は，同一のものと認識している。同書406頁〔山本和彦〕参照。

8)　期限前に弁済した場合には，その後30日以内に支払不能となった場合には否認の対象となるが（破162条1項2号），そのような期間を考慮して（すなわち30日経過後にデフォルトとなるべきことを予見して）偏頗弁済がされるような事態も想定される。

うという趣旨である。以下では，まず新破産法制定前の学説等について簡単に検討し（*2* 参照），その後に新破産法下で示されているいくつかの注目すべき見解を取り上げ（*3* 参照），最後に簡単な分析を提示してみたい（*4* 参照）。

2　新破産法制定前の学説・判例

新破産法制定前の旧法における支払不能の意義に関する議論は，前述のとおり，破産原因に関するものとして行われていた。これが新法の下でも直ちに妥当するかについては異論もありうるが，後述のとおり，新法の定義規定は旧法下の解釈論を前提としたものとされており，なおこの点の検討が必要であろう。

旧法下のこの点に関する議論については，大きく2つの流れがあったように見受けられる。まず，第1の方向は，支払不能には履行期の到来した債務の不履行の存在が必要であるとし，特段その例外を述べない見解である[9]。たとえば，旧破産法の下で最初の本格的な解説書の著者と言ってよい松岡義正判事の見解は，「債務者は履行期に至らざる債務を弁済するの責なし。故に債務者の支払方法の欠乏永続し，為に未だ履行期の至らざる債務の支払を為すこと能はざるの推測を妥当なりとする状態に在ると雖も，之を以て債務者の支払不能なりと云ふことを得ず。蓋将来履行すべき債務の支払不能は確実ならざればなり」（著者注：片仮名を平仮名に，旧字体を新字体に改め，句読点を付した）というものであった[10]。このような見解はその後も有力なものとして主張され続けた

9）　このような見解はドイツ法の当時の通説的理解を日本に継受したものではないかと見られる（これに対し，後述の「無理算段説」のような理解を明確に述べるドイツの見解については，著者は見出すことができず，日本独自の見解である可能性もあるように思われる）。但し，ドイツ法では，当時からすでにこのような見解に疑問を呈し，将来債務不履行が確実である者は支払不能と考えてよいとする見解が有力にあり，その後も主張され続けたことに注意を要する（通説である「時点基準流動障害（Zeitpunkt-Illiquidität）説」に対する「期間基準流動障害（Zeitraum-Illiquidität）説」と呼ばれる見解であり，近時ではキルガー教授やウーレンブルック教授などが主張されている。簡単な紹介として，J. Kilger = K. Schmidt, Insolvenzgesetze（17. Aufl.）, S. 395; Haarmeyer et a., Handbuch zur Insolvenzordnung, S. 37 f.）。このような議論がドイツの新倒産法の下で，特に否認についてやはり支払不能基準を採用した中でどのように展開されていくのか，注目されるが，この点の検討は他日を期したい。

10）　松岡義正『破産法論（手続規定）』（厳松堂書店，1929年）365頁以下参照。

が[11][12]，それが明確に後述の第2の考え方を排斥するものであったかは明らかではない。

これに対し，第2の方向として，より多くの見解がとったのは，原則として第1の考え方によりながら，債務の履行が仮にされていたとしても，その資金の調達が無理算段をしたものであるようなときには，支払不能を肯定するという考え方である（以下では「無理算段説」と呼ぶ）。この見解を最初に示されたのは，加藤正治教授であったと思われる。同教授は，「支払停止は支払拒絶の行為であるから，投売，高利の借入其の他非常なる無理算段を継続しても未だ弁済期の至れる債務の支払を拒絶したこと無しとすれば支払停止は無いのである。然し客観的に見れば其の支払資金を得る手段より見て支払不能を認定し得るのである」（著者注：旧字体を新字体に改めた）とされる[13]。加藤教授においては，履行期の到来した債務の不履行を原則として必要とする旨の叙述はないが，これを第1の見解といわば統合したものとして，兼子一教授の見解がある。そこでは，一方で「支払不能の有無をきめる際に対象となる債務は，即時に弁済すべき債務に限られる。この債務さえ弁済できれば，現在の資力からみて，将来履行期の到来する債務について弁済の不能なことが確実に見透せる場合でも，その時がくるまでは支払不能は成立しない」とされながら，他方で「債務者が投売や高利の借入れで無理もしながら支払を続けているときは，支払停止はないが，支払不能の成立する場合がある」とされる[14]。これにより，無理算段説が確立され，多くの学説の支持を得たものである[15]。

11）　最近のものとしてたとえば，青山善充ほか『破産法概説』（有斐閣，1979年）32頁〔井上治典〕，中野貞一郎＝道下徹編『基本法コンメンタール破産法〔第2版〕』（日本評論社，1997年）196頁〔河野正憲〕，林屋礼二ほか『破産法』（青林書院，1993年）25頁〔林屋〕など参照。

12）　なお，この見解よりもさらに限定するものとして，単に履行期の到来では足りず，債権者がその債務の履行を請求していたことも必要とする見解もあった（ドイツではこのような理解が有力であったようである）。たとえば，斎藤常三郎『日本破産法』（弘文堂，1933年）61頁など参照。

13）　加藤正治『破産法要論』（有斐閣，1934年）262頁以下参照。なお，この叙述は，同『破産法要論〔第13版〕』（有斐閣，1948年）まで一貫して維持されている。

14）　兼子一『破産法』（青林書院新社，1956年）148頁以下参照。

15）　たとえば，中田淳一『破産法・和議法』（有斐閣，1959年）39頁，斎藤秀夫＝伊東乾『演習破産法』（青林書院新社，1973年）46頁以下〔伊東〕，谷口安平『倒産処理法

以上のように，旧法下の議論は，基本的には履行期の到来した債務の不履行の存在を前提要件としながら，履行のための資金の調達方法（無理算段か否か）を問題にするかどうかが相違点であった[16]と評価できる。ただ，このような見解とはやや異なる余地を見せる見解として，伊藤眞教授は，履行期到来の有無は明示的には問題にされず，ただ債務者の支払能力という客観的状態を重視されていた[17]。また，中西正教授は，「支払不能は，債権者の損失を最小限に抑えるという要請と，債務者の経済活動の自由をできる限り保障するという要請を，調整する概念である」という基本認識の下，「債務者が経済活動等により支払資金を債務の履行期までに調達する可能性が，一般的・継続的に消滅した時点が，支払不能であると，解するのが妥当であろう」とされている[18]。これは，履行期の到来した債務の不履行の存在を支払不能の要件として明確に否定する見解であり[19]，注目される[20]。以上のように，旧法の下でも，後述のような新法下の多様化した議論に繋がっていくような胎動の芽がすでに存在していたことには注意を要するように思われる。

〔第2版〕』（筑摩書房，1980年）74頁，大村雅彦『基礎講義破産法』（青林書院，1998年）67頁など参照。

16）　但し，前述のように，この点がどの程度意識されて論じられていたかについては，疑問の余地はある。

17）　伊藤・前掲注2）43頁参照。そこでは，「一時的な借入れなどによって弁済能力があるようにみえても，客観的に能力が不足しているとみられれば，支払不能と判断される」とされていた。

18）　中西正「ドイツ破産法における財産分配の基準（2・完）」法と政治43巻3号（1992年）120頁以下参照。なお，同教授は，この支払不能を，破産原因のほか，危機否認及び相殺制限にも共通の要件とされていた（同121頁）点も注目に値する。

19）　なお，中西教授は，このような要件化により破産申立ての濫用のおそれがあるならば，解釈論として，「破産手続開始原因としての支払不能と，危機否認の要件としての支払不能を分けて考えることも可能であろう」とされていた（中西正「否認権・相殺権」『倒産実体法・改正のあり方を探る』別冊NBL 69号（2002年）125頁参照）。ただ，このような解釈論は，定義規定を設けた新法の下では妥当する可能性が小さいことにつき，*1* 参照。

20）　なお，同教授の見解が，支払不能に関する近時のドイツの有力説（前掲注9）の「期間基準流動障害（Zeitraum-Illiquidität）説」）に依拠するものである点につき，中西・前掲注18）130頁注27参照。

3　新破産法下の議論

(1)　立案者の意図

以上のような旧法下の議論を受ける形で，新破産法における支払不能の定義規定（破2条11項）が設けられたものである。そこで，以下では，その解釈に関する新法下の議論を概観してみたいが，その前提として，このような規定を設けた立案者の意図について簡単に見ておきたい。

法制審議会における議論では，支払不能の概念について定義規定を設けるかどうか及びその内容について明示的な議論はなかったのではないかと思われるが，このような規定を設けた趣旨について，立案者は「『支払不能』（第2条第11項）は，破産手続開始の原因（第15条）であり，否認権（第162条第1項）や相殺権（第71条，第72条）においても重要な意味を有する概念であり，新法においては，これを明確に示す観点から，これまでの通説的見解に基づき定義規定を置いています」と説明している[21]。ここでは，この規律が旧法下の「通説的見解」に基づくものであることが明らかにされている。

そして，その内容については，「支払不能は，弁済期の到来した債務の支払可能性を問題とする概念ですので，弁済期未到来の債務を将来弁済できないことが確実に予想されても，弁済期の到来している債務を現在支払っている限りは，支払不能ではありません」（傍点著者）としている[22]。このような叙述は確かに旧法下の通説的見解を踏まえたものであるが，債務者が投売りや高利の借入れなど無理算段して支払を続けている場合については言及されていない。ただ，前述のように，旧法下では「無理算段説」が多数説であり，またこれに明示的に触れない見解もそのような場合に支払不能となりうることを否定したものとまでは断言できないことから，この立案者の見解でも，「無理算段説」をあえて否定したものと考える必要はないように思われる。

そして，このような見解は，立案段階でも示されていたところであり，特に，否認・相殺について支払不能基準を導入することに懸念を示していた論者に対

21)　小川秀樹編著『一問一答新しい破産法』（商事法務，2004年）30頁参照。
22)　小川編著・前掲注21）31頁参照。

しては，それを受け入れさせる方向に作用したものと評価することができよう。たとえば，銀行業界などからは，このような見解は「支払不能基準の導入に対する銀行側の懸念を払拭していく上で，最初のターニングポイントになった」という評価も示されているところである[23]。また，新法における解釈論としても，同旨の見解がすでに有力に存在する[24]。

(2)　伊藤眞教授の見解

しかし，新法下の議論は，著者の見るところ，必ずしも旧法下のように一様なものではない。そこで，いくつかの注目される見解を取り上げ，ここで検討してみたい。

まず，伊藤眞教授は，「特定の債務についてのみ弁済を行っていても，総債務についての弁済能力が欠ければ，支払不能にあたる」とされ，「一時的な借入れなどによって弁済能力があるようにみえても，客観的に資力が不足しているとみられれば，支払不能と判断される」とされる。また，「返済の見込みが立たない借入れなどを行うことによって，表面的には弁済能力を維持しているようにみえる場合であっても，客観的弁済能力が欠けていれば，支払不能状態とみなされる」（傍点著者）として，「無理算段説」を前提とされる[25]。

以上のような叙述は，基本的に旧法下の見解を維持されるものであるが[26]，特に注目される点として，新法下の改訂では，上記最後の引用部分について以下のような注記が付されていることがある。すなわち，「将来の債務不履行が確実に予測されても，それが現在の弁済能力の一般的欠乏と同視すべきものでないかぎり，支払不能とはみなされない」（傍点著者）という記述である。これは，換言すれば，将来の債務不履行の確実な予測が現在の弁済能力の一般的欠乏と同視すべきものであれば，それで支払不能となるということを意味する。その意味

23)　川田悦男「全銀協通達『新破産法において否認権および相殺禁止規定に導入された「支払不能」基準の検証事項について』の概要」金法 1728 号（2005 年）39 頁参照。

24)　たとえば，加藤哲夫『破産法〔第 4 版〕』（弘文堂，2005 年）76 頁は，「将来履行期が到来する多額の債務の弁済不能が予想されても，それによっては現在において支払不能とはいえない」とされている。

25)　伊藤眞『破産法〔第 4 版補訂版〕』（有斐閣，2006 年）72 頁以下参照。

26)　たとえば，伊藤眞『破産法〔全訂第 3 版補訂版〕』（有斐閣，2001 年）65 頁以下参照。

で，いかなる場合に「現在の弁済能力の一般的欠乏」との同視が可能であるかは必ずしも明らかではないが，少なくとも現実の債務不履行がない場合についてもそのような評価・判断の余地を残されているものと解することができよう[27)]。

(3) 松下淳一教授の見解

次に，松下淳一教授の見解である。松下教授は，新法において否認・相殺について支払不能基準が採用された意義を詳細に検討されるが，その中で，支払不能の具体的内容について，現実の不履行の要否を正面から取り上げられる。そして，結論として，「支払不能は客観的状態であって，弁済期の到来した債務について弁済できないものが現にあるという事態が発生している必要はない」（傍点著者）と明言され，「仮に弁済期の到来した債務を現に弁済していても，弁済資金調達のための，営業に必要な財産あるいは信用に基づいて購入した財産の廉売，返済の見込みのない借入，高利の借入その他非常な無理算段により弁済をしている場合には，支払不能を認定できるのである」とされる[28)]。

このような松下教授の見解は，単に旧法下の「無理算段説」を祖述されるもののようにも読めるが，現実のデフォルトの必要性を原則として否定される点で，原則と例外との逆転を含意されることはきわめて注目すべきであろう。前述のように，従来の通説は，無理算段した弁済の位置づけが明確ではなく，その内部に矛盾を内包していたように思われ，その意味で，松下説はその矛盾を，デフォルト不要を原則とする形で解消されるものとも言えよう。その結果，新法の文言にもかかわらず，むしろ客観的弁済能力が支払不能該当性を決する基準として正面から機能することとなり[29)]，「無理算段説」を超越する契機にもなりうるものと評価できよう。

27）伊藤教授は，旧法下の議論でも，履行期の到来している債務の不履行のみを問題にするという点を明確にされず，客観的な支払能力を強調されていた点で（*2* 参照），そもそも通説的見解とは微妙な相違があったと評価することができるかもしれない。

28）松下淳一「新たな否認権と相殺制限の理論的根拠」今中利昭先生古稀記念『最新倒産法・会社法をめぐる実務上の諸問題』（民事法研究会，2005 年）52 頁参照。

29）資産の廉売や高利の借入れは，弁済継続にもかかわらず支払不能を認定する特段の事情（そうだとすればその認定は厳格になる）から，客観的弁済能力を測定する例示（そうだとすれば他の場合にも支払不能を認める余地が生じる）へと，その意義を大きく転換することになろう。

(4)　中西正教授の見解

最後に，中西正教授の見解である。前述のとおり（2参照），中西教授は，旧法下においても，支払不能の概念について通説とは異なる見解を採られていたが，新法の下でその点をより明快な形で示されている。同教授の見解が，新法において否認・相殺禁止に関する支払不能基準を採用するについて大きな影響を与えたとされる[30]点に鑑みれば，新法の解釈においても重視される必要があろう。中西教授は，支払不能となる時点を「収益力の低下などにより債務の大部分をその履行期に支払えなくなった」時点であるとされ，より具体的には，「一方で債務者の積極財産，将来得られる収益，将来獲得可能な信用等の支払手段を確定し，他方で債務者が負う債務の額と履行期を確定し，このような支払手段からこのような債務を履行期が到来する順に支払うという計算を続けた結果，ある時点以後は債務の大部分を支払えない予測（高度の蓋然性）が成立した時点で（予測成立の時点であり支払不可能となる時点ではない）」支払不能が成立し，財産拘束の効果が発生すると理解される[31]。

以上のような中西教授の見解は，現実の債務の不履行はおよそ問題ではなく，あくまでもその「予測」が問題であるとされる点で，従来の通説的見解や新法の立案者の意図とは大きくその前提を異にするものである。ただ，支払不能を否認等の基準時とした新法の趣旨からすれば，このような理解も十分に成り立ちうると考えられるところであり，以下では，このような見解の成立可能性を検討してみたい。

4　若干の検討

(1)　現実の債務不履行の存在

まず，支払不能と認めるに当たって，現実の債務不履行が必要であるかどう

30）　たとえば，松下・前掲注28）41頁は，「今回の倒産法改正における偏頗行為否認および相殺制限についての支払不能基準の採用に大きな影響力があったと思われるのは，日本の破産法の母法であるドイツ破産法の歴史についての重厚な研究に支えられた中西正教授の一連の論文であると思われる」とされるが，異論のない評価ではないかと思われる。

31）　中西正「否認権」全国倒産処理弁護士ネットワーク編『論点解説新破産法（上）』（金融財政事情研究会，2005年）188頁以下参照。

かが問題となる。すでに旧法下の通説的見解の検討において示されたように，旧法下の通説も厳密には常にこのような必要性を前提とするものではなかったといえる。新法の下で，【事例 1】や【事例 2】についても常に支払不能を否定するという見解は多くないのではないかと思われる。立案者の説明でも，この点について明言されてはいないが，それが旧法下の通説的見解を受けたものであるとすれば，このような事例については支払不能を認めることが暗黙の前提となっている余地があると評価できよう。

そして，【事例 1】や【事例 2】のような場合を排除しながら，なお債務不履行を要件として維持するとすれば，このような場合は「債務の履行をしている」とは言えないとする見解が考えられないではない。つまり，債務の履行を評価的な概念として捉えるものである。しかし，通常はその弁済資金の調達方法やその経済的合理性に関係なく債務の履行の有無が判断されているとすれば，上記のような理解は通常の債務履行概念と大きく異なることになり，かえって概念を混乱させることになるように思われる。むしろ，松下淳一教授が適切に示されるように（*3*⑶参照），現実の債務不履行の存在は支払不能の要件から排除し，その上でいかなる要件を満たす場合に支払不能を認めるかを直截に検討する態度が相当であるように思われる。

⑵　「無理算段説」の評価

そこで問題となるのは，【事例 1】ないし【事例 2】と【事例 3】とを区別することができるかどうか，という点である。従来の通説である「無理算段説」は，このような区別が可能であるという前提に立っていた可能性がある。それでは，前者の場合に，通説的見解が支払不能を認めてきた実質的な理由はどこにあるのであろうか。通説は，廉価売却（【事例 1-1】）や高利の借入れ（【事例 2-1】）を念頭に置いていたと考えられるが，それが適正価格・適正利率の経済行為であった場合と投売り・高利であった場合とでは，実質的にどこが違うのであろうか。他の債権者Ｂの経済的な地位に与える影響という観点から考えれば，両者にそれほどの違いはないように思われる。高利の場合には，按分弁済の相手がＡから高利債権者に代わることによりＢの取り分が減る可能性はあるが，Ｂの債務の履行期が近い場合には実質的には問題にならないであろう。

むしろ従来の通説的見解が問題にしていたのは，そのような経済的に見れば無謀な行為の中に顕れた，現在の支払能力の一般的欠乏であったのではないかと考えられる。その意味で，これらの行為は弁済能力の欠乏を示す徴表としての意義を有するにすぎず，あくまで例示的なものにすぎないと考えられよう。換言すれば，「現在の弁済能力の一般的欠乏」は，当該弁済資金の調達を無理な方法で行うか（将来の収益の食いつぶしや不利な借換え等），なけなしの手元資金によるか，で法的な評価に差異はあるか，という問題ということになる。著者の見るところ，「現在の弁済能力の一般的欠乏」とはつまるところ，「将来の債務不履行の確実性」と同義であり，問題は債務不履行の確実性の段階の違いにすぎないのではないか。そして，現在Ａに弁済すれば，１週間後にＢに弁済することが不可能である高度の蓋然性が認められるのであれば，Ａに対する弁済資金の調達方法が，事業資産の売却によるか，借入れによるか，手元資金によるかは基本的に等価であると思われる。

上記の伊藤眞教授の見解（*3*(2)参照）は，そのような観点からも注目すべきものといえる。伊藤教授は，「将来の債務不履行が確実に予測されても，それが現在の弁済能力の一般的欠乏と同視すべきものでないかぎり，支払不能とはみなされない」とされるが，現在の弁済能力の一般的欠乏が認められないにもかかわらず，将来の債務不履行が確実に予測されるという事態はきわめて稀であり（後述の保険会社などの場合に見られるかもしれない），多くの場合は，将来のデフォルトが確実であると予測される事態に立ち至っていれば，もはや現在の弁済能力は一般的に欠乏しているのではなかろうか。

そして，実質的に考えてみても，【事例3】のような場合に，Ｂとしては，ＳがＡに弁済するのを，指を咥えて見ていなければならないのであろうか。債務者の財務状態がそのような段階に至っていれば，もはや，ＢにはＳの管理処分権に介入し，その時点でのＳの資産を平等に分配してしまう権限が付与されてしかるべきではなかろうか。中西教授の指摘されるように（*2*参照），そこでは，債権者の損失を最小限に抑えるという要請が債務者の経済活動の自由をできる限り保障するという要請をすでに上回っていると考えてよいのではなかろうか。けだし，個々の債務の履行期の先後にそれほど大きな意義を認める必要はないように思われるからである。その意味で，【事例3】のような場合には，Bには，破産手続の開始を申し立てる権限が付与されてよいし，事後的にAに対する弁済を否認して自己に対する比例弁済を求める権限が付与されてよいと思われる。

(3) 解釈論的検討

以上のような評価を新法の解釈論として主張することは可能であろうか。最初に述べたように（*1* 参照），新法の下では，支払不能概念の解釈論は破産法2条11項の条文の解釈という形で展開されなければならない。そこで，以上のような趣旨を前提にすれば，同条項は，「その債務のうち（現実に又は将来の時点で）弁済期にあるものにつき，（弁済期が到来した時点において）一般的かつ継続的に弁済することができない（と認められる現在の）状態」というふうに読むことになろう。「無理算段説」を前提にするのであれば，同条項の「弁済期にあるもの」という文言は必ず1つの債務が現に弁済期になければならないという意義をすでに失っていることになり，そこでは当然に将来の時点の弁済期をも問題にすることになる。したがって，弁済できない時点も現在だけに限られず将来の弁済期をも含むことは明らかである。その意味で，このような理解は決して奇異なものではなく，むしろ通説的な理解を前提にするものであると言ってもよいであろう。問題は，結局，どの範囲までの将来の事態を想定するかという点に尽きることになる。

その点で，遠い将来の債務不履行の可能性までを含むかという点が問題となる。たとえば，保険会社の倒産[32]のような場合には，現在の責任準備金の状況から，20年後・30年後に弁済期の到来する保険金債務の弁済ができないことが現時点で高度の蓋然性をもって予測されるような場合がなくはないと考えられる。そこで，このような場合になお，支払不能と認定できるかが問題となろう。前述の伊藤説（*3* (2) 参照）のような理解によれば，このような場合には未だ将来の不履行の確実性が現在の弁済能力の一般的欠乏とは同視できず，支払不能ではないと解されることになろう。著者の理解によれば，この点は結局将来の債務不履行の蓋然性の問題に還元できるように思われる。将来の経済状

32）　保険会社の倒産手続に関する問題については，本書第12章参照。

況については高度の蓋然性をもって語ることのできる部分は非常に小さく，たとえば，5年後・10年後に再びバブル経済が到来する可能性も決してゼロとは断言できないであろう。そうすると，たとえば20年後には保険会社の保有する資産の価値が大幅に増加し，支払能力を回復する可能性は常に残っており，高度の蓋然性をもって債務不履行を予測できるような場合はアプリオリに存在しないと言ってもよいであろう。その意味で，伊藤説のような理解とここで示したような理解とは，実際の場面ではそれほど大きな違いはないかもしれない。

以上のように理解された支払不能の概念は，やはり最初に述べたように，破産手続開始原因としても，否認・相殺禁止の基準時としても，同様に適用されるべきものである。行為規範としても評価規範としても，債務者の経済行為（債務履行）の自由を債権者が制限できる時点として妥当するものと考えられるからである。ただ，両者の場面で実際の判断の構造ないし結果は若干異なることが予想される。けだし，破産手続開始原因としては，それは純粋の将来の財務状況の予想の問題となり，裁判所は慎重な判断をせざるをえないと見られるのに対し，否認等の基準時としては，それは（結果として債務者がデフォルトに陥った後の）過去の事象経過の評価の問題ということになり，もちろん要件事実は（現実の債務不履行ではなく）あくまで過去の時点での債務不履行の見込み・予測の問題であるとしても，それを評価する材料としては，その後の実際の事象経過が存在しているのであり，それは必然的に裁判所の判断にも反映されることになると考えられるからである。ただ，もちろん理論的には，この点は，要件の差異の問題ではなく，事実認定の構造（間接事実・証拠等）の差異の問題にすぎない。

最後に，実際も議論になることが多いと考えられる問題として，企業の再建計画の合理性が支払不能に影響するか，という点がある。前述の全銀協の検証は次のように指摘している[33]。すなわち，「再建計画の合理性（実現可能性）は，基本的には将来の履行期における債務の弁済可能性の問題であるから，原則として，支払不能かどうかの判断基準として，再建計画の合理性が問題とな

33）「新破産法において否認権および相殺禁止規定に導入された『支払不能』基準の検証事項について（全国銀行協会平16・12・6全業会第78号）」金法1728号（2005年）49頁参照。

ることはない」としながら，「再建計画が明らかに合理性を欠き，支払不能の時期を先送りにするだけの目的で現在弁済期にある債務につき期限の猶予をしたにすぎないと認められるような濫用的な事例については，当該再建計画に基づく弁済がされている場合であっても，支払不能と認定される可能性がある」とする。確かに，再建計画がひとたび成立し，主要な債権者がそれに同意して，弁済期が一般的に猶予された場合には，それによって原則として支払不能は解消すると考えてよい。しかし，その再建計画の履行が不可能であることが高度の蓋然性をもって認定できるような例外的場合には，再建計画の成立にもかかわらず債務者の支払不能が解消しない場合もありうると考えられる。その場合には，高度の蓋然性をもって将来の債務不履行が予測できるからである。その意味で，支払不能か否かを決するポイントは，検証基準の指摘するような債務者の目的＝主観的意図というよりは，やはり再建計画の履行可能性＝客観的合理性にあると考えられる。ただ，実際には，高度の蓋然性をもって履行が不可能であるような計画を成立させる場合には，そのこと自体によって債務者に濫用的意図も認められるであろうから，実際の適用場面においてはその差異は小さいかもしれない。

（初出：新堂幸司＝山本和彦編『民事手続法と商事法務』
（商事法務，2006年）151頁以下）

［補論］　本章で論じた支払不能における債務不履行の存在の必要性という問題は，現在でも引き続き1つの解釈問題として論じられている。一般に，下級審裁判例は，従来の通説的見解を採用するものが多いようであるが（東京地判平成19・3・29金判1279号48頁，東京地判平成22・7・8判時2094号69頁など参照），未だ最高裁判所の判例は存しない。学説上は，本章のような見解は有力少数説という扱いが一般的であり，必ずしも十分な支持は得られていない。相対的に好意的な評価として，岡正晶「一寸先は闇」山本和彦編『倒産法演習ノート〔第2版〕』（弘文堂，2012年）341頁（「文言解釈としては難があるが，説得力のある見解である」）などがある。

第4章

清算価値保障原則について

1 はじめに
——問題の設定

本章は，倒産法におけるいわゆる清算価値保障原則について検討するものである。清算価値保障原則は，今回の倒産法抜本改正の中でも重要な意義をもつ概念としてさまざまな場面で言及されてきた。民事再生法の認可要件（民再174条2項4号）を典型に，会社更生法の更生担保権の評価基準をめぐる問題などでも議論の対象とされ，また特別清算においても新たに明示的な規定が設けられる（会社569条2項4号）など重要性を増している。実定法上は，「債権者の一般の利益」という表現が用いられることが多い[1]。

1）「債権者の一般の利益」について，旧和議法の下では，それが清算価値保障のみを意味するのか，履行の確実性をも独立の内容として含むのかについて議論があった。著者は，基本的には前者を意味するが，期待値として清算価値を保障しえていても履行の確実性が著しく低い場合には，独立の要件として認可を拒否することを可能にする意味があったものと解する（たとえば，和議条件では1億円の弁済も履行の確率20%，破産では1,500万円の配当となる場合，清算価値保障は満たすと解する余地はあるが〔1億×0.2＝2,000万＞1,500万〕，反対債権者に20%の確率に賭けよとはいえない〔その結果認可を拒否する〕という見方も成立しうる〔麻上正信＝谷口安平編『注解和議法』（青林書院，1985年）136頁〔福永有利〕も，清算価値保障の中で履行の確実性も総合評価の対象になるとされながら，独立の項目で履行の確実性も検討されており，上記のような趣旨ではないかと思われる〕）。しかしながら，この点は，新法では，民事再生法174条2項2号で「再生計画が遂行される見込みがないとき」が「債権者の一般の利益」とは別個の独立の要件とされたので，もはや「債権者の一般の利益」の問題にはなりえ

清算価値保障原則の意味については，「再生計画によって配分される利益が，再生債務者財産を解体清算した場合の配分利益，すなわち破産配当を上回ること」[2]とか，「個々の再生債権者から見れば，予想破産配当額が個別の同意なしに奪われることのない利益である，ということ」[3]とかの定義が一般的であり，あまり異論はないとみられる。ただ，より細かい適用の場面については，必ずしも明確なコンセンサスがあるわけではないようにも思われる。そのような認識の差異が現在，いくつかの具体例の中で表面化しつつあるように見える。

特に注目すべき裁判例として，東京高決平成19・4・11（判時1969号59頁）がある[4]。これは，再生計画を清算価値保障原則に反するとして不認可とした決定である[5]。この決定は，まずこの原則の定義について「再生計画の内容を総合的に判断して，再生債務者が破産したと仮定した場合に再生債権者が受けうる利益を下回る結果，再生債権者全体の利益に反する場合をいう」とし，本件ではその特殊事情に鑑み，関係者を除く債権者の利益を検討している。そして，相殺権を有する債権者2名については，破産であれば弁済期到来による相殺が可能であるにもかかわらず，民事再生では相殺の範囲が限定されるとし，担保権を有する債権者については，破産では別除権行使による回収や管財人と協力して任意売却による回収の可能性があるにもかかわらず，再生手続では担保権消滅請求の対象となりえ，不足額の1%の弁済に止まっているとして，いずれも破産した場合の利益を下回るものとする。そして，「大多数の債権者にとって再生計画案による弁済割合の方が破産の場合に見込まれる配当率を上回

ないものと解されよう。

2)　伊藤眞『破産法・民事再生法』（有斐閣，2007年）790頁参照。

3)　松下淳一『民事再生法入門』（有斐閣，2009年）149頁参照。

4)　新法下の裁判例としては，他にも，東京高決平成15・7・25金法1688号37頁がある。これは，監督委員が再生手続開始前の詐害行為取消訴訟を受継しなかった場合に，「債権者の一般の利益」に反するとして再生計画を不認可とした決定である。この決定の理解については，それが清算価値保障原則とどのような関係にあるかにつき議論があるが，その点については，菱田雄郷・判批・青山善充ほか編『倒産判例百選〔第4版〕』（2006年）167頁など参照（また，***3***(4)も参照）。

5)　もう1つの判示事項として，頭数要件の人為的充足について不正な方法による決議に相当するか（民再174条2項3号）という点も問題となった。この点については許可抗告審で取り上げられ，最高裁判所の判断が出ているが（最決平成20・3・13民集62巻3号860頁），本文掲記の部分については，残念ながら判断されなかった。

るけれども，一部の債権者について本件……のような事情があって破産の方が有利であるという事例と本件の場合を同等に考えることは相当でない」として，清算価値保障原則違反を認めて不認可決定をしたものである。

この決定は，いくつかの点できわめて興味深い判示をしたものと考えられる。第1に，単なる破産配当率と再生計画弁済率との比較ではなく，破産手続における他の方法による回収分（相殺や別除権行使等）をも考慮に入れて比較している点である。従来は相対的に単純な比較が想定されていたように見えるが，本決定の提示するような問題に対する一致した理解があったわけではないように見受けられる。第2に，債権者の大部分（又は全員）にとって不利益が生じなければ違反でないのか，債権者の一部（又は1人）にとって不利益が生じれば違反といえるかという点である。本決定は，前者のような理解を示したようにも見えるが，後述のように，この点は議論のありうるところであり，やはり明確なコンセンサスが形成されているとは言い難いようにも思われる。

このほかにも学説・実務上見解が分かれているのではないかと思われる点として，たとえば，内部債権者等について（実質的平等の原則に基づき）不利益な取扱いをする場合，その者が破産手続で受けられる配当よりも計画弁済額を少なくする権利変更ができるかという問題がある。典型的には，なにがしかの破産配当が想定される場合であっても，民事再生・会社更生における計画弁済をこれらの者についてゼロにまですることができるかという点である。これについて，有力な論者のうちでも，たとえば伊藤眞教授は肯定説をとられるように見える[6)]のに対し，松下淳一教授は否定説を採用されているものと解される[7)8)]。これは，破産と民事再生・会社更生におけるプライオリティ・ルール

---

6)　伊藤・前掲注2）765頁は，再生計画において，親会社や内部者の再生債権について全部免除を可能とされている。これは，破産における破産債権の配当がゼロである場合のみを想定されているとは思われず，清算価値を下回る計画をも肯定される趣旨と解されよう。

7)　松下・前掲注3）129頁注9は「仮定的清算配当を下回るような弁済を当該債権者の同意なしに定めることができるというためには，当該親会社や支配株主による貸付けが実質的には出資であるとの法律構成をする必要があろう」とされる。これは，（出資ではなく）債権という法律構成を維持する限り，そのような内部者にも清算価値の保障が及ぶという趣旨ではないかと思われる。

8)　また，山本弘教授も，民事再生法155条1項により人身事故に基づく損害賠償債権や

の変更（破産の形式的平等に対し，再生・更生の実質的平等）を清算価値保障との関係でどのように位置づけるかという問題を含むものであり，明確なコンセンサスを欠いているように思われる。

本章は，従来，清算価値保障原則に関してまとまった議論を欠いていたため，必ずしも共通認識が得られていないのではないかという問題意識から，実務上・理論上議論が生じている，また生じる可能性のある論点をいくつか取り上げて，若干の検討を試みるものである。検討の対象は，まず清算価値保障原則全般について総論的に，原則の意義・根拠，定義（債権者の総体に対して破産配当額以上の計画弁済が保障されていれば足りるか，個々の債権者ごとに配当額以上の計画弁済が保障されていなければならないか等），対象範囲（明文のある民事再生・特別清算のほか，会社更生も含むか）について論じ（*2*参照），次に各論的に，分母となる清算価値・分子となる計画弁済額の内容，比較の基準（破産配当率と計画弁済率のみを比較するのか，手続外の回収なども含めて手続の総体からの回収額を相互比較するのか等），制度間の差異の問題（プライオリティ・ルールの変更等がある場合でも，破産配当額が再生手続でも保障される必要があるか等），更生担保権の特殊性などの問題について順次検討していく（*3*参照）。

2　清算価値保障原則の意義
――総　論

(1)　清算価値保障原則の趣旨・根拠

まず，清算価値保障原則の趣旨ないし根拠がどのような点にあるのか，について考えてみる。この点について，伊藤眞教授は「再生手続は，再生債権者に対して破産手続以上の満足を与えるところに存在意義があり，再生手続の開始

下請業者の債権を優先できるとしながら，「その結果相対的に劣後する債権者に対する再生計画上の処遇が再生債権者の清算価値（破産的清算を仮定した場合の配当率）を下回るときは，当該債権者各自の同意が必要である。清算価値を債権者の意に反して奪うことは，債権者一般の利益（法174条2項4号）に反するからである」とされるが（福永有利監修『詳解民事再生法』（民事法研究会，2005年）494頁〔山本弘〕），これもプライオリティ・ルールの変更にもかかわらず，清算価値保障原則は及ぶ旨を当然の前提とされるように見受けられる（同旨として，松下・前掲注3）128頁注8参照）。

にともなって破産手続が中止され……，再生計画認可決定の確定によって破産手続が失効するのも……，そのことが根拠になっている」と説明される[9)]。これは，再生手続の破産手続に対する代替性に基づき，破産手続停止に対する代償をこの原則の根拠とされるものとみられる。

次に，中西正教授は，取引界が創出した，倒産による損失を回避する手段及びそのような損失の合理的な範囲への抑制を倒産処理の場面でも尊重・実現することが倒産手続でも必要であり，破産法はそのような調和を達成するのに適した分配基準を定立しているので，それが基本原則となり，倒産処理法全体に妥当するものとされる。これは，倒産手続において保障されるべき価値について何故破産手続が基準となるかに関して，破産法が損失分配の準則的な（モデル的な）調和を達成しているとの評価を前提にされるものと考えられよう[10)]。

また，水元宏典教授は，「債権者の多数によって再建計画案が可決され，正当に再建計画が実施される場合においても，少数派である反対債権者が債務者企業への再投資を強制されるべき理由はない」という点に同原則の根拠を求められる[11)]。これは，債権者の投資判断の自由を根拠に，清算価値保障原則を説明されるものと考えられる。

以上のような見解を前提に，著者なりにこの原則の根拠を考えると，次のようになる。まず，各論者が指摘されるように，破産手続における配当が債権者に与えられるべき価値であるとすれば，その配当機会を制約する以上，それに相当する弁済を債権者に保障しなければならないと考えられよう[12)]。それでは，なぜ破産配当が債権者に与えられるべきミニマムバリューとなるのであろうか。著者は，この点について「債権」の効力に立ち戻って考察する必要があると考える。つまり，一般債権者の債権の内容としては，強制履行力がある（民414条1項）。強制履行力とは，債務者が債務を任意に履行しない場合であ

9)　伊藤・前掲注2）740頁参照。
10)　中西正「更生計画の条項」判タ1132号（2003年）219頁参照。
11)　山本和彦ほか『倒産法概説』（弘文堂，2006年）24頁〔水元宏典〕参照。
12)　水元説も，なぜ清算価値が問題となる場合だけ投資判断の自由が問題となるのか（逆に言えば多数決で再生計画案が決議される場合すべてに反対者の投資判断の自由が問題とならないのか）という点を考えると，そこには，このような場合の清算価値の回収が反対者に保護されるべきという価値判断が先行しているのではないかと思われる。

っても，国家権力の力を借りてその内容を強制的に実現できる効力である。換言すれば，債権者が債務者の協力を得ることなく，自己の一存でその権利内容を実現する権利であるが，これは債権の有すべき最小限の内容として，その範囲では憲法上の「財産権」（憲29条1項）の内容をなすものと考えられよう。したがって，債権の強制履行力を奪う立法は原則として憲法に反するおそれがあるが，それが例外的に「公共の福祉に適合する」内容であれば，憲法に反しないことになる（同条2項）。そして，財産権に対して加えられる規制が同条項にいう「公共の福祉に適合するものとして是認されるべきものであるかどうかは，規制の目的，必要性，内容，その規制によって制限される財産権の種類，性質及び制限の程度等を比較考量して決すべきものである」とする[13)]。

さて，以上を前提にすれば，債務者に破産原因がある場合に，破産手続の中で債権の強制履行力をそのまま実現できないこととするのは，「公共の福祉」に基づく制約として相当なものと考えられる[14)]。ただ，それはあくまで実現プロセス（手続）の問題であり[15)]，やはり当該債権の財産的価値（内容）は保障される必要がある[補注1]。そうでなければ，財産権の制限の程度が制限の目的を超過するものになると思われる。その意味で，破産手続による配当額は，それが清算価値として強制執行において債権者が得ることができるものを保障するという意味で[16)]，「財産権」の内容をなしているという理解があるのでは

13）　最大判昭和62・4・22民集41巻3号408頁（森林法違憲判決）参照。

14）　これをそのまま保障すると，早い者勝ちの事態を招き，結果として弱肉強食の経済社会を招来することになるし，社会的効率性をも害することになる。そのような観点からの倒産手続の必要性の説明については，山本和彦『倒産処理法入門〔第3版〕』（有斐閣，2008年）1頁以下参照。

15）　なお，非金銭債権についてそのままの形での権利の実現を認めず，金銭債権の形でのみ実現を認める点も財産権の制約を含むが，同様の理由で正当化できよう。

［補注1］　このような考え方は，倒産法における一般実体法の規制原理に関する水元宏典教授の見解に触発されたものである。すなわち，水元教授は，そのような規制原理として，「債務者の倒産時における債権者の個別的権利行使の禁止に関する積極的規制原理」である「個別的権利行使原理」と，「一般実体法における権利の相対的価値を保障しなければならないという消極的規制原理」である「相対的価値保障原理」を提案されるが，本章が取り上げる清算価値保障原則は，そこでいうところの「相対的価値保障原理」の中核をなすものということができよう。

16）　これは，破産手続では当然に強制執行による売却代金が破産債権者に取得されることを前提にしている。強制執行を破産における換価の基本とし，それ以外の場合は裁判

なかろうか。以上のように考えると，再建型手続の場合にも，破産配当額に化体される債権の実質的価値は確実に保障される必要があり[17]，再生計画において清算価値保障原則違反があるとすれば，それは憲法違反（財産権侵害）のおそれがあることになろう[18]。

さらに，この原則の趣旨として，再生計画案の決議で反対した少数債権者の保護を前提とするのが一般的であると考えられるが[19]，それに対して，賛成債権者の保護をも含むとする少数説がある。たとえば，旧和議法について，谷口安平教授は，債権者の賛成が「誤解に基づくかもしれず」として，後者の理解を示唆されている[20]。この点は，解釈論としても，100％の債権者が賛成した場合にもこの認可要件が発動されるべきかどうかについて，結論を分ける可能性があろう（少数債権者の保護のみをこの原則の趣旨とすれば，100％賛成の場合には，清算価値保障原則違反を理由に不認可とする必要はないことになろう）。この点については，やはり問題は少数債権者の保護にあり[21]，100％同意の場合にはこの原則の適用はないと解してよいのではなかろうか[22]。賛成した債権者の

所の許可を要するとする破産法の規律（破78条2項1号・2号・7号等参照）はこの点を示していると考えられるが（裁判所が任意売却を許可するのは，強制執行の売却額を上回る場合に限られる），売却方法の許可に対する破産債権者の手続保障の規律（不服申立てを認めないこと等）が上記の趣旨から十分なものであるかなど，立法論としてはなお検討を要しよう。

17）　その点で，竹下守夫・判批・新堂幸司ほか編『倒産判例百選』（1976年）159頁は，会社更生における権利保護条項の制度について，権利保護の具体的方法が関係人の権利をその実質的価値において保障するものである必要があることを，憲法29条の財産権保護から導かれているが，正当なものとして賛成する。

18）　したがって，清算価値保障に反する再生計画に対しては，即時抗告審の判断に対して，（許可抗告とともに）特別抗告（民訴336条）の余地もあるものと解される。なお，憲法29条の規定が国民の個々の財産権についても基本的人権として保障する趣旨を有することについては，前掲注13）最大判昭和62・4・22参照。

19）　前述の見解の中では，水元説がその点を明言している。

20）　谷口安平『倒産処理法〔第2版〕』（筑摩書房，1980年）352頁参照。同旨として，加々美博久「和議の認否」判タ830号（1994年）406頁も参照。

21）　著者のようにこの原則の根拠を説明するとすれば，財産権の放棄はすべての者に許容されており，清算価値を保障しない計画案に賛成した債権者はそのような放棄を行ったものと解されることになろう。

22）　他の認可要件の関係では，民事再生法174条2項2号なども同じであろう。これに対して，同項3号は全債権者が同意しても適用されるし，1号の中でも公益的な趣旨を含むものについてはやはり全員賛成の場合にも適用がありえよう。

誤解のおそれを根拠とするのは余りにもパターナリスティックな発想であり，それは債権者の決議（同意）を骨格とする再建型手続の存在の根幹をすら危うくしかねない議論のように思われる。むしろ重要な点は，そのような「誤解」による賛成が生じないように情報開示の正確性等が確保されることであり，ありうる誤解の事実上の存在を前提に解釈すべきではないであろう[23)]。

(2)　清算価値保障原則の定義

次に，清算価値保障原則の定義についてみておきたいが，ここで最大の問題となるのは，これが債権者全体の利益を保護するものか，個々の債権者を保護するものか，という問題である。換言すれば，債権者に与えられる計画弁済として，債権者全体に対する総弁済額を基準に考えるのか（総弁済基準説），各債権者に対する個別の弁済額を基準に考えるのか（個別弁済基準説）について見解が分かれうる。たとえば，債権者がABCの3名で，破産では合計120万円の配当（ABC各40万円の配当）がされるべきところ，再生では合計150万円の弁済がされるが，ABに60万円，Cに30万円の弁済をする計画が可決された場合（それが実質的平等を満たすという前提である），総弁済基準説によれば，再生150万円＞破産120万円で不認可事由にはならないことになるが，個別弁済基準説ではCとの関係で清算価値の保障が図られておらず，不認可になることになる。そこで，解釈論としてもこの点が明確にされる必要があろう。

この点は，旧和議法の時代から存在した論点であるが，同法の下ではこの点について必ずしも明確に意識したとはみられない見解が多かった。たとえば，谷口安平教授は「可決された和議条件が極端に債権者に不利であるため破産配当を受けた方がむしろ有利と考えられる場合」とされ[24)]，羽田忠義判事は（強制和議に関して）「破産債権者が和議条件によって取得すべき利益と提供者の破

---

23)　民事再生では議決に加わらなかった債権者（債権届出はしなかったが失権しない債権者。たとえば自認債権の債権者）の権利変更の可能性もあるところ，手続に参加した債権者が仮に100％賛成していても，そのような債権者の利益を保護するために清算価値保障原則を適用すべきとの考え方もありうるが，手続参加を懈怠した債権者の保護のために，手続参加債権者の意思（一種の財産権放棄の意思）をオーバーライドするまでの必要はないように思われる。

24)　谷口・前掲注20）352頁参照。

産によって債権者が受けるべき配当とを比較して，前者の方が不利益である場合」とされるが[25)]，いずれも個別の債権者を問題とするのか，総債権者を問題にするのか明確ではない[26)]。また，旧和議法下の判例も同様であり，清算価値保障の考え方を確立した判例と考えられる大決昭和 14・12・22（判決全集 7 巻 4 号 16 頁）も「和議条件が債権者一般の利益に反するや否やは主として和議債権者が和議条件に依りて得べき利益と債務者の破産に依りて債権者が受くべき配当とを比較して之を判定すべきもの」とするが，総債権額が基準となるか個別債権額が基準となるかという問題意識は見受けられない[27)]。

これに対し，民事再生法及び会社更生法では，この点を意識しているとみられる見解が生じている。この点で，総弁済基準説によるのではないかと考えられる見解として，三木浩一教授の見解がある。三木教授は，「債権者の一般の利益」の要件について，「特定の再生債権者の利益ではなく再生債権者全体としての利益が，実質的に害されたことを意味する」とされ，典型例として，再生計画による弁済が破産手続による配当を下回る場合を挙げられるが，これは清算価値の比較についても総弁済による比較を意味されているものと解されよう[28)]。

しかし，このような見解は少数説に止まり，多数説は個別弁済基準説に依拠しているとみられる。この点を最も明確に論じられる伊藤眞教授は，会社更生の局面で「公正・衡平の原則は，あくまで各組に対して適用されるものであるのに対して，アメリカ法についていわれる清算価値保障原則は，それぞれの権利者に対して適用される」もので，このような原則が日本法（会社更生法）でも適用される結果，「会社更生においても各権利者の把握する清算価値は最低限保障されなければならない」と明言される[29)]。また，中西正教授もこれは

25)　斎藤秀夫ほか編『注解破産法（下）〔第 3 版〕』（青林書院，1999 年）644 頁以下〔羽田忠義〕参照。

26)　他に，霜島甲一『倒産法体系』（勁草書房，1990 年）536 頁なども同旨である。

27)　名古屋高決昭和 52・12・2 下民 28 巻 9〜12 号 1250 頁も同様であるが，これは債権者多数の同意があることから和議の方が一般債権者にとって有利と解して妨げないとしており，総弁済基準説に傾きうる内容を含んでいるようにも見える（個別弁済基準説によれば，論理的にはそのような「多数決による事実上の推定」は働き難いであろう）。

28)　園尾隆司 = 小林秀之編『条解民事再生法〔第 2 版〕』（弘文堂，2007 年）813 頁以下〔三木浩一〕参照。

「再生手続で各再生債権者に分配される価値は，仮に破産手続が行われた場合に各債権者に分配される価値と同等かそれ以上であることを保障する原則」であると解され，各債権者の問題であることを明示されている[30)]。このような理解は一般に広い支持を得ていると思われる[31)]。

著者もやはり個別弁済基準説が相当であると解する。前述のように，清算価値保障原則の意義を個別債権者の財産権の保障から演繹するとすれば，単に総債権者に対する弁済額が破産の総配当額を上回っているだけでは十分でなく，当然個々の債権者の弁済額が保護の対象になると解さざるをえない。後述のように，一定の債権者について手続上の理由に基づき不利益を与えるときはその結果として清算価値が保障されないことも認められうるが，プライオリティ・ルールの変更など実体上の理由に基づき異なる取扱いがされる場合には，破産における清算価値が下限を構成するものと解されよう。加えて，実定法上の根拠として，民事再生法236条の規定がある。同条は，個人再生における計画取消しの要件として「計画弁済総額が，再生計画認可の決定があった時点で再生債務者について破産手続が行われた場合における基準債権に対する配当の総額を下回ること」を問題にする。これは，認可要件としての清算価値保障原則を補足するものであるが[32)]，「計画弁済総額」はその定義上各債権者に対する弁済額を指すものと考えられるところ（民再231条2項3号参照），結局，清算価値が各債権者に保障される必要があるとの理解を前提にした規定のように見受けられるものである。以上の点から，個別弁済基準説の妥当性は明らかと思わ

29）　伊藤眞「会社更生手続における更生担保権者の地位と組分け基準」判タ670号（1988年）23頁参照。なお，この論文について，松下教授は「清算価値保障原則という言葉はそれまであまり使われなかったと思うのですけれども，この論文の中で明確に位置づけられたことで更生手続にとどまらず，倒産法学全体の基礎理論，各種権利者の固有権というべきものは一体何なのかということを考察するのに有用な枠組みを提示したわけです」と評されている（加藤新太郎ほか「座談会・伊藤民事手続法学と判例・実務」判タ1253号（2008年）23頁〔松下淳一〕参照）。

30）　福永監修・前掲注8）243頁〔中西正〕参照。

31）　他にも，須藤英章「更生計画による権利変更の基準」判タ1132号（2003年）222頁（「清算価値保障原則は，各種債権者に対する弁済の総額だけではなく，個々の債権者の弁済額についても必要とされる」），松下・前掲注3）149頁など参照。

32）　伊藤・前掲注2）883頁は「この取消事由は，清算価値保障原則違反を内容とするものである」とする。

れ，仮に前掲東京高決平成19・4・11が総弁済基準説を前提にしていたとすれば（*1* 参照），それ自体問題があったものと考えられよう。

(3) 会社更生手続における妥当性

総論として最後に，清算価値保障原則が会社更生手続においても妥当するかどうかを検討しておく。前述のように，この原則は民事再生手続及び特別清算手続については明文の根拠規定があるが，会社更生法には相当する規定がない。この点は旧法時代から規定がなかったところ，2002年（平成14年）の改正でもその旨の規律は設けられなかったものである。その結果，依然として，解釈論としては，そのような認可要件を認めうるかが議論の対象となりうる。

旧法下でこの点についての否定説を明らかにされるのは，青山善充教授である。青山説は，会社更生では，和議と異なり，担保権者や株主といった異なる種類の権利が変更の対象となるので，債権者一般の利益に代えて公正・衡平の原則（会更199条2項2号）を定めたものと理解される[33]。そして，このような理解は，旧法下においてはある程度一般的なものであった可能性を否定できない[34]。これに対して，明確に肯定説に立たれるのは伊藤眞教授である。伊藤説は，再建型手続の理念，開始障害要件（旧会更38条4号），清算計画案の決議要件（旧会更191条・205条）などから，解釈論として，清算価値保障原則を更生計画の認可要件であると主張されるものである[35]。そして，青山説に対しては，公正・衡平の原則は組分けされた各組相互間について適用されるものであるのに対し，清算価値保障原則は各債権者に対して適用されるものであり，その守備範囲を異にするとして批判される[36]。

伊藤説の以上のような主張は正当なものとして支持することができる。前述

33） 青山善充「会社更生の性格と構造（4・完）」法協86巻4号（1969年）439頁以下参照。但し，青山教授が「債権者一般の利益」の内実として清算価値保障原則を理解されているかは明確ではない。

34） たとえば，兼子一監修『条解会社更生法（下）〔第3次補訂〕』（弘文堂，1998年）600頁以下も，認可要件との関係でこの点にはふれず，和議の認可要件である債権者一般の利益に対応する形で，会社更生では，計画の公正・衡平性及び遂行可能性を説明しており，本文の青山説と同様の認識が見受けられる。

35） 伊藤・前掲注29）23頁参照。

36） 伊藤・前掲注29）26頁注43参照。

のように，この原則を財産権保障の憲法原則に由来するものと理解する限り，会社更生法がこれを認可要件としない（その結果，計画案に反対する関係人に清算価値を保障しない）立法であるとすれば，それは憲法違反の疑いすらあり，合憲的限定解釈の考え方からも，そのような認可要件を読み込む必要があるものといえよう。この点は，現在においては，ほとんど異論のないところであろう[37]。問題は条文上の根拠である。これを「当然の前提」とする見解もあるが[38]，解釈論としては，会社更生法199条2項1号を根拠とすべきであろう。更生計画の不認可事由は限定列挙と解する方がよく，解釈による拡大を認めることは原則として相当ではないところ，更生計画案の条項の必要条件として，関係人の清算価値を保障していることが，前述のとおり，会社更生法の解釈として導出されると考えられるからである。したがって，更生計画がそのような必要条件を満たさない場合には，「更生計画が法令に適合するもの」ではないことになり，会社更生法199条2項1号に反するものとして不認可事由となるという解釈が相当であろう[39]。

以上のように，清算価値保障原則は会社更生法でも認可要件となりうると解されるが，その場合，権利保護条項（会更200条）の意義が問題となる。この点を詳論される松下淳一教授によれば，権利の実質的価値の最低限は清算価値保障原則によってすでに保護されているとすれば，権利保護条項の役割は別に見出す必要があるとされる。そして，本来更生計画案作成の過程で権利者間の交渉の対象となるのは，継続企業価値と清算価値の差額（継続企業余剰）であ

37）　中西・前掲注10）219頁は「清算価値保障原則が倒産処理法全体に妥当する基本原則である点には，もはや異論はないように思われる」とする。ただ，そうであれば，立法論としては，その点を認可要件として明示すべきであったのかもしれない（もっとも，その場合，青山説の指摘するように，異なる利害関係人が存在する会社更生法では，「債権者の一般の利益」という概念を用いることはできず，異なる概念を用いることも混乱を招く可能性があったとすれば，その点が立法者がこれを明示するのに躊躇を覚えた原因かもしれない）。

38）　伊藤・前掲注2）790頁注67，須藤・前掲注31）222頁参照。

39）　旧会社更生法下で，伊藤・前掲注29）23頁は，旧会社更生法233条1項1号を根拠としていた。なお，山本ほか・前掲注11）466頁〔中西正〕は，会社更生法199条1項1号又は2号を根拠とするが，伊藤説が前述のように正当に指摘するとおり，2号は組ごと（異なる類型の関係人ごと）の権利変更のあり方を問題とするものであり，清算価値保障原則の根拠とはなりえないものと解される。

り，権利保護条項の役割は，清算価値の保障を前提にしながら，特定の組が不同意の場合にも更生計画による継続企業余剰の分配をどこまで受けられるかという観点から検討すべきものとされる[40)]。この点について，法律の規定からは，少なくとも更生債権者及び株主については清算価値の保障で権利保護としては足りるものと解さざるをえない。そうだとすれば，更生担保権についてのみそれを超えた保護を与える理由はないので，解釈論としては，権利保護の必要条件は清算価値の保障と考えざるをえないことになろう。ただ，松下説の批判はまことに正鵠を射たものであり，立法論としては，更生担保権には清算価値で足りる（担保権はそれを実行した際の回収額に相当する価値を保障すれば足りる）[41)] としても，更生債権については更生会社財産の時価相当額[42)] の保障を考える余地はあるのではなかろうか。

3 清算価値保障原則の内容
──各　論

(1) 保障されるべき清算価値の内容

各論としてはまず，清算価値保障原則において保障されるべき清算価値，すなわち分母の問題を検討してみる（計画弁済額を分子として，これが100％を超える必要がある）。この算定については，前述のとおり，債権者が債務者の協力なしに回収することができる財産価値として，破産手続における予想配当額が基本となろう。したがって，破産における固定主義を前提として債務者の将来収入は含まれないが[43)]，破産における否認によって回復可能な財産は含まれる[44)]。また，破産において想定される換価の廉価性も，この算定に際しては

40) 松下淳一「一部の組の不同意と権利保護条項」判タ 1132 号（2003 年）241 頁参照。同様の問題意識は，兼子監修・前掲注 34）645 頁にも見られ，そこでは，アメリカでは継続企業価値の保障が必要であるとしながら，日本法上は清算価値で足りるものとされている。

41) この考え方については，*3*(5)参照。

42) 計画案に反対して再建に協力しない債権者に対して，継続企業価値まで保障することは過剰な保護であると考えられ，継続企業余剰の配分としては，その一部，すなわち債権の公正な価値（資産の時価相当額の割り前）を保障すれば足りるのではなかろうか。

43) 前掲大決昭和 14・12・22，園尾＝小林編・前掲注 28）813 頁〔三木〕など参照。

考慮されるべきである。前掲注 27）名古屋高決昭和 52・12・2は，「破産においては多くの時間と経費を要し，有機的合目的々な財産処分を行いにくいため買いたたかれたりして，実際は少額の配当に終るのが普通であるのに対し，和議の場合は換価のための出費も少なくてすみ，破産を免れようとする債務者の経営努力と手腕を利用し，時宜をみての有機的合目的々な財産処分が可能なため，一般的には破産の場合よりも多額の配当が期待されている」として清算価値保障を肯定する。破産における廉価売却の実態についてそれが望ましいかどうかの議論はありうるとしても，清算価値保障の検討に際しては，現実に廉価にしか売却できないのが実情だとすれば，それをありのままに前提として反映すれば足りよう。

また，この清算価値は，通常債務者の財産を個別に売却する場合の価値を想定している。ただ，事業譲渡の可能性に関する検討が必要であるか否かは１つの問題となりうる。中西正教授はこれが「営業譲渡のように財産全体を売り払った場合の価値なのか」という疑問を提起され，そのように解するならば，「本来型の自力再建を目指す場合，更生会社は営業を買いたい第三者以上に有利な弁済を提案せねばならないことになる」とされる[45)]。また，水元宏典教授は，「一括譲渡の買い手が現に存在し，その提示額が解体処分価額を超えているときは，清算価値保障原則のもとで保障されるべき価値は，当該一括処分価額が基準となる」とされる[46)]。このような水元説は基本的に正当であると考えられる。やはり債権者には破産で現実に実現されうる配当額を保障する必要があるからである。そして，水元説は現実の買い手の存在を前提とされるが，仮に現実の買い手が現れていなくても，その出現が破産手続の下で合理的に予測されるような場合にも，やはりその予測された買い手の示すであろう価額が清算価値となりうるものと解されよう[47)][補注 2]。

44）　大決昭和 12・7・23 判決全集 4 巻 14 号 33 頁，前掲大決昭和 14・12・22 など参照。前掲注 4）東京高決平成 15・7・25 もこれらの判例の延長線上に位置づけることが可能であろう。

45）　中西・前掲注 10）219 頁参照。

46）　山本ほか・前掲注 11）24 頁〔水元〕参照。

47）　但し，債務者が破産していることによる価額の引下げ要因（事業価値の毀損）等の不利益は十分に考慮する必要があろう。

さらに，このような清算価値の判断の基準時が問題となる[48)]。従来は「漠然と再生手続開始の時点であると考えられてきた」ようであるが[49)]，近時は，認可の是非を判断する時点又はそれに近接する時点を基準にすべきとする見解が増加している[50)]。この点は，手続開始時よりも計画認可時の清算価値が減少している場合には，開始時を基準にして計画不認可で破産にしても，（手続中に失われた価値を回復する方途はないから）それにより債権者の得られるものは少なくなるだけである。他方，手続開始時よりも計画認可時の価値が増加している場合には，現在の価値よりも低い水準の再建計画を債権者が受け入れなければならない必然性はない。そうだとすれば結局，計画認可に最も近接した時期を基準とするのが相当ということになり，濱田芳貴弁護士の見解など近時の有力説に賛成する[51)]。確かに手続開始時を基準とする財産評定（民再124条1項）との関係で問題は残るが，以上のような理論的な基準時を前提に，あとは

［補注2］ ここでいう「予測された買い手」というのは，あくまでも破産手続の中でその登場が合理的に予測される買い手である。再建型手続であればともかく，債務者に対する破産手続の開始は，債務者の企業価値を大きく毀損することが通常であり，そのような手続の下でも事業を一体的に買い受ける者が出現する可能性は低く，出現してもその価額は廉価になることが一般的であろう。

なお，上記の範囲で一括処分価値が清算価値となる旨の叙述と，前述の債権者が自己の一存で実現できる権利内容が清算価値として保障される趣旨の叙述との関連が問題となる。著者としては，一般債権者は自らの一存で破産手続を開始することができるところ，破産手続では破産管財人は善管注意義務を負う結果として一括処分が高価になる場合にはそれを行う義務がある場合があり，そのような場合には債権者の一存で当該価格の実現が可能となると解されることによる。もちろん，善管注意義務には管財人の裁量が含まれるので，ここで一括処分価格が清算価値保障の対象となるのは，管財人の裁量を考慮しても必ず一括処分がされるべき場合（換言すれば一括処分でなければ善管注意義務違反となる場合）に限られ，本文で叙述した場面の適用範囲は実際にはきわめて限局されていると解される。

48） この点は近時，濱田芳貴「再生計画と清算価値保障原則」金判1258号（2007年）2頁以下が詳細に論及されるところである。

49） 濱田・前掲注48）2頁参照。但し，この点を明確に述べる見解は少ない。

50） 濱田・前掲注48）4頁参照。同旨として，中井康之「財産評定をめぐる二，三の問題」事業再生と債権管理105号（2004年）96頁以下参照。また，園尾＝小林編・前掲注28）481頁〔松下淳一〕が「認可決定時に近接した時点での財産評定の方がより適切である」とされるのも同旨であろう。

51） 他にこのような解釈が正当化される傍証として，清算価値保障原則を体現するとされる（*2*(2)参照）民事再生法236条も，「再生計画認可の決定があった時点で」の清算価値を問題としており，法律もこの立場に立つことを示唆するように思われる。

手続運営の合理性の問題として別途検討すれば足りよう[52]。

(2) 計画による弁済の内容

次に，再生計画等による弁済の内容，つまり清算価値保障の判断における分子の問題である（清算価値を分母として，これが100％を超える必要がある）。これについてはまず，分割弁済の計画の場合に，将来の計画弁済額の現在価値への引直しの必要が問題となる[53]。たとえば，1年後に弁済される100万円をそのまま100万円としてカウントするか，その間の中間利息を控除して現在価値を算定するか（中間利息を5％とすれば，現在価値は95万円として算定するか）という問題である。この点は，後者のように，将来の弁済額については中間利息を控除して現在価値に引き直して清算価値と比較すべきであろう[54]。これは純粋に経済価値の比較の問題であり，現在受領できる配当額と将来受領できる弁済額とを単純に額面額で比較することは正確な経済価値を反映しない結果になるからである[55]。ただ，控除すべき中間利息は必ずしも法定利息や債権の約定利息である必要はなく，現実の運用可能性等を考慮して設定することが認められよう。

また，計画による弁済の蓋然性についても考慮されることになる。一般的な理解として，総合的評価の必要性の一環として，履行の確実性が考慮されるべきものとされるのは，このような趣旨によるものと考えられる[56]。これはつ

52）　この点で，中井・前掲注50）97頁は，清算価値保障の有無はまず財産評定の結果に照らして判断されるが，それに異論のある者が自ら認可時に近接した財産状況についての資料を提出することにより争うことができるとするが，適切な見解と思われる。

53）　これは，更生担保権に対する弁済について利息が必要か（利息が付されなければ免除を伴うことになるか）という議論（この点は，伊藤眞ほか編『新会社更生法の基本構造と平成16年改正』（ジュリスト増刊，2005年）166頁以下参照）とも関連するが，そのような意味では，利息を不要としても，清算価値の算定との関係では中間利息の控除は必要とする見解は成立しうる（そのような見解を示唆されるものとして，同書168頁〔伊藤眞〕は清算価値保障との関係では，実質価値で比較する必要を認める）。

54）　麻上＝谷口編・前掲注1）136頁〔福永有利〕が据置期間や分割弁済期間の長さに加えて「その間の利息等の有無」をも考慮要素とするのは，その趣旨か。

55）　学説が清算価値の保障について一般に弁済の時期を考慮すべきものとするのは，このような趣旨と解されよう。

56）　たとえば，園尾＝小林編・前掲注28）813頁以下〔三木〕参照。前述のように（注1）参照），旧和議法の下では，この点を独立の不許可事由として構成する見解も有力で

まり，弁済の期待値の問題であり，仮に3年後に100万円の弁済が計画条項に記載されているとして，それについては，前述のように，まず3年分の中間利息を控除する必要があるとともに，弁済の確率（つまり計画履行の確率）が80%であれば，それにより割引する必要もあるということである[57]。履行率80%の計画弁済とそれが99%の破産配当とを同じ平面で比較することはやはり相当でないからである。

(3) 破産手続外の回収の考慮

以上のような要素を考慮しながら，破産による予想配当額を分母に，再生計画による弁済額を分子にして，それが1を超える場合に初めて再生計画は認可できることになる。ただ，さらにいくつかの問題がある。まず，前述のように，前掲東京高決平成19・4・11が提起した問題であるが，破産手続において破産債権者が破産配当以外の形で債権回収を図ることができる一方，同様の回収が再生手続ではできない場合に，その分の回収額を破産配当額にプラスして清算価値を考えるべきか，という問題が設定できる。破産における相殺による回収や別除権の行使による回収である。

まず，破産では相殺できる債権者の利益保護の問題である。これは，破産法において相殺権の範囲が拡張されている場合，たとえば期限付の受働債権による相殺等（破67条2項参照）の場合に，そのような相殺が認められない民事再生（民再92条）の場合よりも多くの回収ができる可能性がある。たとえば，100万円の確定期限付債務を負担する破産債権者は，200万円の破産債権を有するとして，破産配当が10%である一方，再生手続では債権届出期間内に当該期限が到来せず，計画弁済が20%である場合，破産では相殺分100万円と配当分10万円の110万円の回収が可能となる一方，民事再生では20万円の計画弁済しか得られない結果になる。これが清算価値保障原則に反するかが問題となるが，このような破産と再生の規律の差異は，相殺権の保護の必要性や手

あったが，清算価値保障原則との関係でも総合的考慮事由の1つとして挙げることが一般的であったと思われる。

57） 民事再生法の下では，履行の確率が著しく低い場合にはそれ自体が独立の不認可事由（民再174条2項2号）を構成することになるが，この点は注1）も参照。

続の円滑な進行に関する手続的な理由に起因するものであり，破産法におけるそのような相殺による回収までが財産権の保護の範囲に含まれるわけではないと思われる。したがって，相殺による回収の可能性は清算価値としてカウントする必要はないと解される。

また，破産では別除権とされる担保権についてその任意売却による回収の可能性を前提とすれば，再生における担保権消滅の可能性や更生における更生担保権の計画弁済を上回った債権回収の可能性がある場合である。この場合には，担保割れの手続債権部分の清算価値は保障されていても，総額としては再建型手続における回収の方が少なくなる可能性も否定できない。そこで，清算価値保障原則の適用が問題となるが，そもそもこのような任意売却による増価分を担保権者に保障する必然性はないと考えられる。担保権者が把握している価値はあくまでその一方的な意思に基づき実現できるもの（換言すれば債務者の協力なしに実現できるもの）に限定されていると解されるからである[58)]。したがって，財産権の保護としては，担保権実行による回収額（処分価額）を保障すれば足り，今まで述べてきたような意味での清算価値が保障されれば足りるものと解される。

結局，これら（相殺権も含めて）広い意味での担保権の保護の問題については，民事再生等再建型手続では，手続上の理由から，何らかの形で担保権の制約が前提となるものであり，破産と同等の保護を担保権者に与えなくても，直ちに清算価値保障原則に反するものではないと解してよいであろう[59)]。

(4)　優先秩序等に係る制度の相違による清算価値の不達の評価

次に，(3)の問題とも関連するが，再建型手続と破産手続との間で，優先秩序等の制度の相違があり，その結果として破産による回収の方が多くなる場合を

58)　このような担保権の取扱いに関する著者の基本的考え方については，本書第6章参照。

59)　ただ，政策論としては，可及的に清算価値に近い価値が保障される制度を構築する必要はあろう。このほか，再建型手続における担保権の実行の中止・禁止の結果，その間に担保価値が下落して，結果的に破産であればより迅速に多額の回収が可能であったという場合が生じうる。これもそれが直ちに清算価値保障原則に反するものではないが，そのような事態がなるべく発生しないような制度や運用が求められることは間違いのないところである。

どのように考えるか，という問題が設定できる。いくつかの具体的問題が想定される。

まず，前述のように，現実に議論のある論点として，実質的平等の観点から内部債権者等を劣後扱いする場合に，清算価値を下回るような弁済しか与えないような計画条項まで可能かという問題がある。たとえば，1億円の内部者債権で，破産配当が5% の場合に，内部債権者の債権を完全に免除するなど500万円を下回る計画弁済しか与えないことはできるかという問題である。両論ありうるところであるが，著者は，そのような取扱いを認めることは困難ではないかと考える。これは結局，内部債権者等債権者の属性を根拠に財産権の保護の範囲を制約するということになるが，そのような制約の利益は公共の利益に当たるとまでは言い難いし，そのような実体的な理由で，実体権が本来有する保護を剥奪することはできないように思われるからである。したがって，実質的平等に合致して劣後扱いをするとしても，破産配当による清算価値が下限となり，それを超える部分についてしか権利変更はできないということになろう[60)]。

次に，破産法上の非免責債権の取扱いも問題となりうる。このような債権は，破産手続での配当如何にかかわらず，結局，破産手続では権利変更しえないものである。したがって，破産手続終了後まで視野を広げれば，論理的には100% の回収すら不可能ではない。そうだとすると，民事再生等でも権利変更することはできないという議論もありうることになる。しかし，これは解釈論としては支持できないと解される。けだし，個人再生において一部の非免責債権について明文で権利変更を否定している（民再229条3項）趣旨は，逆に言えばその他の非免責債権や通常再生では，破産の非免責債権であっても，権利変更が可能であることを当然の前提とするものと考えられるからである。この点は清算価値保障原則の射程とも関係するが，あくまで手続内の弁済と配当とを比

---

60)　もちろん，出資と同視して劣後扱いをしたり，損害賠償債権の充当分として劣後させたりする解釈問題はありうる。また，一定の内部債権者について信義則によって破産手続への参加を否定するような解釈が可能である場合には，清算価値はゼロとして再建型手続の計画弁済を決定できるものと解される。これらの議論については，高橋宏志「債権者の平等と衡平」ジュリ1111号（1997年）158頁以下，伊藤眞ほか編『新破産法の基本構造と実務』（ジュリスト増刊，2007年）360頁以下など参照。

較するものであり，手続終了後（免責後）の状況まで含めて，破産の場合と比較するわけではないという理解が前提になっていると解されよう。

また，破産手続と再建型手続との間で具体的な権利について権利の区分の相違があり，その結果として取扱いの差異が生じ，破産回収額が再建型手続では債権者に保障されない場合がありうる。たとえば，租税債権は，破産では一部財団債権とされるが，会社更生ではそれが優先的更生債権に止まることもある[61]。それについての権利変更は清算価値保障を害しないかという問題である[62]。原則としては，債権の区分についても，清算価値保障の趣旨は妥当すべきであろう。やはり公共の利益に相当する理由がなければ不利益な区分はできないと考えられる。ただ，租税等の請求権の債権者に限ってみれば，公共団体にはそもそも憲法上の財産権保護は直接には及ばないと理解できるところ[63]，区分の合理性や取扱いの相当性等を考慮して判断すれば足りるのではないかと考えられる。換言すれば，直ちに同原則の問題とはならないが，その趣旨を踏まえた慎重な取扱いが制度・運用において必要であるということであろうか[64]。

また，否認権の行使について，前述のように，否認において回収できる財産も清算価値に含まれるとするのが一般的な理解である[65]。このような理解は

61)　なお，私人の債権については，これに相当する形で，債権区分の相違による清算価値保障の問題が生じるものは（現在の規律では）存在しないように思われる。たとえば，労働債権については破産で一部財団債権とされるが，それよりも再生・更生の扱いは常に優遇されており，全体として清算価値保障の問題は生じないと解される。

62)　現状では，租税等の請求権についてその権利に影響を及ぼす定めをするには，徴収権者の同意を要する（会更169条参照）ので，実際上は，問題になることはないと思われる。ただ，理論的には，上記の規定を削除するようなことが清算価値保障原則との関係で可能か，ということなどが問題となりうる（あるいは労働債権者の保護の範囲を破産と再建型との間で変えることが可能かという点も問題となりえよう）。

63)　法人と人権については憲法学上さまざまな議論があるようであるが（たとえば，大沢秀介「法人と人権」法教190号（1996年）26頁以下など参照），私法人はともかく，国・公共団体等公法人の人権享受適格を認める議論はないように見受けられる。なお，法人については自然人よりも憲法上の財産権の制約が広がる可能性については，巻美矢紀「経済活動規制の判例法理再考」ジュリ1356号（2008年）39頁など参照。

64)　そして，現行法による前述の取扱い（注62）参照）は，そのような慎重さの要請を満たしていると考えられよう。

65)　特別清算においても清算価値保障が求められるが（会社569条2項4号），その典型

相当であるとしても，再建型の手続においては否認権を行使する手続機関に一定の裁量が認められると解される場合[66]，その裁量に従って否認権が行使されない結果，清算価値が保障されない場合があるとすれば，それをどのように考えるかという問題がありうる。前掲注4）東京高決平成15・7・25については，再生手続による計画弁済が破産の場合を下回るとしても，それが民事再生法により監督委員に付与された裁量権の範囲内であれば，制度間の相違であり，直ちに清算価値保障原則に反するものではないとの理解もありうる[67]。しかし，そのような理解は相当ではないであろう。けだし，債権者に対して清算価値を保障しない状態にまでする裁量権は，やはり手続機関には付与されていないと考えるべきであるからである[68]。否認権を行使しない結果として清算価値が保障されないならば手続機関は必ず否認権を行使すべきであり，それを行使しないまま策定された再生計画には当然不認可事由があるものと解される。

的な場面としては，破産では否認による回収が可能であるのに，否認制度をもたない特別清算ではその部分が配当対象にならず，結果的に清算価値を協定弁済できない場合が想定されていた。山本・前掲注14）238頁，松下淳一「特別清算」ジュリ1295号（2005年）106頁など参照。

66） この問題設定の前提としては，再建型の手続機関の裁量権は破産管財人の裁量権よりも否認権不行使について広いものが認められているという考え方がある。つまり，事業の再建を図るために，破産であれば否認するような取引も見逃し，それによって再建計画への同意の調達等の協力を取り付けるというような手続機関の判断が認められるという理解である。ただ，このような前提自体必ずしも確固としたものとは言い難い。たとえば，清水直『臨床倒産法』（金融財政事情研究会，1981年）278頁は，「破産管財人・更生管財人としては，否認権行使の対象となる行為を発見したときは，勇猛果敢にこれを否認する態度を堅持すべきであって，更生管財人といえども，商取引を重んずるあまり，否認権行使について安易に妥協したり躊躇することは許されない」として，練達な実務家の観点からも，そのような扱いの差異は認め難いとするようである（同旨は，再生手続の監督委員にも妥当しよう）。その意味で，本文の叙述は，このような前提をクリアした後に生じる問題である。

67） これに対し，菱田・前掲注4）167頁は，清算価値保障原則とは独立に，監督委員の受継義務違反により再生債権者にとってより有利な再生計画を作成する機会を逃したこと自体を不認可事由とする解釈を採用したとみるのが自然であろう，とする。しかし，そのような内容については，東京高裁決定の掲げる4号の不認可事由に含まれうるか，疑問もあるように思われる。

68） 前述のような趣旨（注66）参照）で手続機関の裁量権が仮に認められるとしても，それは否認権不行使によってそれを上回る利益が債権者に保障される場合に限るべきであり，そのような前提が妥当すれば（それが計画弁済に反映して）必ず清算価値は保障されることになるはずであろう。

以上のような議論は，一般的に言って，破産手続による配当が準則的なモデルとなるという考え方（前述*2*(1)の中西説のような考え方）とどのような関係に立つであろうか。著者は，前述のような中西説の理解は，原則としては妥当なものと考える。ただ，それによっては説明できない場合もあり（(3)で見た広い意味での担保権の取扱いもそれに当たろう），再建型法制が破産とは制度を変えている実質的な理由（特にそれが手続的理由によるか実体的理由によるか）や清算価値保障の趣旨などを総合的に踏まえて，個別の問題ごとに考えていかざるをえないのではないかというのが著者のとりあえずの結論である。

(5)　更生担保権に係る清算価値保障原則

以上において清算価値保障原則の一般的な論点について検討してきたが，最後に，更生手続特有の問題である更生担保権に係る清算価値保障原則のあり方について考えておきたい。この点については，前述のように，かつては会社更生における清算価値保障原則の適用の有無自体に争いがあったが，今日ではその点の争いはほぼなくなり，より具体的な論点に関心が移っているが，特に更生手続における特有の問題である本件論点は検討に値すると思われる。この問題については，近時の松下淳一教授の問題提起が重要であろう[69]。すなわち，松下教授は，まず処分価額でフルカバーされている更生担保権とフルカバーされず時価との差額の部分を有する更生担保権とでは実質的に地位が異なるとされる。なぜなら，前者の担保権については，清算価値保障原則の妥当性を前提にすれば多数決で権利変更はできないのに対し，後者については，時価と処分価額の差額部分については，一般債権者として保障されるべき清算価値を確保すれば[70]，それを超える部分については権利変更の対象にすることが可能な

69）　松下淳一「更生手続における『時価』について」事業再生研究機構財産評定委員会編『新しい会社更生手続の「時価」マニュアル』（商事法務研究会，2003年）231頁以下参照。

70）　松下・前掲注69）233頁以下参照。この点については若干の注意を要するところである。たとえば，1億円の被担保債権で，競売価格3,000万円・時価5,000万円の不動産担保を有している担保権者を想定してみよう。この債権者は，破産では，担保権を実行して3,000万円の配当，残りの7,000万円について10％配当の700万円，合計3,700万円の回収ができるとする。他方，更生では，更生担保権が5,000万円の60％弁済で3,000万円，更生債権5,000万円には12％配当で600万円とする更生計画が可能か，と

性質のものだからである。したがって，両者の地位の相違に鑑みれば，更生計画において両者は取扱いを変える（不平等な扱いをする）必要があり，また決議の際の組も別々にすることを原則にすべき，と主張されるものである。

以上のような松下教授の問題提起は基本的に妥当なものであるといえるが，なお考えるべき問題点は残っているように思われる[71]。そもそも更生手続において更生担保権という構成がとられているのは，担保権の実行権という実体的地位を制限し，更生手続に協力を求めるにあたり，その結果である継続価値余剰の一部を担保権者にも配分することにあると考えられる。しかるに，処分価値でカバーされている担保権については，清算価値保障からして，そもそも期限を猶予する等しか権利変更の方法はない（そしてその場合も中間利息を控除して比較する必要がある。(2)参照）。その意味では，実質的に担保権をそのまま認めるに等しいものであり，担保権者を手続に取り込むための更生担保権という構成の必要性に疑問が生じる[72]。他方，処分価値でカバーされない担保権については，前述のように，権利変更が可能である。しかし，このような権利者は，定義上処分価額からみれば担保割れになっているのであり，仮に担保権の実行を許しても本来無剰余取消し（民執63条）になるべきものである。そうであるとすれば，担保権実行が禁止される対価として，事業再生から生まれる利益を（時価という形で）一部とらせているとすれば，なぜこのような者にまで対価を与える必要があるのか，説明できないように思われる。結局，更生担保権

いう問題が生じる。これは，更生担保権及び更生債権を個々的に見れば（その弁済率を比較すれば）清算価値の保障は達成されているようにも見える。しかし，債権者全体で見れば，破産で得られる3,700万円に対し，更生では3,600万円しか得られていない。これはやはり清算価値保障を満たしていないものと解される。どこに問題設定の誤りがあるかといえば，更生担保権については，競売価格3,000万円に加えて，時価による処分価値の超過部分（2,000万円）については，本文掲記のとおり，一般債権と同様の清算価値の保障が必要である結果，更生担保権に保障されるべきは，3,000万円＋2,000万円×0.1＝3,200万円となるので，上記計画は更生担保権について清算価値保障原則に反する結果となるのである。それを前提にすれば，上記債権者については，更生手続では3,800万円の清算価値が保障されるべきであり，債権者単位で見ても破産に比べて不利にはならない結果になろう。

71）　以下については，山本和彦「コメント1」事業再生研究機構財産評定委員会編・前掲注69）243頁以下も参照。

72）　後述のように，民事再生の住宅資金貸付債権（民再196条以下）などと実質的には同じ地位になろう。

について清算価値保障原則を適用し，その趣旨を突き詰めていけば，そもそも更生担保権という構成の相当性自体に疑問を生じる側面があるように思われる[73]。

更生担保権に対する清算価値保障原則の適用の明確化は，間違いなく理論的には正当なものであるが，結果として以上のような根源的疑問を提示する結果となる。そのような点を考慮すれば，立法論としては，担保権については，清算価値（処分価額）を基礎として，更生計画による全額弁済をするものとし（その場合には，中間利息を考慮して現在価値を全面的に保障する必要がある），その余の部分は更生債権にしかならないとする方向が理論的には正当であるように思われる。そうだとすると，担保権者に議決権を付与する必要は基本的になくなるのであり，民事再生の住宅資金貸付債権と同様の地位を保障し（注72）参照），権利変更の内容については，その財産権を実質的に保護するような形で法定するような方向が望ましいのではないかと思われる[74]。

4　おわりに

以上，本章では，清算価値保障原則についてさまざまな観点から検討してきた。本章の基本にある考え方は，清算価値（破産において配当される価値）は債権者の実体権＝強制履行権（財産権）の内容として，常に保障されるべきものとする考え方にある。ただ，再建型法制と破産法とで規律が異なることによって清算価値の保障がされない場合はありえ，その場合は，そのように規律が異なる実質的理由や清算価値保障の趣旨などを総合的に踏まえて，例外的扱いの当否が検討されよう。以上のような考え方を前提に，本章では現在議論されている若干の具体的問題を取り扱ってみたものである。本章は主として理論的な分析に係るものであるが，実務的にこのような考え方が受容可能なものである

73）　アメリカのように，更生担保権については，担保権者ごとに組分けをすれば問題は少なくなるが，それも（権利保護条項によって保障すべき価値如何にもよるが）更生担保権という形で一類型の権利者群を構成することの当否がやはり問われるように思われる。山本・前掲注71）において「更生担保権の重力崩壊」と評した所以である。

74）　これは，担保権の手続への取込みを基本とする会社更生手続自体の本質を大きく変更するものとなり，民事再生手続との融合の可能性を示唆するものになるかもしれない。

かどうかの検討，また，清算価値保障原則は米国法に由来する概念であるが[75]，同国における近時の議論等も含めて，比較法的な検討も必要と考えられるが，これらの点については今後の課題としたい。本章は，結論としては目新しい部分は少ないのではないかと思われるが，前記のような裁判例の出現も受けて，この問題についての今後の議論が展開していく契機となれば幸いである。

（初出：青山善充先生古稀祝賀論文集『民事手続法学の新たな地平』
（有斐閣，2009 年）909 頁以下）

75）　アメリカ法上は，「最善の利益のテスト（best interest test）」と呼ばれるものに相当する。アメリカ法の規定の経緯については，伊藤・前掲注 29）26 頁注 44 参照。

Ⅱ　担保権の取扱い

第 *5* 章

倒産手続におけるリース契約の処遇

1 はじめに

大阪地決平成 13・7・19（金法 1636 号 58 頁）は，リース契約の性質について，ユーザーが取得した利用権について再生債権であるリース料債権を被担保債権とする担保権を有するものとし，民事再生法 148 条の担保権消滅請求の適用について，再生手続開始前のリース契約の解除＝利用権の消滅によりリース会社に完全な所有権が帰属し，本件動産はすでに手続開始当時再生債務者財産ではなかったとして，リースが同法 53 条所定の担保権に該当するか否かについては判断しなかった。著者はリース契約の性質に関する本判決の判断に全面的に賛成する。ただ，担保権消滅に関する判断においてはこれが必ずしも貫かれていないように見えるし，消滅請求の対象性については，なお空白が残っている。そこで，本章では，上記のようなリース契約の性質の理解を貫徹すると，倒産手続におけるリース契約の扱いがどのようになるべきかを検討することを目的とする。

以下ではまず，リース契約の法的性質について確認した（*1*）後，それを前提とした倒産手続における扱いを総論的に検討し（*2*），最後に，各論的に，中止命令，再生手続における担保権消滅請求，そして現行会社更生法で導入された担保権消滅手続におけるリース契約の扱いを考えていくこととする（*3*）。なお，紙幅の関係上，文献の引用は最小限に止める。

2 リース契約の法的性質

リース契約の法的性質について，周知のように，判例は賃貸借説を採らず，いわゆる金融契約説（担保説）を前提にしている。すなわち，最判平成7・4・14（民集49巻4号1063頁）は，フルペイアウトのファイナンス・リース契約の「実質はユーザーに対して金融上の便宜を付与するものであるから，右リース契約においては，リース料債務は契約の成立と同時にその全額について発生し，リース料の支払が毎月一定額によることと約定されていても，それはユーザーに対して期限の利益を与えるものにすぎず，各月のリース物件の使用と各月のリース料の支払とは対価関係に立つものではない」という認識を前提に，リース契約が双方未履行の双務契約には該当しないとしている。この点についてはなお学説上議論が残されているもの の[1]，本章の目的上，この点に深く立ち入ることはせず，以下ではこの判例の認識を前提として，それを貫徹すると，倒産手続上どのような帰結が生じるのかについて検討していくこととする（上記判例の射程がフルペイアウトのファイナンス・リース以外のリース契約にどの範囲で及ぶかについても議論のあるところであるが，以下では，とりあえずフルペイアウトのファイナンス・リース契約に限定して検討を進める）。

そこで，リースが担保を取得した金融取引であるとすると，次に問題となるのは，担保の目的は何かという点である。具体的には，リースの目的物件であるのか，目的物の利用権であるのかという点である。前述のように，前掲大阪地決平成13・7・19は，この点につき，「リース物件についてユーザーが取得した利用権について」担保権を有するものとしている。著者もこの点に賛成である[2]。リース契約は，リース期間が満了しても目的物が債務者には帰属しない点で，所有権留保や譲渡担保と決定的な相違がある。目的物を担保と解する場合，目的物の所有権（の少なくとも一部）はユーザーに移転していると解さな

1)　この問題については，旗田庸「倒産手続におけるリース債権の取扱い」金法1680号（2003年）16頁以下など参照。

2)　山本和彦「ファイナンス・リース契約と会社更生手続」NBL 574号（1995年）11頁以下参照。

ければならないのではなかろうか。しかし，リース物件自体の所有権は部分的にもユーザーには帰属しておらず，リース物件を担保目的とする基礎に欠けると言わざるをえない（担保を受け戻したとしても，目的物件の所有権がユーザーに帰属すべきものではない）。なお，リース期間中は目的物の実質的所有権がユーザーに移転し，リース業者が担保目的で所有権を留保するという理解もあるが[3]，ユーザーにはリース期間中であっても（所有権の中核的要素である）処分権は認められず，認められるのは「使用価値の本質的部分を費消する物的権利」である[4]に止まるとすれば，その権利の内実は利用権と理解するほかないように思われる。以上のところから，リース契約は，ユーザーに帰属する物件の利用権を担保目的とするものと理解するのが相当であろう。

そのような観点から，リース契約を再構成するとすれば，それは以下のような内容の無名契約ということになろう[5]。まず，リース業者は自己が買主となってメーカー等と売買契約を締結する（その結果，代金支払債務はリース業者について発生する）。そのうえで，リース業者がユーザーに対して一定内容の利用権（当該物件を所定の期間無償で利用できる法的地位）を設定し，その対価としてユーザーがリース業者との関係で売買代金の全部を負担する契約を結ぶ。リース業者は，上記負担金支払債務について期限の利益を付与し，その担保として，ユーザーの物件利用権に対して質権又は譲渡担保権を取得する[6]。そして，ユーザーの上記負担金債務返済に債務不履行があるときは，物件利用権が担保権の実行としてリース業者に移転するものとする（これにより，当該利用権は混同により消滅し，リース業者は物件の完全な所有権を回復する）。担保権の実行としての物件利用権の移転・消滅は，通常リース契約の解除という形で行われる（解除を前提とせずに物件の返還請求権を認めるリース契約では，返還請求の着手をもって物件利用権の移転があったものと解されようか。以下では，契約解除の構成を前提とす

3）　伊藤眞・判批・金法1428号65頁参照。

4）　伊藤・前掲注3）。

5）　なお，これは，伊藤眞「証券化と倒産法理（上）」金法1657号（2002年）10頁以下の言われる倒産法的再構成というよりは，むしろ（平場の法律関係をも含んで）実体法的な再構成を図るものである。倒産法的再構成に対する著者の評価については，本書第2章参照。

6）　対抗要件については，巻之内茂「ユーザーの民事再生申立てとリース契約の解除・継続についての法的考察」金法1597号（2000年）30頁参照。

る)。したがって，ユーザーは物件を返還し，利用権価額を清算しても上記負担金の残債務があればなお弁済義務を負うし，利用権設定によってすでにリース業者の側の債務は弁済されており，その後の事情により仮に物件の利用ができないような状況が発生したとしても，ユーザーは負担金債務を免れないことになる。

以上のような法律構成を前提に，以下ではリース契約の倒産手続における処遇のあり方を検討する。

3　倒産手続における処遇（その 1）
――総　論

(1)　破産・再生手続――別除権

まず，破産手続及び再生手続においては，担保権は別除権として処遇される（破 65 条，民再 53 条 1 項）ので，リース契約を上記のような担保権として理解するとき，それは当然に別除権として扱われることになる[7]。したがって，リース業者は，すでに不履行となっている部分の負担金債権又は期限の利益を喪失させた負担金債権（破産の場合は法定喪失事由となり〔民 137 条 1 号〕，再生の場合は約定喪失事由となりうる）について，担保権を手続によらずに自由に行使することができる（破 65 条 1 項，民再 53 条 2 項)。具体的には，ユーザー（破産者等）の目的物件利用権をリース業者に移転することが担保権の実行方法となる。現象的には，これはリース契約の解除権の行使という形となり，その後に完全な所有権を回復したリース業者による所有権に基づく目的物の返還請求（取戻権の行使）が管財人等に対して行われることになろう。

なお，これは非典型担保権の行使ということになるので，破産手続では，裁判所が処分期間を裁定し（破 185 条 1 項)，期間内にそれが行使されない場合には，上記のような実行方法による権利は失われ（同条 2 項)，管財人が別除権の目的を換価することになる（破 184 条)。その換価の方法としては，対象が目的物利用権であるとすれば，その他の財産権に対する執行（民執 167 条）という

7)　再生手続における扱いにつき，井田宏「民事再生手続におけるリース料債権の取扱い」判タ 1102 号（2002 年）5 頁参照。

ことになろう。換価方法は，換価対象である目的物利用権とリース業者が有する目的物所有権とを併せて初めて完全な所有権になるとすれば，通常は売却命令によってリース業者の買受けを期待するのが相当であろう。ただ，換価後の配当手続において，リース業者が配当要求できるか否かについては争いがありうる（民執154条を類推できるか）が，この点は非典型担保に対する介入権一般の問題であろう。

リース業者は，期限の到来した前記負担金債権とリース利用権（担保目的）価額との差額，すなわち予定不足額について破産債権者・再生債権者として権利を行使することができる（破108条，民再88条）。したがって，この部分について，リース業者は債権届出を行い（破111条2項，民再94条2項），裁判所の評価額に従って議決権を行使することができる。破産配当については，中間配当においては不足額の疎明が必要とされ（破210条1項），最後配当の関係では，除斥期間内にリース契約解除により別除権を実行して不足額を証明するか，担保権を放棄しない限り，配当から除斥される（破198条3項）。再生計画による弁済の関係では，担保権を放棄するか，いわゆる別除権協定を結んで不足額を確定させるか（民再88条但書），又は担保権実行により確定させない限り，計画弁済を受けることはできず（民再182条），再生計画においてその権利行使に関する適確な措置が定められるに止まる（民再160条1項）。通常は別除権協定を結び，確定した不足額について計画弁済を受けることになろう。

そこで，再生手続における別除権協定であるが[8)]，これは再生債務者が分割払いで前記負担金債務の弁済を合意し，リース業者はリース物件の使用継続に異議を述べず，返還請求をしない合意とされる。このような合意の法的性質は，利用権価額の方が大きい場合には別除権目的物の受戻し（民再41条1項9号）ということになるし，担保割れになっている場合（負担金債務の方が利用権価額よりも大きい場合）には，担保部分の確定の合意（民再88条但書）プラス受戻しの合意ということになろう。いずれにしても，問題となるのは，このような弁済金の法的性格である（なお，この点は別除権協定一般の問題である）。それは，牽連破産になった場合における当該弁済金の扱いに関連してくるからである。

8)　この問題については，巻之内・前掲注6）28頁以下，井田・前掲注7）6頁以下参照。

この弁済金が再生債務者の業務ないし財産の管理・処分に関する費用となるとすれば，再生手続上の共益債権となり（民再119条2号），牽連破産の場合には財団債権となる（民再252条6項）[9]。

しかし，このような帰結は，リース料債権が元々は（別除権が付与されているものの）再生債権にすぎなかったことを考えれば，妥当なものではなかろう。そこで，この問題の解決については，以下のような考え方がありえよう。すなわち，①協定を双方未履行の双務契約と観念し，破産管財人は解除できるとする考え方[10]，②再生債権の随時弁済を認める合意とする考え方，③再生手続中に履行期の到来する部分のみを共益債権とする合意とする考え方などである[11]。しかし，①の構成は，「担保権を実行しない債務」を未履行の債務として観念できるかという点について疑問があるし，②の構成は，法的根拠がないことに加えて裁判所の許可なしに随時弁済を可能とする枠組みに疑問がある。結局，このような合意の本旨はリース目的物の再生手続中の使用の継続にあり，その点を確保するために共益性が認められるのは各期の個々的弁済であると理解すれば，③の構成が妥当と解されよう[補注1]。

(2)　更生手続――更生担保権

更生手続においては，担保権者であるリース業者は更生担保権者として扱われることになり，その担保権の実行は禁止されることになる（会更50条1項）。したがって，担保権の実行として行われる利用権のリース業者に対する移転行為（リース契約の解除）はすることができず，更生会社がリース物件の利用を継続できることになる（仮に手続開始前にリース料債務の不履行があっても，手続開始後に契約を解除することはできない）。

更生手続において最大の問題となるのは，更生担保権の評価の問題である。

9）　このような帰結につき，巻之内・前掲注6）31頁参照。

10）　井田・前掲注7）7頁参照。

11）　実務上は，再生手続の廃止等を解除条件に協定を締結することでこの問題の回避が図られていることにつき，井田・前掲注7）7頁参照。

［補注1］　この点は，その後の検討で，見解を改めている（本文でいえば，②の考え方が相当であると現在では考えている）。この点に関する現在の私見の詳細については，本書第7章参照。

上記のとおり，利用権を担保目的と解するとすれば，利用権の評価額が更生担保権額となる（そして，負担金債権と上記評価額との差額が一般更生債権として扱われる）。現行会社更生法は，更生担保権の評価を「時価」によることとしている（会更2条10項）。したがって，リース物件利用権の時価評価がされることになる[12)]。そして，その物件がユーザーにとって特別の利用価値がある場合には，そのような価値を前提とした評価額が算定されるべきことになる[13)]。したがって，その利用から生じる収益を還元する方法（DCF法）又は既存のリース料を前提として一定の修正を加える評価方法を基礎とすることが一般に考えられよう。後者については，リース料は対等な当事者がそのような特別価値を織り込んで利用価値を評価したものと推定できるから，時価評価の基準となりうるものと解されよう。また，汎用性のあるような利用権については，正当な市場価値が評価の基準となろう（たとえば，コピー機などについては，更生手続開始時の同種機械のリース料相場によることが考えられよう）。以上のように，利用権を担保目的とする見解に立つときは，（リース物件自体を担保目的と解する見解とは異なり）一般にはリース業者の更生担保権が二束三文の評価を受けることは少ないものと考えられよう。

4　倒産手続における処遇（その2）
——各　論

(1)　中止命令（再生・更生手続）

再生手続及び更生手続においては，手続開始前に担保権の実行を中止する保全措置を裁判所がとることができる（民再31条，会更24条1項2号）。その手続上の位置付けや要件は両手続で異なり，また更生手続では担保権実行は包括的禁止命令の対象ともなるが（会更25条），ここでは，とりあえず両手続について併せて検討することにする[14)]。

---

12)　同旨として，事業再生研究機構財産評定委員会編『新しい会社更生手続の「時価」マニュアル』（商事法務，2003年）190頁も「リース契約に係る利益」の時価を評定すべきものとされる。

13)　事業再生研究機構財産評定委員会編・前掲注12）190頁も「リース借主にとっての使用価値」を中心に算定すべきものとされる。

まず問題となるのは，非典型担保についても中止命令の規定が類推適用されるのか否かという論点である。中止命令を定める規定自体は，「担保権の実行としての競売」のみを問題としているからである[15)]。この点については，多数の見解は，非典型担保についても中止命令の規定の類推適用を認めており[16)]，中止命令制度の存在理由が，担保権の個別的実行によって手続の目的である事業の再建が困難になることにあるとすれば，その点は典型担保であれ非典型担保であれ変わりはないので，類推適用を認める考え方が相当と思われる。なお，仮にリース料債務について弁済禁止の保全処分が発令されている場合にも，それ自体はリース契約の解除を妨げる効果はないと考えられる。解除に基づく利用権の移転は担保権の実行に当たるものであり，抵当権の被担保債務について弁済禁止の保全処分が出たとしても，履行期が到来している限り，抵当権の実行は可能であるように，リースに係る担保権実行も可能と解されよう[補注2]。この場合の解除は担保権実行方法であり，債務者の帰責事由を考慮する必要はない[17)]。

ただ，典型的な手続が想定されない非典型担保において，どのような形で中止命令がなされるかについては困難な問題がある[18)]。リース契約について言えば，リース契約に関して中止命令が発令された場合には，担保権の実行行為

14）なお，中止命令を適用した場合等に，手続中に担保目的価額が減価した分の補償の必要性が問題となる。この点は，現行会社更生法の立案時にも牽連破産の場合における財団債権化の可否として議論された点であり，種々の問題点を克服できず将来の課題とされたが，今後の検討がなお期待される論点である。

15）但し，この点は担保・執行法制の改正に伴う整備で，現在は単に「担保権の実行」とされている。

16）たとえば，上田裕康「競売手続の中止命令」山本和彦ほか編『Q&A 民事再生法〔第2版〕』（有斐閣，2006年）106頁など。

［補注2］但し，最判平成20・12・16民集62巻10号2561頁の田原睦夫裁判官の補足意見では，弁済禁止の保全処分が発令された場合には，リース契約の解除も禁止される（開始決定によって保全処分が失効すると，その結果として解除手続をとることができるが，再生債務者は担保権実行中止命令により対抗できる）とされる。しかし，著者自身は，本文の考え方はなお維持できるものと考えている（これについては，山本和彦編著『倒産法演習ノート〔第2版〕』（弘文堂，2012年）117頁以下も参照）。

17）この点につき，井田・前掲注7）6頁以下も参照。

18）このような問題については，伊藤眞編集代表『民事再生法逐条研究』（ジュリスト増刊，2002年）48頁以下参照。

であるリース契約解除及びそれに基づく利用権の移転が禁止されることになるものと解される。したがって，仮にリース業者がそのような行為をしたとしても，それは法的効力を生じないし，解除を前提とした引渡請求は，債務者の利用権（占有権原）の存在を前提に，棄却されるものと解される。

次に問題となるのは，中止命令発令前にすでに担保権の実行行為（リース契約の解除）が行われている場合である。この場合には，すでに利用権の移転があることになるが，中止命令発令後になされる目的物件の引渡請求が中止されるかが問題となろう。すなわち，目的物件の引渡請求は担保権実行の一環と言えるかという問題である。この点は，必ずしもリース契約の場合に固有の問題ではなく，譲渡担保について，譲渡担保権実行通知あるいは清算金支払がすでにされている場合に，その引渡請求を中止命令により中止できるかという問題と基本的にパラレルなものと言えよう。この点については，論理的に考える限り，完全な所有権がリース業者に帰属した時点で担保権の実行はすでに完了し，あとは取戻権の問題が残るにすぎない。占有が現実に移転しない限り，社会観念上担保権の実行は終わっていないという考え方も成立しえないわけではないが，やはり無理があることは否定できないように思われる[19]。したがって，ここでは，契約解除等の後のリース業者による引渡請求訴訟や引渡執行は，中止命令の対象にはならないものと解しておく。

最後に，倒産解除特約の問題がある。以上のように，リースに係る担保権の実行を中止命令の対象と考えるとき，リース業者としては，中止命令発令前に担保権の実行を図る強い動機を有することになる。その1つの手段として，倒産解除特約，すなわち倒産手続開始申立ての原因となるべき事実が生じたことのみを理由とする契約解除の条項を活用することが十分に考えられる[20]。しかし，このような条項の効力が無制限に認められるとすれば，中止命令発令前に常にリースに係る担保権は取戻権化されてしまい，中止命令を認めた制度趣旨に悖る結果となってしまう。判例も，更生手続における所有権留保との関係

19）抵当権の実行で，買受人による引渡命令が中止の対象となりえないことと同断であろう。

20）実務上，すでにこのような利用が多いことにつき，市川充「ファイナンス・リース契約と担保権消滅許可」金法1638号（2002年）11頁参照。

で，倒産解除特約を無効と判示しているところであり（最判昭和 57・3・30 民集 36 巻 3 号 484 頁），中止命令制度・担保権消滅制度の存在による担保権に対する制約措置を前提にすれば，再生手続においても同様と解すべきであろう。裁判所に事業の再生のために，当該担保権の実行を制約する必要があるか否かについて判断をする機会を与える必要がある（解除特約を認めれば，このような機会が定型的に奪われる）からである[21]。そこで，このような特約は，更生手続・再生手続においては無効と解される。したがって，倒産解除特約があっても，なお中止命令の発令が可能であり，その場合には解除の効力は生じないこととなる。なお，以上はあくまで倒産解除特約に関するものであり，それ以外の事由（債務者財産に対する強制執行等）の存在による倒産手続前の解除は原則として有効であることは言うまでもない。

⑵ 担保権消滅請求（再生手続）

再生手続においてリース契約を別除権として処遇する場合，別除権について適用される担保権消滅請求制度（民再 148 条以下）の類推適用の可否が問題となる。本制度が別除権を対象とするものであり，事業の再生に不可欠な財産を保持する趣旨のものであるとすれば，その物件の利用が事業の再生に不可欠である限りにおいて，別除権として構成されるリース契約にも類推適用されるべきものと解されよう[22]。以下では，この制度のリースに対する適用を前提にしながら，具体的な手続のあり方を検討してみる。

まず，この制度においては，再生債務者等の側で目的物件の評価額を定め（民再 148 条 2 項 2 号），担保権者の側でその額に異議がある場合には，価額決定を請求することになる（民再 149 条）。その場合に問題となるのは，価額決定における評価基準である。本章の前提とするように，担保目的がリース物件の利用権であるとすると，評価基準は当該利用権の「処分価額」（民再規 79 条 1 項）ということになる。著者は，一般には，この場合の処分価額は競売等担保権実

21） 担保権実行を制約できなかった和議手続の場合（その有効性を認めた裁判例として，名古屋地決平成 2・2・28 金判 840 号 30 頁）とは状況を異にすると考えられる。反対，巻之内・前掲注 6）28 頁参照。

22） 福永有利「担保権消滅請求制度」金判 1086 号（2000 年）60 頁など参照。

行において実現される価額であると考えている[補注3]。ただ，リースの場合には，担保権の実行は契約の解除＝利用権のリース業者への復帰という形態で行われることになる。そうだとすれば，そこでの処分価額は，「リース業者が利用権の復帰により完全な所有権を回復できる価値」を意味することになろう。したがって，市場性のある物件については，市場におけるリース価額がその基本となると考えられる。完全な所有権を回復したリース業者が再び当該物件をリースに出せるとすれば，そのような価値を回復したと考えてよいからである（よって，この場合には，処分価額と時価との差異はそれほど大きくないことになろう）。他方，他に利用者が想定できない物件は問題である。これをリース業者又は第三者が利用することを想定すれば，きわめて安価にならざるをえないが，再生債務者にとって代替性のない物件であれば，その者が利用せざるをえない点を考慮して（担保権消滅の場合には常にこの点が妥当する），価額を決定することになると考えられよう[23]。

次に，担保権が消滅した場合（民再152条2項）の効果であるが，利用権を担保目的とする限り，それはリース期間内の利用権の維持であり，リース物件の所有権が再生債務者に帰属するわけではない点に注意を要する。したがって，リース契約期間が満了すれば，再生債務者はリース物件の返還義務を負うことになる（その後に再リースが可能か，またその条件等についてはリース契約上の処理に委ねられる）。また，再生債務者が支払った価額については配当が実施される（民再153条）。この価額は原則としてリース業者に配当されることになるが，問題は，リース物件の上に他に先取特権（不動産賃貸の先取特権，動産保存の先取特権）等がある場合にどうなるかという点である。しかし，リースの担保目的を利用権と解する限り，動産上の担保権とはその対象を異にすることになるので，これら動産上の権利者はリースの担保権消滅では配当の対象とはならないことになる（リース物件の所有権がリース業者にあるとすると，これらの権利は〔再

［補注3］　担保権消滅請求における処分価額の評価についての一般的な考え方については，本書第6章参照。

23）リースの場合は競売とは異なり，リース業者による所有権の回復で「処分」は終了しており，その後の業者とユーザーの交渉過程を反映して実質的に利用価値が定まる点で，競売市場での「処分」を前提とする競売（この場合は競争相手のいない限り，再生債務者は買い叩くことができる）とは評価の基準が異なってくるものと解される。

生債務者財産上の担保権ではなく〕そもそも担保権消滅制度の対象になりえない)。唯一問題となりうるのは，リース利用権自体の質入れや譲渡担保の場合であるが，これらの行為はリース契約上禁止されているものと考えられ，問題にする必要はないであろう。

⑶ 担保権消滅請求（更生手続）

現行会社更生法によって導入された担保権消滅請求の制度（会更104条以下）は，事業譲渡等のために担保目的を換価する必要がある場合に，担保権を消滅させて，その代金を裁判所が預かるシステムである。そして，事後的に牽連破産となった場合にはその時点で担保権者に預り金を配当し，更生計画が認可された場合には管財人に代金を支払う（担保権者に対しては計画弁済がされる）とする制度である。これは，更生担保権について適用されるものであると解されるので，リースを更生担保権として構成する以上，この担保権消滅制度はリースにも類推適用されるべきことになろう。そして，この手続は基本的な部分で再生手続における担保権消滅請求制度とパラレルに構成されているので，評価基準，消滅の効果，配当などについては，⑵の叙述が基本的に妥当しよう。以下では，リース契約についてこの手続によることの必要性について若干ふれておく。

前述のように，この制度は事業譲渡の場合を主として想定したものであるが，その場合に仮にこの制度がないとすると，更生手続が廃止等で中途終了したときは，リース業者による担保権の実行が可能となる。担保権が実行されると，利用権はリース業者に復帰することとなり，事業譲受人はリース物件を利用できなくなるおそれがあることになろう。そのような担保権実行という事態を避けるためには，リース料債務について事業譲受人が引き受けるという選択肢がある。しかし，担保構成を前提にする限り，被担保債権に係る債務引受は本来許されないはずである。けだし，債務を引き受けることによって事業譲受価額が理論的にはその分安くなり，他の権利者への弁済が少なくなるからである。それは，結局，リース業者を他の更生担保権者等に比べて優先する結果になり，債権者平等原則に反して認められない。それでは，いったんリース契約を合意解除して，事業譲受人が契約を結び直すという対処法は可能であろうか。これも理論的には困難な点を含むように思われる。けだし，リースが担保であるとすれば，契約の合意解除をすることは，管財人の側から（契約解除による利用権復帰という）担保権実行による満足を認めるのと同義になるからである（現行法によって導入された競売禁止解除の制度〔会更50条7項〕も，更生担保権者の満足までは認めていないことに注意を要する）。以上のように考えると，当該リース物件が当該事業の継続に不可欠のものであるとすれば，リースについても担保権を消滅させておく必要性は，実効的な事業譲渡のために否定できないと思われる。

（初出：金融法務事情1680号（2003年）8頁以下）

［補論］　リースにおける担保の目的については，本章と同様，利用権説を採用する下級審裁判例が近時増えている。たとえば，東京地判平成15・12・22判タ1141号279頁は，「リース会社が有する担保権は，ユーザーの有するリース物件の利用権を目的とするものであり，右担保権の実行（別除権の行使）は担保目的物である利用権をユーザーからリース会社に移転させることによって行うものと考えることが相当である。右の利用権はリース会社に移転すると混同により消滅するから，これにより，リース会社には何ら制限のないリース物件の所有権が帰属することになる。担保目的物をリース物件の利用権ととらえる以上，この時点で担保権の実行は完了するとみるべきである」とする。同旨の裁判例として，東京高判平成19・3・14判タ1246号337頁（後掲最判平成20・12・16の原判決）参照。

倒産解除特約については，最判平成20・12・16民集62巻10号2561頁がその効力を認めない旨の判断を示している。すなわち，同判決は，リースが担保としての意義を有することを前提に，「同契約において，民事再生手続開始の申立てがあったことを解除事由とする特約による解除を認めることは，このような担保としての意義を有するにとどまるリース物件を，一債権者と債務者との間の事前の合意により，民事再生手続開始前に債務者の責任財産から逸出させ，民事再生手続の中で債務者の事業等におけるリース物件の必要性に応じた対応をする機会を失わせることを認めることにほかならないから，民事再生手続の趣旨，目的に反することは明らか」とする。リース契約の法的構成，とりわけ担保の目的が何かを明示しないものの，基本的には本文と同旨の判断内容と評価することができ，支持できよう。

また，担保権実行中止命令について，本章は，契約解除等の後の引渡し等は取戻権の行使として，その対象にならないとの理解を示した。ただ，この点については，実務家を中心として，それでは実際上リース業者の権利行使を制約できないとして批判も多い（田原睦夫元最高裁判所判事は，前掲最判平成20・12・16の補足意見との関係で，本章を引用されながら，「私自身は，実行やむなしで中止命令かなと。ただし，その実行は山本和彦先生の見解（著者注：本章引用）とは少し違うと，意思表示だけで実行が完了するというのでは中止命令の機会はありませんから」とされる。田原睦夫編著『裁判・立法・実務』（有斐閣，2014年）65頁参照）。たとえば，小林信明「ファイナンス・リースの倒産手続における取扱い」ジュリ1457号（2013年）86頁は，前掲最判平成20・12・16の趣旨を踏まえ，中止命令や担保権消滅請求など「民事再生手続の中で債務者の事業等におけるリース物件の必要性に応じた対応をする機会を失わせること」になるリース契約の約定は民事再生法の趣旨・目的から制限されると解し，担保権実行としての解除も再生手続開始申立て後一定期間はすることができないものと解される。本来は立法論による対処が望ましいところであるが，現段階の1つのありうる解釈論と考えられよう。

第6章

担保権消滅請求制度について
——担保権の不可分性との関係を中心に

1 はじめに
——問題の設定

平成8年に開始された倒産法制の抜本改正作業は，平成16年に成立した現行破産法の制定及びそれに伴う民事再生法・会社更生法の関連改正によって山場を過ぎ[1)]，新たな倒産法制の姿がおおむね明らかになったと言うことができる。今回の倒産法改正の中で，その通奏低音のように常に問題となってきたのが，倒産手続における担保権の処遇の問題であった。これは，債権者に対する配当の最大化及びその平等の処遇を目的とし，レゾンデトルとする倒産手続において，担保権はその障害ないし例外となりうるものであることからすれば，当然のこととも言えよう。けだし，倒産手続の側から見れば，担保権の実体法上の効力をそのまま尊重することは，ときに再建可能・事業譲渡可能な企業の再建・事業譲渡を困難とし，結果として一般債権者に対する弁済を減少させるし，また担保権者に対する優先権の保障は一般債権者との平等を害するおそれがあるからである。他方，実体法（担保権）の側から見れば，そもそも担保権は，債務者が経済的に破綻し，すべての債権に対する弁済が困難となった場面

1) 残された特別清算手続の改正（及び会社整理手続の廃止）についても，法制審議会倒産法部会の作業は平成16年11月に終了し，「特別清算等の見直しに関する要綱案」が採択された。この点は，平成17年の通常国会における新会社法の制定に際して立法化されたが，本章との関係では，特段の改正はされていない（特別清算手続では，倒産法上の担保権消滅の制度は設けられなかった）。

で機能する権利であり，倒産手続における機能がその主要な目的であり，レゾンデトルである。その意味で，倒産手続においてその実体上の効力が制限ないし否定されることになれば，担保権制度の存在意義そのものに疑問が呈されることになりかねない。その結果，倒産手続における担保権の処遇の問題は，原理的に，両者の存在意義を賭けた「死闘」とならざるをえない性格の問題であると言うことができよう。

このような倒産手続における担保権の処遇としてはさまざまな論点があるところであるが[2]，今回の倒産法制の改正において最も問題となったものとして，各手続における担保権消滅制度[3] の創設がある。その嚆矢となったのは，1999年に制定された民事再生法における担保権消滅の制度である。そこでは，再生手続の中で担保権がそのまま存続する場合には，事業の継続に不可欠な財産について担保権が実行され，事業の再建が不可能になり，またそれを防止するためにその被担保債権を全額弁済すれば，やはり事業の再建を困難にし，債権者間の実質的な平等を害するおそれがあるという問題意識の下に，まったく新たな制度構想として，担保目的物価額の弁済による担保権の消滅という制度が設けられたものである。次に，2002年に全面改正された現行会社更生法でも，担保権消滅の制度が設けられた。これは，更生手続の中で事業譲渡等を行うに際して，担保権がそのままであれば事業譲受人の範囲等が制限されるなど担保目的物の換価を困難にする一方，それを防止するために被担保債権を弁済することは更生手続では許されず，結果として事業の実効的な更生を害するという問題意識の下に，手続面では再生手続における担保権消滅制度に微調整を加えて新たな制度を設けたものである。最後に，平成16年に制定された現行破産法でもやはり担保権消滅の制度が設けられた。これは，破産手続の実務において従来行われていた別除権目的財産の任意売却の際の財団組入れを制度化

2)　他の論点としては，各手続における担保権実行手続中止命令の扱い，更生手続における更生担保権評価基準等の問題があった。また，いわゆる非典型担保の取扱いも重要な問題であるが，この点については新たな倒産法制では十分な対処がされなかった。なお，倒産手続における担保権の処遇についての基本的な私見については，本書第1章参照。

3)　制度の呼称として，民事再生法（第6章第4節）及び破産法（第7章第2節）はともに単に「担保権の消滅」とするが，会社更生法（第3章第6節第1款）は「担保権消滅の請求」とする。その実質に差異はないと思われるので，以下では「担保権消滅」又は「担保権消滅請求」という用語を特段の区別なく使用する。

するという観点から，任意売却代金の弁済により（場合によって組入金を控除した上で）担保権者の同意なしに担保を消滅させることを（さまざまな担保権者の保護措置・対抗措置を前提に）可能とするものである。

以上のように，3つの手続で設けられた担保権消滅の制度は，その設けられた趣旨・動機はそれぞれ異なるものでありながら，具体的な要件・手続・効果等は相当に類似し，ただその目的や手続構成の差異によって微妙な相違があるというものである。しかし，いずれにしても，これらの制度は，被担保債権の全額を弁済しないでも（担保目的物価額の弁済により）担保権の消滅を認めるというものであり，実体法上の担保権の不可分性の原則に抵触する性質を有している。実際に，これらの立法（特に民事再生法立法）に際しては，担保権の不可分性との関係が議論された。本章は，この担保権の不可分性との関係を中心に，倒産法上の担保権消滅制度を考察するものである。

以下では，まず担保権の不可分性の原則についてその概要・適用場面を概観し（*2*参照），次いで実体法上すでに認められているその原則に対する例外について検討する（*3*参照）。そして，その後に本論として，倒産法上の担保権消滅制度について，上記原則との関係でその理論的な説明を考察し（*4*参照），最後に総括として，倒産法の視点から担保権の不可分性の限界について検討してみたい（*5*参照）。以上のような検討は，実務的な需要に基づいて創設された制度についても理論的観点からの説明・再検討が不可欠であり，それが（民事手続法の立法が終了した）今現在，学説に求められている作業であるとの著者の基本的認識に基づくものである[4]。

2　担保権の不可分性の原則

(1)　概　　要

担保権の不可分性の原則とされるものは，民法296条において留置権につい

4)　このような基本認識については，山本和彦ほか「座談会・民事手続法改革の内容と評価」法時77巻2号（2005年）4頁以下〔山本〕参照。なお，今後の理論的検討が必要とされる論点として，担保権消滅制度と担保権の不可分性の関係を指摘されるものとして，同24頁〔菱田雄郷〕参照。本章はそのような学説に現在要求されている作業の一端を担おうとするものでもある。

て規定され，それが先取特権（民305条），質権（民350条）及び抵当権（民372条）について準用されているものである。その条文にも示されているように，一般に担保権の不可分性の意義としては，①担保目的物の一部が滅失又は分割しても，その残部又は各分割物で被担保債権の全部が担保されること，②被担保債権の一部が弁済・相殺等によって消滅しても残額債権について担保目的物全体によって担保されることの2つの内容があるとされる5)。このうち，本章で問題とするのは，②の規律である。これは，すなわち，担保の目的物は被担保債権を不可分的に担保しているものであり，債権額と目的物とがそれぞれ部分的に対応するものではないことを示している。したがって，担保目的物の価額が被担保債権を下回っている場合にも，目的物相当額である被担保債権の一部を弁済したからといって，それで担保権が消滅することはない。この点が倒産手続との関係で最大の問題になるところである。

上記のような民法の規定は，おおむね旧民法の規定をそのまま引き継いだものである。すなわち，旧民法債権担保篇93条は留置権について不可分性を規定し（同条については，注5）参照），同105条は動産質について同様の条文を置いていた。後者においては，「動産質は当事者の意思に従ひ働方及び受方にて不可分たり」として，明示的に「不可分」という文言を使用していたところである。その理由書や解説等においては，②の規律との関係では，(1)債権者が債務の一部の弁済を受けても，担保目的物を返還する必要はないこと，(2)債権者の相続人（一部）が自己の部分の債務の弁済を受けたときにおいても，担保目的物を債務者に返還するのではなく，他の弁済を受けていない相続人（債権者）に引き渡すべきこと，(3)債務者の相続人がその負担部分を弁済した場合にも，担保目的物は他の相続人の負担部分について存続するので，当該相続人

5) 林良平編『注釈民法(8)』（有斐閣，1965年）47頁〔田中整爾〕など参照。この点は旧民法の規定ぶりにおいて，より明確に示されていた。すなわち，旧民法債権担保篇93条は「債権者が留置する権利を有したる物の一分のみを留置したるとき其部分は総債務を担保するに足るに於ては之を担保す。之に反して債権者は債務者より一分の弁済を受たりと雖も全部の弁済を受たるに至るまで留置権に服したる総ての物を留置することを得」としていた（旧表記は現代表記に改め，句読点及び濁点を付した）。これに対し，近時の学説には，②の規範命題のみを不可分性の内容として叙述するものも多い（たとえば，道垣内弘人『担保物権法』（有斐閣，2004年）8頁，内田貴『民法Ⅲ〔第2版〕』（東京大学出版会，2004年）385頁など参照）。

はその引渡しを求めることができないこと，などの効果が挙げられている[6)]。

このような規律は大陸法の伝統的な規律に依拠するものと考えられる[7)]。ドイツ法においては，このような規律は，ドイツ民法1252条に見られる。そこでは，「質権はそれがそのために存在する債権とともに消滅する」と規定されている。そして，このような規律は，被担保債権が全部弁済されたときにのみ妥当し，一部弁済の場合には適用されず，仮に複数の担保目的物がある場合にも，一部弁済に応じて対応する担保目的物が解放されることはないとされ，これが「質物責任の不可分性の原則（Prinzip der Unteilbarkeit der Pfandhaftung）」と呼ばれている[8)]。そして，このような原則は，担保権の付従性（Akzessorietät）に由来するものと理解されているようである。ただ，ドイツでは一般にこの不可分性の原則は余り重視されていないように見受けられる[9)]。他方，フランス法では，このような規律が，フランス民法2114条2項に見られる[10)]。フランスでは，このような「不可分性（indivisibilité）」は，物的担保権一般の性質（nature）として理解されているが，担保権者の放棄を許すという意味で，本質的なもの（essence）ではないとされる[11)]。ただ，フランスでは，この不可可

6)　『〔仏語公定訳〕日本帝国民法典並びに立法理由書第4巻（日本立法資料全集別巻28)』（1993年，信山社）120～121頁，宮城浩蔵『民法正義債権担保編第1巻（日本立法資料全集別巻60)』（1995年，信山社出版）482～483頁，梅謙次郎『民法要義巻之二〔訂正増補版〕』（1900年，和佛法律学校）310頁など参照。

7)　梅・前掲注6）310頁は，“Est tota in toto, et tota in qualibet parte”というローマ法諺を引用している。これは正確には，“Hypoteca est tota in toto et tota in qualibet parte”というものではないかと思われる（J. Mestre = E. Putman = M. Billiau, Traité de droit civil: Droit commun des sûretés réelles, Théorie générale（1996), p. 405)。

8)　以上につき，たとえば，Vgl. H. J. Wieling, Sachenrecht Band 1 (1990), S. 725.

9)　その理由としては，以下のような点があるのではないかと推測される。すなわち，①不動産担保については一般に付従性が否定され，全部弁済があっても消滅しないとされるため（動産についても，継続的取引等で将来の債権も担保していると解される場合には同様の理解が妥当するとされる)，全部弁済・一部弁済を分けて議論する意味が小さいこと，②不動産執行については引受主義がとられており，そもそも後順位担保権者の申立てでは消滅しないこと，③倒産手続においても担保権の効力が強く尊重されており，不可分性の例外を論じる契機に乏しいことなどがその理由として考えられよう。

10)　フランス法における不可分性の議論については，中島弘雅 = 高橋智也「担保権消滅請求制度と担保権の不可分性」銀法564号（1999年）60頁以下がきわめて詳細かつ有益である。

11)　この点につき，山本和彦「新再建型手続における担保権の処遇と国際倒産」NBL 665号（1999年）31頁参照。

分性と倒産手続における担保権の消滅制度[12)]との関連を詳細に論じる文献もあり[13)]，そこでは，一部弁済によって担保権が消滅してしまうことについて，任意弁済として不可分性との関係を問題視する見解とむしろ競売と同視して不可分性との抵触は生じていないとする見解が対立しているようであり[14)]，興味深いものがある[15)]。いずれにせよ，この点も，フランス法における担保権に関する他の制度を勘案するとき，一部弁済により担保が消滅しないという意味での不可分性は余り重視されていないと言ってよいのではないかと思われる[16)]。

(2)　適用場面

担保権の不可分性の意味内容である「被担保債権全額の弁済を受けない限り，担保権は消滅しない」という準則が妥当する場面として，まず被担保債権の任意弁済の場合がある。この場合には，仮に一部弁済を担保権者が受領したとしても，それによって担保権が消滅することはない。これが不可分性の原則的な適用場面である。そして，それに対するいくつかの例外と解される規律が民法や倒産法にあるわけであるが，これについては後に詳しく検討する（***3***・***4***参照）。

他方，担保権が実行される場面でも，この原則は原則としては妥当している。担保権者自身が担保権を実行する場合は，全額の弁済を受けないでも，担保権は消滅するが，これは担保権者自身がその意思によって，そのような形での担保権の消滅を容認したものであり，いわば不可分性の放棄と理解することができよう[17)]。これに対し，後順位の担保権者が担保権を実行した場合には，剰

12)　これについては，山本克己「フランス倒産手続における担保権の処遇」民商120巻4＝5号606頁以下参照。

13)　Mestre＝Putman＝Billiau, op. cit.（7）, p. 410.

14)　Mestre＝Putman＝Billiau, op. cit.（7）, p. 412. 同書の著者は，結論的に，後者の見解に立つようである（担保目的物が供託物に返還されるわけであるが，供託物全体に対する担保権が確保されれば，不可分性との抵触はないと理解されている）。

15)　この議論についてはさらに，中島＝高橋・前掲注10）63頁以下も参照。

16)　この点は，山本・前掲注11）31頁でも示したように，①滌除（purge）の可能性，②強制執行における消除主義などが示唆しているように思われる。

17)　このような当事者の意思による放棄が可能であることは，旧法以来争いがないところである。たとえば，小林俊三「担保物権の不可分性」志林37巻3号（1935年）59頁参照。

余主義（民執188条・63条，同192条・129条）が適用され，上位の担保権者は全額弁済を受けない限り，競売手続は取り消され，担保権が維持されることになり，不可分性の原則が妥当することになる[18)]。問題は，上位の担保権者が担保権を実行する場合である。この場合には，担保権者の意思によらずに，全額弁済を受けないでも担保権が消滅することになる。その意味で，これは担保権の不可分性の例外を構成するものであるが，その実質的根拠は，上位担保権者の権利実現の利益との衡量にあると考えられる。つまり，上位担保権者の担保権実行による債権回収の利益（換価権）と下位担保権者の不可分性による利益とが対立する場面であり，法は，上位の権利者の利益が一般に優先するという物権法秩序の原則に基づき[19)]，不可分性の例外を容認したものと解されよう。その意味では，この点は，担保制度に内在する例外として，説明することができよう。

⑶　根　　拠

このような不可分性がいかなる理論的根拠を有するものであるかについて，近時の学説では，必ずしも実質的な説明がされない場合が多いように見受けられる[20)]。僅かに，「これは債権担保の効果を強固にするために認められるものである」といった政策的な説明[21)]が見られるに止まる。著者の見るところ，機能的な観点からより詳しく言えば，考えられる根拠としては，以下の2点があるのではないかと思われる[22)]。

18）　周知のように，この点の規律は競売法の下では争いがあり，民事執行法が明確化したものであるが，その過程では，ドイツ法等の研究を下に，剰余主義の根拠を先順位担保権者の地位の保護に求める竹下教授の見解（竹下守夫『不動産執行法の研究』（有斐閣，1977年）101頁以下・131頁以下など参照）の影響が大きかったとされる。この点については，中野貞一郎『民事執行法〔新訂4版〕』（青林書院，2000年）393頁注1も参照。

19）　仮にこのような場合に引受主義を採用すると，引き受けられる担保権の被担保債権額分，売却価格が低落し，上位担保権者の優先弁済権が害される結果となる。

20）　道垣内・前掲注5）8頁，内田・前掲注5）385頁，遠藤浩ほか『民法⑶〔第4版補訂版〕』（有斐閣，2003年）9頁など参照。

21）　林編・前掲注5）47頁〔田中整爾〕など参照。

22）　小林・前掲注17）49頁以下は，これを担保権の換価権（価値拘束）という本質から説明しようとする。ただ，このような立論は，担保目的物の一体性をアプリオリの前提

第1の根拠は，間接強制的な効力である。すなわち，担保権者は全額弁済を債務者等に対して間接的に強制することができる地位を本来有しており，不可分性の原則はそのような機能を保障したものとする理解である。ただ，このような担保権者の権利は，債務者・担保権設定者に対する権利であると考えられるところ，他の債権者に対する権利関係が問題となる倒産手続の中でどこまで妥当するかについては，検討の必要があろう。

第2の根拠は，担保権の実行時期の選択の自由を認める効力である。担保権者は一般にいつ担保権を実行するかについて自由を有しており，不可分性の原則によってそのような時期選択権が保障されるとする理解である。その意味で，このような効力は，対債務者・設定者のほか，後順位担保権者や一般債権者に対しても主張できる権利という性質を有しているが[23]，特に債務者の倒産時にこのような利益がどこまで妥当するか等については，なお検討の必要があろう。

以上のように，担保権の不可分性の根拠は機能的に整理できるのではないかと考えられるが，さらにより本質的に，担保権者が実体法上把握している担保価値を根拠にする見解もありえないではない。これは，担保権者が本質的に把握している価値は，担保権を実行した場合の価値（目的物価額）に止まらず，それ以上の価値を把握していることをこの原則が表象するものと見る考え方といえよう。確かに担保権者が把握している価値については議論がありうる（この点については，*4* においてさらに検討する)。しかし，その評価の方法は（時価・継続企業価値等）さまざまであるが，少なくとも何らかの意味での担保目的物の価値であるとすれば，担保目的物とは無関係に被担保債権を全額弁済することがその把握した価値の実現になるわけではない。やはり，担保権の不可分性は担保権の本質（把握している価値）から説明することはできず，上記のような政策的・機能的な配慮に基づいて特に担保権に認められる通有性と理解すべきものであろう。

としており，循環論法の感を否めないように思われる。

23）上位の担保権者が担保権を実行する場合には，このような利益が消滅すること及びその理由については，*2*(2)参照。

3　民法における例外
――抵当権消滅請求制度等

まず，民法自身が認めている担保権の不可分性の例外として，抵当権消滅請求及び留置権消滅請求があるので，これについて簡単に検討する[24)]。

(1)　抵当権消滅請求

抵当不動産の第三取得者は抵当権消滅請求をすることができる（民379条）。具体的には，抵当不動産の代価等を記載した一定の書面を各登記債権者に送付し（民383条），債権者が書面送付後2ヵ月以内に抵当権を実行しないときはその代価等を承諾したものとみなされ（民384条），すべての登記債権者が代価等を承諾し，第三取得者が代価等を払い渡したときは，抵当権は消滅するとする制度である（民386条）。そして，このような規律は，先取特権（民341条）及び不動産質権（民361条）に準用されている。

以上のような制度は，周知のように，平成15年改正前の滌除の制度を改正したものである。その手続等については濫用防止等の観点から改善が図られたものの，その理論的根拠の実質は，滌除と基本的に同様のものになると解される。まず，その制度の根拠としては，①譲受人の保護，及び，②不動産の流通の保護が挙げられる。そして，担保執行法制改正の経緯では，特に②の契機が重視されたものと考えられる[25)]。いずれにしても政策的な理由であるが，この制度の存在によって，実際上は担保権の不可分性の存在理由を相当程度減殺していることは否定し難い。けだし，担保権設定者はその意思で自由に担保目的物を譲渡することができ，そうすれば，その時点で担保権者の把握価値を確

---

24)　他に，物上保証人・第三取得者・後順位用益権者において極度額相当額の払渡・供託により根抵当権を消滅させることができるという根抵当権の消滅請求があるが（民398条の22），これは，債務者等債務を負担している者以外の関係では，極度額が負担の範囲とされる根抵当の特殊性が根拠になっているものと考えられるので，ここでは取り上げない。

25)　この点につき，たとえば，道垣内弘人ほか『新しい担保・執行制度〔補訂版〕』（有斐閣，2004年）85頁〔小林明彦〕参照。

定させることができ，担保権者の担保権実行時期の選択権は奪われ，間接強制効も失われるからである[26)]。なお，消滅請求時点での目的物価額の相当性は，担保権者の担保権実行申立ての機会を保障することにより確保される構成になっている[27)]。

⑵　留置権消滅請求

債務者は，相当の担保を提供して留置権の消滅を請求することができる（民301条）。そして，この担保は被担保債権額より少ない価値のものであっても，留置物の価格に対応する価値（留置権者の利益を確保する相当な価値）を有するものであればよいとするのが一般の理解と思われ[28)]，そうであるとすれば，これも担保権の不可分性の例外をなすことになる[29)]。なお，この権利は，抵当権消滅請求とは異なり，形成権ではなく請求権として理解されているので，担保の供与（及び留置権の消滅）について留置権者の承諾に代わる裁判所の判決を必要とすると解されている。

このような制度の根拠としては，留置権によって担保される債権額が目的物価格に比して僅少な場合が多いことと，留置物については債権者も債務者も利用できないことから国家経済上も損失が生じることが挙げられる。このうち，前者は担保権の不可分性の例外が問題になる場面ではなく[30)]，上記例外を可能とする実質的根拠は後者にあると考えられる。約定担保ではなく占有担保で

---

26)　このような観点から，平成15年改正の過程で滌除制度の存在に疑問を呈したものとして，鎌田薫ほか「抵当権制度の現状と将来像⑶」NBL 702号（2000年）31頁以下〔山本和彦〕参照。

27)　旧法下では，増価競売制度によって実際上このような担保権実行の機会が不当に制約され，その結果として価額面での制度の正統性が失われていたとの認識の下に，平成15年改正では，増価競売が廃止され，通常の担保権実行が可能とされている。

28)　林編・前掲注5）77頁〔田中整爾〕など参照。

29)　道垣内・前掲注5）8頁は「留置権については，代担保提供による留置権の消滅が認められ，不可分性が貫徹されていない」とする。そもそもこの制度の効用として，「留置権の不可分性から生ずる，一部弁済のあった場合の，実際的不都合が是正される」点を挙げる見解もある（林編・前掲注5）76頁〔田中整爾〕参照）。

30)　これは結局，被担保債権の存在・額等に争いがあり，債務者として弁済はできないが，留置物を取り返したいという場面で，被担保債権の弁済に代わる方法として問題になる。

あるという留置権の特性から導かれるものであるが[31]，そのような趣旨からは，担保割れの場合に留置物価額の提供でよいとする必然性が本当にあるのかどうか，疑問はある。いずれにせよ，これによって，留置による弁済の間接強制を図る効果は失われ，担保権者の実行時期選択権も奪われる結果となっている。なお，消滅請求時点での目的物価額の相当性は，留置権者の承諾に代わる判決における裁判所の判断によって確保される構成になっている。

4 倒産法における例外
——担保権消滅請求制度

(1)　破産における担保権消滅請求

(a)　制度の概要

現行破産法が導入した担保権消滅請求の制度（破186条以下）は，別除権者の同意なしに破産管財人が担保目的物を任意売却し，担保権を消滅させながら，その代金の一部を強制的に破産財団に組み入れることを可能にする制度である[32]。具体的には，破産管財人が担保目的物の売却相手方を見つけてきて，売却代金額やそこから破産財団に組み入れようとする金額（組入金）を示し，裁判所に担保権消滅許可の申立てをする（破186条）。これに対する担保権者側の対抗手段は2つある。すなわち，いずれも1月以内に，担保権の実行を申し立てる方法（破187条）と，より高い代金で買ってくれる別の売却相手方を探して買受申出をする方法（破188条）である。後者の場合には，僅かでも高ければよいとすると，最初の売却相手方の地位が余りに不安定となり，管財人による任意売却を阻害するので，5% 以上高い値段でなければ買受申出は成立しないものとされている（破188条3項）。いずれの場合も，それによって財団組入金は消滅する。担保権実行が申し立てられたときはそれに基づいて手続が進

31）　同様の考慮から，倒産法の場面でも，改正前の会社更生法においてすでに商事留置権消滅請求が認められ，現行会社更生法でも唯一留置権については手続開始前の消滅が認められ（会更29条），同様に破産手続でも商事留置権の消滅制度が存在する（破192条）。

32）　この制度の創設理由などの詳細については，小川秀樹編著『一問一答新しい破産法』（商事法務研究会，2004年）250頁以下参照。

められ，担保権消滅不許可の決定がされるが，①対抗手段がとられない場合には当初の売却相手方に，②買受申出がされた場合には買受希望者に対して任意に売却し，担保権を消滅させることを許可する決定がされる（破189条）。これによって，破産管財人とその相手方との間で売買契約が成立したものとされ，相手方が売買代金額に相当する金銭を裁判所に納付することになる（破190条1項）。それによって，担保権は消滅し（同条4項），その登記等は裁判所書記官の嘱託により抹消される（同条5項）。そして，裁判所に納付された金銭は，裁判所によって配当されることになる（破191条）。

(b) 理論的な説明

以上のような破産法における担保権消滅請求制度と担保権の不可分性との関係が問題となる。いくつかの説明が可能なように思われる。第1に，担保目的物については，破産管財人が担保権者の意に反しても換価することが可能であり（破184条2項）[33]，この場合には剰余主義の適用が排除される（同条3項）ため，破産管財人の意思により不可分性の排除が可能である以上，任意売却の場合にのみ不可分性を維持する合理性は存しないという理由付けである。第2に，任意売却後には買受人から民法上の抵当権消滅請求等の可能性があること（*3*(1)参照）から，その前の段階で担保権の消滅を認めても，担保権者の実質的な利益は害されないという理由付けである。第3に，担保権者は，破産管財人の申立てに対して，担保権実行申立てや買受申出という対抗手段を有しており，それにもかかわらずそれを行使しない場合には，黙示的にその申立てを承諾するものであり，不可分性の利益を放棄したと考えられるという理由付けである。このうち，第1の理由は，破産の場合には，担保目的物を含めた清算が不可避であり，担保権者の実行時期選択権は尊重に値しないという理解を正面から打ち出すものであるのに対し，第2の理由は民法上の例外の延長線上で制度の説明を図るものと言える[34]。さらに，第3の理由によれば，この制度は不可分

---

33) 担保権者が法律の定める方法によらないで財産処分をする権利を有するときも，破産管財人は別除権者が処分をすべき期間を定めることができ（破185条），やはり担保権者の実行時期選択権は排除されている。

34) 但し，前述のように，抵当権消滅請求はすべての担保権に準用されているものではないところ，この理解は，包括執行としての破産手続の特性に鑑み，別除権となるすべての担保権に同旨の規律を及ぼしたものと解することになろう。

性の原則と特に抵触するものではないと理解することも可能となろう。以上の理由付けはいずれも論理的には可能なものと考えられるが，第3の理由では，何故破産の場合にだけこのような措置が認められるのか，やや説明が困難になるようにも思われる[35]。結局，正面から破産手続の特性を根拠にするのであれば（その意味で，他の手続や民法上の例外との連続性を問題にしないのであれば），第1の理由による説明をすることは可能である一方，他の手続や民法上の制度との連続性を勘案するときには，第2の理由のような説明が模索されることになろうか[36]。

担保権消滅申立ての時点での担保目的物価額の相当性は，担保権者に対して対抗措置を付与することで確保される構成になっている。すなわち，担保権者が担保権実行申立てをすれば競売等の市場の中でその価額の合理性が担保されるし，高価な評価に対して最も利益を有する担保権者が買受申出をした場合には，その価額は原則として合理的な価額と推測されるであろう。さらに，何ら対抗手段をとらない場合には，管財人が提示した価額の合理性が推認されることになろう（価額に対する担保権者の消極的な同意が認められる）。このような価額の合理性確保の枠組みは，抵当権消滅請求等の場合に類似している。実際は，担保権者が対抗措置をとらない理由として，価額の合理性に同意したわけではなく，対抗措置のさまざまなコストから諦めるという場合もありえ，そのような事態を考慮すれば，裁判所が客観的な価格を認定するという手続構造（留置権消滅請求や再生手続・更生手続の担保権消滅請求と同様の構成）もありえたと思われる[37]。ただ，それは理論的な理由及び手続上の理由から採用されなかったものであり，抵当権消滅請求等では担保権者の競売申立権を認めれば，その利

35)　但し，説明は不可能ではないであろう。すなわち，この制度は，事前の協議義務や裁判所の関与など合理的な手続に基づいたものであることから，黙示の放棄が合理化されるものであり，一般に担保権設定者の申出に応じなければ黙示の放棄が擬制されるものではないなどと説明することは可能であろう。

36)　この場合も，何故破産の場合だけ売り手の側が消滅手続を代行することが認められるかが問題となるが，これは，破産手続における換価の便宜を図るために，（いわばサービスとして）売り手の側が抵当権消滅等を代行することを認めたものと説明できようか（但し，なお抵当権消滅との手続等の違いを説明する必要は残るであろう）。

37)　著者自身は，立案時にそのような方向の提案を支持していた。この点については，本書第1章参照。

益は十分に保護されているとされていることから，買受申出権まで認めてさらに厚くその利益を保障している本制度は一応相当なものと評価できよう[38]。

(2)　民事再生における担保権消滅請求

(a)　制度の概要

民事再生法の定める担保権消滅請求の制度（民再148条以下）は，事業の継続に不可欠な財産が担保権者によって売却されることを避けながら，被担保債権全額の弁済も再建の困難性や債権者間の平等の観点から妥当でないことから，担保目的物価額の支払により担保権を強制的に消滅させてしまう手続を設けたものである。その意味で，これが担保権の不可分性の例外を認めるものであることは明らかである。

具体的には，再生債務者の事業の継続に欠くことのできない財産上に別除権となる担保権が存するときは，再生債務者等は一定の財産価額を提示して，そのような担保権を消滅させる許可を裁判所に申し立てることができる（民再148条1項）。裁判所の消滅許可決定に対する担保権者の争い方には2通りある。第1に，事業不可欠性の要件を争う場合には，担保権消滅許可決定に対して即時抗告をすることになる（同条4項）。第2に，債務者の提示した財産価額を争う場合には，価額決定の請求をすることになる（民再149条1項）。価額決定請求は決定手続で審理されるが，必ず評価人の評価に基づき判断される（民再150条1項・2項）。価額決定がされると，それはその請求をしなかった担保権者に対しても効力を有する（民再150条4項）。この場合の財産価額の評価はその財産を処分するものとして行われる（民再規79条1項）。再生債務者等は，裁判所の定める期限までに，確定した価額を裁判所に納付しなければならず（民再152条1項），そのような額の納付があった時に担保権は消滅し（同条2項），

---

38)　この点は，財団組入れの理論的説明とも関連する。本制度のように構成すれば，それは担保権者の黙示の同意により説明されることになる（それだけでは不十分であるとすれば，破産管財人による買受人探索の努力に対する報償の意味合いも含められようか）。これに対し，買受申出の場合にもなお組入金を認める制度を採用するとすれば，それは，競売価格を超える金額は担保権者の把握していない価値であるとして，裁判所が競売価格を査定する手続を設ける方向で対処することになったはずである（このような制度構成の詳細については，本書第1章参照）。換言すれば，現在の制度は「担保権者の把握する価値」という問題に対しては，中立的な構成になっていると一応言えよう。

裁判所書記官は担保権の抹消登記を嘱託し（同条3項），裁判所は，納付された金銭について，民事執行と同様の手続により担保権者に対する配当を実施する（民再153条）。

(b) 理論的な説明

再生手続においては，再生債務者等にはそもそも担保目的物の競売権は付与されていないし，後順位担保権者が競売を申し立てても無剰余の場合には競売はされず，原則として担保権の不可分性は維持されている[39)]。また，買受人も生じないので，抵当権消滅請求等の前倒しとして説明することもできないし，担保権者の側に対抗手段も認められないので，消極的同意を擬制することもできない。したがって，この場面についてのみ担保権の不可分性を排除するについては，特別の理由が必要であると思われる。そこでは，担保権の不可分性の実質的な根拠の検討が不可避になろう。まず，①担保権の不可分性の有する間接強制機能を再生手続の中でも承認することは，一般債権者との関係で妥当性を欠くように思われる。民事再生法の採用する別除権＋不足額主義という考え方には，担保権実行後の残額債権は再生債権として手続内で行使されるべきものとする理念が窺われるものであり，実行後も残存する債権を間接的に強制して弁済させることは手続構造に合致しないと見られよう（この点は，他の倒産手続についても妥当する理由である）。また，②担保権の不可分性の有する実行時期選択機能については，遊休物件についてはそれを認めてもよいが，事業不可欠物件については，そもそも実行自体が再生手続の目的に反し，容認できないことになる。そこで，手続中は担保権の実行を禁止することが考えられるが，そうすると担保権者は不足額を確定できず，計画弁済が受けられないことになる[40)]。また，手続終了後にそのような物件が売却される可能性が残るとする

39）なお，この制度を，再生債務者等による競売権＋剰余主義の排除＋再生債務者等による当然の自己競落権（先買権）の合体したものとして（破産の場合とパラレルに）説明することも不可能ではない（山本克己「担保権消滅請求制度と倒産・執行法制」銀法564号（1999年）66頁以下，伊藤眞編集代表『民事再生法逐条研究』（ジュリスト増刊，2002年）129頁以下など参照）。しかし，この理屈でいけば，自己競落権は事業不可欠性からよく説明できるが，事業不可欠物件以外の担保目的物について何故再生債務者等の競売権が排除されているのか，合理的な説明がやや難しいようにも思われる。

40）仮に裁判所の評価額に基づきそれを超えた部分での手続参加を認める場合には（改正当初の段階では，破産手続等も含めてこのような制度構成も検討された），手続終了

と，実効的な再生計画の定立は困難になろう。その結果，手続内で担保権自体を消滅させてしまう以外に抜本的な解決策はないため，このような制度が採用されたものと説明されよう[41]。以上のような説明は，結局，担保目的物を再生債務者等の利用可能なものとして保障するという意味で，前記の留置権消滅請求と同旨の制度と整理することが可能となろうか。

次に，担保権者に弁済される価額については，いくつかの対応がありえたところである。すなわち，①被担保債権全部を弁済しながら，その弁済期等弁済の態様について変更する，②時価の弁済をする，③処分価額（競売価額）[42]の弁済をすることなどである。①のような方法は住宅資金特別条項と同等の対応をすることを意味し，②は更生手続における更生担保権の計画での処遇と同等の対応をすることを意味する。しかし，①は担保権を消滅させることが本来できないという前提に立っている点で，この場合とは場面を異にしよう[43]。また，事業に不可欠な物件については，確かに，②のように，時価という形で継続企業価値の一部を配分することにも合理性はあるが，他の担保権者は処分価額しか取得できないことを考慮すると，担保権者間の不平等扱いを正面から容認することになり，相当でない[44]。むしろ，その時点の競売により担保権者が取得できる価額を補償することが担保権者間の平等に資するものと考えられ[45]，目的物の「有用性」等は処分価額の評価に反映させれば足りるものと

後に担保権が実行されたときに，そこでの配当額と計画弁済額との調整が必要になり，きわめて複雑な手続になり，現実的ではないと見られる。

41）　このような説明によれば，住宅ローンについても同様の制度を構築する余地はあったものと言えよう。その場合も，担保権の実行自体が再生手続の目的（債務者の経済生活の再生）に反することは同様だからである。

42）　周知のように，処分価額の概念をめぐっては考え方の対立があるが，著者はこれを競売によって実現する価額と考えており（本書第1章参照），以下ではとりあえずこれを前提とする。

43）　前述のように（注41）参照），純粋に理論的な見地からは，住宅ローンについてもこの制度の適用を認めることは正当化できるように思われる。

44）　会社更生法は，遊休財産上の担保権についても時価を基準とした計画弁済を認めていることに注意を要する（現行法による担保権実行禁止解除の措置〔会更50条7項〕も，担保権者が時価に基づく計画弁済を受ける地位を排除するものではない）。なお，このような批判は，民事再生規則79条による「処分価額」を競売価額と異なるものと理解する考え方にも妥当するものである。

45）　そして，そのような扱いが担保権の本質にかなうと考えられる。すなわち，担保権

解される。

そこで，目的物の競売価額が問題となるわけであるが，その評価は困難な問題を含んでいる。当該目的物が債務者の事業に不可欠なものであるとすれば，再生債務者等は，当該物件の継続企業価値[46]に近い額を支払っても，競売市場でそれを取得しようとするであろう[47]。そして，仮に他の競売参加者がその情報を取得しているとすれば，債務者がそのような価格で買い受けることを想定し，それより若干安い価格で買い受けて債務者に転売して利益を得ることを考えると思われる。その結果，競売しても，上記価格に近い線で競落される事態が合理的に想定されることになろう[48]。つまり，当該物件が他の者にとって無価値であるからといって，競売で廉価になるわけではないということである。換言すれば，市場に１人でも強力に当該物件を必要とする者がいれば，その者の需要に合わせた形で価格が形成されると考えられよう。ただ，これは再生債務者等にそのような価格相当金の調達能力があるという前提であり，仮にその点に疑問があれば（債務者が再生手続に入っていることから一般にはその点には疑問があるであろう），当該価格は，債務者の参加しない場合の市場価格に近

者の把握している価値は，本来，債務者や担保権設定者の協力なしに一方的に実現できる価値，すなわち競売価額であると解されるからである。すでに古くこの点を指摘する見解として，小林・前掲注 17）46 頁以下参照（「担保物権は何処までも目的物自体に対する担保権者一方の価値拘束に帰着する」とする）。

46）個別物件についての継続企業価値の評価は確かに困難であるが（この点が，現行会社更生法が更生担保権評価について時価基準を採用した１つの理由である），理論的には，「当該担保物があるときの債務者企業の価値と，当該担保物がないときの債務者企業の価値との差額」ということになろう（田中亘「担保権消滅請求制度の経済分析⑴」NBL 799 号（2004 年）35 頁参照）。但し，このような理解によると，個別物件の継続企業価値の合計が全体の継続企業価値を上回る状態が出現しうるという問題がある（たとえば，２つの物件の双方が当該事業にとって不可欠である状態〔どちらの物件がなくても継続企業価値がゼロとなる事態〕を想定せよ）。

47）極端な場合，当該物件がなければ事業を清算するほかないとすれば，（債務者の事業全体の継続価値－その清算価値）を上限として買い受けることが，債務者にとって効率的である（そして，これがその物件の継続企業価値となることについては，注 46）参照）。

48）上記のような点から，これは債務者自身が競売市場に参加できるかどうかとは無関係である（競売市場外での債務者の買戻しが期待できる）。したがって，通常，被担保債権の債務者は担保目的物の競売には参加できないが（民執 188 条・68 条，192 条・135 条），本文の記述は妥当性を失わない。

づくことになろう。したがって，価額決定においても，債務者にとっての必要性（非代替性）の程度，その点の情報の流布，債務者の資金調達能力等が考慮される必要があることになる[49]。以上の検討から，処分価額（競売価額）といっても，事業不可欠物件の評価については，継続企業価値の呪縛をある程度は免れない[50]ことに注意がされるべきであろう[51]。

(3) 会社更生における担保権消滅請求

(a) 制度の概要

会社更生法における担保権消滅請求の制度は，事業の更生のために必要な財産の上に担保権が設定されており，事業継続や事業譲渡などのために，その担保権を消滅させることを可能にしたものである（会更 104 条以下）。つまり，事業の更生のために必要があると認められるときは，管財人が財産価額に相当する金銭を裁判所に納付して，担保権消滅の許可を裁判所に求めることができるとされている（会更 104 条 1 項）。そして，裁判所が許可決定をしたときは，担保権者は，更生のための必要性に不服があるときは即時抗告（会更 104 条 5 項），管財人の示した目的物価額に不服があるときは価額決定請求（会更 105 条）で争うことになる。この制度は，最終的に更生手続が失敗して牽連破産等になったときに担保目的物価額の配当を担保権者に保障する性質のものであるから，納付されるべき金額は，更生担保権の評価基準とは異なり，処分価額とされる（会更規 27 条・民再規 79 条 1 項）。そして，管財人の価額納付により担保権は消滅し（会更 108 条 3 項），担保権の登記の抹消嘱託がされる（同条 4 項）。

再生手続の担保権消滅制度と異なる点は，金銭納付に基づき直ちに配当がさ

---

49) 著者は以前，リースについて同様の観点から検討したことがある（本書第 5 章参照）。しかし，同様のことは他の担保目的物でも妥当することになる。

50) 実際には，競売市場でこのような理論価額がそのまま実現するわけではないので，現実の評価では，通常の競売価額から出発して，債務者の必要性等に応じた調整がされるべきことになろうか。

51) その意味で，従来の処分価額をめぐる学説の見解の相違は，実際にはそれほど大きな違いではない可能性がある。そして，田中亘「担保権消滅請求制度の経済分析（2・完）」NBL 801 号（2005 年）45 頁の指摘する，商品・機械など一般的に処分価値の低い資産しか持たない債務者に対する信用収縮のおそれについても，問題は小さいということになろうか。

れることはなく，裁判所がそれを預かっておく点にある[52]。そして，更生計画が認可に至ると，裁判所は預かっていた金銭を管財人に交付し（会更109条），更生担保権者には更生計画に基づく弁済等がされるが，計画認可に至らず更生手続が廃止等で中途終了した場合に初めて配当が実施されることになる（会更110条）。また，被担保債権額が目的物価額と比べて小さい場合には，裁判所は被担保債権額を超える納付金額部分（剰余金）を管財人に交付できるし（会更111条），金銭納付の際に被担保債権相当額を納付すれば足りる扱い（差引納付）もできる（会更112条）。

(b)　理論的な説明

更生担保権の消滅請求において，担保権の不可分性の例外が認められる根拠はどのように説明されるであろうか。1つの考え方として，更生手続における更生担保権制度はそれ自体，時価の範囲で不可分性をすでに否定しているという理解もありえよう。しかし，実質論はともかく，理論的には，更生手続外では担保権自体は存続しており，担保権が最終的に消滅するのは更生計画に基づく効果である。そして，更生計画は，担保権の内容自体を実体的に変容できる強力なものであり，その不可分性を破ることができるのは当然のこととも言える。それに対し，担保権消滅制度は，更生手続中に担保権自体を消滅させてしまうものであり，一応別個の問題として検討を要すると考えられる。

更生手続においては，競売の場合の不可分性はそもそも問題にならない。けだし，更生手続が順調に進行すれば，上記のように，いずれ更生計画によって担保権は実体的に変容する運命にあるからである。換言すれば，更生手続中における担保権の残存の問題は，結局，牽連破産に陥った場合の保護を見据えたものと言える。そうだとすれば，破産手続では不可分性が妥当しないとすれば（*4*(1)(b)参照），一足前に更生手続中で，更生手続の目的を達成するためにそれを消滅させても，担保権者の利益の侵害は大きくなく，正当化は可能と考えられる。ただ，更生手続が中途で終了しても例外的に破産にはならない場合もありうる。そのような場合も考慮すると，会社が当該物件を第三者に処分するために担保権消滅が使われる場合（事業譲渡のような場合）と，更生会社自身が当

52)　更生担保権については計画弁済しかできないので，直ちに担保権者に配当してしまうと，他の担保権者と不平等な扱いになってしまうからである。

該物件を利用するために担保権消滅が使われる場合（商事留置権のような場合）とで分けて考える必要があろう。前者については，抵当権消滅請求等の可能性があるところ，それを前倒しするという点が根拠となりうる[53]。すなわち，譲受人の保護によって譲渡の容易化を図るという政策的な理由であり，破産の場合の制度理由に近接する。他方，後者については，民事再生と同様の考慮となるが[54]，更生手続では，会社が目的物を保持する場合には更生担保権の実行禁止があって原則として問題はないが，占有型の担保権については，更生会社によるその利用を確保するため，担保権の消滅が必要となるものである。そうすると，本来は被担保債権の全額弁済が必要になるとも考えられるが，担保権者間の平等を勘案すると，時価を基準とした計画弁済を維持して，破産の場合に備えた代担保を保障しているものといえる[55]。

担保権消滅の価額は，これが破産になった場合に担保権者に保障されるべき額であることから，破産時の処分価額となる。その意味で，同じ「処分価額」といっても，再生手続の場合とは評価が異なりうることになる。けだし，この場合には，（たとえ現実の消滅の時点では更生会社の利用が必要であったとしても，牽連破産の際には）更生会社はもはやこの物件を必要とすることはなく，完全な破産清算の場合（つまり，市場に強力な需要者がいない場合）の競売価額を保障しておけばそれで足りるからである[56]。

---

53)　前述のように，フランス法では，同様の制度は一般的にこのように説明されているようである。

54)　なお，民事再生においても，担保権消滅が事業譲渡等を目的として行われる場合には，前者のような点も妥当することになる。再生手続の担保権消滅ではすべてが事業不可欠性に吸収される結果，この点が表面に表れないだけとも言える（他方，更生手続では，自己利用の場合は逆に問題が少ないため，譲渡の部分だけがクローズアップされているということであろう）。

55)　その意味で，このスキームは，（旧法時代の商事留置権消滅請求を継承している部分から当然のことではあるが）民法上の留置権消滅請求と類似しているところが大きい。

56)　それ以上の額を保障することは，牽連破産の時点で初めて換価が許される他の更生担保権者との関係で，かえって不公平な事態を招くことになろう。

5 おわりに
——担保権の不可分性の限界

以上のような検討の結果を最後に簡単にまとめてみよう。倒産手続における担保権消滅制度の根拠は，各倒産手続で一見バラバラなようにも見える。しかし，細かな差異を捨象すれば，民法上の不可分性の例外も含めて，大きく2つの類型に分けられるように思われる。第1は，任意売却をする場合における譲受人保護（それによる譲渡の容易さ）のための担保権消滅である。これは，民法上の抵当権消滅制度等に表れているものであるが，破産法の担保権消滅及び事業譲渡等を目的とする会社更生法の担保権消滅もこれで説明することが可能であろう[57)]。第2は，自己利用をする場合における利用の保護（それによる再建の容易さ）のための担保権消滅である。これは，民法上の留置権消滅請求に表れているものであるが，民事再生法の担保権消滅及び商事留置権等に関する会社更生法の担保権消滅もこれで説明ができよう。

このような類型とも関連して，担保権者に保障される価額は異なってくる。まず，第1類型（任意売却型）の場合には，競売の場合に担保権者に保障される価額が基準となる。抵当権消滅や破産の場合の担保権消滅では，担保権者の側に競売申立権等の対抗手段を付与して，そのような額を保障するスキームを構築しているし[58)]，更生手続の場合には，担保権の実行が一般に禁止されていることに鑑み，裁判所が牽連破産時の処分価額を判断するものとされている[59)]。次に，第2類型（自己利用型）の場合には，アプリオリに競売時の価額とする必然性はない。しかし，少なくとも倒産手続においては[60)]，他の担保

57）民事再生の場合は，自己利用と事業譲渡が区別されていないが，後者の場合には，このような根拠で説明することも可能であろう（注54）参照）。そして，倒産手続におけるその換価の必要性の強度に配慮して，民法上の制度の適用対象を拡大し，その手続を精緻化したものと説明されることになろうか。

58）担保権者がその権利を行使しない場合には，第三取得者や管財人の提示した額を承認したものとみなされる。

59）この点は，事業譲渡等一体処理が要請される場合か，遊休資産等個別処理が容認される場合かで，理論的にはさらに分けて考えることが可能である。後述参照。

60）民法上の留置権消滅請求については，前述のように（*3*(2)参照），担保目的物価額

権者との平等が考慮され，民事再生の場合も会社更生の場合も競売価額が基準となる。但し，その内実は両者で異なり，後者が破産の場合の処分想定価額であるのに対し，前者は，再生債務者の需要をも考慮して処分価額が決定されていく点で，継続企業価値に部分的に近づく可能性があるものと解されよう。

以上のような理論的な考察がもし正しいとすれば，現在の制度についてはなお今後検討すべき点もあろう[61]。たとえば，任意売却型については，さらに事業譲渡型と遊休資産型の区分（注54）参照）及びそれに基づく取扱いの差異の可能性があるかもしれない。前者については，担保権者の競売申立て等による対抗手段を認めることは一般に相当でないとすれば，破産の場合にも裁判所の評価に基づく担保権消滅を認めることが相当な場合があるかもしれないし，後者については，会社更生の場合にも，担保権者の競売申立権等による対抗を認める余地はあるかもしれない[62]。より大きく言えば，立法論としては，むしろ倒産手続に陥ったときは，一般的に不可分性を否定する可能性も検討される必要があるのではなかろうか。担保権の不可分性の有する間接強制機能・実行時期選択機能は，ともに一般に倒産手続下では十分な正当性を持ちえないものと考えられるからである（*4*(2)(b)参照）。ただ，この点については，「処分価額」の意義も含めて，実体法上担保権者が把握している価値についてのさらなる検討が必要であろう。

本章における検討はまったく試論の域を出ないものである。ただ，担保権消滅制度は担保権の本質に密接に関連する制度として，その理論的な分析作業が必要不可欠なものと考えられる。本章が，今後進められていくであろう，そのような検討作業の何らかの手がかりとなることができれば幸いである。また，このような制度が倒産前の経済活動に与える影響[63]などの問題も含め，著者

による消滅を認める必然性はないかもしれない。

61）もちろん制度は理論の美しき貫徹のためにあるのではないので，（特に倒産手続における担保権のようなさまざまな利害関係が複雑に絡み合う場面では）理論的に割り切れない部分が残ることは，ある意味で必然的なことであり，それ自体は批判の対象になるものでないことは言うまでもない。

62）この場合も競売代金が担保権者に対して配当されるわけではない。遊休資産に関する担保権の実行解除等の場合の代金の取扱い（会更 51 条）と同様の措置がされることになろう。

63）この点に関する近時の注目すべき文献として，田中・前掲注 51）42 頁以下参照。そ

自身も今後検討を深めていければと考えている。

（初出：今中利昭先生古稀記念『最新倒産法・会社法をめぐる実務上の諸問題』（民事法研究会，2005年）453頁以下）

［補論］　本章は，今中利昭弁護士の古稀記念論文集に寄稿させていただいた論稿であるが，その丁度10年前の同弁護士の還暦記念論文集にも，著者は，倒産手続における担保権の取扱いをテーマとした論稿（山本和彦「倒産手続における担保権の実行」今中利昭先生還暦記念『現代倒産法・会社法をめぐる諸問題』（民事法研究会，1995年）391頁以下）を寄稿させていただいている。この10年間はまさに倒産法の改正作業が進行している期間であり（また担保・執行法制の改革もその間に行われた），著者自身，その作業に継続的に関与する中で，理論的に抱いていた疑問の解消を模索して執筆したものである。民法上の担保権の不可分性の原則や抵当権消滅・留置権消滅制度を手がかりとして，倒産法上の担保権消滅制度の体系的理解を目指したもので，少なくとも著者自身の頭の整理にはなりえた。

なお，本章でしばしば引用している田中亘准教授の論稿（注46），注51）及び注63）参照）との関連では，その後，日本私法学会のワークショップにおいて，田中准教授のご報告に対してコメンテータとして討論する機会を得た。その結果も参照していただければと思う（田中亘「担保権消滅請求制度の経済分析」私法68号（2006年）142頁以下参照）。

こにおける不動産担保の場合と動産担保の場合の影響の差異に関する分析や，法人登記簿上に制度の適用の可否を事前に明らかにさせる提案など刮目すべきものがあるが，本章のような処分価額の理解等をも踏まえて，今後さらにこのような問題提起も受けて考えていきたい。

第7章

別除権協定の効果について
——協定に基づく債権の共益債権性の問題を中心に

1 問題の設定

民事再生法は，担保権を別除権として扱っている（民再53条）。ただ，再生債務者について，事業の継続に不可欠な財産に担保権が設定されていることは稀ではなく，再生債務者の事業の再生を図るために，担保権の実行に制約を加える必要がある場合は少なくない。民事再生法も，担保権実行を制約する方途として，担保権実行手続の中止命令（民再31条）や担保権消滅請求（民再148条以下）の制度などを有している。しかし，前者（中止命令）は中止を命じることができるのが「相当な期間」に限定されているし，後者（消滅請求）は担保目的物価額の一括弁済が前提とされている。したがって，後者の方法を最後の手段としながら，通常は，前者の方法などを用いて，再生債務者と担保権者の間で話合いがされ，合意に基づき，被担保債権の分割弁済とその間の担保権の不実行が合意されることが多いとされる。これを一般に別除権協定と呼ぶ[1)]。以上のように，別除権協定は，民事再生法の構造上，不可欠なものであるが，法律には明文の規定がなく，その法的内容等については解釈に委ねられている。本章は，別除権協定の効果，とりわけ協定に基づく債権の性質（共益債権か再生債権か）の問題について若干の検討を加えることを目的とするものである。

1） 別除権協定に関する文献は多いが，近時のものとして，倉部真由美「別除権協定について」事業再生研究機構編『民事再生の実務と理論』（商事法務，2010年）342頁以下及びそこに引用された文献を参照。

本章は，以上のような問題意識に基づき別除権協定の効果について検討するものであるが，その前提として具体的な問題を設定したい。すなわち，以下のような問題である。

Aは B に対して債権（以下「甲債権」という）を有し，甲債権を被担保債権としてB所有の不動産の上に抵当権を有している。その後，Bについて再生手続開始決定がされたところ，再生手続中に，AとBとの間で，以下のような条項を中核的な内容とする別除権協定が締結された。

⑴　AB 間で再生手続開始日現在負担している再生債権額が○円であることを確認する。

⑵　AB 間で別除権（本件不動産）の評価額及び本件不動産により担保される債権（以下「別除権付再生債権」という。）の額が×円であることを確認する。

⑶　Bは，Aに対し，別除権不足額（○円－×円）につき，本件再生計画の定めに従って算出された金額を弁済計画表のとおり弁済する。

⑷　BがAに対し一定の期間内に別除権付再生債権の全額を弁済するのと引き換えに，Aは担保権の解除及び抹消登記手続を行う。Aは，本件不動産について担保権実行手続を行わない。但し，Bが本合意書に違反した場合はこの限りでない。

⑸　本合意書は，Bの再生手続の監督委員の同意があること及び再生計画認可決定が確定することを停止条件として効力を生じる。但し，再生手続が廃止されたときは，本合意書は効力を失う。

しかるに，再生計画認可決定の確定後，BはAに対して，別除権付再生債権の額の弁済をしなかった。そこで，Aは，債権者代位権の行使として，Cを被告にして，BのCに対する債権（以下「乙債権」という）の支払を求めて訴えを提起した。このような訴えは許されるか，という問題である[2)]。

以上のような問題について，以下では，まず論理的にありうる考え方を整理

2）　後述のとおり（*2* 参照），これは，別除権付再生債権が共益債権であるか再生債権であるかによって結論が異なってくる1つの問題にすぎない。より端的には，別除権付再生債権に基づき，本件不動産以外の再生債務者財産を差し押さえることができるか，という問題でも，まったく同様の点が問題になる（開始決定後は，再生債権に基づく強制執行は許されないが〔民再 38 条 1 項〕，共益債権に基づく強制執行は可能である〔民再 121 条 3 項参照〕）。

した後（*2* 参照），それらの考え方について検討する前提となる問題として，別除権協定が失効した場合の被担保債権の取扱いについて検討する（*3* 参照）。その後に，それぞれの考え方の問題点を順次検討し（*4*〜*6* 参照），さらに本問題に類似した事案に関する近時の裁判例（東京地判平成 24・2・27 金法 1957 号 150 頁）について検討した（*7* 参照）後，最後に私見の結論を述べる（*8* 参照）。

2　本問題についてありうる考え方

以上のような問題を検討する前提として，まず以下の点を指摘することができる。すなわち，A の行使する債権者代位権の被保全債権が仮に再生債権であるとすれば，債権者代位権の行使は許されず，他方で，その被保全債権が共益債権であるとすれば，債権者代位権の行使が許されるという点である。すなわち，民事再生法 40 条の 2 第 1 項によれば，民法「423 条（中略）の規定により再生債権者の提起した訴訟（中略）が再生手続開始当時係属するときは，その訴訟手続は，中断する」ものとされ，同条 2 項は「再生債務者等は，前項の規定により中断した訴訟手続のうち，民法第 423 条の規定により再生債権者の提起した訴訟に係るものを受け継ぐことができる」とする。このような規律は，再生手続開始によって再生債権者は債権者代位訴訟の原告適格を失い，再生債務者等がその適格を承継することを前提にしているものと解される。したがって，再生手続開始後に再生債権者が新たに債権者代位訴訟を提起することはできないことが当然の前提になっていると解される[3)]。他方，上記条項は明確に「再生債権者の提起した」債権者代位訴訟のみに言及しており，手続外で権利を行使できる共益債権についてはこのような規律は及ばず，共益債権者は，再生手続開始にもかかわらず，なお債権者代位権の行使が許されるものと解される。そもそも債権者代位権の行使は，強制執行の前提としての権利保全の行為であるとすれば，手続中は強制執行の許されない再生債権者には行使が認められず，強制執行が可能である共益債権者には行使が認められるとすることは合

---

3)　債権者代位権と同様に規律されている詐害行為取消権について，再生手続開始後の取消権の行使はできないと判示する裁判例として，東京地判平成 19・3・26 判時 1967 号 105 頁参照。

理的な規律であろう[4]。したがって，本問題の検討に際しては，債権者代位権の被保全債権が再生債権であるか共益債権であるかが決定的なポイントになるものと解される。

以上のような前提の下に，本問題に解答するに際しては，上記別除権協定の条項(2)に定められた「別除権付再生債権」が再生債権であるのか共益債権であるのか，つまり当該債権の法的性質が決め手になるものと解される。換言すれば，上記協定の条項(4)において認められている当該再生債権の額の弁済がそもそもどのような根拠で許されるのかが問題になる。この点についての考え方としては，以下のような3つのものがありうるように思われる。すなわち，第1に，別除権協定によって新たにAのBに対する債権が（甲債権とは別に）共益債権（丙債権）として発生したものとする考え方である。第2に，別除権協定によってAのBに対する甲債権が（従来の再生債権から）共益債権にその性質を変えたものとする考え方である。第3に，別除権協定によってAのBに対する甲債権について（再生債権としての性質を維持したままで）その弁済が許容されることになったものとする考え方である。すなわち，第1又は第2の考え方によれば，債権者代位権の被保全債権は共益債権ということになり，その行使が認められることになるのに対し，第3の考え方によれば，被保全債権は再生債権ということになり，その行使は認められないことになる。

以下では，それぞれの考え方について順次検討していきたいが，その前提として，別除権協定が解除等によって失効した場合の別除権の被担保債権の取扱いの問題を検討する。なぜなら，この点については，後述のように（***3***参照），いわゆる復活説と固定説の考え方の対立があるところ，そのいずれの考え方を採用するかによって，たとえば，他の財産から強制執行等によって被担保債権を回収した後に別除権協定が効力を失った場合，被担保債権がどのように取り扱われるかが異なってきて，その帰結はひいては本問題に関する検討にも影響を及ぼす可能性があると考えられるからである。

---

4)　したがって，財団債権者の強制執行が認められない破産手続においては，財団債権者の債権者代位訴訟も中断するものとされている（破産法45条1項は「民法第423条（中略）の規定（中略）により財団債権者の提起した訴訟が破産手続開始当時係属するときは，その訴訟手続は，中断する」と規定する）。

3　別除権協定の失効後の被担保債権
──前提問題

本件のような別除権協定において，被担保債権額をいったん×円として合意がされたわけであるが（協定条項(2)参照），その後に，再生債務者が債務不履行に陥ったり牽連破産となったりして，別除権協定が解除・失効した場合に，被担保債権額が×円のままであるのか，○円に回復するのかが１つの問題となる。

この点について，別除権協定の解除・失効の際に，担保権の被担保債権が本来の額（上記条項でいえば○円）に復活するものとする見解（復活説）と，被担保債権額は合意の額（上記条項でいえば×円）で確定しており，別除権協定の解除・失効によっても変動することはないとする見解（固定説）に分かれている。この点は，別除権協定が当事者の合意（契約）である以上，一次的には協定当事者の意思解釈によって定まる問題である。しかし，別除権協定が締結される大きな目的は，それに基づき，いわゆる不足額について，担保権者が計画弁済を受けることにあると考えられるところ[5)]，その要請を満たすためには，上記復活を認めない合意でなければならないのか，復活を認めるものでも足りるのか，という点が問題になる。換言すれば，それは，どのような場合に，民事再生法 88 条但書において「当該担保権によって担保される債権の全部又は一部が再生手続開始後に担保されないこととなった場合」との要件を満たすのかという解釈問題となる[6)]。

この点について，著者はかねてから固定説によるべきであると考えている。すなわち，民事再生法 88 条但書の適用を受けるためには，「『担保されないこと』が確実なものとなる必要がある」ことを前提にして，「再生債務者等に協

5)　本設例でも，協定条項(3)において，そのような不足額の計画弁済に係る定めが置かれている。

6)　本文記載のように，不足額弁済を受けることが別除権協定締結の主たる目的であり，復活説ではその目的が達成できないとすれば，当事者の合理的意思は固定説に基づく合意にあると考えるのが自然ということになろう。他方，その前提によれば，当事者の意思が復活説によるものであるときにまで不足額に対して計画弁済する条項は，民事再生法 88 条に反する違法なもの（したがって，本来は認可されるべきではないもの）ということになろう。

定上の債務の弁済について債務不履行があった場合には当該協定が解除され，被担保債権額が復活するような合意であれば，やはり担保解除は確定的なものではなく，別除権者の権利行使は認められないものと解される」とする[7)]。同様に，この点を詳細に検討される中井康之弁護士も，「工場評価額600万円は10年均等分割で支払い，残額400万円は再生計画で80%の免除を受け80万円を10年均等分割で弁済する場合に，いずれも6回分を支払った後に債務不履行により解除される」事例について，復活説では，未払債権額合計592万円（別除権対象額240万円＋再生債権未払額352万円）がすべて被担保債権となり，全額回収することが可能となって再生計画が履行される場合よりも有利な結果になるとして，復活説は問題が多いと批判される[8)]。

これに対し，復活説は，再生債務者が協定を履行しない場合には，担保権の実行によって協定を上回る金額が別除権者に配当される結果となる場合があることは，固定説の批判のとおりであるが，そのような変更の可能性は，約定が履行されないことによる結果であり，不足額がいったん確定したこととは矛盾しないと評価される[9)]。このような考え方は，将来の不履行に備えて別除権の行使の可能性を留保したいとする担保権者の保護を重視したものとみることができる[10)]。おそらく，実務的には，このような復活説に基づく別除権協定が相当一般的に行われているものと解される。本設例の別除権協定も，協定条項(5)が示唆するように，復活説による意思を当事者が有しているという見方もできよう[11)]。

そこで，以下では，（著者自身は固定説が相当であるとの見解は維持するものの）

---

7)　高木新二郎＝伊藤眞編集代表『民事再生法の実務〔新版〕』（金融財政事情研究会，2001年）166頁〔山本和彦〕，福永有利監修『詳解民事再生法〔第２版〕』（民事法研究会，2009年）312頁〔山本和彦〕参照。

8)　全国倒産処理弁護士ネットワーク編『新注釈民事再生法（上）〔第２版〕』（金融財政事情研究会，2010年）473頁以下〔中井康之〕参照。同旨として，山本和彦ほか編『Q&A民事再生法〔第２版〕』（有斐閣，2006年）253頁〔難波修一〕も参照。

9)　上野正彦ほか編『詳解民事再生法の実務』（第一法規，2000年）386頁〔須藤英章〕参照。

10)　逆にいえば，そのような可能性を留保しないと，実際上別除権協定の締結が困難になる可能性があるという実務の実情を反映したものであろう。

11)「再生手続が廃止されたときは，本合意書は効力を失う」という文言は，協定条項(4)のみならず協定条項(2)による被担保債権額の固定の合意も失効させると読むのが素直であるとすれば，その合意内容は復活説を前提にしているとみることができる。ただ，そ

復活説を前提に本問題を論じることとする。

4 共益債権を新たに生じさせる合意とする考え方

(1) 考え方の内容

共益債権を新たに生じさせる合意とする考え方は，本件別除権合意によって，Aは，Bに対する甲債権（再生債権）を被担保債権とする別除権を行使しない旨の義務を負い，その代償として新たにBに対して甲債権と内容が同一であるが別個の債権（以下「丙債権」という）を取得し，丙債権は，再生債務者の行為によって生じた債権として共益債権となる（民再119条5号）と解するものである。そして，丙債権は，甲債権を実質的に担保するものとしてのみ存在し，丙債権が弁済等によって消滅したときは，甲債権も同時に消滅すると解することになる[12)]。

公刊物においてこのような考え方を明示する見解は認められないようであるが，三上徹氏が「受戻し協定は，別除権の『買戻し』であるから，その代金の『支払い』条件であり，別除権者は代金として受領した金銭を別除権付債権の返済に『充当』する」とされるのは[13)]，このような考え方に近いものがあろうか。すなわち，別除権の買戻しにより，丙債権（売買代金債権）が共益債権として発生し，その支払を受けて，甲債権（再生債権）の弁済に充当するということであるので，丙債権は甲債権を実質的に担保するものとして存在し，丙債権の消滅によって甲債権も消滅することになろう。ただ，別除権＝担保権を債務者が「買い戻す」ということ（それ自体は比喩的な表現と思われるが）の厳密な法的意味（それが被担保債権に係る債務の弁済と法的にどのように相違するのか）は，必ずしも明らかではないように思われる。その意味で，上記のような見解

の場合，著者の見解によれば，条項(3)による計画弁済は，法律上許されない内容を規定したもので，意味がないものと解されることになる（注6）参照)。

12) 保証人が弁済によって求償権を取得するとともに原債権の移転を受ける場合の求償権と原債権と同様の法律関係に立つものになるとの理解である。この場合において，原債権が共益債権であるときに，求償債権が再生債権であっても，原債権を共益債権として行使しうるものと解されている。この点については，最判平成23・11・24金判1380号12頁参照。

13) 三上徹「別除権協定の実務」事業再生と債権管理105号（2004年）159頁参照。

は，三上氏の見解を理論的にパラフレーズしたものということができようか。

(2) 問題点

以上のような見解についての問題点としては，以下のような3点が考えられる。

第1の問題点は，別除権協定によって新たに丙債権（共益債権）を生じさせると解することの不自然さである。協定に合意する当事者の意識の中には，あくまでも甲債権しか存在しないものとみられ，その合意によってまったく新たな債権を発生させるという認識はないのではないかと思われる。たとえば前記のような協定条項においても，弁済の対象とされているのはあくまでも「別除権付再生債権」，すなわち甲債権の一部（本件不動産で担保されている部分）であるとされている[14)]。そもそも担保権の実行を防止する代償として，当該担保権の被担保債権と同じ内容の共益債権を新たに生じさせるという合意は，当事者の合意内容としては不自然なものと言わざるをえない。

第2の問題点は，再生債権と別除権協定によって発生したとされる共益債権との関係である。この両債権は同じ権利内容を有しながら，一方が他方の担保として機能するものとされるが，そのような関係にある債権を併存させるのは，当事者の合意内容としてはやはりかなり不自然なものである。確かに求償権と原債権との間にそのような関係が認められる場合があるが[15)]，それはもともと別の主体に帰属していた債権がたまたま（弁済による代位によって）同一人に

---

14)　確かに「再生債権」という表現が使われているからといって，当事者がそれを法的に再生債権と明確に意識しているとまでは言えないかもしれないが，少なくとも被担保債権である再生債権とは別個の債権（共益債権）を合意によって生じさせている（別除権の「買戻し」がそこで行われているなど）という効果意思は当事者間には存在しないのではなかろうか。

15)　注12）参照。ただ，求償権と原債権の場合にすら，判例が前提とするこのような法的構成は不自然であるとの批判がつきまとう。債権法改正の議論の中で，代位弁済の場合にも原債権は消滅すると解するべきである旨の改正提案が示されているが（民法（債権法）改正検討委員会編『詳解債権法改正の基本方針Ⅲ』（商事法務，2010年）30頁以下参照。中間論点整理でも，「例えば，弁済者が代位する場合であっても原債権は弁済により消滅することを明記した上で，原債権の効力として認められた権利を代位者が行使できること等を定めるべきである」との考え方が示されている。「民法（債権法）の改正に関する中間的な論点整理」第17の10⑵ア参照），それは，このような法律構成

帰属した場合の法律関係を説明するものであり，本件のように最初から同一主体に2つの債権が帰属する場合とは前提が異なる。同一人間で同一内容の債権があるとすれば，それは1つの債権と解するのが通常であろう[16]。

第3の問題点は，別除権者と一般債権者との不平等に関する，より実質的なものである[17]。たとえば，担保権の目的財産が1億円の価値を有し，Aの有する被担保債権の額が2億円であるとする。そして，再生債務者の他の一般財産が1億円の価値を有し，A以外の一般債権の総額が3億円であるとする。この場合において，別除権合意に基づくBの支払債務の不履行があったが，破産手続への移行が遅れて，その間にAが共益債権（債権額1億円）に基づきBの一般財産に対して強制執行して1億円の債権を回収したとする[18]。その後にBは破産移行して，その結果，残債権1億円を被担保債権とする担保権が別除権となり，Aが別除権の実行により目的財産から1億円の回収をすることができるとすれば[19]，A以外の一般債権者の回収は結局ゼロになってしまう。しかし，このような帰結は明らかに不公平である。本来は，担保権者Aは1億円（別除権実行による優先回収）と2,500万円（不足額1億円についての一般財産からの25%配当による弁済）の合計1億2,500万円の回収しかできず，一般債権者も各25%弁済（一般財産から合計7,500万円の弁済）を受けられるはずである。

の不自然さ・複雑さに対する抵抗感をよく示しているものである。それにもかかわらず，あえて類似の法律関係を他の場合にまで拡大することの合理性には違和感を否めない。

16）その意味では，別除権協定に基づく被担保債権を共益債権と解する必要性がどうしてもあるとしても，後述***5***のように，これを共益債権化の合意と捉える方が当事者の意思表示の内容としては自然なものであろう。

17）なお，牽連破産の際に，別除権協定に基づき発生した共益債権が財団債権になるとすれば（民再252条6項），その帰結が不当であることは疑いない。しかし，この点は，再生手続が廃止等により終了した場合には共益債権は消滅し，財団債権にはならないものと解されるので，一般に問題は生じないと解してよい。本件協定においても，「再生手続が廃止されたときは，本合意書は効力を失う」（協定条項(5)）とされ，仮に合意によって共益債権が発生していたとしても，その効力は失われる旨が明示されている。

18）この時点で，丙債権は消滅し，甲債権も1億円の範囲で消滅するため，残る甲債権の額は1億円となる。

19）この点は，まさに前述の前提で（***3***参照），復活説をとることの帰結である。仮に固定説を採用すれば，別除権協定の効力にかかわらず，被担保債権1億円は全額弁済されているので，担保権は消滅しており，牽連破産の手続においても，Aは別除権を行使する余地はないことになる。その意味で，この問題点は固定説を採用する場合には妥当しない。

しかるに，Aの丙債権（共益債権）に基づく強制執行を認め，結果としてAが2億円全額の回収をすることができ，他の一般債権者の配当がゼロになるとすれば，その帰結は明らかに相当ではないと解される[20]。

このような帰結を防ぐ解釈の可能性としては，再生手続の廃止等によって別除権協定は効力を失うところ，そのような失効に遡及効を認める考え方がありうる。仮に遡及効が認められるとすれば，丙債権はそもそも最初から発生しなかったことになり，それに基づく強制執行は本来許されず，その回収金は結果として破産手続においては不当利得になると解される余地があるからである[21]。したがって，Aは強制執行により回収した1億円を破産管財人に返還してそれが破産財団に帰属し，上記のような本来の結果が達成できる。しかし，このような解釈を仮に採るとすれば，高い確率で不当利得になってしまう強制執行を一度は許すことになるが[22]，なぜそのような行為をあえて認める必要があるのか，疑問を否めない[23]。担保権者が別除権協定の解除に基づく別除権の実行ではなく，あえてこのような強制執行をするとすれば，その動機は担保目的財産の価値が下落している点にあるのではないかと推測される[24]。しか

20)　そもそも，別除権合意の不履行に対する担保権者の保護として，それ以外に救済方法がないのであればともかく，別除権者は協定を解約等して担保権を実行できる選択肢をも有するのである（***6***(2)参照）。そのような（通常とみられる）選択肢をとらずに債務者の一般財産から回収することを担保権者に認めることは過剰な保護であり，相当ではないように思われる。

21)　ただ，このような別除権協定の失効の遡及効から強制執行の回収金の不当利得を導く解釈も必然ではないように思われる。仮に丙債権が遡及的に消滅したとしても，Aはなお実体法上甲債権を有しているのであり，強制執行による回収が甲債権に充当されているとすれば，それは不当利得とはいえないとみられる余地もあるからである。その場合には，遡及効の有無にかかわらず，前記のような問題点がなお妥当することになろう。

22)　再生債務者は，事業活動に必要な財産について別除権協定を締結しているのであろうから，その被担保債権に係る債務をあえて弁済しないという行為に出る以上は，近い将来に破産手続に移行することはかなりの確度で予測できよう。

23)　また，このような理解によれば，別除権者が任意で履行を受けていた部分も（それが担保目的財産価額の範囲内であっても）当然に不当利得になることになってしまうが，それは別除権協定の法的安定性を著しく損なうおそれがあるように思われる。この点に関する詳細な検討を行う高井章光「牽連破産に関する諸問題」事業再生研究機構編・前掲注1）258頁以下も，別除権協定を解除しても既払金の返還を求めることが相当でないことを前提に，さまざまな調整の方途を検討されている。

24)　たとえば，上記の事例で，担保目的財産の価値が5,000万円に下落している場合に

し，仮にそうであるとすれば，担保権者の本来の権利である担保目的財産からの回収を超えて，本来は一般債権者の引当てとなるべき一般財産からも優先的な回収を認める結果となり，結果として担保目的財産の価値下落のリスクを一般債権者に転嫁させることになるが，そのような帰結は相当とは思われない[25]。

5 共益債権化させる合意とする考え方

(1) 考え方の内容

共益債権化させる合意とする考え方は，別除権協定は，Aの再生債権を共益債権とする合意（共益債権化の合意）であると考えるものである。第1の考え方とは異なり，甲債権とは別の丙債権を発生させるとするのではなく，甲債権はそのままで，ただその債権の性質が合意によって再生債権から共益債権に変容すると理解することになる。これは，別除権協定を一種の和解（民再41条1項6号参照）に当たると解し，被担保債権について「再生債務者財産に関し再生債務者等が再生手続開始後にした（中略）行為によって生じた請求権」（民再119条5号）として共益債権になると解するものである。これが「和解」に該当するのは，Aは再生手続中に別除権を実行しないという形で譲歩する一方，BはAの甲債権を再生債権から共益債権に格上げするという形で譲歩をし，当事者間の互譲による契約（民695条参照）が締結されたことになるからであろう。

このような見解を明示されるものとして，中井康之弁護士の見解がある。中井弁護士は，「別除権協定は，一種のなし崩し的な担保目的物の受戻しと評価できる。分割して弁済することになる600万円は，協定という一種の和解契約の成立により共益債権になると解される（法119条5号)」とされる[26]。ただ，中井弁護士も，債務者の債務不履行の場合には別除権の実行を救済方法として考えられているようである[27]。すなわち，「再生債務者が協定の履行を怠

は，担保権者は，一般財産に対する強制執行によって1億円の回収ができれば，より多額の回収を実現でき，このような行動は経済合理性を有するものとみられる。

25） 実体法上も，担保権者は本来担保目的物から一次的に回収を図るべきであるとする考え方（民法394条などに表れている考え方）があるとみられ，それにそぐわないものとなろう。

26） 全国倒産処理弁護士ネットワーク編・前掲注8）472頁以下〔中井〕参照。

ったとき，約定に基づき，債務者は期限の利益を喪失し，担保権者は担保権実行禁止の制約を免れ，いつでも担保権の実行ができる状態に至る」とされる。そして，固定説を前提にしながら，担保権の実行によって回収できない残額がある場合に限って，「別除権協定に基づいて，なお再生手続によることなく随時弁済を受けることができると解される」とされる。その意味では，中井弁護士自身は，共益債権化を前提にしながらも，それが当然に一般財産に対する強制執行等まで許す性質のものとは考えておられないように見え[28]，本問題の解答に際しては債権者代位を許さない帰結になるのかもしれない。しかし，ここでは，中井弁護士の所説を離れるかもしれないが，純粋に共益債権＝強制執行の許容を導く見解を前提に考えてみる。

(2)　問 題 点

この見解については，以下のような3つの問題点が考えられる[29]。

第1の問題点は，そもそも再生債権を当事者の合意（和解）によって共益債権とすることができるのか，という根本的な問題である。これは民事再生法41条1項6号及び同法119条5号の解釈に関わる問題ということになる。本来は再生債権にすぎないものを（裁判所の許可又は監督委員の同意があるとしても）共益債権に格上げすることは，実体法上の優先順位に関する規律（プライオリティ・ルール）を直接オーバーライドするものであり，原則として許されるものではない。たとえば，100万円の再生債権について，それを50万円に減額することを前提に共益債権として扱うといった和解は，計画弁済率が30％であるような場合を考えれば明らかなように，債権者平等原則に反する結果をもたらす。それは，仮に監督委員の承認，さらには裁判所の許可があっても，民事再生法上許されない事柄である[30]。以上のことは再生債権に別除権が付さ

27）　全国倒産処理弁護士ネットワーク編・前掲注8）474頁〔中井〕参照。

28）　管見の限りでは，別除権協定に係る支払債務の履行について一般財産に対する強制執行を正面から認める見解は見受けられないように思われる。

29）　なお，第1の見解との関係で指摘した第1及び第2の問題点は，この見解との関係では生じない。けだし，この見解は，被担保債権である再生債権と別個の共益債権を発生させるものではないからである。

30）　そして，それは再生債権の弁済をきわめて限定された，他の再生債権者の利益を害

れている場合にも異なるところはないと解される。したがって，仮にそのような和解が可能であるとしても，きわめて例外的な場合に限られるものと解され，あえて共益債権化という構成をしなければ，別除権実行の回避という目的を達成できないかどうかが問題となるものと思われる。この点で，***6***で述べるような再生債権の弁済という理解が可能であるとすれば，あえてこの場面で和解による共益債権化という無理の多い構成による必要はないと思われる[31]。

第2の問題点は，当事者の意思内容の問題である。前記条項のような合意内容を前提とする限り，当事者には甲債権（被担保債権）を共益債権とするとの意思は明確ではないように見受けられる[32]。そして，少なくとも和解＝当事者の意思を共益債権化の根拠とする限りにおいて，そして和解による共益債権化が上述のように例外的なものであると理解する限りにおいて，当事者の共益債権化の意思は外観上明確なものである必要があると思われる。しかるに，別除権協定においてそのような意思が明確に表示されていない場合にまで，共益債権化を合意内容と理解することには疑問があろう。

第3の問題点は，債権者間の不平等の問題であり，これは***4***(2)で指摘したのとまったく同じ問題である。この点は，別除権合意によって新たな共益債権を発生させると考えるか，既存の再生債権を共益債権に格上げすると考えるか，いずれであってもまったく同様に問題になるものと解される[33]。再生手続廃止による別除権協定の失効の遡及効を認める解釈による場合も，結局，この考え方によれば，共益債権への格上げが遡及効をもって失効することになるので，やはり同様の問題を生ずることになろう。

しない場合に限定している民事再生法の規律（同法85条2項・5項参照）とも整合しない。

31） 加えて，前述の中井弁護士の見解のように，合意された債権の回収は一次的には担保権の実行によるべきものと解する限り，共益債権化と解する必要性はさらに小さい（後述の***6***のような考え方でも，中井説と同様の帰結は達成できると解される）。

32） 前述のように，「別除権付再生債権」という文言を過度に重視するのは相当ではないが（注14）参照），それでも共益債権化の合意という趣旨は，その条項からは窺われない。

33） 但し，この問題点は，中井説のように明確に固定説を採用される見解に妥当しないことは，前述のとおりである。中井説では，別除権協定による未払額を被担保債権として担保権の実行が行われて，実行の結果，被担保債権を上回る額で売却できたとしても，確定再生債権部分の弁済に充てることはできないと解されるからである（全国倒産処理

6 再生債権を弁済する合意とする考え方

(1) 考え方の内容

再生債権を弁済する合意とする考え方は，別除権協定によっても甲債権は再生債権のままでその性質を変えず，当該債権について弁済を可能にする合意として捉えるものである。民事再生法85条1項は，「再生債権については，再生手続開始後は，この法律に特別の定めがある場合を除き，再生計画の定めるところによらなければ，弁済をし，弁済を受け，その他これを消滅させる行為（免除を除く。）をすることができない」とするところ，この見解は，別除権協定を「別除権の目的である財産の受戻し」（民再41条1項9号）の一種として捉えることを前提に，その場合には，上記条項の「この法律に特別の定めがある場合」として，当該別除権の被担保債権である再生債権についても再生計画外で弁済する可能性を認める考え方ということができる。

このような見解を採用するものと評価できる見解としては，たとえば，別除権協定に関する包括的な検討を行う倉部真由美准教授の見解がある[34)]。それによれば，別除権協定に基づく弁済については，「本来，弁済禁止効が及ぶ再生債権の弁済であり，別除権の目的である財産の受戻しとして，民再法41条1項6号の裁判所の許可またはこれに代わる監督委員の同意を得てから弁済するべきである」とされる。そこでは，別除権の受戻しに相当する弁済については，再生債権の弁済が可能になる（その意味で，民事再生法85条1項の例外となる）との理解が前提とされているように見受けられる。

(2) 問 題 点

この見解については，以下のような3つの問題点が考えられる。

第1の問題点は，別除権協定の内容が「受戻し」に該当するか，という問題

弁護士ネットワーク編・前掲注8）474頁〔中井〕参照）。したがって，前記*4*(2)のような例では，Aに別除権行使の余地はないことになろう（注19）参照。但し，中井説，では，前述のように，その前提となる共益債権に基づく強制執行自体をそもそも認めないのではないかと思われる）。

34）　倉部・前掲注1）352頁参照。

である。「受戻し」とは，最も典型的には，別除権の被担保債権に係る債務の全額を弁済して担保権を消滅させることと解されるからである。しかし，この点については，別除権協定も受戻しに含まれるとする見解が一般的とみられる。たとえば，中井弁護士は，前述のように，「別除権協定は，一種のなし崩し的な担保目的物の受戻しと評価できる」とされるし[35]，山本浩美教授も，「別除権協定は，分割弁済による目的財産の受戻し，ないしそれに準ずる行為として，裁判所の許可あるいは監督委員の同意が必要（中略）である」とされる[36]。受戻しについて裁判所の許可が必要とされている趣旨に鑑みれば，少なくとも合意された弁済の完了によって担保権の消滅が約定されている場合には，そのような合意は「受戻し」と評価することができよう。

第2の問題点は，「受戻し」が例外的に再生債権の弁済が許容される「この法律に特別の定めがある場合」（民再85条1項但書）に該当するか，という問題である。受戻しという手続によれば，被担保債権である再生債権を弁済することができる旨の明文規定が存在しないからである。しかし，この点については，民事再生法においては受戻しを認める規律の存在が当然にそれに基づく弁済を前提としているのではないかと思われる。すなわち，受戻しとは，「別除権の目的物（中略）について，その担保されている債権を弁済して当該担保権を消滅させること」であるところ[37]，それが裁判所の許可によって可能である旨の規定があるということは，被担保債権に係る債務の弁済の可能性が当然の前提になっていると解されるからである。そして，その際の弁済の対象が常に共益債権であるかというと，そのようなことはない。たとえば，最も素朴な受戻しの場合，すなわち債権者・債務者間に（別除権協定のような）合意は一切なく，債務者が端的に被担保債権全額に係る債務の弁済をする場合を想定してみれば，その前段階として再生債務者の行為はまったく必要とされておらず[38]，弁済

35） 全国倒産処理弁護士ネットワーク編・前掲注8）472頁〔中井〕参照。

36） 園尾隆司＝小林秀之編『条解民事再生法〔第2版〕』（弘文堂，2007年）386頁〔山本浩美〕参照。

37） 園尾＝小林編・前掲注36）185頁〔相澤光江〕参照。

38） 被担保債権全額に係る債務の弁済がされる場合に，債権者との事前の合意が必要とされる根拠はなく，そのような合意なしに（換言すれば債権者が弁済に合意していなくても）弁済は当然可能と解される。

の対象は再生債務者等の「行為によって生じた請求権」(民再119条1項5号)でないことは自明である。また，他に当該被担保債権を共益債権とする根拠はないと考えられるので[39]，そのような場合であっても(裁判所の許可等によって)弁済ができることが前提になっているとすれば，この規律自体が(別除権の被担保債権である)再生債権に係る債務の弁済の可能性を定めたもの，すなわち民事再生法85条1項但書にいう「特別の定め」になるものと解さざるをえない。したがって，別除権協定の場合のように，受戻しが合意に基づいて行われる場合であっても，その本質は変わらず，やはり再生債権に係る債務の弁済がされているものと解すべきであろう。

第3の問題点は，仮にこれを再生債権に係る債務の弁済と考えるとき，再生債務者に合意の不履行があって，被担保債権の弁済がされない場合に，別除権者の救済が図られるか，という問題がある。共益債権であれば，強制執行によって手続外で権利行使が可能であるが，再生債権であるとすればその合意内容を強制することができないと考えられるからである。しかし，その場合には，別除権者による担保権の実行が可能となり，それによって別除権者の保護は必要十分であると解される[40]。別除権協定には通常被担保債権の弁済がされない場合には担保権の実行が可能になる旨の条項があると考えられるし(本件協定条項(4)但書参照)，仮にそのような条項がなくても，別除権者は再生債務者の債務不履行によって別除権協定を解除し，それによって担保権不実行の合意はその効力を失うので，担保権を実行することができるものと解される。そのような措置で担保権者の保護としては十分であり，逆に，共益債権とする考え方のように，再生債務者の一般財産にまで担保権者が権利実行できるとするのは，他の債権者との公平を害し，別除権者に必要以上の保護を与える結果となろう(*4*(2)参照)。

以上のような検討から，著者はこの第3の考え方，すなわち別除権合意は再生債権を弁済する受戻しの合意であるとする考え方を相当と解するものである。

---

39)　被担保債権は再生手続開始前の債権であり，民事再生法119条2号や7号に該当しないことは明らかである。

40)　園尾＝小林編・前掲注36) 387頁〔山本浩美〕も，「受戻し代金の支払いが不能となれば，別除権者は，別除権を実行して回収することになる」とされる。

7　東京地裁平成24年2月27日判決について

この問題に関連して判断した下級審の裁判例として，東京地判平成24・2・27（金法1957号150頁）がある[41]。以下では，この裁判例を簡単に紹介し，上記のような著者の見解との関係について検討してみる。

本件の事実関係は，基本的には本章の問題設定と同旨のものである。すなわち，原告X（整理回収機構）が，再生手続開始決定を受けたA社との間の別除権協定に基づく債権を保全するため，A社がYらに対して有する会社分割の分割対価金請求権を代位行使する旨主張して，その支払を求めた事案である。そこで，Xが債権者代位訴訟の当事者適格を有するかどうかが争点となり，その前提として，別除権協定に基づく債権が共益債権か再生債権かが問題とされたものである（*2*参照）。

本判決は，まず本件別除権協定の内容を検討し，それを「全体的に考察すれば，同合意により，本件別除権は消滅し，新たな権利が発生したとみるのは困難であり，同合意にもかかわらず，本件別除権は存続し，その行使方法については，担保権実行手続を停止させ，本件別除権対象の主要な財産（中略）についての確認済みの担保権評価額が弁済されたときに同担保権が消滅するが，本件別除権合意が履行されない場合は，担保権の実行が可能になるとすることにより，担保権者であるXの不利益を回避する措置が講じられている上に，再生手続が廃止されたときには本件別除権合意が失効すると定めることにより，あくまでも再生手続において効力を有する合意であることを明確にしている」とする。

そして，そのような認識を前提にすれば，「本件別除権合意を，同合意に基づき新たな権利を発生させる更改又は和解契約であると解することは困難であるといわざるを得ない。そして，同合意の法的性質をあえて捉えるとすれば，再生手続によらないで行使できる別除権（法53条2項）について，その担保権評価額を再生手続外で弁済することにより同担保権を消滅させる合意であり，その意味では法41条1項9号所定の『別除権の目的である財産の受戻し』に

41）　なお，本章は，同判決の対象とした事案において，著者が被告側から依頼されて執筆した法律意見書を基礎とするものである。

関する合意であると解される」とする。前述のように，著者もこの点について同様の認識を有しており，妥当な判断と思われる。

ただ，このように，別除権協定を受戻しと解したとしても，再生債権について手続外での弁済を許さない民事再生法85条1項との整合性が問題になる。この点で，判旨は，「法41条1項9号の受戻しについては，これをするには裁判所の許可が必要であると規定するだけにとどまるが，これは，当然の前提として，裁判所の許可があれば，再生手続外で被担保債権の弁済を行うことができることを予定しているのであるから，これをもって法85条1項に定める法の特別規定と解するのが相当である」とする。この点も，前述のとおり，民事再生法の素直な理解ではないかと思われる[42]。

ただ，判旨は，それに続いて，受戻しについては，本来担保権の消滅には被担保債権全額の弁済が必要であるところ，その一部の弁済によって担保権を消滅させる合意であるという側面から，これを一種の和解契約と解する余地があり，その場合には，民事再生法119条5号によって共益債権と解される余地がないかを検討する。しかし，判旨は結論として共益債権となることを否定する。その理由として，第1に，「合意内容に違反することがあっても担保権実行ができるとするだけで，本件債権についての強制的満足を実現させることをうかがわせる規定を置いておらず，本件債権を共益債権と認めることは当事者の通常の意思とはみられない」こと，第2に，「仮に共益債権として権利行使ができるとすれば，再生手続が廃止される前は，担保権の実行だけでなく，再生会社の財産に対する強制執行も可能となり，一般再生債権者の多大な不利益の下にXを過剰に保護することになりかねない」が[43]，「このような事態を肯認するためにはそれ相応の合理性が必要であるというべきところ，そのような合理的根拠を基礎付ける事実を認めるに足りる証拠はない」こと，第3に，「共益債権に基づく強制執行後に再生手続が牽連破産に移行した場合を想定すると，再生手続の廃止によって本件別除権合意が失効するとしても，それに遡及効が

42）　判旨は，さらに，民事再生法85条2項や5項の弁済については，異論なく同条1項の「特別の定め」に相当すると解されているところ，規定の内容としては，それらも弁済に係る裁判所の許可の定めであり，同法41条1項9号と異なるところがない旨をも指摘する。正当な指摘といえよう。

43）　Xの保護としては，その合意にあるとおり，担保権の実行で足りるとされる。

認められない限り[44]（中略），共益債権の債権者であるXから強制執行により受領した金員について不当利得返還請求ができないことになり，明らかに不当な事態が生じかねない」ことを指摘する。

別除権協定に基づく債権の共益債権性を否定する上記のような議論は，いずれも基本的に正当なものと解される。なお，最後の理由については，やや分かりにくい部分もあるが，前提として，強制執行により回収した額を除く部分（協定上は再生債権とされた部分）が牽連破産となった場合には被担保債権として復活すること（復活説）を前提にしているとみられる。仮にそのような復活がなければ，担保目的物の残余価値は一般債権者の弁済の原資となるため，不当利得を認めないことが「明らかに不当な事態」とまでは言い難いように思われるからである。そうだとすれば，本判決は復活説を前提にしていると推測されるが，本判決の趣旨が，別除権協定について一般的に復活説によるのか，本協定の内容に鑑み復活説によるべきとされるのかは，必ずしも明らかではない[45]。

以上のような検討から，本判決は「本件債権は共益債権には該当せず，再生債権に過ぎないと解するのが相当である」とし，「本件債権者代位訴訟は，再生手続外では行使し得ない再生債権を被保全債権とする訴訟であるから，不適法な訴訟として却下を免れない」と結論付ける。相当な判断であると解される。

8 結　論

以上の検討から，以下のような結論を導くことができる。

まず，別除権協定について，一般に共益債権を発生させる合意又は共益債権化する合意として理解することは，当事者の通常の意思とは齟齬するし，その実質的な帰結も相当ではないと考えられる。特に別除権協定の不履行がある場

44）そのような遡及効を認めるには特別の定めが必要であるが，そのような趣旨を窺わせる規定は存在しないとするとともに，遡及効を認めるとその後の手続を不安定にさせる危険がある旨も指摘する。

45）本判決はその検討に当たって「あくまでも本件別除権合意の内容を基礎とし，同合意に基づく当事者意思を踏まえた上で，本件債権が法において共益債権（法119条）とされる債権に該当するかどうかを判断すべきであり，同合意内容を離れて可能な法解釈のあり方を詮索し，論じた上で結論を導くことは相当ではない」という思考方法を採っていることからすれば，後者のような理解に立つものかと思われる。

合において，別除権者には担保権実行の選択肢を与えればその救済には十分であるにもかかわらず，一般債権者の引当てとなっている再生債務者財産からの回収まで強制執行によって保障する必要はないと解され[46]，そのような帰結を招来する共益債権説は相当とは思われない[47]。

他方，別除権協定について，再生債権を弁済する合意として理解することは，当事者の意思にも合致すると考えられるし，そのような合意を認めるについて特段の障害があるようには思われない。これによって，別除権協定の不履行がある場合には，別除権者はその本来の権利内容に復して担保権の実行による救済を受けることができるし，それは過不足のない救済を担保権者に保障することになると思われる。

以上から，本問題との関係では，本件別除権協定については，甲債権は再生債権のままその性質を変えず，再生債権である甲債権について弁済を可能にする受戻しの合意として捉えるべきものと解される。そして，そうだとすると，再生債権である甲債権を被保全権利として債権者代位権を行使することは，再生手続においては許されないものと解される。したがって，本問題の結論としては，裁判所は，Aの訴えにつき，原告適格を欠くものとして不適法却下すべきものと解する。

（初出：田原睦夫先生古稀・最高裁判事退官記念論文集『現代民事法の実務と理論　下巻』（金融財政事情研究会，2013年）617頁以下）

［補論］　本章は田原睦夫弁護士の古稀記念論文集に寄稿させていただいた論稿で，比較的新しいものであるが，その後に表れた見解として，中井康之「別除権協定に基づく債権の取扱い」ジュリ1459号（2013年）90頁以下が重要である。中井説は，別除権協定の種類を区別し，不足額の確定を目的とする別除権協定とその確定の効果を有しない別除権協定（復活型協定）を区分して論じられる

46）　これは，担保権のあり方にも関わる問題であり，民法394条1項（「抵当権者は，抵当不動産の代価から弁済を受けない債権の部分についてのみ，他の財産から弁済を受けることができる」）などに表れている実体法上の価値判断，さらにそれを倒産手続に反映している不足額責任主義（民再88条等）などとも整合しない結果となるように思われる。注25）も参照。

47）　そのような観点からは，仮に別除権協定の効力について固定説を採用したとしても，なおこの結論は動かないように思われる。

（なお，この点については，別除権協定の解除条件についての解釈を示す最判平成26・6・5裁時1605号1頁も参照)。そして，前者については，被担保債権額は協定により固定され，その後の事情で復活することはありえず，固定説を前提に，協定に基づく債権は共益債権となるとし，後者については，被担保債権の復活を認める限りにおいて，協定に基づく債権は再生債権に止まるとされる。

以上のような中井説の見解は説得的なものと思われる。特に，前者のような別除権協定においては，本文に示したとおり，著者も固定説を相当と考えるところ，その場合には，「別除権者は担保目的財産の価格上昇メリットを享受できないのであるから，価格下落リスクは債務者ひいては一般再生債権者が引き受けるべきであろう」（中井・前掲95頁参照）との見解は確かに合理的なものである。その場合には，担保目的財産の上昇による回収の増額を諦める代わりに，その下落によるリスクを回避するという合意は和解としての実質を備えており，当事者の意思内容としても不自然さはなく，共益債権化の実態があるものと考えられる（本文**5**に示した共益債権化させる合意とする考え方の問題点はいずれも回避できる)。

以上から，中井説を受けて，著者は，現在では本章の考え方（特に注47）記載の部分）を改め，不足額の確定を目的とする別除権協定（固定型協定）に関しては，協定に基づく債権を共益債権として扱うべきものと解する。

Ⅲ　優先権の取扱い

第 *8* 章

労働債権の立替払いと財団債権

1 問題の設定

本章は，使用者が破産した場合において，労働者健康福祉機構（以下単に「機構」という）が，当該破産者に対して未払いの賃金債権等を有する労働者に対して，「賃金の支払の確保等に関する法律」（以下「賃確法」という）に基づき，当該債権[1]を（破産手続開始の前後を問わず）立替払いしたときに，機構が取得する債権が破産手続において財団債権として扱われるべきか，という法律問題について検討するものである。

周知のとおり，昭和 51 年に，賃確法において未払賃金の立替払事業制度が創設された[2]。それによれば，政府は，労災保険の適用事業に該当する事業の事業主が破産手続開始決定・更生手続開始決定等を受けた場合において，当該事業に従事する労働者で一定期間内に退職した者に未払賃金があるときは，当該労働者の請求に基づき，未払賃金の一定部分を事業者に代わって弁済するものとされる（賃確 7 条）。そして，このような事業は機構が行うものとされている（賃確 9 条，労災 29 条 3 項）。機構は，この事業に基づき労働者に代位弁済したときは，使用者に対して，求償権及び弁済による代位に基づき取得した原債権（賃金債権）を行使することができるが，使用者が破産している場合に，財

1） 破産法 149 条に基づき財団債権に相当する部分に限る。

2） この制度の概要については，たとえば，渡辺貞好「企業倒産と労働者保護」ひろば 36 巻 5 号（1983 年）38 頁以下など参照。

団債権である未払賃金を弁済した場合の上記請求権が財団債権となるかどうかが問題となる。未曾有の景気後退の中で機構による代位弁済額が多額に上り[3]，他方で事業者の破産件数が増大する状況[4]の中で，この点は重要な法律問題となっているということができよう。

以下では，著者がかつて述べた，機構の債権の財団債権性を否定する立場[5]をより詳細に敷衍して展開し，この問題をめぐる議論の参考に供したい。

2　従来の議論

この問題については，従来，財団債権性を肯定する見解（以下「肯定説」という）が多い[6]。そこで，以下では，著者の見解を述べる前提として，従来の肯定説がどのよう点を論拠としていたかを確認してみたい。

まず，伊藤眞教授の見解である。伊藤教授は，かつては否定説の考え方によられていたが[7]，近時改説され，肯定説を採用されている。それによれば，

3)　機構による立替払額及び支給者数は，2002年（約476億円，約7万2,000人）をピークに減少傾向にあったが，2008年は相当の増加に転じ，立替払額で約248億円，支給者数で約5万4,000人に及んでいる。

4)　全国の破産事件は2003年の25万1,800件をピークに減少の傾向にあるが（2008年は14万941件），法人破産は逆に増加しており，2003年に8,951件であったのが，2007年には9,365件，2008年には1万1,059件となり，初めて1万件を上回るに至っている（松山ゆかり＝松井了平「平成20年における倒産事件申立ての概況」NBL 902号（2009年）23頁表2参照）。

5)　伊藤眞＝松下淳一＝山本和彦編『新破産法の基本構造と実務』（ジュリスト増刊，2007年）343頁〔山本和彦〕，山本和彦「新破産法施行3年の状況と課題」ひろば61巻2号（2008年）10頁参照。

6)　なお，旧法下においては，立法論として，優先権の承継を認めるべきではないとする主張が存在した。たとえば，池田辰夫教授は，「現行法によって作出される，個別案件の一般債権者の犠牲において労働者健康福祉機構等が満足を受けるという現在の構図は，速やかに解消されるべきではあるまいか」と指摘されていた（池田辰夫「労働倒産法の成立と具体化」原井龍一郎先生古稀祝賀『改革期の民事手続法』（法律文化社，2000年）1頁参照）。同旨として，山本和彦「倒産企業従業員の生活保障」河野正憲＝中島弘雅編『倒産法大系』（弘文堂，2001年）93頁もすでに「事業主体の債権には社会的配慮は必要なく，むしろ一般債権者の利益を尊重して優先権を否定する扱いもあり得ないではなかろう」と論じていた。

7)　伊藤眞『破産法・民事再生法』（有斐閣，2007年）217頁注99は，「財団債権の基礎となる債権ないし債権者の要保護性を考えれば，原則としては，（著者注：財団債権性

「要保護性は，財団債権とされる根拠に止まること，財団債権の譲渡と求償権にもとづく代位との間で決定的な差異をもうけるべき合理的理由（中略）に欠けることを考慮し，説を改め，第三者による原債権行使について財団債権性を認めるべき」であるとされる8)。すなわち，この見解は，積極的な根拠としては，債権譲渡と弁済による代位との間で決定的な差異を設ける理由に欠ける点を挙げられるものと言えよう。

次に，上原敏夫教授も肯定説に立たれ，「立替払い制度も使用人の債権の保護を目的とするものであること，法定代位により同機構に原債権がそのままの性質を保って移転することなどを考えると，やはり，同機構の求償権も財団債権と扱うべきであろう」とされる9)。そこではまず，代位の場合には原債権がそのままの性質を保って移転するとするのが実体法の建前であるという実体法上の基本的理解が根拠とされる。加えて，「立替払い制度も使用人の債権の保護を目的とするものであること」がなぜ財団債権性を肯定する根拠になるのか，必ずしも明確ではないが，立替払制度の有用性から政策的な制度保護の必要性を指摘されるものではないかと思われる。

さらに，佐々木修弁護士は，(i)管財人の弁済と代位弁済の弁済時期の先後によって結論に差異が出るのは不当であること（管財人が先に賃金債権を弁済すればそれは財団の負担になるが，機構による代位弁済が先にされれば破産債権に止まることの不均衡），(ii)機構による優先権の行使はそもそも他の破産債権者も覚悟すべきものであることなどから，肯定説を導かれている10)。

最後に，杉本純子助教〔当時〕の見解は，アメリカ法の詳細な検討に基づき，アメリカ法に倣って，弁済による「代位」の場合と債権の「譲渡」の場合とを区別し，「原債権の保持者に対して契約上の義務を負っている『代位』の場合

を）否定すべきであろう」と論じていた。

8)　伊藤眞『破産法・民事再生法〔第2版〕』（有斐閣，2009年）227頁注106参照。なお，ここでは，注7）掲記の旧版に比して，後述の佐々木論文（後出注10））及び杉本論文（後出注11））が引用されており，そのような見解が伊藤教授の改説に影響したのではないかと推測される。

9)　竹下守夫編集代表『大コンメンタール破産法』（青林書院，2007年）592頁〔上原敏夫〕参照。

10)　佐々木修「破産手続において租税優先性の代位を否定した事例に関する問題点」銀法676号（2007年）58頁参照。

には，そもそも原債権の取得は契約の履行によるものなのであるから，原債権に付随する優先権を主張して優先弁済を受けることは許されない」一方，債権の譲渡の場合には原債権の性質を承継することができるという考え方を提示される[11]。そして，機構による代位弁済の場合は，労働者との間の契約上の義務はないので，ここでいう「代位」ではなく「譲渡」による取得として優先権の主張が認められると述べられる[12]。杉本助教のこのような見解は，アメリカ法の基準に倣うもののようであるが，著者には，上記のような基準の合理性は必ずしも説得的でないように思われる。代位が契約上の義務の履行として（その意味ではその時点における自由意思に基づかず）債権を取得するものであるとすれば，自己の自由意思で債権を取得する譲渡の場合以上に保護に値する（優先権を取得する）という考え方もありえないではない[13]。結局，契約上の義務に基づく取得かどうかという点は，優先権の承継の有無のいずれの議論とも結びつきうるものであり，この点を指標として考えることには賛成できない[14]。著者としては，前述の伊藤説と同様，代位の場合と譲渡の場合とで決定的な差を設けることには消極的である。

以上のような肯定説の議論に鑑みれば，①実体法の原則（代位の場合に原債権はそのままの性質を保って移転すること）の尊重をどのように考えるか，②譲渡と代位の同質性をどのように考えるか，③立替払制度の政策的な保護をどのように考えるか，④弁済の時期的関係によって取扱いの差異が生じることをどのように考えるか，というような点を肯定説の中心的な論拠と考えることができ，以下ではこれらの点に留意しながら検討していくことにしたい。

11）　杉本純子「優先権の代位と倒産手続」同法59巻1号（2007年）222頁以下参照。

12）　ただ，杉本・前掲注11）227頁によれば，私人が代位弁済する場合には，優先権の主張を否定される趣旨とも読め，あるいは代位弁済を行う者の属性を決定的な指標とされる見解かもしれない。ただ，著者には，弁済者が公的団体か私人かによって代位債権の取扱いを変えることに合理性はなく，それは公平性を害するように思われる。

13）　債権譲渡の場合には，優先権の承継を否定しても，譲受時にその点を承知の上で対応すれば足りる。

14）　なお，代位と譲渡とを区分するという杉本説を仮に前提とするにしても，本件の問題は（実定法がそれを前提にするように）まさに代位の問題であり，アメリカ法と同等に考えれば，むしろ優先権の主張が制限される場合であると解することも十分可能であるように思われる。

3　破産法 149 条の財団債権の趣旨とその適用範囲

そこで，この問題について検討する前提として，この点に関する明文の規定は存在しないので，まず，機構の債権の財団債権性の根拠となると考えうる破産法 149 条の趣旨に立ち返って検討していく必要があると考えられる。同条は，旧破産法には存在しなかった規定であり，現行法の制定時（平成 16 年制定）に初めて規定されたものである。その立法趣旨について，立案担当者は以下のように説明している。すなわち，「破産手続における財団債権は，本来的には，共益費用等破産債権者が共同して負担するのが相当であると認められるものに限定するのが適切であるとの指摘もされていますが，労働債権の中でも，破産手続開始時に接着した労働の対価に相当する部分等については，労働者の当面の生活を維持する上で必要不可欠のものであり，これについては，その優先順位を上げる必要性が高いだけでなく，弁済時期についても破産手続開始後直ちに弁済を受けることができるようにする必要性が高いことから，労働債権の一部を財団債権としたものです」ということである[15]。

ここで注意すべきポイントとして，以下の 3 点が指摘できるように思われる。第 1 に，「労働者の当面の生活を維持する上で必要不可欠のもの」であることがこのような債権の財団債権化の実質的根拠とされる点である。そこでは，労働者の生活保障のための政策的な趣旨が明確にされている。第 2 に，優先順位の引上げに加えて，手続開始後早期に弁済する必要がある点が財団債権化の有力な根拠とされていたことである。優先性（破 151 条参照）とともに，随時弁済性（破 2 条 7 号参照）も根拠とされている点は，その財団債権化の射程を検討する上で重要な指摘といえる。第 3 に，このような財団債権化に対しては，「破産手続における財団債権は，本来的には，共益費用等破産債権者が共同して負担するのが相当であると認められるものに限定するのが適切である」という批判があったことが示唆されている点である。学説上有力なものと考えられるこのような批判[16]を踏まえての立法である点を考慮すれば，解釈上も財団

15）小川秀樹編著『一問一答新しい破産法』（商事法務，2004 年）198～199 頁参照。

債権化の範囲は必要最小限度のものに限られることが要請されると考えられよう。

以上のような趣旨は，現行法制定後の教科書等の解説においても基本的に踏襲され，一般的に受容されているものと言ってよい。すなわち，労働債権は，租税債権と並んで，特殊な財団債権であるとの理解が一般的であり，他の財団債権とはその趣旨が相違していることが指摘される。たとえば，三木浩一教授の分類によれば，「絶対的共益性に基づく財団債権」「相対的共益性（および公平の見地）に基づく財団債権」に対し，「政策的見地に基づく財団債権」という分類がされ，それは「本来的には破産債権としての性質を有するが，破産法は，税収の確保や労働者の生活保護といった政策的理由から」財団債権としたものとして，租税債権と労働債権を挙げられる[17]。そして，このような「立法趣旨の違いは，解釈論に影響を及ぼす可能性があるので，実践的な意義のある分類である」と指摘される。このような理解は，学界・実務界を問わず，一般的なものではないかとみられる。

著者自身もまったく同様の理解に立つ。そして，前記のような財団債権化の立法趣旨からすれば，この種の財団債権は，債権自体の性質のみならず，債権者の性質から特別の保護が認められたものであると理解している[18]。すなわち，破産法149条の債権については，それが労働者の有する債権であるという観点から，前述のように，労働者の生活維持の必要性及び即時救済の必要性が導き出され，そこから例外的な特別の取扱いが容認されているものと解される[19]。したがって，その債権が譲渡等により移転して，異なる債権者の下に帰属した場合には，債権としての同一性は維持されていても，そのような特別の要保護性は認められないことになろう。その場合には，破産手続上，財団債権という特別扱いを例外的に認める根拠は失われるのであり，本来の性質であ

---

16)　重要な論稿として，中西正「財団債権の根拠」法と政治40巻4号（1989年）360頁以下参照。

17)　三木浩一「財団債権の意義と範囲」山本克己＝山本和彦＝瀬戸英雄編『新破産法の理論と実務』（判例タイムズ社，2008年）165頁以下参照。

18)　伊藤＝松下＝山本編・前掲注5）343頁〔山本〕，山本・前掲注5）10頁参照。

19)　租税債権についても，同様に，その債権を有する国・地方公共団体のもつ特別の公益性が例外的な財団債権性を付与する根拠になっているものと解される。

る破産債権として実体法上の優先秩序に適合した取扱いがされれば足りるものと解される。

以上のような理解は，破産法の文言にも根拠を有するものと考えられる。すなわち，破産法は財団債権とする請求権について，「破産者の使用人の給料の請求権」（破149条1項）とか，「破産者の使用人の退職手当の請求権」（同条2項）という表現をしている（いずれも，傍点著者）。言い換えれば，単に破産者に対する「給料の請求権」や「退職手当の請求権」とは（それで十分に債権の性質を特定できるにもかかわらず）表現していないのである。そのような表現ぶりは，債権者が使用人自身であることを強調する趣旨であるとも理解できるところであろう。換言すれば，破産者の使用人以外の者が債権者となっている場合には，文言上，「破産者の使用人の給料の請求権」ということはできないように思われる[20]。

4　立替払いがされた場合の財団債権性

以上のように，著者は，一般的に，給料債権等が移転して破産者の使用人以外の第三者が債権者となった場合には，財団債権性を否定すべきものと考えているが[21]，本件で問題となる機構による立替払いの場合はどうであろうか。機構は，立替払いによって求償権と原債権（移転した賃金債権等）とを保有する

20）　租税債権に係る「租税等の請求権」（破148条1項3号）にはこのような債権者の特定はされていない。しかし，「租税等の請求権」の定義上，「国税徴収法（中略）又は国税徴収の例によって徴収することのできる請求権」とされており（破97条4号），代位弁済や債権譲渡により私人に債権が移転した場合には，滞納処分の方法等によって徴収することができないと解されるとすれば（このような解釈は一般的なものと考えられ，正当な理解であろう），やはり定義上私人の有する請求権はそこから除かれているものと解されよう。

21）　以上から明らかなように，本章の議論は，弁済による代位と債権譲渡とを区別するものではない。労働者以外の者に労働債権が譲渡された場合には（このような場合に，賃金の直接払いの原則〔労基24条1項〕から，譲受人が自ら権利を行使できるかどうかはともかく），機構による代位の場合と同様に，やはり財団債権性は否定されるべきものと解する。したがって，肯定説の前記②の批判（*2*参照）は，本章との関係では妥当しない。伊藤眞教授がこの点を肯定説の中心的な論拠と考えられているとすれば（*2*参照），本章のような見解にはご賛同いただける可能性があるように思われる。

ことになるので[22]，以下では両者を分けて検討してみる。

まず，求償権であるが，これが破産債権に止まることは明らかであるように思われる。この点について，特別の取扱いをして優先権の付与を認める規定は存しないし[23]，破産法上の財団債権のいずれにも該当しないことは明らかであるからである[24]。なお，賃確法の立案担当者は，原債権と求償権について請求権競合の関係にあることを前提とし（論者はそれを当時の通説と評価している），それを根拠として，求償権は「破産債権となるか否か，必ずしも明らかでないが，賃金請求権を同時に取得することにより，その倒産法上の地位が明らかになる」と論じていた[25]。しかし，その後の判例の展開によって，原債権は求償権の限度で行使が認められる付従的なものであると整理され[26]，単純な請求権競合とはすでに解されなくなっている[27]。したがって，現段階では（判例法理を前提とする限り）このような理解が不可能になっていることは明白であり，この点で立案時の議論はあまり参考にならないものと思われる。少なくとも優先権を付与する明文の規定が設けられていない以上，現段階では，求償権は一般破産債権と理解するほかないであろう[28]。

22）両者は別個の債権とするのが現在の判例法理であり（最判昭和61・2・20民集40巻1号43頁など），ここでもそのような理解を検討の前提とする。

23）賃確法8条3項は，労働保険の保険料の徴収等に関する法律26条3項を準用して，不正行為による受給金の返還については国税滞納処分の例によることを認めるが（したがって，同条項による債権は破産法148条3号の「租税等の請求権」として財団債権となる），立替払いによる求償権についてはあえて同様の措置をとっていない。これは優先権が存在しないことを前提とするものと解される。

24）大阪地判平成21・9・4判時2056号103頁（後出注47）参照）は，傍論として，破産手続開始後の事務管理又は不当利得に基づく請求権として財団債権性を肯定するが（破148条1項5号），破産債権の代位弁済によって破産財団が特に利得を受けているわけではなく，このような理解をとると，破産債権の代位弁済による求償権がすべて財団債権として扱われることになり，相当ではないことは明らかである（また，同判決は立替払制度の趣旨も強調されるが，この点は，***5*(1)** でも論じるように，財団債権性の根拠にはなり難いと思われる）。加えて，破産手続開始前に代位弁済がされている場合には，この議論は成立しない。

25）菊地好司「『賃金の支払の確保等に関する法律案』について」ジュリ611号（1976年）108頁注11参照。

26）最判昭和59・5・29民集38巻7号885頁，前掲注22）最判昭和61・2・20など参照。このような解釈は学説上も広く受容されていると思われる。たとえば，内田貴『民法Ⅲ〔第3版〕』（東京大学出版会，2005年）78頁参照。

27）「主従的な請求権競合」という表現がされることもある。

次に，原債権である。弁済による法定代位（民500条）の場合，原債権は実体法上の性質を維持したまま移転するというのが原則である[29]。しかし，労働債権の財団債権性は，前述のとおり，破産法が特別に付与した性質であり（その意味で，実体法の定める「債権の効力」〔民501条〕には含まれず），それが弁済による代位の結果，新たな債権者の下に移転した場合において，どの範囲で財団債権性が付与されるかは破産法の解釈により定まるべき問題であると解される。そして，前述のような破産法149条の趣旨からすれば，労働債権が移転して，債権者が労働者ではなくなった場合には，例外的・政策的な優先性を特別に認める根拠は失われるものと解され，本来の原則に戻って破産債権として扱えば足りよう。なお，一般先取特権についても，同様の見解として，道垣内弘人教授の見解が注目される[30]。そこでは，担保権の随伴性（被担保債権の移転に伴う先取特権の不消滅）について，「先取特権は，特定の債権者を保護するものではなく，特定の債権を保護するものであるから，というのが，その理由である。しかし，雇用関係の先取特権は，まさに使用人の保護を目的としたものであり，随伴性がないというべきではないか」と論じられている。この点については本章の問題と直接の関係はなく，著者の専門外の事項でもあるので，ここでは詳論はしないが，労働債権の特別扱いについて，債権の特質よりも債権者の特質に着目される点で著者の考えと共通の志向を有されるように思われ，そのような可能性が（雇用関係の先取特権の政策性を前提にして）実体法上も論じられている点には注意を要する。そして，少なくとも財団債権については，それは破産法の解釈問題であり，前述のように，そのような解釈は理論上も文理

28）　なお，和議に関する判例（最判平成7・1・20民集49巻1号1頁，最判平成10・4・14民集52巻3号813頁など参照）の理解によっては，立替払いが破産手続開始後にされた場合には，事後求償権は破産手続開始後に生じた債権＝非破産債権となるとする理解もありえないではない。しかし，法律上立替払い及びそれに基づく求償が想定されている限りにおいて，この場合も，保証契約による求償権の場合などと同様に，「破産手続開始前の原因」（破2条5項参照）はあると考えるべきであり，破産債権となるものと解される（保証との関係で，山本和彦「倒産手続における求償権の処遇」関西法律特許事務所開設35周年記念論文集『民事特別法の諸問題第4巻』（第一法規，2002年）269頁以下参照）。

29）　この点が，肯定説の有力な根拠の1つと解されることについては，***2***参照。

30）　道垣内弘人『担保物権法〔第3版〕』（有斐閣，2008年）77頁参照。

上も矛盾する点はないように思われる。このような点から，肯定説の上記①の批判（*2* 参照）は必ずしも妥当しないものと解される。

以上の検討から，機構による立替払いの場合には，求償権についても原債権についても財団債権性は否定され，機構の債権は破産債権として扱われるべきものと解される[31]。

5 財団債権性を否定することに対する批判

以上のような見解に対しては，いくつかの観点から批判が考えられる。ここでは，そのような帰結が実質的な不合理性を伴うとする批判として，保険財政上の問題と再建型手続における問題，さらに弁済時期の先後の問題を取り上げてみる。

(1) 保険財政上の問題

まず，保険財政上の問題として，このような取扱いをすると，機構の立替払いに基づく債権の優先順位が下落し，その結果として機構が債権を回収できない場合が増加するため，その財政が悪化し，保険料の負担者（事業者）の負担がより大きくなるおそれがあるとの批判が考えられる[32]。しかし，この点は基本的には債権者の内部の問題であり，本来財団債権性の有無を考える際の論拠とされるべきものではないように思われる。確かに財団債権性が否定されれば，それによる回収不能額に見合った保険料を徴収する必要があることになるが，それは制度としては当然のことである。ただ，その場合も一般先取特権としての優先性は認められるのであり，機構による債権が優先的破産債権としての地位を維持する限り（注 31）も参照），影響は（制度の根幹を揺るがすような）

31) その場合，求償権は一般破産債権に止まるが，原債権については，前記の道垣内説を採用しない限り，優先的破産債権として扱われるべきことになろう。その際に，原債権は求償権の限度で行使が認められるのが原則であるが，この場合は，原債権の有する担保権（一般先取特権）の行使は認められると解されるので，結果的には優先的破産債権として破産手続上処遇されることになろう。

32) そして，これにより，未払賃金立替払制度という労働者にとって有利な制度の維持が財政的に困難になるとの批判に繋がっていく。この点が，前記肯定説の③の根拠（*2* 参照）の中核にあるのではないかと考えられる。

大きなものにはならないとも考えられる。結局，機構が回収できないのは，優先的破産債権はまったく弁済できないが，財団債権であれば全額または一部回収できる場合ということになり，その影響は限られているように思われる。

そして，何よりも，現行破産法制定前は労働債権には財団債権性が認められていなかったが，それでも立替払制度は運用できていたのである。財団債権化を否定することは，改正前に比べて機構の地位を悪化させるものではない[33)]。今回の財団債権化の改正は，前述のように，労働者の保護をその目的としたものであり，機構による立替払制度の運営をより容易にする趣旨の改正ではない点に注意すべきである[34)]。少なくとも，そのような配慮によって破産法の解釈が決せられるべき関係にはないと解される。

そして，賃確法と同様の制度をもつ諸外国においても，労働債権の優先性について保険者が承継しないことを前提に運用されている例があることに注意を要する。ここでは，特に日本法の制度と類似した部分を有し，日本よりも長い制度運用の歴史をもつ大陸法系の制度として，フランス法とドイツ法について簡単に紹介することにする[35)]。

まず，フランス法においては，保険運営機関が前払いした給料等の部分に関して，民事再生型の手続（procédure de sauvegarde）においては全額の債権について優先権を承継する。これに対して，破産型の手続（procédure de liquida-

33）財団債権化された（立替払い対象外の）労働債権に比べれば優先順位が結果として下がっていることになるが，それは機構の本来の目的とする労働者の保護からすれば，甘受すべきものと解される。この点については，*7*も参照。

34）保険財政はそれを負担する事業者の負担ということになるが，結局，この点は，他の保険加入事業者と当該事件における他の債権者とのいずれにどのような割合で負担を帰するのが合理的かという政策判断の問題となる（このような観点から，保険方式の拡大を立法論として主張していたものとして，山本・前掲注6）93頁以下参照）。少なくとも，今回〔平成16年〕の破産法改正はこの点の政策判断を変容させるものではないことは明らかであり，保険加入事業者の負担をより軽減すべきであるという政策判断がされたものではないと解される。したがって，機構の債権が財団債権として扱われなくても，旧法下と同様の状況になるに止まるのであって，保険財政に特別の悪化をもたらすものとはいえない。

35）なお，アメリカ法については，杉本・前掲注11）195頁以下に詳細な検討がある。そこでは，優先権ある債権を代位弁済した場合には，一般的に，原債権の有する優先権に代位してその優先権を主張することを禁じる明文規定が存在するようである（連邦倒産法507条(d)項）。その意味で，日本法とはデフォルト・ルールを異にすると言えよう。

tion judiciaire）や会社更生型の手続（procédure de redressement）においては，保険運営機関は，一定の部分についてのみ倒産法上の優先権を承継し，それ以外の部分については，実体法上の優先権のみを主張することができるに止まり，破産債権等としての処遇を受けるものとされる。日本法的に言えば，破産等の手続では，代位した債権の一部については財団債権・共益債権としての性格が否定され，優先的破産債権・更生債権としてのみ処遇されることが条文上明確にされているものである（労働法典 L. 3253-16 条参照）[36]。

また，ドイツ法においては[37]，現在は労働債権の財団債権性は否定されているので[38]，当然のこととして代位した保険運営機関の債権の財団債権性は認められていない。注目されるのは，改正前の状況である。そこでは，破産手続開始前 6 月分の給料は財団債権とされていたが，保険制度を担当する連邦雇用公社が代位弁済により移転を受けた給料債権を破産者に対して行使する場合には，労働者自身が行使する場合に財団債権と扱われるのとは異なり，第 1 順位の優先的破産債権と扱われるにすぎないとされていた（旧ド破 59 条 2 項）。また，改正の中途で，労働債権の財団債権性を維持していた段階では，この点はさらに徹底され，立替払いによる債権は通常の破産債権としてのみ扱うものとされていたという。そして，これは「第 1 順位の優先的破産債権とする現行法に比べて，公社の負担ひいては使用者全体の負担を増し，給付金制度の保険制度としての性格を強めるものである」との説明がされていたとされる点に注意を要する[39]。

以上のように，同様の制度を有する諸外国の取扱いに鑑みても，破産法が特に付与している労働債権の優先性をそのまま保険運営機関に引き継がせることは自明の解決法ではなく，あくまで他の債権者（破産財団）の負担と他の事業

36）　この規律自体は，2008 年の法改正によるものであるが，その改正以前も，倒産法が付与した超優先権（superprivilège）については，立替払いした保険運営機関は承継できないとされていた。この点については，山本・前掲注 6）93 頁参照。

37）　以下の叙述は主に，上原敏夫「西ドイツの倒産手続における労働者の処遇（上）」判タ 642 号（1987 年）10 頁以下による。

38）　1994 年制定の現行倒産法（Insolvenzordnung）においては，財団債権が大幅に整理され，基本的には財団費用に相当するものしか認められていない（同法 53 条〜55 条参照）。

39）　上原・前掲注 37）11 頁参照。

者（保険団体）の負担との比較衡量に基づく政策的判断であるということができよう。その意味で，今回〔平成16年〕の破産法改正では，後者の負担の軽減を図るという政策決定がされたわけではなく，従来と同様に，実体法上の優先性（優先的破産債権としての取扱い）を尊重する限度に止めることで問題はないように思われる（注34）も参照）。したがって，肯定説の根拠の③に示されている政策的な根拠は妥当しないものと解される。

(2)　再建型手続における問題

次に，財団債権性を否定する見解に対する批判として，債務者が再建型手続による場合の問題点が指摘されうる。すなわち，債務者が本来優先的に弁済すべき賃金債務の弁済を怠り，その負担を保険制度（結局は他の事業者）に転嫁しながら，機構の立替払いに委ねて，結果として再建を達成することの不合理性に対する批判ということができよう。

しかし，まず，このような批判は，債務者が民事再生による場合にはまったく妥当しないことに注意を要する。民事再生法では，労働債権についてそもそも手続上優先的な地位は付与されておらず，実体法上の一般先取特権として，一般優先債権として取り扱われるに止まるからである（民再122条1項）。そして，一般優先債権は手続外で自由にその権利を行使することができるので（同条2項），機構の代位債権が一般先取特権性を維持すると考えれば（この点は，*4*参照），一般優先債権としての処遇は維持されるので，上記のような問題はそもそも生じないことになる。その意味で，現在の法的再建手続の大宗を占めている民事再生においては，上記のような批判は妥当しないことになる。

次に，会社更生の場合には，確かに上記のような見解を採用すれば，機構の優先順位は共益債権から優先的更生債権に後退する可能性はあることになる。しかし，更生手続においては，優先的更生債権が減免の対象となるのはそもそもきわめて稀なことではないかと思われる[40]。この点が（優先的破産債権に対す

---

40)　近時の更生計画の分析によれば，更生計画における労働債権の取扱いについて「権利の変更としては，減免を求めず，また，弁済時期も認可決定確定後速やかに支払われる形の更生計画が従前より多い」とされている（事業再生研究機構編『更生計画の実務と理論』（商事法務，2004年）337頁参照）。

る弁済は決して保障されていない）破産手続との大きな相違であり，機構の債権について一般先取特権の地位（つまり優先的更生債権としての地位）が認められていれば，更生手続においてはそれほど大きな問題はなく，「保険制度の不当な負担による再建」という批判対象とされる事態は必ずしも現実的なものではないということになろう。

以上のように，上記の批判は実際上あまり問題にはならないと考えられる。それに加えて，そもそも賃金の支払は使用者の基本的な義務であり，労働基準法上罰則をもってその支払が強制されているものである（労基 120 条 1 号）。そのような義務は，法的手続の申立ての前の段階であっても免除されるものでないことは言うまでもない[41]。その意味で，債務者による賃金の支払の確保は当然に必要な要請であるが，それを倒産手続における優先性の確保によって（それを一種の制裁として用いて）実現することは相当な手段とは言い難いように思われる。それは結局，債務者自身というよりは実質的には他の債権者に痛みを課すことになるのであり，制裁として実効性を欠き[42]，むしろ倒産前の段階の賃金支払の確保のための制度整備に意を払うべきであろう。

(3)　弁済時期の先後の問題

前述のように，肯定説の根拠として，破産財団と機構のいずれが先に弁済するかによって，最終的な負担の帰属が異なってくることが問題とされる（*2* で述べた肯定説の④の根拠である）。すなわち，破産財団が先に労働者の債権を財団債権として弁済すれば機構の負担はなくなるのに対し，機構が先に弁済した場合，機構の代位債権が（優先的）破産債権としてしか扱われないとすると，全額弁済が得られないおそれがあるという批判である。そのような財政的負担が

---

41)　菊地・前掲注 25）103 頁は，賃確法の基本的な考え方として，「企業倒産により賃金の支払を受けることができない労働者に対する保護措置は賃金の支払を受けることができないことによって労働者が被る損失を軽減するためのものであり，事業主の賃金の支払義務を緩和するためのものではないこと」を強調する。ただ，事業主が倒産している局面では，実質的には他の債権者による賃金支払義務の負担をどのように考えるかが問題となっている点には注意を要する。

42)　このような理解が罰金等の制裁金について破産法が劣後的破産債権としている趣旨であることにつき，山本和彦『倒産処理法入門〔第 3 版〕』（有斐閣，2008 年）70 頁参照。

生じること自体の問題点についてはすでに論じたとおりであるが（(1)参照），ここで問題とされているのは，弁済の時期的な先後（それは債権者である労働者の意思によって，さらに債務者である機構や破産管財人の対応によっても左右される）によって最終的な負担帰属主体が変動する制度は不合理であるとの認識を前提にするものと思われる[43]。

ただ，弁済時期の先後によって最終的な負担者に相違を生じることは，破産手続では必ずしも稀なことではない。たとえば，多数義務者の場合に，いわゆる開始時現存額主義の存在を前提にすれば，保証人等がする一部弁済の場合において，手続開始前に保証人が弁済すれば求償権を行使できるが，手続開始後の弁済の場合には債権者が全額の弁済を受けるまで求償権の行使はできない（破104条）。その結果として，弁済時期の先後によって，最終的な負担者が変わってくる事態はやはり生じる。つまり，手続開始前の弁済の場合には債権者の負担になるのに対し，手続開始後の弁済の場合は保証人が負担する事態が生じる。これは，開始時現存額主義という破産法の政策判断（責任財産を予め増大させていた者に可及的に大きな満足を保障しようとする判断）に基づく結果である。そして，本件の場合も，財団債権の保護の趣旨（労働者保護の要請）に基づく結果であり，同様の問題として考えることができよう。

このような類比に対しては，保証人等の弁済の場合には弁済者の側がその時期・内容を選択できるので問題は小さいが，本件の場合は，代位権者（機構）の意思で弁済時期を決定できず，労働者の意思によって機構の地位が左右される点がなお問題にされるかもしれない。しかし，労働者の弁済請求は必ずしも偶然によって左右されるものではないと考えられる。労働者が自己の債権及び同僚である他の労働債権者の債権の満足の最大化に向けて行動するものと仮定すれば，たとえば，財団債権は全額満足できるが，優先的破産債権は一部満足に止まると予想されるような場合には，自己又は他の労働債権の中に優先的破産債権の部分が含まれるときは，まず機構に対して弁済を請求することになると考えられる。それによって財団債権の部分を減らして優先的破産債権の弁済

43）　但し，そもそも財団債権とされてもなお破産者の信用リスクの負担は完全には排除されないので（全額弁済されるとは限らないので），この問題は相対的なものにすぎない（肯定説に立ってもなお残る問題である）点には留意されるべきであろう。

割合の増大を図ることができるからである。そして，このような労働者の行為態様は決して不当なものではないと解される。未払賃金立替払制度自体が労働債権について可及的に最大の満足を図る趣旨の制度であると考えられるからである。したがって，労働者の選択の結果としてこのような差異が生じることも含めて，破産法及び賃確法の政策判断の結果ということができ，不当なものとは言い難いように思われる。

6 租税債権の場合との類比

前述のように，現行法における労働債権の財団債権性は，それが政策的根拠によるという点で，また債権の性質とともに債権者の性質にも着目していると解される点で，租税債権の財団債権性の問題と類似する。そこで，租税債権について第三者が代位弁済等によって債権を取得した場合の取扱いが参考となりうるが，この点についてはすでにいくつかの裁判例が存在する[44)]。その中で最も重要なものとして，（旧法事件であるが）東京高判平成 17・6・30（金法 1752 号 54 頁）があるので[45)]，以下ではこの判決の理由を検討し，労働債権の立替払いとの関係でその射程を吟味したい。

この判決は大きく 2 つの理由を述べている。まず，第 1 点（以下「理由①」という）は以下のとおりである。「旧破産法 47 条が財団債権として 1 号から 9 号までを列挙し，その 2 号で『国税徴収法又ハ国税徴収ノ例ニ依リ徴収スルコトヲ得ヘキ請求権』を掲げている趣旨は，租税が国又は地方公共団体の存立及び活動の財政的な基盤となり，高度の公共性を有することから，租税を公平，確実に徴収すべきであるという公益的な要請によるものであって，専ら国又は地

---

44) 次述の裁判例のほか，再生手続において租税債権の立替払請求権の一般優先債権性を否定したものとして，東京高判平成 19・3・15 判例集未登載（瀬戸英雄 = 山本和彦編『倒産判例インデックス』（商事法務，2009 年）104 頁参照）がある（杉本・前掲注 11）181 頁によれば，同旨の先例として，東京高判平成 17・8・25 判例集未登載もあるようである）。いずれの判旨についても，本文掲記の裁判例の影響が色濃く看取される。

45) 本判決の注目すべき点として，本判決に関与されている鬼頭季郎裁判官（裁判長）及び菅野雅之裁判官がともに法制審議会倒産法部会の委員又は幹事として審議に関与された方であり，破産法立法時の議論について十分承知された上で，以下のような判断をされていると考えられる点があろう。

方公共団体の租税債権ゆえに旧破産法の手続上付与された優先的な効力である。旧破産法等倒産手続法上付与された優先的な効力は，租税債権の内在的なものとして保有する固有の権利内容ではなく，各倒産手続法の立法政策上の判断によって創設的に付与されたものと解すべきである。そうすると，以上のような同項の趣旨に照らすと，私人が民法501条の代位による弁済によって租税債権を取得した場合には，もはや当該私人にまで租税債権としての優先的な効力を付与すべき理由がなくなる」。

次に，理由の第2点（以下「理由②」という）は以下のとおりである。「そもそも，民法499条，500条，501条の弁済による代位の制度は，代位弁済者の債務者に対する求償権を確保することを目的として，弁済によって消滅するはずの債権者の債務者に対する債権（以下「原債権」という。）及びその担保権を代位弁済者に移転させ，代位弁済者がその求償権を有する限度でその原債権及びその担保権を行使することを認めるものである。それゆえ，代位弁済者が代位取得した原債権と求償権とは，別異の債権ではあるが，代位弁済者に移転した原債権は，求償権を確保することを目的として存在する附従的な性質を有し，求償権の存在やその効力と独立してその行使が認められるものではない。

A請求は，代位弁済者である控訴人が原債権である本件租税債権を行使して訴訟においてその給付命令を請求するものであるが，それによって確保されるべき求償権は，（中略）破産会社に対して有する優先性のない事後求償権であり，破産宣告がされている場合は，破産債権としてしか行使できない抗弁が附着したものである。そうすると，控訴人が民法501条の弁済による代位によって取得したと主張する本件租税債権も，破産債権である求償権の限度でのみ効力を認めれば足りるものである」。

以上のような理由を前提に，労働債権の立替払いの問題を考えてみる。まず，理由①において，優先権の付与が「立法政策上の判断」とされる点においては，前述のとおり，労働債権の財団債権性にもまったく同旨が妥当するものと言えよう。また，その趣旨から，本判決が，債権自体の属性とともに債権者の属性（国，地方公共団体）を重視されている点も，労働債権に関する本章の議論に通じるものがあろう。そして，注意すべきは，本判決は租税の自力執行権等の手続上の特性を問題にしたものではなく，あくまでも財団債権性（実体的優先性）

を認めるについての問題を論じている点である。換言すれば，自力執行権を私人に認めるのが相当ではないという理由（これは労働債権には妥当しない）ではなく，優先権を（国等ではない）私人に認める理由はないとされている点が重要である。

確かに本判決では私人の代位行使が問題とされているのに対して，本章の問題では機構という公的性格を有する主体が代位行使権者である。しかし，その点は，本判決の射程の検討に際しては重要ではないと思われる。なぜなら，本判決が代位者の私人性を強調するのは，租税債権の優先性を認める根拠が公共性にあったことによると考えられるからである。つまり，私人が主体となることによってその公共性が援用できない点が重視されているものである。それに対して，労働債権の場合には，その優先性の根拠は債権者（労働者）の要保護性にあるのであり，代位債権者が公的機関であることは，かえって優先性を否定する方向に働く要素になるといえよう。その意味で，（表面的な文言に拘泥するのではなく）あくまで本判決が優先性の趣旨から立論を展開している点に注意すべきであり，その点に鑑みれば，本判決の論旨はまさしく労働債権の代位弁済の場合にもそのまま妥当するものと言えよう。

次に，理由②については，原債権の行使は求償権の範囲に限られ，求償権には優先権がない点から，原債権の優先性も主張できないとされるものであるが，本章の問題においても，前述のとおり，機構の有する求償権については，優先権は付与されていない点で同様の状況にある[46]。したがって，求償権の範囲でしか行使できない原債権について財団債権性を肯定する必要はない，というロジック[47]は労働債権の場合にもそのまま妥当すべきことになろう。

---

46)　なお立案担当者が，本判決の前提とするような判例準則を前提としていなかったと考えられる点（***3*** 参照）にも注意を要しよう。

47)　本判決と同様のロジックは，近時の前掲注 24）大阪地判平成 21・9・4 でも採用されている。これは，双方未履行双務契約の解除に基づく原状回復請求権（民再 49 条 5 項，破 54 条 2 項により共益債権となる）を保証人が代位弁済した場合の再生手続における権利行使が問題とされた事案であるが，原債権の「行使の可否及び範囲については求償権を行使し得る範囲を超えては認められない」ことから，「求償権の行使に実体法上又は手続法上の制約が存する場合には，原債権がその制約に服する」ことになり，原債権が共益債権となるとしても，「本件求償権には，再生債権として，民事再生手続開始後は，原則として再生計画の定めるところによらなければ弁済等が許されない（中

以上のような本判決の理由の検討からすれば，労働債権の場合にもその理由は基本的に妥当するものであり，本判決のような考え方が受け入れられるべきものとすれば，労働債権の立替払いにおいても，機構による財団債権としての権利行使は認められないことになるものと解されよう[補注1]。

7　労働者保護の必要性

最後に，労働者の保護の必要性についても検討しておく。現在の賃確法の制度を前提にすれば，使用者について破産手続が開始した場合に，立替払いを受けられない労働債権者が残ることが通例であろう[48]。そして，仮に財団債権の全額弁済ができないような破産財団の状況にある場合には，機構の代位債権と未払いの労働債権とが債権額に応じて按分弁済されるという結果になる（破152条1項本文）。しかし，このような帰結は相当ではないのではないか，というのがここでの問題意識である。

この立替払いの制度の趣旨が，これまで繰り返し述べてきたとおり，労働者の保護にあることは明らかである[49]。それを前提にすれば，機構の債権の回収よりも労働債権者への弁済が本来優先されてしかるべきであると思われる。しかし，機構の代位債権の財団債権性を前提にする限り，財団債権の中で特に区別は設けられていないので，そのような優先扱いは解釈論として困難であろう[50]。けだし，財団不足の場合，破産法152条1項は，「法令に定める優先権

略）という行使についての手続法上の制約が存するのであるから（中略），原債権たる本請求権の行使については，再生債権と同様の制約に服することになる」と判示する。

［補注1］　本章末尾の補論でふれる最判平成23・11・22及び最判平成23・11・24が中心的な論点としたのは，ここでいう理由②ということになる。一般論として，求償権と原債権との間に最判が述べるような関係が成立することに，著者として異論はない（その意味で，本文の東京高判平成17・6・30の論理には無理があったのかもしれない）。しかし，代位される債権が労働債権である場合（さらに租税債権についても代位が観念できるとすれば租税債権である場合）には，やはりなお本文のような議論は成立可能と考えている。

48)　立替払いを受けた労働者も原則として残債権額の8割までしか弁済を受けられないし，立替払いの要件を満たさずに弁済をまったく受けられない労働者も存在しうる。

49)　賃確法1条によれば，この制度の究極的目的は「労働者の生活の安定に資すること」とされている。

にかかわらず」財団債権は按分弁済になると規定しているからである。そうすると，実質的に労働者保護の趣旨を貫徹するには，機構による権利行使について財団債権性を否定することが考えられよう。これは，機構の財団債権性を否定する付随的な論拠となりうると思われる。

なお，立替払いの残額債権の保護に関して，賃確法の趣旨は確かに当座の生活資金として未払給料の8割の弁済で足りるということであるかもしれないが，それはあくまでも最低限として8割の保障ということであって，それ以上の弁済が可能であれば，その方が労働者保護という同法の目的に資することは明白である。換言すれば，機構の債権の財団債権化による事業者負担の軽減という点と比較して，財団債権化の否定によって労働者の保護の優先が図られるとすれば，その方が賃確法の本来的な目的に即して，より合理的な取扱いであると言えるのではなかろうか。また，破産法149条の労働債権者保護の趣旨は，そこで定められた債権額の範囲で可及的にその全額を保護することが労働者の生活の保護に資するということであり，賃確法によって立替払いの対象とはならなかった残り2割の部分であっても，やはり労働者保護の制度趣旨から考えていくべきものであろう。

8 結　論

以上に述べてきたところから，著者は，機構の債権については財団債権性を否定すべきものと解する。そのような根拠について，肯定説の論拠（2参照）との関係で簡単に再述しておくと，何よりも，肯定説が①実体法の尊重（原債権のそのままの性質による移転）を強調するのに対して，本章は，これを実体法の問題ではなく破産法の解釈の問題として捉えるべきものと考えている。そして，破産法による労働債権の財団債権化の制度趣旨（労働者の保護）[51]は，機

50）ただ，完全に不可能ではないかもしれない。機構が一種の保証人の地位にあるとすれば，保証人の一部代位弁済の場合と同様の解釈で，主たる債務に係る債権（つまり未払いの労働債権）の方を優先する解釈論の余地はありえないではない。しかし，破産法104条2項のような明文のない中ではかなりハードルが高い解釈論であることは間違いなかろう。

51）これは賃確法の制度趣旨でもある。

構の債権には妥当しえないものである[52]。また，②譲渡と代位との同質性も根拠とされるが，本章の立場は，代位の場合と同様に，債権譲渡の場合にも妥当するものであるので，この点の批判は妥当しない。さらに，③立替払制度の政策的理由も説かれるが，諸外国の例をみてもこのような点は決定的なものではなく，破産法の今回の改正の趣旨は保険制度の財政的負担の軽減を意図したものではなく，妥当しないものと解する[53]。最後に，④弁済の時期的先後による差異の不当も論じられるが，このような弁済時期の先後による取扱いの差異は，破産法上他の場合にも存することであり，実質論からみて不当な帰結をもたらすものではなく，決定的な批判とはなりえないように思われる。

以上のような検討から，本章の結論としては，使用者が破産した場合において，当該破産者に対して未払いの賃金債権等を有する労働者に対して，賃確法に基づき，機構が当該債権を（破産手続開始の前後を問わず）立替払いしたときに，機構が取得する求償権ないし労働者の債権（原債権）は，当該破産手続において財団債権として扱われるべきではないと解するものである。本章の結論は，現在の実務運用から見ればかなりラディカルな帰結を主張するものかもしれないが，著者としては，なおこのような帰結が理論的にも実務的にも相当なものであるとの思いを捨てきれない。更なるご批判を得て今後なお考えていきたい。

（初出：判例タイムズ 1314 号（2010 年）5 頁以下）

［補論］　この問題については，本章の元となった論稿が出された後，最高裁判所の判例が表れている。すなわち，最判平成 23・11・22 民集 65 巻 8 号 3165 頁である。これは，弁済による代位の制度を「原債権を求償権を確保するための一種の担保として機能させることをその趣旨とする」と理解し，「求償権の行使が倒産手続による制約を受けるとしても，当該手続における原債権の行使自体が制約されていない以上，原債権の行使が求償権と同様の制約を受けるものではない」とし，結論として，「弁済による代位により財団債権を取得した者

52）　そして，*7*でも論じたように，財団債権性を否定する方がより労働者保護の目的を達成できる。

53）　財団債権化を否定しても，旧法時代よりも機構の債権の地位を後退させるものではない。

は，同人が破産者に対して取得した求償権が破産債権にすぎない場合であっても，破産手続によらないで上記財団債権を行使することができる」と判示する（同様の判断として，請負契約に係る報酬前渡金について再生手続開始後に代位弁済がされた場合も共益債権としての行使を可能とする最判平成23・11・24民集65巻8号3213頁参照）。そして，同判決は「上記財団債権が労働債権であるとしても何ら異なるものではない」とした。本章における著者の見解とは正面から異なる判断といえる。

この判決文からは著者のような見解がどのように考慮されたのかは必ずしも明らかではない。ただ，調査官解説（榎本光宏・解説・曹時66巻1号235頁参照）によれば，著者の本章の原論稿を引用し，「本件の1審，原審は，このような理解に立っている」としながら，本判決の考え方は「原債権が労働債権であるとしても何ら異なるものではない」とし，「かえって，労働債権について言えば，原債権が労働債権である場合には，労働者の保護という観点から，代位弁済の促進が一層重要性を増すということもできるであろう」とする。ただ，未払給料の立替払制度との関係では，「給料債権を財団債権として代位することを認めるのが倒産実務の取扱い」であるとし，前述のような否定説は機構による立替払いとそれ以外の者による立替払いとでその違いを合理的に説明できないとするが，「山本〔和〕前掲論文（著者注：本章の原論稿）は，上記実務の取扱いを否定するもので，その意味では一貫している。労働者保護の在り方については，後掲注10の評釈⑩（著者注：本判決に関する著者の後掲評釈）等も含め，大変興味深いものがある」と評価されている。

また，この判決に関与された田原睦夫元最高裁判所判事は，本判決が破産手続の中でも代位弁済による優先性の維持の論理をとっているとされ，「山本和彦先生が労働債権について，その特質性を非常に強調する論理展開をしておられますが（中略），あの論理展開で，先ほど例に挙げた（著者注：葬儀債権がそれに基づく差押え後に譲渡された事例）平場での優先債権の執行に入ってからの譲受人が，どのような立場になるのかということとの整合の論理が展開できるのかというと，少ししんどいのではないかというのが私の理解です」と論評されている（田原睦夫編著『裁判・立法・実務』（有斐閣，2014年）55頁〔田原〕参照）。著者自身は，倒産法の解釈に絞った議論をしており，そこで生じる不整合は実体法の問題と考えているが，本文でもふれた一般先取特権の承継まで踏み込まないと問題の抜本的解決に至らないことは確かである（その意味で，同書における田原元判事と森田修教授とのやり取りは興味深い）。

なお，著者のこの判例に対する見方については，すでに別稿で論じた（山本和彦・判批・金法1953号（2012年）52頁以下参照）。要約すれば，本判決における求償権と原債権との関係に関する準則は基本的に賛同できるものであるが，なお労働債権の特殊性に対する配慮はありえたのではないかというものである。ただ，このような判示は解釈論としてはやむをえないところとも思われ，むしろ本判決は制度論として問題を捉え直す契機と理解されるべきものと考えている。すなわち，ここでの「基本的な問題は，労働債権自体は優先的保護が必要であるとして，そのコストを破産者に対する他の債権者が（財団債権等として）負担すべきか，破産者とは関係のない他の労働者や使用者が集団的に（保険的スキームで）負担すべきかという問題である」という認識であり，諸外国の事例にも鑑みれば，政策判断としては，後者のようなルールも十分合理性をもちうるものと考えられるところ，賃金の立替払制度全体の在り方について，「本判決を契機としてより大きな観点からこの問題の検討が続けられることを期待したい」と考えている（山本・同55頁参照）。

第 9 章

定年による退職手当の更生手続における取扱い

1 はじめに

倒産手続においては，倒産企業に勤務する従業員の労働債権の取扱いが大きな問題となる。労働債権については，破産手続，再生手続及び更生手続のそれぞれにおいて，各手続の目的などに応じて，その取扱いを異にしているところである。再生手続においては，そもそも労働債権は一般優先債権（民再 122 条）として手続の外に出され，随時弁済がされ，またその自由な権利実行が可能とされている。他方，破産手続及び更生手続においては，労働債権の一部が財団債権又は共益債権として手続外での随時優先弁済が可能とされる一方（破 149 条，会更 130 条），残部については優先的破産債権又は優先的更生債権として手続の中に取り込まれ（破 98 条，会更 168 条 1 項 2 号，民 308 条），破産手続における配当又は更生計画による弁済の対象とされている。そこで，破産手続及び更生手続においては，当該労働債権が財団債権又は共益債権に該当するか，あるいは破産債権又は更生債権に該当するかがきわめて重要な問題となる。

本章は，更生手続開始前から更生会社に雇用されている労働者が更生手続開始後更生計画認可決定前に定年で退職した場合に，当該労働者の退職手当請求権は更生手続においてどのように取り扱われるか，という問題について検討することを目的とするものである。更生手続においては，一般に給料債権の延滞等が発生していることは少なく，労働債権の取扱いの問題として実際上最も重要となるのは退職手当請求権の取扱いである。更生会社の労働者に退職手当請求権が生じる主な場合としては，①労働者が自らの意思で退職する場合，②労働者が管財人（更生会社）の求めに応じて退職する場合（整理解雇等の場合），③労働者が定年によって退職する場合などがある。このうち，①及び②については従来から意識して論じられており，学説の蓄積もある。それに対して，③の場合は，これまで意識的に論じられることが比較的少なかった問題と言うことができる。ただ，近時，この問題についても裁判所で争われ，一定の判断もされるようになっているところである。そこで，本章はこの問題を取り上げ，若干の私見を開陳して，一般のご批判をいただこうとするものである[1)]。

2　退職手当の更生手続における取扱いに関する基本的な考え方

(1)　基本的な規律

更生手続開始前から更生会社に雇用されている労働者が更生手続開始後更生計画認可決定前に退職する場合の退職手当請求権の取扱いは，以下のとおりとされている。まず，基本的な規律として，退職前6月間の給料に相当する額又はその退職手当の3分の1に相当する額のいずれか多い額が共益債権とされる（会更130条2項）[2)] [3)]。この規律は，立法当初の会社更生法には存在せず，昭和42年の会社更生法改正において同法119条の2として導入され，その後平成14年改正による現行法にもそのままの形で継承されたものである[4)]。そして，上記の額を超える退職手当の部分（共益債権とならない部分）については，優先

1)　なお，本章の元となった原稿は，後述の事件（東京高決平成22・11・10及び同平成22・11・11。*4*参照）において，抗告人側の意見書として提出されたものである（東京高決平成22・11・10において「抗告人提出の山本和彦教授の法律意見書（乙三）」として引用されているものである）。予めご了承いただきたい。

2)　この規律は，更生手続開始前に退職した労働者との関係でも妥当する（規定は単に「更生計画認可の決定前に退職した」者に適用される旨を定める）。

3)　退職手当が定期金債権である場合については，会社更生法130条3項が定めるが，本章の取り扱う問題との関係では，特段の差異はないので，以下では一時金の場合だけを念頭に置いて論じる。

4)　給料請求権や預り金請求権について規定していた旧法119条後段と併せて，現行法130条が規定されている。

的更生債権になると解されている。けだし，退職手当請求権は「更生会社に対し更生手続開始前の原因に基づいて生じた財産上の請求権」であることは明らかであり[5]，民法上一般の先取特権が認められる「債務者と使用人との間の雇用関係に基づいて生じた債権」（民 308 条）であるからである。しかし，退職手当請求権が会社更生法 127 条の規定によって共益債権となるのであれば，会社更生法 130 条 2 項は適用にならず（会更 130 条 4 項），その全額が共益債権として扱われることになる[6]。

(2) 事業の経営に関する費用の意義

退職手当請求権が会社更生法 127 条の規定により共益債権とされるとすれば，その根拠は，会社更生法 127 条 2 号の定める「更生手続開始後の更生会社の事業の経営（中略）に関する費用の請求権」にあるものと解される[7]。仮に退職手当請求権がこれに該当するとすれば[8]，前述の会社更生法 130 条 4 項の適用により，その全額が共益債権となることになる。

それでは，「事業の経営に関する費用」とは何を指すのであろうか。一般にその例としては，原材料の購入費，使用人の給料，工場その他の施設及び機械

5) 退職手当請求権の「原因」としては，労働契約や労働協約，就業規則等であると解される。仮に現実の労働が「原因」と考えられるとすれば，更生手続開始後の労働に相当する部分は更生債権ではないと解することになるが，現在ではこのような見解は少数である（ただ，位野木・後掲注 17）782 頁は，旧法 119 条の 2 制定後もこのような見解をとられ，開始決定後の労働に相当する部分を共益債権と解される）。また，退職自体を「原因」と考えれば，開始後債権（退職事由によっては共益債権となる）ということになるが，このような理解は退職手当が賃金の後払いを基本とする債権であるとする判例法理とも整合せず，現在では支持者はいないと解される。

6) 論理的には，退職手当の 3 分の 1 等の部分に会社更生法 130 条 2 項が適用され，超過部分に会社更生法 127 条が適用されるのではなく，全部の債権について直接会社更生法 127 条が適用されることになる。

7) 解雇による退職の場合の退職手当など管財人の「行為」によって生じた場合は，会社更生法 127 条 5 号（「更生会社の業務（中略）に関し管財人（中略）が権限に基づいてした（中略）行為によって生じた請求権」）に該当する可能性もあろう。ただ，退職自体が退職手当請求権の発生原因ではないとすると（注 5）参照），管財人の「行為によって生じた」と言えるか，についてはなお疑義もありうる。

8) 後述のように，文献上，退職が自己都合か会社都合かを直接の論証命題として共益債権性を議論するものがあるが，このような点は法解釈に際して直接問題になるものではない点に注意を要する。

器具等の賃料・維持修繕費，電力・ガス・水道等の料金，各種租税・社会保険料等が典型的にこれに当たるものとされている[9]。そして，このような費用に含まれるかどうかを判断する際に重要であるのは，このような費用が共益債権として認められる趣旨である。このような費用は，更生会社の事業を更生させ，その継続企業価値を増大し，更生債権者等に対する計画弁済を増加させるために支払われるものであることを根拠として，共益債権とされているものと解される。つまり，ここでのポイントは，更生債権者等に対する計画弁済の増加の可能性にある。なぜなら，ある債権を共益債権として処遇するということは，共益債権の優先性に鑑みれば，その費用を更生債権者等の全員に対して（その本来の計画弁済額に応じて）負担させることを意味するからである。したがって，そのような負担の結果としてそれに対応する弁済額の増加の可能性が更生債権者等にあることによって初めて，その負担が正当化されることになる。

以上は更生手続の側の視点であるが，他方で，そのような請求権を有する相手方債権者の期待ないし予測可能性の確保にも配慮が必要であると考えられる。とりわけ更生手続開始前に原因を有する債権については[10]，共益債権にならないとされることが相手方債権者にとって不意打ちになることがあってはならないものと解される[11]。

したがって，ある請求権が「事業の経営に関する費用」に当たるかどうかを判断するに際しては，まず一方でその費用が事業の更生に資するかどうか，換言すれば更生債権等の計画弁済の増大に資するかどうかという視点が重要であるが，他方で当該費用の債権者の期待ないし予測可能性の保護に資するかどうかという視点も重要であり，両者の視点のバランスに配慮して判断がされるべきものと解される[12]。

9)　兼子一監修『条解会社更生法（下）』（弘文堂，1974年）307頁参照。

10)　更生手続開始後に生じる債権については，手続における取扱いを考慮に入れて，債権を取得するかどうかを決定できるので，通常は債権者に不意打ちは生じない。

11)　たとえば，破産法54条1項によって双方未履行の双務契約において履行が選択された相手方の請求権が財団債権と扱われるのは，当該債権者が手続開始前から有していた同時履行の抗弁権等に基づく期待・予測可能性を倒産手続でも尊重し，破産債権とすることによる不意打ちを避ける趣旨に出たものと解される。

12)　このようなバランスに基づく判断を示唆する見解として，加藤哲夫教授は，退職手当請求権との関係で，「もっぱら会社都合と自己都合による退職とに区別する点につい

(3)　退職手当一般の取扱い

以上のような一般的な検討を前提にして，次に，本章の主題である退職手当請求権が「事業の経営に関する費用」に該当するかについて考えてみる。退職手当請求権は，手続開始前にその原因を有することは明らかであり，その性質上，本来は更生債権となるべきものであろう[13]。しかるに，特に労働者保護を重視する政策的な判断に基づき共益債権とされている，その意味では特殊な共益債権であると考えられる。もちろん，労働者の勤労意欲の発揮（それによる更生会社の事業の効率の増大，ひいては更生債権等に対する弁済の増大）という観点は存在するが，この点については，退職手当の3分の1等を保護すれば足りる[14] とするのが立法者の判断であるとみられる。しかるに，それを超えて会社更生法127条によって（本来は更生債権であるものの）全額を共益債権化するためには，よほどの根拠が必要であると解される。そして，これはあくまで会社更生法127条2号の解釈によるものであるので，労働者という債権者の特殊性は基本的に捨象され，他の類型の債権にも同様に妥当する一般論として考察する必要があることになろう。そして，前述の考察からは（(2)参照），当該請求権を共益債権として扱うことの更生手続への寄与や債権者の予測可能性の確保の必要性が特に大きいものでなければならないであろう。そのような事情は退職の事由ごとに異なると考えられるので，各退職事由ごとの検討が必要になる。

まず，典型的な会社都合の場合とされる解雇を考えてみよう。これは，まず一方では，更生管財人が事業上の判断を行って人員を削減することにより事業の更生が可能となり，更生債権者等の利益に資する，すなわち当該労働者を解雇した方が更生債権者等の弁済を増大できると判断した場合ということになる。したがって，各労働者の退職という事由の更生に対する寄与は一般に大きいと

ても，かかる退職原因の態様を手続上反映することは，労働者の保護と会社更生の合理的実現のふたつの視点を調整する上で，首肯できるところである」（傍点著者）と論じられている（宮脇幸彦ほか編『注解会社更生法』（青林書院，1986年）411頁〔加藤哲夫〕参照）。

13)　この点は，前述のように，共益債権とならない部分が優先的更生債権になると，争いなく解されているところからも明白であろう。

14)　給料については，手続開始後は全額保護され，手続開始前の部分も6月分は保護される（会更130条1項）ことが前提となる。

言える。他方で，解雇は，本来定年まで働くことができるとする労働者の期待をその意に反して奪い，予測可能性を侵害する部分が大きい。このような点を考えれば，手続開始後の解雇による退職の場合の退職手当請求権は，会社更生法130条2項・3項の規定にかかわらず，例外的に同法127条2号により全額を共益債権とする取扱いに値するものであろう。もちろん，考え方によっては，このような債権も更生手続開始前の労働に基づくものであり，すでに実質的には発生していて[15)]，退職はそれが現実化する契機にすぎないとすれば，そもそも事業経営に関する費用とはいえない[16)]という見方もありうる[17)]。しかし，ここで重要な点は，本来の履行期よりも早く退職金債権が発生している点である。それは更生手続の側からみれば，払わなくてもよい（少なくともその時点では払う必要のない）債務を発生させているという点で，やはり「費用」性が観念できるものと考えられよう[18)]。そして，そのような前倒しの形で発生した退職手当請求権は，更生債権等の弁済の増大に寄与し，また労働者の意に反するものであるので，その共益債権としての費用性が認められる。

次に，典型的な自己都合の退職の場合を考えてみよう。たとえば，より高額の賃金の支払を申し出た他の使用者と契約するために更生会社を自主的に退職した労働者のような場合である。この場合，その労働者の退職が更生手続にとって有益である保障はなく，むしろ当該労働者に残ってもらった方が更生会社の事業の更生に資するという場合も多々あろう。重要な点は，少なくともその

---

15)　停止条件付債権というよりは不確定期限付債権と位置づける見解が現在では有力とみられる。このような見方については，宮脇幸彦＝時岡泰『改正会社更生法の解説』（法曹会，1969年）144頁（「不確定期限付の後払賃金」とする）参照。

16)　弁済期が早まっただけであると考えれば，経済的には本来の弁済期までの中間利息分しか費用はないということにもなろう。

17)　位野木益雄「会社更生法における退職手当請求権」松田二郎判事在職40年『会社と訴訟（下）』（有斐閣，1968年）774頁参照。また，立法論としては，かつて著者も同様の見方を示していた。山本和彦「倒産企業従業員の生活保障」河野正憲＝中島弘雅編『倒産法大系』（弘文堂，2001年）102頁参照（自己都合退職と会社都合退職の区別が実際には必ずしも容易でない点もそのような立法論の根拠としている）。

18)　たとえば，生命侵害の不法行為に基づく損害賠償において葬式費用が損害として認められるところ，人は必ず死ぬとすれば葬式費用は（いつの時点かでは必ず発生するものであり）損害ではない（損害は本来の死亡時点までの中間利息のみである）とも考えられるが，その発生が前倒しになってその時点では本来支払う必要のない額を支出したという点に損害性が観念されているものと解されることと同様であろう。

者の退職が更生会社にとって有益であるかどうかを管財人が判断する機会が与えられていない点である。他方，労働者の立場からみれば，この場合は純粋に自らの意思で退職するものであり，その期待・予測可能性を害することは当然にありえない。したがって，この場合，やはり退職手当請求権の発生は前倒しになっているが，それは事業の経営の費用とは言えず，本来の更生債権を共益債権とする理由にはならないものと解される。

以上のような点は（理由付けはともかく）その結論においては，現在ほぼ争いのないところと考えられる。問題はそれらの中間的な場合にある。そして，定年退職の場合の退職手当請求権の扱いはまさにそれに該当する。以下では，節を改めてこの問題について検討することにしたい。

3　定年退職に係る退職手当の取扱い

(1)　従来の見解

定年退職の場合は，典型的な会社都合退職でも典型的な自己都合退職でもない，それらの中間的な場合にあたることは明らかであろう。したがって，この点をどのように考えるかが問題になる。この点を明示的に論じている論者は従来必ずしも多くないが，これまですでにいくつかの考え方が示されているので，まずこれらの見解について検討してみる。

(a)　会社都合退職と自己都合退職に区分する見解

まず，共益債権性を肯定する見解として以下のようなものがある。これは，自己都合退職の場合に旧会社更生法208条[19]の適用はないとの認識を前提に，会社都合退職の場合については，「本条（著者注：旧会社更生法119条の2〔現行法130条に相当〕）新設以前から208条の共益債権として取り扱うことが実務上多く」，「こうした実務の推移を前提として本条3項が新設されたという立法の沿革からみて」，「手続開始後の会社都合による退職の場合は，208条により全額共益債権になると解するほかなかろう」とし，「停年退職の場合も自己都合による退職ではない点で，208条により全額共益債権になると解される」とする

19)　現行法127条に相当する規定である。

ものである[20]。

このような見解は，結局，当該退職が会社都合か自己都合か，どちらに近いかという視点で論じるものと言える。しかし，このような論じ方はそれ自体相当ではないと考えられる。前述のように（*2*(2)参照），解釈論としてはあくまで会社更生法127条2号該当性の問題だからである（注8）も参照）。さらに，仮にその点を前提にするとしても，この見解は，同条が会社都合による退職に適用されるという点を前提としながら[21]，定年退職は「自己都合による退職ではない」ところから直接に同条の適用を導出する点で[22]，論理の飛躍が見られる。つまり，自己都合ではないとしても，会社都合とも言えない場合がありうるはずであり，定年退職はまさにそのような場合に当たると考えられるが，その場合の取扱いがいかにあるべきかに関しては十分な論証はされていないと言わざるをえず[23]，それが「事業の経営に関する費用」と言えるかどうか，個々的な検証が必要であろう[24]。

したがって，議論としては，自己都合退職か会社都合退職かを論じることは

20）　兼子一監修『条解会社更生法（中）』（弘文堂，1974年）446頁参照。

21）　このような理解は，それ自体として正当なものである。旧法119条の2の立法の根拠とされた裁判例の1つである横浜地判昭和38・9・14下民14巻9号1802頁は，「本件係争の退職金は更生会社の管財人たる債務者らが，会社の事業経営のため必要と認めた人員整理による解雇を原因とするものであるから，その一体性をも加味し全額を会社更生法208条2号所定の共益債権として取扱うのが相当である」（傍点著者）として，あくまで解雇の場合だけを問題としたものである。

22）　明確な理由を述べずに同旨の結論をとる見解として，角田邦重ほか編『現代労働法入門〔第3版〕』（法律文化社，2005年）162頁〔本久洋一〕は，「更生開始決定後に，解雇，勧奨退職，定年等，自己都合ではない事由により退職する場合の退職金は，全額が共益債権になる（会更127条2号・130条4項）」とするが，なぜ「自己都合ではない」退職が事業経営に関する費用となるのかについての論証は存しない（なお，労働法の学説においては，代表的な体系書（たとえば，菅野和夫『労働法〔第8版〕』（弘文堂，2008年）245頁参照）を含めて，この点についての明確な論述はほとんど存しないようである）。

23）　この点で興味深い見解として，前述の加藤説がある（宮脇ほか編・前掲注12）411頁〔加藤〕参照）。これは，もっぱら会社都合による退職か自己都合による退職かで区別する見解であり，もっぱら会社都合とはいえない場合には，むしろ自己都合（会更130条の適用）に引きつけて考える余地を残す趣旨とも解される（そうであるとすれば，（明示的には論じられていないが）定年退職の場合には会社更生法130条によるとする理解を採用される可能性もある見解といえよう）。

24）　たとえば，労働者の業務上の死亡の場合なども自己都合とは言えず，会社都合とも

重要でなく[25]，むしろなぜ定年退職の場合の退職手当が会社更生法127条2号の「事業の経営に関する費用」と言えるのかを実質的に論じる必要があるものと解される。

(b)　実質的根拠による見解

そこで，より実質的な根拠に基づいて共益債権性を肯定する見解として，旧会社更生法の立案担当者の解説がある[26]。すなわち，「いかなる場合に208条（著者注：現行法127条に相当）の適用があるかについては，従前から対立のあった同条の解釈と関連して依然疑問が残っている。更生手続開始後更生計画認可前の退職が企業の整理・合理化・縮少・閉鎖に伴う人員整理のごとき会社都合による場合（中略）や業務上の傷害・死亡による場合は，208条2号の適用があることは明らかである。これと異なり，定年退職の場合はボーダーラインに位するが，この定年退職も会社の人員構成の高齢化を防止する人事管理の必要上行われるものであって，会社都合による退職の一場合といえるから，同様に解すべきであろう」とされる。この見解は，①「会社都合による退職」という表現は使っているが，より実質的な理由を論じようとしている点，②定年退職の問題を「ボーダーラインに位する」として微妙な法律問題であることを認めている点[27]，③「人事管理の必要」から事業の経営のための費用性を導き出している点に特徴がある。

そこで，この③の点をどのように考えるかが問題となる。第1に，そもそもこれが「事業の経営」といえるか，という問題がある。確かに「人事管理の必要」が「事業の経営」に関するものであることは明らかである。ただ，このような理解は，管財人がその事業上の判断ないし人事管理上の判断に応じて定年制度を廃止・変更できることを前提にしていると考えられる。この場合の管財

言い難い類型であると思われるが，これは当該死亡が業務に由来すること（その結果として退職原因が更生に寄与していること）及び労働者（遺族）にとって不測の事態でその期待を保護する必要性が強いことなどに鑑みれば，「事業の経営に関する費用」と解してよいと思われる。

25)　自己都合・会社都合を区別せず原則として共益債権となることを否定する見解として，位野木・前掲注17）784頁以下参照。

26)　宮脇＝時岡・前掲注15）157頁参照。

27)　立案担当者自身これが困難な法律問題である旨を承認していたことを示している点で興味深い。

人の判断はあくまでも，新たに定年制度を創設するものではなく，既存の制度を消極的に維持するに止まるものであるとすれば，それが真の「判断」と言えるためには，定年制度が仮に更生手続に資するものでなければそれを廃止できる現実の権限があることが前提になっている必要があろう。しかし，そもそも定年制度の廃止が可能であるのかという問題があるように思われる。定年制度の根拠が労働協約にある場合には，管財人は当該協約を解除することはできないし（会更61条3項），それが就業規則に基づく場合も不利益変更となり[28]許されない可能性があろう。さらに，実際上ほぼすべての会社が定年制度を有している状況の下で，「定年制度を廃止する選択肢が現にあるにもかかわらず，管財人が定年制度の維持を選択した」と評価するのは過度のフィクションではなかろうか。定年制度の存在は，管財人（あるいは更生手続）としては所与のものとして受け入れざるをえず，そこには「事業の経営」と言いうるような主体的な判断は認め難いように思われる。

第2に，これが費用といえるか，という問題がある。前述のように，将来のどこかの時点では発生する（不確定期限付の）債権である退職手当請求権が「費用」と解されるのは，解雇や希望退職募集に応じた退職のように，その弁済期が本来よりも前倒しになり（言い換えれば，本来はその時期に生じなかったものが更生手続に由来してその時期に発生し），本来は支払わなくてもよいものを（更生手続に起因して）支払わなければならなくなる点にあると解される。しかるに，定年退職の場合には，本来予定されていた弁済期に債権が発生しているのであり，その意味では更生手続の開始によって何ら事態は変化しておらず，本来その時期に支払わなければならなかったものを支払うにすぎない。このようなものは，会社更生法127条2号により更生債権者等の全員の負担とすべき費用とは認め難いように思われる。

28）　定年制度が合理性を有し公序良俗に反しない理由として，「定年は，労働者にとって，定年年齢における雇用の喪失という不利益のみならず，定年までの雇用の確保や勤続年数による賃金上昇などの利益をも伴ってきた」ことが挙げられるが（菅野・前掲注22）430頁参照），そうであるとすれば，その廃止は労働者にとって不利益な変更となる側面を有しよう。

(2) 基本的視点

以上から，従来の見解は必ずしも説得的な理由を示しているものとは言い難い。そこで，法律の規定に直接遡って考えてみる必要があると思われる。規定の構造は，前述のとおり（2(1)参照），退職手当請求権は，原則は会社更生法130条2項で規律されるが，例外的に同法127条が適用される場合は，上記条項が適用排除になる（会更130条4項）というものである。したがって，会社更生法127条2号の構成要件に該当するかどうかが問題であり[29]，結局，事業の経営に関する費用といえるかどうかがポイントとなる[30]。

そこでは，そもそも立法者が会社更生法130条を労働者保護の基本的なフレームとした趣旨を考慮する必要がある。その最大の理由は，退職の時点が手続開始の前後になることによって生じる手続上の不公平を防止する点にあったといえる。たとえば，立案担当者は，「更生手続の開始前の退職かその開始後の退職か等による共益債権の範囲の不均衡を是正しようとするものである」とする[31]。換言すれば，退職時点と更生手続開始時点の先後という偶然的な要素を排除して，退職した労働者の公平な保護を図るという点が同条の立法趣旨である。このような趣旨を貫徹しようとすれば，手続開始後に退職した労働者についてのみ会社更生法130条の範囲を超えた共益債権化を図ることは，あくまでも例外的なものと解すべきであろう。しかるに，とりわけここで問題となっている定年による退職はきわめて普遍的な事態であり，そのような場合を同条の例外とすると，大変大きな例外を設ける結果となるし，定年の到来が手続開始の前になるか後になるかという点はきわめて偶然的な問題であり，同条がその趣旨としていた更生手続の開始の前後による不公平の防止が図られなくなってしまうおそれがある[32] 点に注意を要しよう。

29） 定年退職の場合は少なくとも管財人の「行為」によるものとはいえないので，同条5号によって共益債権となることはないと解される。

30） これが会社都合か自己都合かという問題ではないという点に改めて留意する必要がある。注8）も参照。

31） 宮脇＝時岡・前掲注15）149頁参照。また，「本条が設けられた趣旨は，そもそも退職の時が手続開始決定時の前後により手続上不公平が生じることから，一律更生計画認可決定の時を基準として一定の限度で退職手当請求権を共益債権化し，その不公平を除去することにあった」と説明されるものとして，宮脇ほか編・前掲注12）411頁〔加藤〕参照。

(3) 検　討

以上のような基本的視点に基づき，ここでの問題を考えるとき，前述のように（*2*(3)参照），当該労働者が退職したことの更生手続に対する寄与（更生債権者等の利益）と退職労働者の期待・予測可能性の確保とのバランスから，共益債権性を考えていくべきであろう。

そこで，まず定年による退職が事業の更生に資するかどうか，という点である。「定年制度」の存在それ自体は確かに更生に寄与している可能性があろう。しかし，それは更生手続の開始前からすでに存在しているものであり，前述のように（(1)(b)参照），管財人としては所与のものとして受け入れるほかはなく，現実的にそれを廃止する選択肢があるわけではないとみられる[33)]。また，やはり前述のとおり（*2*(3)参照），退職手当全額の共益債権化という特別の扱いをするには，よほどの根拠が必要であり，制度全体ではなく個々の労働者の退職が更生に寄与していることが必要になると考えるべきであろう。しかし，定年による退職の場合には（解雇や希望退職募集などの場合とは異なり）個々の退職が更生に寄与しているとは一般には言い難いように思われる。

次に，定年による退職が労働者の期待・予測可能性を害するかどうか，という点である。定年退職はもともと労働者がその時期を予測していたものであり，解雇等とは異なり，労働期間を中途で終了させることにより労働者の予測可能性を害する性質のものではないと言える。問題は，退職手当を全額受領できないまま退職になる点が予測可能性を害するかどうかであるが，この点では，更生手続開始前に定年となり，退職金受領前に更生手続が開始した場合にも，その保護は会社更生法130条の範囲に止まる点を考慮する必要があろう。立法者は退職後の生活の保障にはこの範囲で一応十分なものと政策判断しているものと考えられ，定年が手続開始後になることで特に労働者の期待を厚く保護する必要が大きくなるとは考えられない。

---

32)　更生手続開始決定の前日に定年となった労働者の退職手当は3分の1等の保護に止まるのに対し，開始決定の翌日に定年となった労働者の退職手当は全額保護される結果になる。

33)　もちろん，管財人が新たに定年制度を創設し，または定年年齢を早めたような場合には，その結果として定年となった労働者の退職手当請求権については別論であり，共益債権となりうる余地はあろう。

結局，これは，保護の線引きが手続開始の前後になるか更生計画認可決定の前後になるかの違いである。そして，更生計画認可後には，給与水準の低下等によって退職手当の内容が変更されているのが通常であるとすれば，実質的にみても更生計画認可決定の前後を基準とすることが公平であると思われる。もし開始決定の前後を基準とすると，更生手続開始前の退職が3分の1等の保護に止まり，また認可決定後の退職が減額後の請求権になるのに対し，その間（手続開始後認可決定前）の退職だけが従来の基準で全額保護されるということになりかねず，著しく公平を害する結果となろう。また，このように解しても，3分の1等を超える退職手当の部分がまったく保護されないことになるわけではなく，優先的更生債権となり，本来の実体法の優先順位に従った保護の対象にはなる[34)]。以上のような点を考慮すれば，このような取扱いはそれほど労働者の予測可能性を害するわけではないと解される。

なお，定年の到来が更生手続中に想定される労働者の労働意欲を確保するために，その退職手当全額を共益債権とすべきとする見解がありうる。しかし，仮にそのような考え方をとるとすれば，むしろ更生手続中の労働に対応した部分のみを共益債権と解するのが筋であろう。給料債権自体についてはそのような考え方が採用されており，手続開始後に労働を継続しても開始前の未払給料まで全額共益債権として保護されるわけではない。そこでは，更生手続中の労働の対価分を保護すれば労働意欲の確保には十分であるとの考え方によっているものと考えられる。したがって，上記のような労働意欲確保という理由が仮に相当なものであるとしても，更生手続開始前の労働に対応する退職手当の部分まで共益債権とするのは過分な保護となり，相当ではない[35)]。

---

34)　実際には，その全額が保護されることが多く，そうであるとすれば，共益債権となるか優先的更生債権となるかの違いは，実際上は弁済の時期の差異に止まることになる。

35)　実際，昭和42年の会社更生法改正前は手続開始の前後に分けて，手続開始後の労働に相当する部分の退職手当のみを共益債権とする考え方が有力であった（小川善吉ほか「会社更生法をめぐる諸問題」判タ39号6頁〔三ケ月章〕など参照。改正後もそれによる見解として，位野木・前掲注17）782頁がある）。しかし，会社更生法130条は，そのような有力説の存在を前提にしながら，手続開始の前後を問わず3分の1等の保護に止めたものである。したがって，会社更生法127条の解釈を通して，実質的にそのような見解を復活させることは結論としても相当ではないと思われる（ただ実際上は，開始後の労働に相当する部分が退職手当の3分の1等を上回るという事態は想定し難いので，

(4) 立法経緯との関係

以上の検討から，定年退職による退職手当請求権については，会社更生法127条2号に含まれるとする理由はなく，原則どおり，法130条2項によりその3分の1等の保護で足りると解される。

ただ，ここで1つの問題として，昭和42年立法時の立案担当者の考え方（前述 ***3***(1)(b)参照）や同法制定時の国会における政府委員の答弁[36)]をどのように考えるか，という問題がある。一般論として言えば，政府の国会答弁や法案立案者の意図は法解釈の際の一定の参考とはなると言えるが，必ずしも決定的なものではない。もし立法者（つまり国会）がその点を将来の解釈に委ねたくなかったのであれば，一義的に明確な形で（他の解釈を排除する形で）規定を設けることは可能である[37)]。しかるに，そのような明示的手当てがされなかったとすれば，それは立法府が解釈による余地を残したものであり，少なくとも将来に向けては事情の変更等[38)]によって異なる扱いを司法府が解釈によって認める余地を残したものと考えるのが自然であろう。そして，この問題については，その後，平成14年に新会社更生法の立法があったが，その際にも明示的な議論はされておらず，また最高裁判所を始めとした判例も存しない中，依然として解釈に委ね続けられている問題であると解される。そのように考えれば，すでに半世紀近く前の昭和42年当時の立案者や政府の見解を過度に重視するのは相当ではなく，その後の実務運用の積み重ねも踏まえて，現段階で適正な解

多くは観念上の議論に止まる)。

36) 昭和42年7月20日の参議院法務委員会において，新谷正夫政府委員より「定年退職の場合等におきましては，第208条の適用によりましてその退職手当請求権が全額共益債権となるのであります」との答弁がされているとされる。

37) 本件の問題でも「定年退職による退職手当請求権は共益債権になる」との趣旨の規定を設ければそれで足りたと言える。

38) 実質論として，現段階で定年の場合の退職手当をそこまで強く保護することが相当か，は1つの問題であろう。定年や退職金の慣行は近時相当大きく変容しつつあるのではないかとみられるからである。そもそも定年まで同一企業で勤め続ける人の割合は大幅に低下していると考えられ，社会的にみてそのような一部定年退職者の利益を（他の更生債権者等の利益と比較して）一方的に保護する必要性に対しては疑問もありうる。特に現役の労働者が更生手続において労働条件の大幅な引下げを甘受している中，定年退職していく労働者だけが何らの権利変更を受けずに従来の基準に基づく退職金を全額受け取ることに果たして合理性はあるか，十分な吟味を要しよう。

釈を見出すべきものであろう。

以上のように考えれば，前述のような理解が現段階では相当な解釈であるとすれば，昭和 42 年改正の立案担当者等の見解にもかかわらず，なおそのような解釈は維持できるものと解される。

4　近時の裁判例の紹介と若干の評価

以上がこの問題に関する著者の見解であるが，近時，この点について正面から判断する高等裁判所レベルの裁判例が出された。東京高決平成 22 年 11 月 10 日（金判 1358 号 22 頁）である[39]。以下では，この裁判例を簡単に紹介し，論評したい。

本事件は，更生会社である Y（株式会社日本航空インターナショナル）の従業員であった X が退職手当請求権を被担保債権とする一般先取特権の実行として Y の銀行預金債権の差押えを求めたところ，原審が差押えを認める決定をしたのに対し，Y が執行抗告をしたものである。Y は平成 22 年 1 月 19 日に東京地方裁判所で更生手続開始決定を受けたが，X は同年 2 月 28 日に Y を定年退職している[40]。Y の退職金規程によると，X の退職手当の総額中企業年金引当金を除く金額は 2,235 万円余となる。Y は，同年 3 月 3 日，会社更生法 130 条 2 項に基づき，上記金額の 3 分の 1 に相当する 745 万円余を支払った。X は，残額債権を被担保債権として，同年 6 月 7 日，東京地方裁判所に債権差押命令の申立てをし，同年 7 月 9 日，Y の第三債務者に対する預金債権に対する債権差押命令（原決定）がされたものである。この決定に対して，Y が執行抗告を申し立てたのが本事件である。

本決定は，抗告を認容して原決定を取り消し，X の債権差押命令申立てを却下した。その理由は以下のとおりである。本決定は，まず基本的な認識として以下の点を述べる。すなわち，会社更生法 130 条 2 項の趣旨として，退職手当

39)　基本的に同一の事件についてほぼ同旨の判断をした裁判例として，東京高決平成 22・11・11 金判 1358 号 28 頁がある。

40)　なお，Y については，平成 22 年 11 月 30 日に更生計画の認可決定がされた模様である。

が「賃金の後払的性格を有し，退職を条件として具体化する条件付請求権であることを考慮して，政策的見地から一定の範囲で共益債権とすることを定めたものであり，更生手続の開始の前後ではなく更生計画の認可決定の前後で取扱いを分けることによって，更生手続の開始の前後という偶然の要素を排除して，退職した労働者の公平な保護を図っているものである」という点からすると，同条項が「会社更生手続における退職手当請求権の取扱いに関する基本原則を定めたものというべきであり，同条4項が法127条にいう共益債権に該当する場合には同条2項の適用が排除されることを定めているのは，あくまでも例外的な場合を定めたものと解すべきである」とする。そして，共益債権は「その発生原因が更生会社を巡る全債権者を含む全利害関係者の共同利益となる債権を指し，それゆえに随時弁済が許容されるものである」とし，法127条2号に該当するのは「当該債権の支払により更生債権者等に対する計画弁済を増加させる可能性のあるものでなければならない」とする。

以上のような基本認識を前提にして，定年退職によって発生する退職手当請求権の取扱いについて，「観念的に会社都合に分類される余地があるからといって当然に共益債権となるということはいえないのであり，その退職手当請求権が，実質的にみて法127条2号でいう『更生手続開始後の更生会社の事業の経営並びに財産管理及び処分に関する費用の請求権』といえるか否かを検討する必要がある」とする。そして，①定年退職は「雇用契約上の終了原因に基づくものであり，更生手続開始前にその発生原因が生じたものであること」，②「今日では定年制が広く導入されるに至っており，管財人が定年制を廃止することは事実上困難であること」，③「被用者にとっても，定年退職は当初からその発生時期を予見することができた」ことから，これは更生手続の開始の有無や管財人の経営判断に関係なく発生するものである。また，仮に更生手続開始後の定年の場合の退職手当が法127条2号に該当するとすれば，手続開始前の定年の場合と比べて有利に取り扱われることになるが，前者について「特に労働者の保護を厚くする合理的理由を見出し難いものである」とする[41)]。ま

41)　この区分について，Xは両者には更生手続開始後の事業活動への寄与の有無において決定的な違いがあるとするが，本決定は，この間の事業活動への寄与は給料の共益債権化によりすでに配慮されているし，手続の開始から認可までの期間はそれほど長くな

た，「定年退職の場合は，退職させることについて，管財人の側で個々の労働者の能力や職種等の見極めといった判断は介在せず，年齢により時期が来れば当然に退職者が決まるものであるため」，「個々の退職そのものが直ちに更生会社の事業経営に寄与することになるとはいえない」とする。以上のような点を考えれば，定年退職は「更生債権者等に対する計画弁済を増加させる可能性があるものとはいえ」ないと判示する。

以上のような理由から，本決定は「更生手続開始後の定年退職により発生したXの退職手当請求権は，法127条2号にいう共益債権には該当しない」とする。加えて，本決定は，Xの個別の主張に応えている。まず，このような解釈が手続中に定年退職が予定されている労働者の労働意欲を減退させて誠実な業務執行を期待できなくするという主張に対しては，①法130条2項の範囲で「更生手続開始決定後定年退職までの間の労働に対応する退職手当については共益債権としているといえなくはないし，これにより当分の生活は維持することができ，残額についても優先的更生債権となるのであって消滅するわけではない」こと，②「更生手続開始後も給料債権は共益債権として保護されている」ことを考慮すると，上記のような懸念はあたらないとする。

また，立法担当者の答弁，その後の学説や更生実務からも，上記のような見解は相当でないとの主張に対しては，①学説については「上記の点について十分な議論がされていたかについては疑問があり」，Xのような主張を通説的見解というには疑問があること，②Xのような主張に沿う更生事例が多数存在したことを認める証拠はなく，「東京地方裁判所（民事第8部）においては，少なくとも近時は定年退職の場合の退職手当請求権については更生手続開始決定後に発生したものであっても法130条2項が適用され，一部のみが共益債権となり残部は優先的更生債権となるとする運用がされていること」[42]，③立法担当者

いから，その間の事業活動への寄与をもって取扱いの差異を正当化することはできないとする。「実際に更生手続開始直前に定年退職となり退職手当が未払いの者と更生手続開始直後に定年退職となった者を想定すると」，「その場合における取扱いに対する不公平感は顕著といわざるを得ない」とし，そのような差を設けることは結局，「法130条1項が更生手続の開始の前後という偶然の要素を排除して，退職した労働者の公平な保護を図ろうとした意図にも反するものといわざるを得ない」と判示する。

42)　なお，本決定をした裁判体の裁判長（西岡清一郎判事）は，東京地方裁判所民事第8部の部総括判事の経験者である。

の意見については，「法解釈及び適用において参考にされるべきものであるとしても，もとより拘束力を有するものではない」ことから，採用できないとする。

以上のような本決定は，おそらく裁判例としては初めて，この論点について周到な理由の下に明確な判断を下したものとみられ，今後の議論の発展に寄与するところが大きいと考えられる。その判旨は，ここまで述べてきたような著者の見解からも，全面的に支持することができるものである。とりわけ，①共益債権となる実質的根拠として更生債権者等に対する弁済の増大に寄与するという点を明確に示し，そのような観点から定年退職手当の共益債権性を検討している点，②そのような観点からは，定年制度の存廃に対する管財人の判断ということではなく，個々の定年退職について管財人の判断を経ない自動性から，その共益債権性を否定している点，③更生手続開始の前後による取扱いの差異が生じることについて，そのような差異の防止という法130条2項の立法の趣旨及びその実質的な不公平さに鑑み，否定的に評価する点，④定年退職予定者の労働意欲の確保という点については，法130条2項による保護と給料債権の共益債権化で十分であるとする点，⑤立法担当者の意思については，必ずしも決定的なものとはいえないとする点などその中核的な理由において，著者の議論と同様の方向のものであり，全面的に賛成したい。

5　おわりに

本章の結論は，更生手続開始前から更生会社に雇用されている労働者が更生手続開始後認可決定前に定年で退職した場合は，当該労働者の退職手当請求権は，会社更生法130条によって，退職前6月間の給料に相当する額又はその退職手当の3分の1に相当する額のいずれか多い額についてのみ共益債権とされ，残額部分は優先的更生債権として扱われるべきと解するものである。その意味で，前述の裁判例と基本的な考え方を共通にする。ただ，前記のような立法の経緯等に鑑み，なお批判もありうるところであることは自覚しており，前記裁判例に加えて，本章をも契機としてこの点に関する議論が活発に行われることを期待したい。

（初出：東北学院法学71号（2011年）151頁以下）

Ⅳ　契約関係の処理

第 *10* 章

倒産手続における敷金の取扱い

1 はじめに

——改正法による規律と残された問題

(1) 問題状況

本章が問題にするのは，賃借人が敷金を交付して賃借している不動産について，その所有者＝賃貸人について倒産手続が開始した場合の賃借人の敷金返還請求権の取扱いである。「敷金」とは，賃料債務・原状回復義務など賃借人が賃貸借契約上負う債務の担保のために，賃借人から賃貸人に交付される金銭である。諸外国においては，賃借人の保護のために敷金を賃貸人の一般財産から分別管理すること（信託の設定等）を義務付けているところもあるようであるが（この場合には，倒産隔離効果によって賃貸人の倒産の影響を受けない），日本にはそのような規律はない。したがって，賃貸人が倒産手続に入った場合には，賃借人は何らかの形でその倒産手続に巻き込まれることになる。本章は，そのような場合の敷金の取扱いを問題とするものである[1)]。

(2) 旧破産法等の規律とその問題

この点について，旧破産法および旧会社更生法は一定の規定を有していた。すなわち，そこでは，賃借人による賃料債務を受働債権とする相殺について，

1) 著者の以前の簡単な問題提起として，山本和彦「倒産手続と敷金」金判 1199 号（2004 年）1 頁参照。

手続開始時の当期および次期のものに限って認める原則的扱いの例外として，敷金がある場合にはその後の賃料についても相殺することを認めていた（旧破産法〔以下「旧破」という〕103条1項，会社更生法旧〔以下「会更旧」という〕48条2項による準用）。この規定の意義については議論があったが，通説は，これは敷金返還請求権と賃料債務との相殺を認めたものではなく，賃借人が敷金以外の破産債権等を有している場合に，それを自働債権として敷金相当額まで相殺を認めたものであると解していた。

しかし，このような規律についてはその存在意義等について批判があった[2)]。すなわち，賃借人が敷金以外に債権を有しているか否かは偶然であり，敷金返還請求権を保護するという趣旨からは，そのような他の債権の存否は関係がないのに，そのような債権を有している場合にのみ保護するのは保護の範囲として相当でないという批判があった。また，相殺権が拡張される範囲についても，敷金返還請求権の評価額分であるとすると，賃借人のその後の行為によってその発生・額が左右されるものであるだけに，その正確な算定は困難であって，実際上この規定は機能していないという批判もあった。

(3) 現行破産法等による規律の内容

以上のような批判を受けて，現行法では敷金に関する取扱いを変更している。まず，前提として，賃料の処分制限に関する規律（旧破63条，会更旧63条による準用）を廃止するのに伴い，相殺制限に関する規定（旧破103条，会更旧48条2項による準用）も廃止し，この部分における敷金に関する規律は削除された。

そして，敷金返還請求権が破産債権・再生債権・更生債権であるという理解を維持しながら（破産法56条等が適用される場合にも，敷金契約は賃貸借契約に付随する契約であるが，契約としては別個のものと解されているので，財団債権化の対象にはならない），それを一定の範囲で保護するという考え方をとっている。保護の態様は清算型手続と再建型手続とで若干異なっている。まず，破産法においては，賃借人が賃料債務を弁済する際に，破産管財人に対し，弁済額の寄託を請求することができるものとされ（破70条後段），賃貸借が終了し，不動産の明

2) 以下につき，小川秀樹編著『一問一答新しい破産法』（商事法務，2004年）90頁以下など参照。

渡し等により敷金返還請求権が現実に発生したときは，賃借人が寄託金分を優先的に回収することを認めている。他方，再建型手続では，賃借人が賃料債務を弁済期に弁済したときは，手続開始時における賃料の 6 ヵ月分に相当する額を限度として，その弁済額の範囲で，発生した敷金返還請求権を共益債権として行使することを認めている（民再 92 条 3 項，会更 48 条 3 項）。共益債権化という法的構成によりながら，その保護の範囲を 6 ヵ月に限定するものである。このような規律によって，倒産手続において賃借人が賃料を弁済する場合の敷金への充当期待が一定の範囲で保護されることになった。

(4)　残された問題

以上のように，現行法は，敷金返還請求権を手続債権としながら，賃料債務に対するその充当期待を一定の範囲で保護することとしている。このような規律は基本的に妥当なものと解されるが，そこには，いくつかの残された問題がある。

第 1 に，これは旧法時代からあった問題であるが，賃貸借契約の対象不動産が倒産手続中に譲渡された場合に，敷金返還請求権が不動産の譲受人に承継されるか，という問題である。実務の扱いは一般にこれを肯定してきたようである。しかし，敷金返還請求権が手続債権であるという立場（現行法はこれを明確にしている）とその譲受人に対する承継を認める立場とが理論上整合するのか，なお検討を要する問題があるように思われる。

第 2 に，現行法は，前述のように，賃借人の賃料債務による充当期待の保護を認めたわけであるが，その妥当する範囲についてはなお検討すべき問題が残されているように思われる。具体的には，賃料債務について抵当権者の物上代位による差押えのあった場合，不払賃料のあった場合，敷金について再建計画によって権利変更がされた場合などに，敷金返還請求権はどのように取り扱われるか，といった問題群である。

第 3 に，手続移行の場合の問題がある。現行法では，その実質において敷金返還請求権を保護する点ではパラレルであるが，その保護の範囲や法律構成において清算型と再建型とで相違している部分がある。そこで，手続が中途で移行した場合に，敷金の保護がどうなるのか，が問題となる。一般に現行法によって手続移行の規律や倒産実体法の共通化が進んだが，この敷金の部分は明確な規律がなく，また手続によってその取扱いが異なる数少ない問題の１つであり，移行時の取扱いが課題となる。

以下では，これらの論点について順次検討していくことにする（理解を容易にするため，各論点の冒頭に具体的な事例を設定して，それを中心に論じていくことにする）。

2　不動産の譲渡と敷金返還債務の承継

【事例 1】　A 社はテナントである B 社と賃貸借契約を締結し，自己所有の建物の一部を賃貸していた。B 社は A 社に対し，賃料 15 ヵ月分（1,500 万円）を敷金として交付していた。ところが，A 社について破産手続が開始し，選任された破産管財人である C は，上記建物を D 社に売却した。この場合に，B 社の敷金返還請求権はどのように扱われるか。

(1)　倒産手続外の取扱い――倒産手続中の譲渡への適用可能性

【事例 1】のような場合に，賃借人（B 社）の有する敷金返還請求権がどのように扱われるかがここでの問題である[3)]。まず，賃貸人（A 社）に倒産手続が開始していない場合の取扱いについては，判例は，一般的な考え方として，賃貸不動産の譲渡によって敷金返還債務は譲受人に承継されるものとしている[4)]。その根拠としては，以下のような点が指摘されている[5)]。すなわち，①敷金関係は特に賃貸借と密接な関係にあり，強い随伴性が認められること，②敷金関係は賃貸人にとっての権利義務の中でも重要なものであり，賃貸人の保護のために必要であること，③賃借人も賃貸人に対して債務を負担した場合に差引計

3)　この点については，中井康之ほか「新法下における破産・再生手続の実務上の諸問題」事業再生と債権管理 111 号（2006 年）23 頁以下も参照。

4)　最判昭和 39・6・19 民集 18 巻 5 号 795 頁，最判昭和 44・7・17 民集 23 巻 8 号 1610 頁（その範囲につき，未払賃料がある場合にはそれが当然に充当され，残金が譲受人に承継されるとする）など。

5)　幾代通＝広中俊雄『新版注釈民法⒂』（有斐閣，1989 年）321 頁〔石外克喜〕，山本敬三『民法講義Ⅳ-1 契約』（有斐閣，2005 年）506 頁以下など参照。

算できるという利益を有しており，そのような利益を賃貸不動産譲渡の場合にも保護する必要があることである。以上の点から，倒産手続外においては，賃貸不動産の譲渡により敷金関係が承継されることに争いはない[補注 1]。

問題は，このような考え方が倒産手続上の賃貸不動産譲渡に適用可能であるか，という点である。上記の根拠について考えてみると，まず①については，前述のとおり，敷金返還請求権が破産債権として取り扱われることに注意する必要があると思われる。敷金契約は，賃貸借契約に関連するといっても別個の契約であり，破産法 56 条 2 項によって財団債権となるものではない。その意味で，倒産手続の中では，両者の密接関連性（それに伴う随伴性）には留保が必要であろう。次に②についていえば，敷金関係の承継を認めることが譲受人の保護になるという議論には疑問がある。けだし，仮に敷金の承継がなければ，それが不動産の価格に反映し，賃貸借契約に伴う将来の損害の可能性等を評価して安価に不動産の代金が設定されるはずであるので，経済的には譲受人が損害を受けることはないからである。その意味で，この②の点は平時においても敷金関係の承継を認める十分な根拠にはなり難いように思われる。最後に③については，破産手続の場面では，いったん破産債権という破産手続上の回収を余儀なくされた弱い権利について，それを第三者との関係で（後述のように実質的には他の破産債権者との関係で）強く保護する必要があるか，という問題になり，やはり平時の場合とは問題の構造が異なってくることになろう。以上に鑑みれば，平時の議論に基づき，倒産手続上の譲渡の場合にも敷金関係の承継を認める帰結を導くことはできないものと解される。

(2)　倒産法の法理――破産債権にかかる債務の引受け

それでは，倒産法の固有の法理として，このような敷金の承継を認めるべきか，あるいは認めることができるであろうか。このような承継は，結局，破産債権にかかる債務を不動産譲受人が引き受ける結果になるわけであるが，破産

［補注 1］　民法改正の議論の中で，この点は明文化する方向で検討されている。すなわち，民法（債権関係）の改正に関する中間試案第 38（賃貸借）の 4 (5)において，「（前略）賃貸人たる地位が譲受人又はその承継人に移転したときは，後記 7 (2)の敷金の返還に係る債務及び民法第 608 条に規定する費用の償還に係る債務は，譲受人又はその承継人に移転するものとする」という提案がされている。

債権にかかる債務の引受けについて，一般的にはそれを否定する理由はない。債務引受人が破産財団に代わって破産債権を弁済し，求償権を取得すれば，破産債権を限度としてそれを行使することになるだけであり，破産財団（他の破産債権者）からすれば特段の問題はないからである。

しかし，その債務引受けに破産財団に属する財産の譲渡が絡む場合には，単純にそのようにはいえなくなる。なぜなら，譲受人による債務引受けは当然に当該財産の譲渡価格に反映し，他の債権者に対する弁済の減少を招来する結果になるからである。たとえば，破産債権者A（債権額1,000万円）とB（同1,000万円）がいて，破産財団に属する唯一の不動産（価額1,500万円）がCに譲渡されたとする。その際にCがAの債務を引き受けることとされた場合，経済合理的には，当該不動産の代金額は500万円とされることになろう（Cは将来Aの債務1,000万円を弁済するので，経済的出捐は1,500万円となる）。その結果，Bは，本来750万円の配当を受けられたところが，500万円の配当にとどまることになる。他方，Aは，Cに十分な資力がある限り，1,000万円全額の弁済を受けられることになる。つまり，実質的に債権者平等を害する結果になるという問題が生じるわけである。

このような認識を前提として，たとえば，事業譲渡（営業譲渡）の場合には，譲受人に破産債権等を引き受けさせることはできないとする理解が一般的であると思われる。たとえば，再生手続における事業譲渡について，「再生債権である取引債務を承継し，譲受価額から差し引くと当該取引債権は事実上全額弁済されることになり，一種の偏頗弁済となってしまう」ので，「再生債権である取引債務を承継する営業譲渡の場合，裁判所の許可を得られないことになる」とされ，事業譲渡の際に承継可能な債務としては，共益債権，担保付債権，弁済禁止の例外債権（中小企業・少額債権），一般優先債権等に限られるとされている[6]。このような認識は，理論的にも正当なものと評価でき[7]，事業譲渡に限らず[補注2]，個別の資産の譲渡の場合にも同様に妥当するものと解される。

6) 高木新二郎＝園尾隆司監修『民事再生法と金融実務』（金融財政事情研究会，2001年）236頁参照。

7) この点につき，山本和彦「営業譲渡による倒産処理」石川明先生古稀祝賀『現代社会における民事手続法の展開（下）』（商事法務研究会，2002年）624頁以下参照。

そのような視点に基づけば，倒産法的観点からすれば，倒産手続上の不動産譲渡の場合に，敷金返還債務を譲受人に承継させることは相当でないと解されよう。けだし，敷金債務の承継を認めることは，不動産価額を必然的にその分廉価にし，他の倒産債権者に対する弁済・配当を減少させる結果になるからである。

(3)　承継を否定する場合の扱い

以上のように，倒産手続における譲渡については平場の取扱いを妥当させる実質的理由はなく，かつ，倒産手続の論理からは債務承継を認めることは相当でないとすれば，結論として，敷金返還債務の不動産譲受人に対する承継は否定すべきものと解される。

敷金返還債務が不動産譲受人に承継されないとすると，その場合の敷金返還請求権の取扱いは，実体法上譲受人に対する承継が否定される場合と同一の扱いになるものと解される。すなわち，敷金返還請求権は不動産譲渡の時点で確定するものと理解され，その時点における賃借人の賃貸借契約上の債務を敷金額から控除することになる。そして，控除後の残債権額が敷金返還請求権額となるので，これが破産手続では破産債権となり，その額を基準として破産配当を受けることになる（再建型手続においてもまったく同様の扱いとなり，その額を基準に，賃借人は議決権を行使し，計画弁済を受けることになる）。したがって，【事例1】においては，B 社は，D 社への不動産売却時の A 社に対する債務額（未払賃料額等）を敷金から控除した額を破産債権として届け出，破産手続内で権利行使をすべきことになる（なお，債権調査期日・期間終了後に不動産譲渡があった場合についても，本来，停止条件付の破産債権者として B 社は債権届出をしておくべきであると解される。ただ，敷金の性質上，「責めに帰することができない事由」〔破 112 条〕

［補注 2］　この点は，特に近時，会社分割との関係で現実の問題となっている。すなわち，会社分割において，一部の債務のみを承継する形で，会社の主要な資産が移転されることによって，承継されない債務（残存債務）が害されるという事態が頻繁に発生している。いわゆる濫用的会社分割という問題である。本文に記載したように，これは実質的には偏頗行為の問題であると考えられ，そのような観点からこの問題を論じた著者の論稿として，山本和彦「濫用的会社分割と詐害行為取消権・否認権」土岐敦司 = 辺見紀男編『濫用的会社分割』（商事法務，2013 年）1 頁以下参照。

として期日等終了後の債権届出が認められる余地はあろう)。

3　賃料債権に対する物上代位と敷金返還請求権の帰趨

【事例 2】 A 社はテナントである B 社と賃貸借契約を締結し，自己所有の建物の一部を賃貸していた。当該建物については，C 銀行が抵当権を設定していた。B 社は A 社に対し，賃料 15 ヵ月分（1,500 万円）を敷金として交付していた。ところが，A 社について破産手続が開始し，C 銀行が抵当権に基づく物上代位として A 社の B 社に対する賃料債権を差し押さえた。この場合，B 社は，建物の利用を継続しながら，敷金返還請求権を保全することはできるか。

(1)　破産手続における物上代位による賃料差押え

前述のように，賃貸人が破産した場合，賃借人は自己の賃借権を維持継続しながら敷金返還請求権を保全する方法として，現行破産法 70 条後段によって賃料の弁済時に寄託請求をする方途が認められた（なお，賃借人が賃貸借契約の解除を覚悟すれば，賃料を未払いとして，将来の敷金充当によって事実上敷金を回収する方途も可能である)。すなわち，賃借人は賃料の弁済期が到来した場合に，債務の本旨に従って賃料を弁済しながら，将来の敷金返還請求権の回収のために，弁済時に弁済額の寄託を請求することができる。そして，敷金返還請求権が現実化した時点で（具体的には不動産の明渡しが完了して，賃貸借契約上の債務を控除した結果，敷金返還請求権が存在することが判明した時点で)，寄託されていた金員について優先的な返還請求権を行使できることとされた（その法律構成については，後述(2)参照)。

ところが，その賃料債権について，賃貸借不動産に設定された抵当権者が物上代位権を行使してくることが考えられる。一般に，破産手続後は，個別執行は許されなくなるが（破 42 条 1 項)，別除権の行使はなお可能である（破 65 条 1 項)。そして，抵当権者は，抵当権に基づく物上代位として賃料債権を差し押さえることが認められている[8]。したがって，破産手続開始後，賃料が差し押

8)　最判平成元・10・27 民集 43 巻 9 号 1070 頁がそれを正面から認めたが，平成 15 年改正による現行民法 371 条の規定は（担保不動産収益執行の基礎を創設するとともに）抵

さえられ，賃借人は賃料を破産管財人ではなく差押債権者（抵当権者）に弁済すべき場合が生じることになるが，この場合に，上記のような破産法70条後段による敷金返済請求権の保護が図られるのであろうか。それがここでの問題意識である[9)]。

(2) 破産法70条後段の法律構成

上記のような問題を検討する前提として，破産法70条後段の法律構成をもう少し詳しく見ておきたい。この規定は弁済時の寄託請求を認めるものであるが，その目的として「後に相殺をするため」としている。しかし，このような規律には二重の意味で疑問が生じる。第1に，賃料債務を弁済してしまうと，賃借人の側には債務はなくなってしまうので，敷金返還請求権の発生時の「相殺」は観念できなくなるのではないかという疑問である[10)]。第2に，敷金との関係では，賃料は当然充当され，その残額について敷金返還請求権が発生すると理解されており[11)]，いったん発生した敷金返還請求権と賃料との相殺は観念できないのではないかという疑問である[12)]。

このうち，第1の疑問については，今般の改正でもこの文言を残すについて[13)]，立案担当者の説明は以下のようなものである[14)]。すなわち，「この場合は，一般に賃料債務の弁済は，停止条件付債権である敷金返還請求権の停止条件の成就を解除条件としたものであり，解除条件の成就によって弁済がその効力を失い，相殺が可能になると解され」るという理解である。換言すれば，敷

当権による賃料物上代位の可能性を再確認するものということができる。

9)　この問題については，中井ほか・前掲注3）24頁以下，伊藤眞ほか編『新破産法の基本構造と実務』（ジュリスト増刊，2007年）287頁以下など参照。

10)　このような批判については，山本和彦「否認権・相殺権」ジュリ1236号（2002年）48頁注3参照。

11)　最判平成14・3・28民集56巻3号689頁は，このような理解を前提に，相殺と物上代位の優先性に関する規律は敷金による賃料充当の場合には妥当しないものとしている。

12)　この点が破産法70条後段をあえて規定した理由ではないかと推測するものとして，山本和彦「賃貸借契約」全国倒産処理弁護士ネットワーク編『論点解説新破産法・上』（金融財政事情研究会，2005年）104頁注41参照。

13)　山本・前掲注10）は，立法論として本条のような規定ぶりに対して批判を加えたものである。

14)　小川編著・前掲注2）92頁参照。

金返還請求権の成立条件が整った段階で，賃料の弁済は効力を失い，その結果未払いとなった賃料債務と敷金返還請求権の間に充当関係が生じ（上記第2の疑問に関し，現在の判例法理を前提にすれば，ここでは相殺ではなく充当が問題になると理解すべきである。その意味で，破産法70条後段における「同様とする」の意義は，前段の「相殺をする」という部分を「充当をする」と読み替える趣旨をも含むものと解すべきであろう），他方で，弁済していた賃料相当額は破産財団の不当利得となるところ，寄託金から財団債権（破148条1項5号）として，弁済賃料分が返還されるということになる。このような構成が果たして相当なものであるかどうかについては疑問もありうるが，すでに立法された現在の文言を合理的に説明するためには，おそらくこのような説明しかないように思われる[15)]。そこで以下では，以上のような法律構成を前提に考えていく。

(3) 物上代位権者に対する弁済と寄託請求

そこで，【事例2】のような場合を考えるとき，まず問題となるのは，賃借人は賃料を弁済する場合に寄託請求をすることができるか，という点である。条文をそのまま見るとき，この場合も「敷金の返還請求権を有する者が破産者に対する賃料債務を弁済する場合」との要件に該当することは明らかであろう。仮に転付命令がされて賃料債権の帰属が変われば，「破産者に対する」債務とは言えなくなるが，将来の賃料債権については，不代替的な反対給付の履行にかかる将来債権として，即時決済可能性を欠くために転付命令はできないと解されており[16)]，ここでは単純な差押えのみが問題となる。また，民事執行法の債権差押えの一般的理解によっても，物上代位権者の法的地位は差押債権者として債務者と基本的に同じ立場となり，少なくとも第三債務者の地位が差押えにより悪化することはないと考えられている[17)]。以上のように考えると，

15） 伊藤眞『破産法〔第4版補訂版〕』（有斐閣，2006年）348頁注77も参照。

16） 中野貞一郎『民事執行法〔新訂4版〕』（青林書院，2000年）611頁など参照。

17） 特に，上原敏夫『債権執行手続の研究』（有斐閣，1994年）3頁参照。なお，中野・前掲注16）564頁は，債権執行制度は「債権者には他人の危険における差押えを，第三の権利者や特に第三債務者の負担において許しており，第三債務者は，おそらく，われわれの法生活全体における最も同情に値する人といえよう」とするシュタインの言を引用されている。

賃借人は，物上代位による差押えがない場合とまったく同様に，物上代位権者に賃料を弁済しながら，破産管財人に対して当該弁済額について寄託請求をすることができるものと解されよう。

このような場合に寄託請求がされることによって破産管財人が寄託義務を負うかについては後述するが，少なくとも寄託請求がされる意義として，その弁済が前記（(2)参照）のような意味での解除条件付弁済になるとの効果を生じるものと解される。本来は弁済に解除条件を一方的に付けるということが許されるはずはないが（そのような弁済は通常であれば有効な弁済とは見られないであろう），破産法70条後段が特にそのような権限を弁済者（賃借人）に付与したものであるとすれば，そのような第三債務者の地位が債権差押えによって失われてよいはずはない。したがって，ここでの寄託請求は，物上代位に基づく当該弁済を解除条件付弁済とする効果を生じるものと解される。

(4)　不当利得の成否

以上のように考えれば，賃借人が建物を明け渡し，解除条件が成就した場合には，賃借人が抵当権者に対してした弁済はその効力を失うことになる。そうすると，差押債権者がその利得を保持する根拠はなくなり，賃借人は抵当権者に対する不当利得返還請求をすることができることになろう。確かに抵当権者は有効な被担保債権を有しているが，そのことは無効な弁済により受領した金員を保持できることまでを意味するものではない。そして，弁済の無効により，抵当権の被担保債権は復活する（仮に被担保債権の全額が弁済されて，抵当権が消滅していた場合には，抵当権が復活することになり，抵当権設定登記が抹消されていれば，抹消登記原因の無効により回復登記がされることになる。いずれも一般的な弁済無効の場合と同じ扱いとなろう。ただし，実際にはそのようなケースは稀であろう）。以上のように考えれば，寄託請求があった場合に，破産管財人に実際に寄託させることは無意味であるので，この場合には寄託義務は発生しないものと解されよう（他方，抵当権者に寄託義務を負わせることはできないと解される。その意味で，この場合の「寄託請求」は上記のような弁済の法的性質変更を形成的に生じる効果を有する意思表示にとどまることになる）。

他方，賃料債務は復活することになるが，それは敷金に当然に充当されることになる。この場合に，賃料債務について物上代位による差押えがあることが問題になるが，判例は，物上代位による差押えがある場合であっても，なお賃料債権は敷金の充当によりその限度で当然に消滅することを認めている[18]。したがって，この場合において，物上代位の効力が残存しているか否かを論じるまでもなく，充当の効果が発生し，なお残額が存する場合に発生する敷金返還請求権が破産債権となる。

以上のような帰結は，抵当権者の利益を過度に損なうものではないと思われる。仮に抵当権の被担保債権が抵当不動産価値でカバーされるものであれば，抵当権者としては改めて抵当権（別除権）を実行して被担保債権を回収することが可能なはずである。他方，当該被担保債権がそれでカバーされていない場合には（たとえば，担保割れの後順位抵当権者による物上代位の場合），敷金債権者の保護の反射としてその債権回収が不可能になっても，それは不当な結果とはいえないであろう。もちろんいったん形成された法律関係が覆されるというリスクはあるが，この場合には賃借人の寄託請求の存在により，将来的にそのような事態になることが抵当権者にも十分予測可能となるのであるから，そのような点も考慮してなお物上代位を選択するかどうかを抵当権者が判断すれば足りることになろう。

以上の検討からすれば，【事例 2】の場合には，B 社としては，C 銀行に対して賃料を弁済するについて，A 社の破産管財人に対し，破産法 70 条後段に基づく寄託請求をすることによって敷金返済請求権を保全できることになる。つまり，その場合には，賃貸借契約が終了し，建物の明渡しがされたときに解除条件が成就し，C 銀行に弁済した賃料（たとえば 6 ヵ月分 600 万円）が不当利得となり，C から返還を求めることができる一方，未払いとなった賃料は自動的に敷金から控除され，残額（900 万円）が破産債権となる。なお，以上に述べたことは，担保不動産収益執行についてもまったく同様に妥当するものと解される。すなわち，破産手続開始後収益執行の管理人が賃料の弁済を請求してきた場合にも，破産管財人に寄託請求をすることで賃借人は敷金返還請求権を保全できるものと解される。

18）　前掲注 11）最判平成 14・3・28。

(5) 再生手続の場合

以上において破産手続の場合を検討してきたが，再生手続においても同様の問題状況は生じうる。再生債務者の有する賃料債権が物上代位によって差し押さえられた場合の問題である（再生手続においては，中止命令や担保権消滅請求によって物上代位手続を排除する余地はあるが，常にそれらの手続が利用されるとは限らない）。

この場合における民事再生法92条3項の規律は，破産法の場合とその内容を異にしている。この規定は賃借人の賃料債務の弁済の実体法的性質を変容させるものではなく，単に賃料債務の弁済期における弁済を要件に敷金返還請求権を共益債権としたものである。そして，物上代位による差押えの場合にも再生債務者が弁済期に賃料債務を弁済していることに変わりはないので，本条項はむしろ当然に適用されるものと解されよう。したがって，敷金返還請求権が発生した場合には，6ヵ月分以内の弁済賃料相当額を限度に，共益債権化が認められることになろう。

以上のような帰結は，破産手続の場合とは異なるが，相当性を欠くとは考えられない。けだし，民事再生の場合には，再生債務者等は，担保権実行を排除しうる選択肢を有しているからである。特に担保割れとなっている抵当権者が物上代位権を行使しているような場合において，当該不動産が再生債務者の事業の継続に不可欠なものであるときは，担保権消滅請求を行使して，抵当権の実行を排除することができる。また，仮にそのような条件が満たされなくても，中止命令の申立てをして，いわゆる別除権協定の交渉を行うチャンスはある。そもそも再建型手続である再生手続では，再生債務者の側の責任においてそのような担保権実行をコントロールすべきものであり，仮に再生債務者がそれに失敗したとしても，賃借人にその負担を押し付けることは認め難いであろう（なお，更生手続においては，このような物上代位権の行使という事態が生じえないことに注意を要する）。以上から，この場合には，民事再生法92条3項を文言どおり適用し，弁済による共益債権化を認めてよいと解される。

4　不払賃料の敷金への当然充当

【事例3】　賃貸人Aが再生手続開始決定を受けた。賃借人Bは賃料10ヵ月分（300万円）の敷金を交付していた。再生手続において，Bは6ヵ月間賃料を支払い続けたが，その後3ヵ月間賃料を不払いにして，結局，賃貸不動産を再生債務者に明け渡した。この場合，Bの敷金返還請求権はAの再生手続においてどのように取り扱われることになるか。

(1)　不払賃料の充当と既払い賃料の共益債権化の関係

判例は，敷金返還請求権の法的性質として，賃貸借終了後家屋明渡義務の履行までに生ずる賃料相当額の損害金債権その他賃貸借契約により賃貸人が賃借人に対して取得する一切の債権を担保するものであり，敷金返還請求権は賃貸借終了後家屋明渡完了の時においてそれまでに生じた上記被担保債権を控除してなお残額がある場合に，その残額につき具体的に発生するものとし[19]，仮に賃料債権について物上代位による差押えがあったとしても，上記の限度で敷金の充当により賃料債権は消滅するものとする[20]。他方，前述のとおり，賃借人が，再生手続開始後に弁済期の到来する賃料債務について，弁済期に弁済したときは，当該賃借人が有する敷金返還請求権は，再生手続開始時の賃料6ヵ月分に相当する額の範囲内で，その弁済額が共益債権となる（民再92条3項）。

以上のような規律を【事例3】に当てはめれば，以下のように考えられることになろう[21]。まず，民事再生法92条3項の適用の前提として，敷金返還請求権の額を算出する必要があるが，そのために判例法理を適用し，未払賃料（その他の賃貸借契約上の被担保債務）を控除する必要があることになる。

本事例では，3ヵ月分（90万円）の賃料の不払いがあるので，これを控除し，残額である賃料7ヵ月分（210万円）について敷金返還請求権が発生することになる。そして，上記条項の適用によって，そのうち賃料の支払があった6ヵ

19)　最判昭和48・2・2民集27巻1号80頁。
20)　前掲注11）最判平成14・3・28。
21)　この問題については，伊藤ほか編・前掲注9）120頁以下参照。

月分（180万円）が共益債権となることになる。そして，残った賃料1ヵ月分（30万円）が再生債権となり，Bは再生手続において債権届出をして，再生計画により権利変更された範囲で計画弁済を受けることになる。以上が判例法理と民事再生法の規定を素直に当てはめた結論ということになる。

(2)　相殺と共益債権化の枠の二重利用禁止（民再92条3項括弧書）の趣旨

しかし，以上のような帰結は，必ずしも納得のできるものではない部分がある。すなわち，民事再生法92条3項は，共益債権化される金額について，特に「同項（著者注：民再92条2項）の規定により相殺をする場合には，相殺により免れる賃料債務の額を控除した額」と定めているところ，これは，同条2項による相殺の場合と同条3項の共益債権化の場合とで賃料6ヵ月分の枠を二重に利用して，結果的に賃料6ヵ月分を超える（12ヵ月分以内の）範囲で賃借人が敷金債権等を優先的に回収してしまう事態の発生を防止しようとした趣旨である。しかるに，【事例3】について(1)で述べたような解釈をとるとすれば，Bは実質的には9ヵ月分を優先的に回収していることになる。仮に敷金の充当を相殺と同視すれば，このような帰結は民事再生法92条3項括弧書の趣旨に反するとも考えられる。

このような事態を回避する解釈論としては，民事再生法92条3項括弧書にいう「相殺」には，本来の相殺のみならず，敷金に対する賃料の当然充当も含まれるという解釈が考えられる。けだし，敷金については確かに充当という構成が採用されているが，その点は本事例との関係では重要ではなく，それにより実質的に敷金返還請求権が一部優先的に回収されるという点が重要であるとすれば，充当も同括弧書にいう「相殺」に含めて考えてよいのではないかと考えられるからである。民事再生法92条2項・3項の趣旨が，相殺であれ共益債権化であれ，いかなる法律構成に基づくものにせよ，賃料を引当てとするものは6ヵ月分しか優先回収を認めないというものであるとすれば，充当による回収もこれに含めることには一定の合理性があるように思われる。

しかし，このような解釈の問題点は，同括弧書が「同項の規定により相殺をする場合」として，民事再生法92条2項に規定する相殺のみを合算の対象としていると解される点にある。その意味で，92条2項の規律対象と同条3項の合算の場合の対象とを異なるものとして理解することには解釈論として困難があるといわざるをえない。

⑶　充当の直接制限

それでは，さらにもう一段進めて，敷金の充当を民事再生法92条2項の対象と考えることはできないであろうか。つまり，充当により消滅する賃料の範囲を6ヵ月分に限定するとの考え方である。前述のように，相殺という法律構成と当然充当という法律構成との差異はテクニカルなものにとどまり，優先回収という，ここで規律対象とされている事柄の実質は変わらないとすれば，このような解釈も成立する余地は十分にあるように思われる。すなわち，再生手続開始後の賃料については，賃借人が未払いに陥っても，当然充当の対象となるのは6ヵ月分を限定とし，仮にそれ以上の期間分が未払いとなっていても，その部分は充当されず，債務として存続すると考えるわけである。

実体法上も，ここでいう充当と相殺の差は当事者の意思表示を要するか否かの違いであると理解されている。特に取扱いの差異を生じる物上代位の場合について，前掲注11）最判平成14・3・28は「敷金の充当による未払賃料等の消滅は，敷金契約から発生する効果であって，相殺のように当事者の意思表示を必要とするものではないから，民法511条によって上記当然消滅の効果が妨げられないことは明らかである」と判示している。そこでは，差押えの処分禁止との関係で意思表示の有無が重視されているものであるが，事柄の実質は「意思表示なき相殺」というものであろう[22)]。

そして，本条項との関係では，重要な点は当事者の意思表示によって差引計算がされるという部分ではなく，まさに差引きされるその結果にあると考えられるので，その意味では相殺と敷金による充当とを区別する必然性はないのではないかと考えられる。したがって，ここでの相殺の制限には充当の制限をも併せて読み込む余地があると解される[23)]。

22）　中村也寸志・解説・曹時55巻9号（2003年）188頁は「当然に差引計算をし」と判例法理を表現されるが，「差引計算」が相殺の本質であるとすれば，それが当事者の意思ではなく当然にされる点がやはり重視されていることになる。

23）　以上の限りで，著者の従来の見解（中井ほか・前掲注3）21頁〔山本和彦〕，伊藤ほか編・前掲注9）111頁〔山本和彦〕参照）を改めるものである。

これは，民事再生法92条2項の文言を敷金当然充当との関係では，「再生手続開始の時における賃料の6月分に相当する額を限度として，再生計画の定めるところによらないで，敷金に当然に充当することができる」と読み替えるものである。たとえば，8ヵ月分の賃料を未払いにして建物を明け渡した場合には，6ヵ月分についてのみ当然充当の対象になり，その残額の敷金返還請求権が再生債権になる一方，賃借人は残り2ヵ月分の賃料債務を再生債務者に対し弁済する義務をなお負うことになる。以上のような帰結は賃借人に不当な不利益を与えるものではない。なぜなら，賃料の支払の有無にかかわらず，賃借人はその6ヵ月分に相当する額を回収できるわけであり，そのようなルールがあらかじめ明らかになっていれば不意打ちにはならないからである。そして，仮にそのように解しないと，6ヵ月分を超える敷金を交付している賃借人のうち利用を継続したい賃借人は賃料を支払い，再生に寄与しながら6ヵ月分の敷金しか共益債権として回収できないのに対し，利用を継続しなくてもよい賃借人は賃料の支払を怠り，再生を阻害しながら，結局実際の明渡しまで6ヵ月分を超える敷金を充当により事実上回収できる結果になるが，これは明らかに不当な帰結であると思われる。

以上から，本章では，敷金と賃料の充当の場合にも民事再生法92条2項が類推され，充当は賃料6ヵ月分に限定されるものと解し，その結果として，賃料支払分の共益債権化と未払い分の充当も，同条3項括弧書により合算されて6ヵ月分が保護の上限となると考える。したがって，【事例3】の場合にも，3ヵ月分（90万円）の賃料の不払いがあるので，これを控除し，7ヵ月分（210万円）について敷金返還請求権が発生することになるが，民事再生法92条3項括弧書によって，そのうち賃料の支払があった3ヵ月分（90万円）に限って共益債権となる。そして，残った4ヵ月分（120万円）は再生債権となるにとどまり，Bは再生手続において権利行使すべきことになる。

5　再建計画による敷金返還請求権の権利変更の範囲

【事例4】　賃貸人Aが再生手続開始決定を受けた。賃借人Bは賃料10ヵ月分（300万円）の敷金を交付していた。再生手続において，Bは賃料を支払い続けているが，Bの敷金返還請求権はAの再生手続における再生計画でどのように権利変更されることになるか。たとえば，一般の再生債権を80%免除とする場合に，Bの敷金返還請求権を2ヵ月分として残余を免除することは許されるか。

(1)　明渡し前の権利変更の対象——ありうる考え方

賃借人が建物を明け渡して敷金返還請求権が現実化した場合，再生手続開始後も賃借人が賃料を支払い続けていれば，その6ヵ月分を限度として，敷金返還請求権が共益債権として扱われる。したがって，再生計画認可前に建物明渡しが完了していれば，上記のような権利関係を前提に権利変更がされることになり，共益債権となる部分については権利変更ができないことは明らかである。

これに対し，建物の明渡前に再生計画を認可する場合に，権利変更の対象がどのようになるかがここでの問題である[24]。考え方としては，交付されている10ヵ月分の敷金返還請求権をそのまま権利変更の対象とする（通常の債権カット率をそれに適用する）という考え方（以下「権利変更先行説」と呼ぶ）と，将来現実化した時点で発生する再生債権としての敷金返還請求権（すなわち，共益債権化される部分や未払賃料等の控除される部分を除外した部分）についてのみ権利変更の効力が及ぶとする考え方（以下「共益債権化先行説」と呼ぶ）がありうるところである。

以下ではまず両者の法的な成立可能性について検討し，最後に適法な再生計画の条件を考えてみたい。

(2)　権利変更先行説の可能性

まず，権利変更先行説である。この考え方は，再生計画認可時に敷金返還請求権が停止条件付で成立していることを前提に，その時点では実際には成立していない共益債権部分を無視して権利変更の俎上に乗せることができると考えるものである。すでに繰り返し指摘しているように，敷金返還請求権は明渡しによって被担保債権を控除して残額が存することを停止条件とする債権である

24)　この問題については，中井ほか・前掲注3) 21頁以下参照。

と実体法上理解されており，そのような意味で再生債権となる。したがって，控除等がされない場合に300万円の返還を求める権利について，それを再生計画において控除等がされない場合に60万円の返還を求める権利に変更し，明渡しの際にそれを前提に実際の返還請求権が発生する（60万円から未払賃料等を控除して残額を請求する）ものとすることは認められてよいように思われる。

問題は，このような処理が未払賃料についての充当の権利や支払賃料についての共益債権化の権利を害しないかという点にあろう。まず，前者については，仮に充当が実質的に相殺と同視できるものであるとしても（*4*(3)参照），計画認可まで相殺されていなかった再生債権について再生計画で権利変更されてしまえば，後に相殺がされる場合も権利変更後のものが前提になると考えられるので，問題はないであろう。より問題があるのは後者であり，これは再生計画において共益債権の権利変更が許されないことに関する。しかし，ここで問題となるのは，将来共益債権化されるかもしれない権利であるにとどまり，計画認可の時点では，仮に賃料の支払がすでにされていても敷金債権は確定した共益債権とはなっていないものである。その意味では，法的にはなお再生債権にすぎず，権利変更の対象とすることが違法であるとは考えられない。

(3)　共益債権化先行説の可能性

次に，共益債権化先行説である。この考え方は，再生計画認可時に敷金返還請求権が停止条件付で成立していることを前提に，権利変更の対象を停止条件が成就した時点（その意味で現実に発生した時点）の敷金返還請求権とするものである。すなわち，建物を明け渡した時点で，被担保債権等が控除され，さらに支払賃料が共益債権化されて，その残額たる再生債権について権利変更が適用されることになる。したがって，控除等がされない場合に300万円の返還を求める権利について，明渡時には控除・共益債権化により実際には120万円の再生債権しか発生しなかった場合には，その120万円について権利変更条項を適用する（80％カットであれば，24万円のみの返還を認める）ものである。

このような考え方も，計画による権利変更のあり方として十分に成立しうるものと考えられる。民事再生法では，破産法とは異なり，停止条件付債権も実体的に金銭化されるものではないので，将来の現実化を待ってその時点の権利関係を権利変更の対象とすることは十分に合理的な手法であると考えられる。以上の点で，このような取扱いも違法な権利変更であるとはいえないと思われる。

(4)　再生計画の適法性

以上のように，権利変更先行説も共益債権化先行説もともに適法なものであるとすれば，そのどちらを選択するかは，再生計画の提案者およびそれを議決する再生債権者集団の判断に委ねられることになる。したがって，たとえば，【事例 4】において，権利変更先行説によって敷金返還請求権を 2 ヵ月分の範囲とする旨の計画条項も，共益債権化先行説によって敷金返還請求権が現実化した場合に当該請求権について 20% 弁済とする旨の計画条項も，ともに原則として適法なものであると解される。

以上のように，当該条項それ自体は適法な選択肢と考えられるとしても，それが他の考慮から不認可要件を構成する場合には，そのような条項を含む再生計画の認可が許されないことはいうまでもない。そのような観点から問題となるのは，賃借権者ごとに異なる取扱いをするような計画である。たとえば，賃借人Ｈとの関係では権利変更先行説により，賃借人Ｉとの関係では共益債権化先行説によるとするような再生計画は，ＨとＩの間で平等であるとは言い難く，Ｈ・Ｉ間に差を設けても衡平を害しないような特段の事情がない限り（民再 155 条 1 項参照），違法な計画となろう。債権者の実質的平等の原則であり，このような場面では通常差を設けることが衡平を害しない事情は考え難いであろう。

加えて，このような計画でなくても，再生債務者に対する賃借人の中ですでに実際に建物を明け渡している者Ｊがいるような場合には，Ｊとの関係では，敷金返還請求権は共益債権化された部分等を控除して権利変更の対象になることは明らかであるから，たまたま計画認可の時点で未だ明渡しが未了であった賃借人Ｋとの関係で権利変更先行説に則った条項とすることは，ＪとＫとの債権者平等を実質的に害するものと考えざるをえない。したがって，実際に建物を明け渡して敷金返還請求権が現実化した債権者がいる場合には，権利変更先行説による再生計画は原則として実質的平等原則に反することになり，許されないものと解される。【事例4】でもそのような計画条項が認められるのは，未だ他に明渡しによって敷金返還請求権が現実化した債権者がいない場合に限られるものと解される。

6 手続移行の場合の問題

【事例5】 賃借人Aは賃料10ヵ月分（300万円）を敷金として賃貸人Bにを交付していたが，Bについて再生手続が開始された。再生手続開始後，Aは6ヵ月分の賃料を支払ったが，その後，Bの再生手続は廃止になり，新たに破産手続が開始した。そこで，Aは賃料を支払うについて，Bの破産管財人に対し寄託請求をして4ヵ月分の賃料を支払った後に，賃貸借契約が終了して建物を明け渡した。この場合に，Aの敷金返還請求権はどのように扱われるか。

(1) 問題の所在

今回の倒産法の抜本改正作業では，当初存在した倒産手続（入口）一本化論[補注3]は採用されず，複数の倒産手続を残存させながら，相互の手続間移行を円滑にするような規律を設けて問題に対処することとされた。ただ，そのような規律が設けられている場面は一部に止まっており，明示的な規律がされていない部分では依然として解釈上の問題が残っている。特に倒産実体法の部分で，実体規定の内容が必ずしも同一でないような場合には，規律の調整の問題が困難なものになっている。ここでの問題も大きくはそのような問題群の1つ

［補注3］ 倒産手続（入口）一本化論とは，倒産手続の抜本改正の議論の中で当初提唱された考え方であり，倒産手続を（清算型手続と再建型手続等を区別せずに）1つの手続として構成し，倒産手続開始の申立てを待って裁判所が当該事件において最も適切と考えられる方法を選択するというものである。このような構想については特に，宮川知法『債務者更生法構想・総論』（信山社，1994年）341頁以下参照（宮川教授はこれを「各倒産手続（各店舗）を一本化することにより（百貨店とすることにより），申立人（顧客）は，ただ単に倒産手続の申立てをする（店舗に入る）だけでよく（入口一本化方式），申立後に（店舗の中で），当該事案に適した倒産処理を自由に工夫・創造していくことができ（各フロアの売場をめぐりながら，自分に必要な商品を買い揃えていくことができ），したがって，手続（店舗）の複数利用の必要もなく，手続競合（店舗間の対立）が生じる余地もない」ものとして，「倒産法『百貨店』構想」と名付けている）。

ということができる。

具体的には，先行の倒産手続の中で，賃借人が敷金返還請求権の保護の要件（再生・更生手続では弁済期に賃料を弁済すること，破産手続では賃料の弁済の際に寄託請求をすること）を満たしている場合において，当該手続が別の手続に移行したときに，先行する手続における保護への期待は後行手続においても尊重されるか，両者の手続で重複して保護の対象になるのか，という問題である[25]。

以下では，実務上最も起こりうる再生から破産への移行の場合を中心にしながら，破産から再生への移行の場合，再生から更生への移行の場合についても順次考えてみたい（更生から破産への移行は再生から破産への移行と，破産から更生への移行は破産から再生への移行と，更生から再生への移行は再生から更生への移行とそれぞれパラレルに考えられると思われるので，以下では独立に論じない）。

(2) 再生手続から破産手続への移行の場合

まず，再生手続から破産手続への移行の場合である。この場合の問題は，【事例5】にもあるように，再生手続の中で賃借人が6ヵ月間以上賃料を弁済し，その部分について共益債権化の期待が生じているとして，その後に牽連破産手続に移行した場合において，さらに寄託請求をしたときには，その分も含めて保護の対象になるのか，という点である。【事例5】でいえば，Aの敷金返還請求権は10ヵ月分丸々保護の対象になるのか，という問題になる。

この場合，仮に10ヵ月分を保護の対象とするとすれば，再生手続の中で賃借人が弁済した6ヵ月分の賃料について潜在的にその分の敷金返還請求権が共益債権化されており，牽連破産によってその分が財団債権化されるとともに（民再252条6項），寄託請求に伴い，前述のような意味で（*3*(2)参照）解除条件付弁済となった賃料弁済が解除条件の成就によって充当の対象になるということになる。その結果，まず4ヵ月分が充当により消滅し（寄託されていた4ヵ月分の賃料が不当利得返還請求権として財団債権となる），現実に発生した6ヵ月分の敷金返還請求権が（共益債権から移行した）財団債権となり，結果として10ヵ月分すべてを財団債権として返還請求できるという法律構成になろう。

---

25) なお，賃借人による相殺の場合にも同様の問題があるが，これについては，伊藤ほか編・前掲注9）300頁以下参照。

問題は,「潜在的な共益債権の財団債権への移行」という考え方を認めるか否かであろう。確かに,すでに明渡しが完了している場合には現実に敷金返還請求権が発生しており,既払いの賃料分は当然に財団債権として保護される。それは,すでに現実の共益債権となっているので,民事再生法252条6項がストレートに適用になる場面である。しかるに,手続移行時に明渡しが未了である場合には,未だ共益債権は現実化していない。そこに存するのは,停止条件付の再生債権と将来ありうる共益債権への期待にすぎない。このような「共益債権への期待」が手続移行により財団債権への期待に変容することを認めるのは,解釈論としては民事再生法252条6項の枠を超えているのではないかと思われる。その意味で,ここで明示の調整規定が設けられなかった以上,賃借人の保護は破産手続の中での寄託請求の枠内にとどまると解さざるをえない。そのように解さないで,先行する再生手続での6ヵ月分が無条件に引き継がれるとすると,合計して10ヵ月分が保護されることになり,過剰な保護になるとも考えられよう。【事例5】では,4ヵ月分の充当による消滅(+不当利得としての財団債権化)が認められるにとどまり,再生手続で弁済していた6ヵ月分は破産債権として行使するほかない。

(3)　破産手続から再生手続への移行の場合

次に,破産手続が先行し,その後に再生手続に移行する場合である。たとえば,破産手続の中で6ヵ月間賃料を支払い,それについて寄託請求をしていたところ,再生手続に移行し,さらに4ヵ月分賃料を支払った後に明け渡したというような場合が考えられる。この場合には,再生手続開始後の4ヵ月分が共益債権となることに異論はないが,問題は破産手続での寄託請求が再生手続の中でどのような意味を持つか,である。

前述のように,破産法70条後段に基づいてなされた弁済は解除条件付弁済としての意味を持つ。このような弁済の実体法的な意味づけは,再生手続に移行しても変わりはないと思われる。そうすると,再生手続の中で明渡しによって解除条件が成就すると,破産手続の間にされた弁済は効力を失って充当が成立することになる。問題は破産手続の間にされた不当利得が再生手続において共益債権となるか,である。これは,民事再生法119条6号を文言どおりに読む限りは，共益債権に当たるとはいい難い。しかし，その実質を考えると，破産手続中に利得がありその不当利得性が発現した場合には財団債権（破 148 条 1 項 5 号）から移行した共益債権となり（民再 39 条 3 項 1 号），再生手続中に利得がありその不当利得性が発現した場合には当然共益債権となる（民再 119 条 6 号）とすれば，破産手続中に利得がありその不当利得性が再生手続中に発現した場合に，その共益債権性を否定することは不均衡であり，相当でないと考えられる。したがって，民事再生法 39 条 3 項 1 号か同法 119 条 6 号か，いずれか（あるいは双方）の規定の趣旨から，この場合にも共益債権となることを認めるべきであろう。実際にも，破産手続における 6 ヵ月分が寄託されて再生債務者に引き継がれるとすれば，その部分について優先性を認めても事業の再生の障害になることはないとも考えられよう。

以上の検討から，この場合には，再生手続において弁済した 4 ヵ月分のみならず，破産手続において寄託請求とともに弁済した 6 ヵ月分についても共益債権としての保護の対象となり，結果として，賃借人は 10 ヵ月分全部について共益債権としての保護を受けられるものと解される。

(4) 再生手続から更生手続への移行の場合

最後に，再生手続が先行し，その後に更生手続に移行する場合である[26]。たとえば，再生手続の中で 6 ヵ月間弁済期に賃料を支払っていたところ，更生手続に移行し，さらに弁済期に 4 ヵ月分賃料を支払った後に明け渡したというような場合が考えられる。この場合には，やはり更生手続の中で弁済した 4 ヵ月分について共益債権化されることに異論はないが，問題は再生手続の中で弁済した 6 ヵ月分についても共益債権として扱われるかという問題である。

この点は，基本的に (2) でみた再生手続から破産手続への移行の場合と同じ問題であると考えられる。すなわち，先行する再生手続の中で形成された共益債権化への期待が後行の更生手続の中でも保護されるのかどうかという問題である。前述のように，このような潜在的な共益債権を後の手続に引き継ぐ解釈は現行法の理解としては困難ではないかと考えられる。また，そのように解さ

26) この問題については，伊藤ほか編・前掲注 9）300 頁以下参照。

ないと，6ヵ月分を超えて保護の対象になってしまい，民事再生法・会社更生法それぞれが6ヵ月を保護の限度としたことと矛盾する結果になり，相当ではなかろう。以上から，賃借人の敷金返還請求権は後行の更生手続において弁済した賃料4ヵ月分相当額に限って共益債権として保護されることになる。

(5) 将来の移行規定整備の必要性

以上のような規律は，現行法の解釈論としては，相当な帰結と考えられる。そして，破産の場合には寄託がされて，それが後続の手続に承継されるとすれば，必ずしも不当な取扱いとはいえない。ただ，実質論からすれば，いずれの場合にも，合計して賃料6ヵ月分を保護の対象にするのが相当であるようにも思われる。再建型手続における6ヵ月を限度とする保護期間の判断は，手続移行がされた場合にも同様に妥当するものと考えられる余地があるからである。他方，破産手続が絡む場合には，保護範囲を無制限とした破産法の判断と再建型手続における判断をどのように調整するかが問題となる。ただ，前述のように，いずれの手続が先行するかによって異なる結論に至ることは，立法論としては必ずしも妥当なものとは思われない部分がある。

この点については，必ずしも法制審議会でも明示的な議論の対象にされたものではないように思われる。そもそも移行規定については，今回初めての試みとして，必要最小限の法整備が図られたものである。ただ，倒産実体法等を中心に，これで完全に十分かつ網羅的なものであるとは立案段階でも考えられていなかったものと思われる。この問題も含めて，移行規定の運用等を見守りながら，将来において適時適切に対処されることが期待されるところである。

7 おわりに

以上において，倒産手続と敷金の取扱いに関する検討を終えることとする。この問題は，倒産実体法の問題として民法の議論と倒産法の議論とが交錯するとともに，さまざまな政策的な要素も関連して，解決の困難な問題領域といえよう。今回の一連の法改正で一定の方向が示されたわけであるが，本章でも見たように，まだまだ残された論点も多い。今後さらにさまざまな解釈上の問題が提起されることになると思われ，学説に期待される役割も大きなものがあろう。本章の結論は，従来の一般的な理解とはやや異なるものも多い。ただ，さまざまな考え方が成立可能であることを示し，今後の実務・判例や学説の展開の一助になればとの思いで本章を公にしたものである。

（初出：NBL 831 号 16 頁以下，832 号 64 頁以下（2006 年））

第 11 章
船舶共有契約の双方未履行双務契約性

1 はじめに

本章は，かつての船舶整備公団及び現在の独立行政法人鉄道建設・運輸施設整備支援機構（以下では，単に「公団等」という）が更生会社との間で締結した船舶共有契約に基づく債権について，その更生手続における取扱いを検討することを目的とする。

公団等は，その業務の１つとして，海上運送事業者と費用を分担して船舶建造を共同で発注し，船舶の完成後は上記船舶共有契約に基づき当該船舶を海上運送事業者に使用させ，共有期間満了まで船舶使用料を徴収するという業務を行っている。しかるに，共有期間中に海上運送事業者について更生手続が開始した場合，船舶共有契約に基づく公団等の債権が更生手続上どのように扱われるかが問題となる。この問題については，実務上激しく争われる場合があるが，公刊された裁判例は未だ存在していないようであり，この点を論じる文献も少ない[1)]。そこで，この点について論じることが本章の目的である[2)]。

---

1)　最も包括的な検討として，伊藤眞「船舶共有制度と会社更生法上の双方未履行双務契約性」今中利昭先生古稀記念『最新倒産法・会社法をめぐる実務上の諸問題』（民事法研究会，2005 年）2 頁以下（以下「伊藤論文」という）参照。

2)　本章は，複数の会社更生事件において著者が法律意見書として提出した見解について加筆修正を加えたものである。

2　本件契約の性質

公団等と更生会社との間に締結された旅客船共有契約書（以下「本件契約」という）は，本件契約の性質を船舶の共有契約と規定し，更生会社が公団等に対して支払う金員を船舶使用料として位置づけている。したがって，仮に本件契約を船舶の賃貸借契約として法的性質決定するとすれば，それは双方未履行の双務契約となり，更生管財人はその履行・解除の選択権を有し（会更 61 条 1 項），契約の履行が選択された場合には，当該賃料（使用料）債権は更生手続上共益債権として扱われることになる（同条 4 項）。

しかし，後述のように，ある契約の更生手続上の取扱いを決するについては，契約文言上の性質決定は決定的なものではないとする理解が近時では一般的であり，その経済的な実質をも十分に考慮し，適切な法的性質決定を検討していく必要があるものと解される。そこで，以下では，まず公団等の性格および本件契約の内容に基づく契約の性質について，本件契約に基づく公団の権利の処遇を考える前提として，検討しておく。

(1)　公団等の性質

以下では，本件契約が締結された時点に応じて，かつての船舶整備公団法（昭和 34 年法律 46 号。以下「公団法」という）及び現行法（独立行政法人鉄道建設・運輸施設整備支援機構法（平成 14 年法律 180 号。以下「独立法人法」という）に基づいて，公団等の性質について検討する[3]。

まず，公団等の目的である。公団法によれば，海上運送に関係するその目的は「船舶（中略）等に関連する設備の整備等について，その資金の調達が困難である海上旅客運送事業者（中略）等に協力すること」にあるとされる（同法 1 条）。この目的規定からは，公団の目的は，「資金の調達が困難である」事業者

3)　なお，公団から独立法人に移行する中間の時期に，運輸施設整備事業団として活動していたことがあるが（運輸施設整備事業団法〔平成 9 年法律 83 号。平成 15 年 10 月 1 日に廃止。以下「事業団法」という〕による），以下では必要に応じてふれるにとどめる。

に対し，船舶等の建設用資金を助成することにあることは明らかである。その意味で，すでにその設立目的から，公団の果たすべき機能が金融的機能であることが正面から認められているものと言えよう。そして，独立法人法3条も「海上運送事業者等による運輸施設の整備を促進するための助成その他の支援に関する業務」をその目的としており，その趣旨は基本的に変わっていない[4)]。

次に，公団等の運営資金である。公団は，全額政府出資の法人とされていた（公団法5条）。すなわち，公団の資本金は5億円で，政府の出資とされ（同条1項），必要があれば，政府は追加出資をすることができた（同条2項）。その意味で，公団は，上記のような金融目的を達成するために公的資金により運営されていた機関であり，運営資金は財政投融資等によって調達され，その活動が政策金融として位置づけられていたものと解される[5)]。なお，独立法人法6条は，その資本金は政府の出資と日本政策投資銀行の出資とによるものとされる。その点で，政府の関与は相対的に弱まっているが，必要があればなお政府による追加出資がある点は同じであり，いずれにせよ政策金融として拠出金の返済が前提とされるという点で相違はない。

最後に，公団等の業務範囲である。この点について，公団法は，「海上旅客運送事業者又は旅客船貸渡業者と費用を分担して国内旅客船を建造し，又は改造すること」（同法19条1号），そのような「国内旅客船を海上旅客運送事業者に使用させること」（同条2号），このような「国内旅客船を海上旅客運送事業者又は旅客船貸渡業者に譲渡すること」（同条3号）などとしている。つまり，共同建造した船舶は公団が自ら使用するものではなく海上旅客運送事業者等（以下「事業者」という）に使用させ，一定期間（共有期間）経過後は事業者に譲渡することが当初から予定されているわけである。その意味で，これは共有による共同事業といった性格の業務ではなく[6)]，まさに金融そのものであり，融

4)　事業団法によれば，その目的は「海上運送事業者等による運輸施設の整備を推進するための助成その他の支援を総合的かつ効率的に行うこと」にあるとされていた（同法1条）。公団から事業団への移行（これは特殊法人の整理統合に基づくもので，事業団は公団の権利義務を包括承継している）によって特にその目的について変更があったものとは考えられず，実質的には一貫して同一の目的を担ってきているものと考えられる。

5)　民間企業の利潤目的の金融とは異なるとしても，なお金融としての性質が否定されるものではないことは言うまでもない。

資者としての立場が業務範囲の面からも鮮明にされているものと言える。なお，事業団法20条1項4号，独立法人法12条1項7号も基本的に同様の規定ぶりをしている。

以上から公団等の性格は（本件契約に関係する面においては），政策金融を目的として事業を営む主体であることが明らかになっていると考えられる。

(2)　本件契約の内容

次に，本件契約の内容[7]について見てみる[8]。

まず，船舶使用料の定め方である。事業者は共有開始時から船舶管理人となり，船舶使用料を支払う義務を負うが，その使用料額は，減価償却費相当額と利息相当額の合計額とされている。この「利息」が何に対しての利息かといえば，公団等の持分額に対する利息であり，それは結局，当初の公団等の融資金＝公団等の拠出額に対する利息ということになる。すなわち，この契約書自体が，「利息」という消費貸借契約に固有の概念を用いることにより，本件契約が融資契約であることを当然の前提としているものと言える[9]。逆に本件契約が融資ではないとすれば，この「利息」という文言の意味を説明することはできないように思われる。そして，減価償却費の支払によって融資元本の分割返

6）　もし船舶の運用管理に介入できる点に契約を共有契約とする重心があるのであれば，契約上も単に事業者を船舶管理者とするだけではなく，公団がその運用に介入できる旨の条項が存するはずであるが，そのような条項は存しない。実際，『船舶整備公団十年史』（1970年）59頁にも，船籍港の選択に関し「公団は事業の経営にまったく関係しない」ことを前提とした記述がある。なお，造船工事請負契約等において公団と事業者が連名で契約相手方となることがあるとしても，その点は，造船所等に対する信用を強化するための付随的機能と見ることができ，公団の金融的機能と矛盾するものではなかろう。

7）　本件契約のような形態が採用された歴史的な経緯については，小島孝「船舶共有の復活」海法会誌復刊18号（1974年）134頁以下に詳しい。

8）　なお，このような契約は，前述のとおり，公団等の業務方法書（公団法20条により運輸大臣の認可を必要とする）に基づき定められているものであり，契約相手方である事業者との個別契約によって個々的に定められているものではなく，実質的には公団等の上述のような性格を一般的に反映しているものと評価できる。

9）　小島・前掲注7）137頁も，「これは使用料名義であるけれども，その実質は，公団持分の減価償却費の9割とその利息を船舶の共有期間（すなわち法定耐用年数）で償還するものである」と評価している。

済が実質的に確保されるところであり，このような「船舶使用料」名目の金員の支払が経済実質的には貸付金の元利金の返済としての機能を有することは明らかであろう[10)]。

次に，事業者に債務不履行があった場合の取扱いである。事業者が本件契約条項に重大な違反をしたときには，公団等は，事業者に対して，自らの共有持分の買取りを求めることができるものとされる。もし本件契約が通常の賃貸借契約であれば，賃借人に債務不履行がある場合には，賃貸目的物である船舶の賃貸人に対する返還義務を認めれば足りるはずである（せいぜいそれに加えて，新たな借り手が見つかるまでの賃料相当損害金等の支払が定められれば十分であろう）。しかるに，本件契約のような共有持分の買取請求が定められているのは，実質的には貸金元本の支払請求権を（共有持分の買取代金請求権という形で）現実化するものである。このような条項については，仮にこの契約が賃貸借であるとすればその合理性は甚だ疑わしいものであり（通常の賃貸借で賃料不払いにより目的物の買取義務が賃借人に課される合意を想定すると，場合によっては公序良俗に反する可能性もあろう），金融契約として理解して初めて正当化できるものと考えられ，やはり融資としての経済実質を法律面でも示すものと評価できよう。

また，船舶について保険事故が発生した場合の取扱いである。本件契約においては，事業者に船舶保険契約の締結義務が課されているが，船舶に保険事故が発生した場合の保険金について，公団等の受け取った保険金から，公団等の共有持分の現在価額（公団等の行っている減価償却の方法によって算出される価額）及び事業者の未払債務を控除するものとしている。本件契約に基づく法律関係が仮に真の共有関係であるとすれば，保険金は共有持分の割合で分割されるだけになるはずである。しかるに，このような取り決めをしているということは，残存元本に相当する船舶の現在価額と利息に相当する使用料についてまさに公団等の経済的利益があり，その確実な回収を確保しようとしていること，つまりこれが金融取引（および担保取引）であることを示しているものと言えよう。

さらに，費用等の負担の問題がある。本件契約においては，船舶の登記・登録の費用，船舶に対する固定資産税その他の公租公課[11)]，船舶の運行その他

10）　また，使用料延滞の場合の損害金を年14.5％とする本件契約の規定も，金融契約としての実質を示しているものと見受けられる。

の使用管理に関して生じる費用等は，すべて事業者の負担とされている。また，船舶の運航等に関する収益・債務その他の一切の責任は事業者にあるものとされる[12]。このように，本来所有者（共有者）であれば当然に分担して負担すべき費用を原則としてすべて事業者に負わせていることは，譲渡担保やリースなどの場合と同様に，この契約の金融取引としての実質を示しているものと評価されよう。

最後に，他の事業者への持分譲渡の定めがある。すなわち，事業者に債務不履行等が生じた場合には，公団等は事業者に対して，事業者の共有持分を公団等または他の海上旅客運送事業者に譲渡させることができるものとされる。仮に本件契約が共有契約であるとすると，使用料等の不払いがあるからといって，他の共有者の共有持分権自体を第三者に処分させるような措置をとる合理性は考えにくい。これは，むしろ融資契約における担保権の実行の容易化を図る（自己の持分権と合わせて他の事業者等に譲渡することを容易にする）趣旨の規定と理解されるべきものであろう。

以上のところから，本件契約条項の内容は，共有＋賃貸借契約として解すると理解できない部分が多々あり[13]，融資契約としての実質を確保するための法技術を駆使したものと評価することができよう。

(3)　本件契約の実質的性質

以上のように，本件契約の主体である公団等の性格や本件契約条項の中身それ自体を検討するとき，本件契約の実質的・経済的な性質が金融契約（融資契約）であることは明らかであるように思われる。

---

11)　地方税法10条の2により，船舶の固定資産税について公団等が対外的には連帯納税義務者になるとしても，それは所有権担保という強力な担保形態を採用した一種の代償であり，重要な点は，内部的にはその負担は全面的に事業者に帰されているという点である。

12)　小島・前掲注7）141頁は，対外的にも公団の損害賠償責任を否定する（商法696条の適用を否定する）が，そこでは，「公団がその持分の減価償却費と資本利子しか受領していない点が特に重要である」（同144頁注6参照）とされている（つまり，実質融資者としての性格が重視されている）ことも注目される。

13)　ほかにも，事業者の側からの中途解約を認める旨の規定が存しないことなども，リース契約などと同様に，賃貸借性を疑わせるものであろう。

そのような理解に基づいて，本件契約の中身を整理するとすれば，本件契約は，公団等が事業者に対して船舶の建造のための資金を融資し，その融資金債権の元利金について使用料という形で分割弁済を認め（期限の利益を付与し），最終的には公団等持分の事業者への譲渡代金という形で融資金が返還されることになる契約と構成される[14]。そして，事業者について債務不履行があった場合には，事業者の持分の買取り（帰属清算）および第三者への移転（処分清算）を認めるとともに，公団等持分の強制買取請求，すなわちその時点における融資債権の顕在化も可能とされているものである。そして，融資の担保の法的な形態は，原則として耐用期間いっぱいの使用契約がされ[15]，使用料の支払という形で債務の弁済を定めている点で，ファイナンス・リースに近い契約形態と言えよう。他方で，その担保の中身は船舶共有権という形であり，担保権の実行は事業者共有持分の帰属ないし処分という形態で行われる点で，所有権留保ないし譲渡担保に近い契約形態と言えよう。その点で，この契約はリースと所有権留保・譲渡担保の中間型ないし併用型の所有権型非典型担保[16]と位置づけることができよう[17]。

14)　このような共有契約について詳細な検討をされる小島孝教授も，結論として，「公団と事業者との船舶共有契約は，これを経済的に見れば，それは造船資金の融資契約であり，公団の持分取得はいわば譲渡担保のようなものであり，公団持分の事業者への譲渡は融資債務の弁済による担保物の返還に他ならない」とされている（小島・前掲注7）133頁参照）。

15)　本件契約は，5年経過後は事業者の請求による公団等持分の譲渡を認めている。これは，一種の期限前弁済を認めるものと言える。

16)　船舶抵当権ではなく，共有持分権の保持という所有権型の担保形態がとられているのは，抵当権実行の負担を軽減し，他の債権者の差押え等をより排除しやすくする配慮に基づくものと思料される（なお，小島・前掲注7）134頁は，自己の共有持分を船舶抵当に入れて資金を調達できる事業者の利益を重視されるが，事業者による抵当権設定等の処分が公団等の裁量的な承諾に掛けられていることを前提にすれば，そのような機能を重視することには疑問もあろう）。加えて，倒産手続において優先的な扱いがされることを事実上期待していた側面も認められるであろう。なお，抵当権制度が存する財産についても所有権型担保が生じうることは，不動産についてすら譲渡担保が行われていることからも明らかであろう。

17)　なお，担保権者が担保権の実行を選択する際には，実行後に残存債権があったとしても，それを請求することはできない。これは，一種のノン・リコースローンということになり，事業者に有利な定めであるが，政策金融としての事業者保護の特質を示しているものということになろう（この点については，***4***も参照）。

以上のような検討を前提にすれば，本件契約に基づく権利を更生手続においていかに取り扱うかという問題は，結局，ある契約の文言に従った権利内容を更生手続中でもそのまま尊重するのか（その場合には賃貸借契約として扱われる），それともある契約が果たそうとしている経済的・実質的な機能を前提にして更生手続でそれにふさわしい取扱いをするのか（その場合には融資契約として扱われる），いずれによるのかという基本的な態度決定に関わってくると思われる。そこで，以下では，このような問題点についての判例・学説の状況を概観しておきたい。

3 更生手続における更生担保権と賃料債権（共益債権）の区分の基準

以上のように，本件契約の更生手続における取扱いの問題は，結局，共有＋賃貸借として使用料（賃料）債権が共益債権として扱われるのか，融資＋担保として使用料（分割弁済金）債権が更生債権（更生担保権）として扱われるのか，という問題になる。周知のように，同様の問題状況は，ファイナンス・リースをめぐって激しく議論され，判例がすでに一定の見解を示しているところである。また，近時はいわゆる不動産の証券化に伴うリース・バック等をめぐっても同様の点が論じられ，更生担保権性をいかなる場合に認めるか（裏から言えば「真正売買（true sale)」性をいかなる場合に認めるか）について学説上の検討が深められている。そこで，以下では，本件契約の取扱いを考える手掛かりとして，これらの判例・学説について簡単に検討してみる。

⑴　リース契約に関する最高裁判決

リース契約上の債権を更生手続においていかに取り扱うかという問題については，従来さまざまな学説上の議論があったところであるが，周知のように，最高裁判所が明確な判断を下している。そこで，実務的には，この判断を大前提にして類比されるべき問題を考えていく必要があることになる。

最判平成7・4・14（民集49巻4号1063頁）（以下「平成7年判決」という）は，リース業者のリース料債権を更生手続において共益債権として扱うべきか否かという問題に関して，以下のように判示する。

「いわゆるフルペイアウト方式によるファイナンス・リース契約において，リース物件の引渡しを受けたユーザーにつき会社更生手続の開始決定があったときは，未払のリース料債権はその全額が更生債権となり，リース業者はこれを更生手続によらないで請求することはできないものと解するのが相当である。その理由は，次のとおりである。

右の方式によるファイナンス・リース契約は，リース期間満了時にリース物件に残存価値はないものとみて，リース業者がリース物件の取得費その他の投下資本の全額を回収できるようにリース料が算定されているものであって，その実質はユーザーに対して金融上の便宜を付与するものであるから，右リース契約においては，リース料債務は契約の成立と同時にその全額について発生し，リース料の支払が毎月一定額によることと約定されていても，それはユーザーに対して期限の利益を与えるものにすぎず，各月のリース物件の使用と各月のリース料の支払とは対価関係に立つものではない。したがって，会社更生手続の開始決定の時点において，未払のリース料債権は，期限未到来のものも含めてその全額が会社更生法102条にいう会社更生手続開始前の原因に基づいて生じた財産上の請求権に当たるというべきである。そして，同法103条1項の規定は，双務契約の当事者間で相互にけん連関係に立つ双方の債務の履行がいずれも完了していない場合に関するものであって，いわゆるフルペイアウト方式によるファイナンス・リース契約において，リース物件の引渡しをしたリース業者は，ユーザーに対してリース料の支払債務とけん連関係に立つ未履行債務を負担していないというべきであるから，右規定は適用されず，結局，未払のリース料債権が同法208条7号に規定する共益債権であるということはできないし，他に右債権を共益債権とすべき事由もない」（会社更生法の条文はいずれも旧法〔昭和27年法律172号〕のものである）。

この判決の要点は，以下の3点に整理できるように思われる。まず，第1の要点として，ファイナンス・リース契約の実質がユーザーに対して金融上の便宜を付与するものであることを重視している点である。より一般化して言えば，判例は，ある契約の倒産手続上の取扱いを考えるについては，当該契約の経済的実質を重視する立場を採用していると言ってよいと思われる。倒産手続という，まさに経済活動のインフラストラクチャーを構成する制度の下では，各権利者の有する権利の経済的実質が最大限考慮されるべきものであり，逆に契約の経済的実質とかけ離れた法的性質決定がされ，それに基づき倒産手続上の処遇が決定されると，制度に対する経済社会の信頼が失われ，ひいては倒産処理制度の正統性が脆弱化していくであろう。その意味で，判例のこのような解釈態度は，倒産手続の意義を十分に認識した正当な判断であると言えよう（後述の伊藤眞教授の近時の見解も，まさにこのような点を重視して倒産法的再構成を認めていくものと評価できる）。

この判決の第2の要点として，リース料の支払が毎月一定額によることと約定されていても，それはユーザーに対して期限の利益を付与するものにすぎず，毎月のリース物件の使用と各月のリース料の支払とは対価関係に立たないことを強調している点がある。この点は，リース業者が債権者としての信用を供与していることを決定的に重視するものと言うことができよう。著者も，この点こそが，まさに更生債権者（更生担保権者）の権利を更生手続において制限することができる本質的理由であると考える。すなわち，平時に債務者に対する信用を供与することで，当該債権者は債務者の信用リスクにすでにコミットしているのであり，そのリスクがまさに顕在化した倒産手続という状況下では，その権利行使が制限され，権利内容が変更されても甘受すべきものと考えられるわけである。逆に，そのような信用リスクの負担をしていない債権者については，その者の権利を倒産手続中で制約することにより，結果的に信用リスクをとらせることは正当化できないものと解される（この点に，共益債権制度の実質的な根拠があると見られる）。

最後に，この判決の第3の要点として，リース業者はユーザーに対してリース料の支払債務と牽連関係（対価関係）に立つ未履行債務を負担していないことが根拠とされている点がある。すなわち，リース契約は会社更生法61条（旧法103条）にいう双方未履行双務契約とはなっていないと解するものである。つまり，判例は，前記第2の要点とも密接に関連するが，結局，リース物件の使用とリース料の支払とが対価関係に立たないという「対価性の不存在」を決定的に重視したものと考えられる。この点は，双方未履行双務契約の取扱いの根拠に関する議論とも関わるところであるが（(2)参照），この制度の根拠を実質的対価性に基づく同時履行の抗弁権の延長線上の制度として理解する一般的な見解からは，十分に正当化できる判断であると解される。

(2)　平成 7 年判決の意義

以上のように，平成 7 年判決は従来の通説的な見解から十分に支持され，また正当化できるものである[補注 1]。そこで，次に，平成 7 年判決の意義をより踏み込んで理解するため，平成 7 年判決に至る判例の展開に基づくその評価，そして平成 7 年判決の基礎（双方未履行双務契約の処遇）に関わる近時の学説上の議論を簡単に確認しておきたい。

まず，平成 7 年判決において実質金融性の決め手となっている要素についてであるが，この点は本判決に至るまでの判例の軌跡から明らかになるように思われる。まず，最判昭和 57・10・19（民集 36 巻 10 号 2130 頁）は，リース目的物件返還後のリース業者の清算義務を認めた判決であるが，そこでは「実質的にみた場合には，リース業者が利用者に対して金融の便宜を供与するという性質を有することは否定できない」ものとしていた。ここでは，実質金融性がリースの決定的特質とまではされていない。ところが，最判平成 5・11・25（金法 1395 号 49 頁）（以下「平成 5 年判決」という）は，ユーザーがリース物件を使用できなくてもリース料支払義務を免れないと判示したが，その中で，ファイナンス・リース契約の「実体はユーザーに対する金融上の便宜を付与するものであるから，リース料の支払債務は契約の締結と同時にその全額について発生し，ユーザーに対して月々のリース料の支払という方式による期限の利益を与えるものにすぎず，また，リース物件の使用とリース料の支払とは対価関係に立つものではない」として，平成 7 年判決とほぼ完全に同じ判示をしている。ここでは，明らかに，リース契約の法的性質について，実質金融性を正面に打ち出す方向で，判例は明らかに一歩を踏み出したものと言えよう。特に注目すべきは，この後者の判決と平成 7 年判決との関係であると思われる。

平成 7 年判決に関する調査官解説は，この両者の判示の関係について，以下のような注目すべき叙述をしている。すなわち，「ファイナンス・リース契

［補注 1］　平成 7 年判決を前提としたファイナンス・リース契約の倒産手続における取扱いの全体像に関する私見については，本書第 5 章参照。

約を金融取引的に理解したからこそ，ユーザーは物件の使用不能の場合においても原則としてリース料の支払義務を免れないことなど，リース業者の賃貸人とは異なる権利義務を認めたものであり，しかも，それは，概ね，金融取引的な側面を重視するリース業者自身の主張に沿った判断であったといえる。にもかかわらず，まさに金融取引たる性質を認められる根拠となったリース料債権を，その回収の究極的な場面であるユーザーの倒産の場合には一転してリース業者に賃貸人と同等の地位を認めることは，甚だ疑問である」とするものである[18)19)]。学説においても，この点は一般に同様に受け取られていると見受けられる[20)]。以上から，平成7年判決の背後にある実質的な利益衡量としては，リース業者について，目的物件の使用不能の場合にも使用料（融資金）を回収できるという法的地位が認められながら，債務者倒産時にはその倒産リスクを負担しないことの片落ち感があったものと言うことができよう。本件契約の取扱いを考えるときにも，この点の考慮はやはり重要なものであると考えられる。

次に，会社更生法61条（および破産法53条）の意義に関する近時の議論を見てみよう[21)]。本問題との関係では，倒産法上の双方未履行契約に関する規律と実体法上の同時履行の抗弁権に関する規律との関係に係る議論が注目される。この点については，旧法時代からいわゆる「59条論争」（現在では「53条論争」）

18)　八木良一・解説・最判解平成7年度412頁以下参照。

19)　道垣内弘人・判批・金法1396号（1994年）76頁も，両者の判断が直結することを平成5年判決の段階から予測され，平成5年判決がリース業者に有利にその法律構成を援用したことを前提にすると，それを不利に援用する平成7年判決の帰結を「かなり確実に予想させる効果を持つ」とされていた。

20)　竹下守夫・判批・金判813号（1989年）45頁（「リース会社は（中略）リース契約が賃貸借と異なり，金融取引たる性格を有するということを理由として，瑕疵担保責任の免除，危険負担の相手方への転換，リース物件の引揚げ後における残リース料の請求など，賃貸人には認められない利益を与えられて来た。それなのに，多数説によると，まさに金融取引たる性格を認められる根拠となった債権（リース料債権）をユーザー倒産の局面で回収するに際しては，リース会社に，一転して，金融債権者ではなく賃貸人と同等の地位にあると主張することを容認することになり，疑問といわざるをえない」）など参照。特に，山本豊・判批・判タ778号（1992年）30頁は，リース業者の主張は「いかにも二枚舌との印象を免れない」ものと評されている。私見もまったく同旨である（山本和彦「ファイナンス・リース契約と会社更生手続」NBL 574号（1995年）6頁以下参照）。

21)　以下の議論については，特に中田裕康「契約当事者の倒産」『倒産手続と民事実体法』（別冊NBL 60号，2000年）4頁以下参照。

と呼ばれる活発な議論があるところであるが，従来の通説が同時履行の抗弁権がいったん倒産手続開始によって消滅するが，それと同じ趣旨から倒産手続上特別の規定が設けられたものと理解する（中田裕康教授はこれを「刷新説」と呼ばれる）[22]のに対し，最近の有力説（伊藤眞説，福永有利説，水元宏典説など）は，倒産手続開始後も同時履行の抗弁権の存続を前提にしながら（したがって，履行選択時の相手方債権の財団債権化は当然の帰結としながら），破産法53条等による破産管財人等の解除権の創設を問題とする（中田教授はこれを「存続説」と呼ばれる）[23]。ただ，破産法53条等の適用範囲の関係では，同時履行の抗弁権が認められる場合をその中核としながら，倒産法上の公平の理念により，そのような場合と同視しうる相手方の利益を保護すべきものと解されている。

以上のように，いずれの見解によるとしても，本制度が同時履行の抗弁権の制度と密接な関連性を有することは明らかであり，まず同抗弁権の存否を出発点に考えるべきことになろう。この点において，本件契約では，前述のように，事業者による船舶の使用が不可能な状態に陥った場合でも，その保険金から公団等持分の現在価額等が控除されるなどの規律がされていることからも明らかなように，事業者側による同時履行の抗弁権は認められていないものと解される。そうであるとすれば，倒産法上，特に双方未履行の規律を妥当させるべき特段の事情のない限り，本件契約に会社更生法61条を適用する理由はないものと言える[24]。そして，前述のように，本件契約の経済的実質が金融契約であるとすれば，上記規律を適用すべき倒産法独自の理由はない（むしろ適用すべきでない）と考えられる。したがって，本件契約は，破産法53条等に関する通説・有力説いずれの見解を前提にするとしても，その適用対象には含まれないものと解される。

(3)　近時の学説の展開

本件と最も密接に関連すると見られる平成7年判決の評価および同判決をめ

22)　中田・前掲注21）30頁。

23)　中田・前掲注21）30頁。

24)　なお，債権者が債務者の使用を妨害しないという債務を負担するとしても，それが使用料の支払と対価関係のある未履行債務と理解されないことは，平成7年判決などからしても異論はないであろう。

ぐるその周辺の議論状況は以上のとおりであるが，近時，この所有権取引と担保取引との関係について学説上の議論が深まってきている。それは，いわゆる証券化の問題をめぐって，更生担保権と所有権との区分のメルクマールの議論が展開されてきたことによる。いわゆる真正売買（true sale）をめぐる問題である[25]。

この点については，まず私見を簡単に述べておく[26]。私見によれば，担保権者の権利行使を制限することができる最大の理由は，当該権利者が債務者の信用リスクを倒産手続開始前に負担していることにある。他方で，賃貸人は，賃貸借目的物の使用に応じて賃料を取得するものであり，債務者による目的物の使用がされない場合には賃料を取得できない代わりに，債務者が経済破綻すれば目的物を取り戻して他の者に賃貸することで収益を維持することができる。その意味で，賃貸人は債務者（賃借人）の信用リスクを事前に負担していないわけである。これに対し，リース業者がユーザーによる目的物の利用の有無とは無関係にリース料債権を回収しうるということは，換言すれば，彼の債権が倒産手続開始後の利用に基づく債権ではなく，すでに手続開始前に発生して債務者の信用リスクを負担している債権であることを示しているものと判断される[27]。この点に，その共益債権性を否定する実質的根拠があるものと考えられる。したがって，いわゆるフルペイアウト型でなくても，目的物の利用と対価の支払との関係が契約上切断されており，利用者の利用の有無にかかわらず対価の支払が予定されているものであれば，そのような権利は更生担保権として手続に組み込むべきものと解されることになる。

次に，伊藤眞教授の見解である[28]。伊藤教授の議論は，いわゆる法律関係

25)　この点の概観として，山本和彦「証券化と倒産法」ジュリ 1240 号（2003 年）16 頁以下参照。

26)　山本・前掲注 25）17 頁参照。さらに，より詳しくは，個別事件に関するものであるが，本書第 13 章参照。

27)　同旨として，中西正・判批・平成 7 年度重判 123 頁は，「倒産による損失を負担するのは，手続開始までに信用を供与した者，すなわち債務者に給付を行い対価を債権として有する者である。とすれば，未履行双務契約の相手方は未だ信用の供与を完了していないので，倒産による損失を負担させてはならない」とする。

28)　伊藤眞「証券化と倒産法理――破産隔離と倒産法的再構成の意義と限界」金法 1657 号 6 頁以下，1658 号 82 頁以下（2002 年）参照。

の倒産法的再構成の一般理論に展開していく広範な射程を有する議論であるが[補注 2]，ここでの検討に関係する部分のみを要約すると，以下のようになる。すなわち，倒産手続の目的を達成するため，利害関係人の権利義務を，その本来の（倒産手続外の）内容とは異なった内容のものとして倒産手続の中で扱うことがあるが，これが「倒産法的再構成」と呼ばれるものである。そして，その再構成の基本原理として，①「一定の法律行為の形式が採られているにもかかわらず，その結果として成立する権利義務が，実体とは異なったものになっており，かつ，法形式どおりの権利義務を認めることが，倒産債権者（中略）などの合理的期待を裏切る結果となる」こと，②「その場合でも，倒産法的再構成が契約の相手方など，利害関係人の権利との公平を害しないかどうかに注意する必要がある」ことを挙げられている。そして，リース契約については，①のような考慮が妥当するし，同契約を金融契約として再構成するについて，②のようにリース会社が受忍すべき正当な理由があるものと解されている。

最後に，山本克己教授の見解がある[29)]。山本克己教授は，更生担保権化を認める要件として，以下の点を挙げられる。すなわち，まず，① オリジネーター（債務者）が証券化により調達した資金の返済義務を負っていること（融資の返済義務）である。すなわち，ある権利を更生担保権として取り扱うための大前提として被担保債権の存在を必要とされる。次に，② オリジネーター（債務者）が当該資金の返済義務を履行できないときに，証券化された資産（担保目的）が第三者に売却され，その売却代金から資産対応証券の支払原資が調達されることが予定されていること（資産の担保性）である。これは，担保権の根幹を担保権者の目的物に対する換価権にあると理解されているものと見られる。最後に，③ 要件②が要件①との関係で従属的なものであること（担保の付従性）が挙げられる。その趣旨は必ずしも明確ではないが，債務者が被担保債権について弁済を続ける限り，担保権の実行（担保目的物の処分）が行われないことが保障されていることを意味しているものではないかと思われる。

［補注 2］　伊藤眞教授の倒産法的再構成の理論全体に関する著者の評価については，本書第 2 章参照。

29）　個別の事件に関する意見書として執筆されたものであるが，山本克己「『マイカル・グループの不動産証券化についての意見書』の概要」金法 1646 号（2002 年）32 頁以下参照。

4　本件契約上の債権の更生手続における処遇

以下では，3で検討してきた一般的基準に，2で見たような実質を有する本件契約が適合するかどうかを検討し，もって本件契約が更生手続においてどのように処遇されるべきかを考えてみる。以下では，まず判例の示している基準に基づいて検討した後，近時提唱されている学説上の基準についても確認的に検討の対象とする。

(1)　判例の基準に基づく検討

平成7年判決の示した基準に沿って考えてみると，まず，① 金融上の便宜が問題となるが，2の分析からも明らかなように，本件契約は経済実質的に考えれば，明らかに金融としての性質を有するものであると言える。その意味で，倒産手続上の取扱いとして，その経済実質を重視するという立場に立つ限り，本件契約上の権利は融資債権（貸付債権）として扱われることが基本になるものと解される。

次に，② 実質的には，債権者としての信用供与＋期限の利益の付与という性格の存在という点であるが，本件契約において，船舶の使用料が減価償却費＋利息相当金と構成されていること，事業者に債務不履行があったときには，事業団の共有持分権の買取請求という形で，残存元本の請求が可能になっていることは，まさに期限の利益の付与された貸付金債権について，期限の利益の喪失に該当するものと解される。本件契約においては，いかなる事態が発生しても，つまり順調に事業が継続される場合には使用料の支払という形で，船舶が沈没等した場合には保険金の支払という形で，債務者の弁済が不可能になった場合には共有持分権の買取請求等という形で，公団等の拠出資金および利息相当額を回収することができる仕組みになっている。これは，まさにその経済実質としてこの契約が融資であり，実質的には期限の利益が付与されている分割払の返済金債権にすぎないものと理解・構成されることになろう。

最後に，③ 目的物の使用と使用料の支払とが対価関係にないという点であるが，前述のように，上記のようなさまざまな法律構成に従って，結局，本件船舶を事業者が使用しなくても（使用できなくても），使用料に相当する元本の支払義務は常に発生するという帰結になっている。その意味で，本件契約では，構造的に，船舶の使用と使用料の支払債務とが切断されており，会社更生法61条の適用を支える実質的対価関係（実体法上の同時履行またはそれに準じる関係）が存在しないものと解される。

以上のように，判例の基準によれば，本件契約に基づく公団等の債権は，明らかに更生債権として扱われるべきものと解される。そして，公団等の有する共有持分権または当該持分権の利用権について更生担保権が認められることになろう。したがって，公団等の有する共有持分権またはその利用権の時価について公団等は更生担保権者として処遇され，それを上回る融資金債権（担保割れの部分）については更生債権者として処遇されるべきことになる。

(2)　近時の学説の基準に基づく検討

まず，本件契約を私見に基づいて検討してみる。私見は，前述のとおり，債権者による倒産手続開始前における債務者の信用リスクの負担という観点から，目的物の利用と対価の支払との関係が切断されているか，利用者の利用の有無にかかわらず対価の支払が契約上予定されているか，という点を決定的に重視するものである。このような視点から本件契約を見てみると，前述のように，目的物の利用とは無関係に被担保債権を回収できる（利用の有無にかかわらずさまざまな形で当初融資の元本相当額＋それまでの利息相当額を取得できる）構造になっているものであり，公団等は事業者についての事前の信用リスクを負担していると考えてよいものと思われる。その結果，本件契約に基づく権利については，倒産手続に服させるのが相当ということになる。

次に，伊藤眞説であるが[30)]，まず，本件契約は賃貸借の法形式がとられているが，***2***でみたように，そこで成立した権利義務の実態は金融であり，両者の間に齟齬があることは明らかであろう。そして，利害関係人は，公団等の活

30)　なお，伊藤教授は，ご自身の見解を適用して本件契約をむしろ文言どおりに解すべきものとされている（注1）掲記の伊藤論文参照)。そのような見解に関する私見の評価は後述するが（***5***参照），ここでは，客観的な存在としての伊藤説に従っても，そのような帰結が必然とはいえないことを示したい。

動の実質が融資であることを十分に承知しており，これについて倒産の場面で融資とは異なる取扱いをすることは，リースの場合などと同様に，更生債権者など関係者の合理的期待を裏切る結果になると見られる。また，この場面では，倒産法的再構成を行っても，公団等はそもそも政策金融を目的とした特殊法人であり，それが不意打ちになることはなく，信用を供与している他の民間債権者との利益衡量の中では，そのような取扱いを受忍すべき正当な理由があると言えよう。以上のところから，この場合も，リースの場合と同様に，法律関係の倒産法的再構成を図ることが適当な場面であると言え，伊藤説によっても，本件契約に基づく権利は，実質的な融資債権として，更生債権（更生担保権）と再構成されて扱われることになるべきものと見られる。

最後に，山本克己説である。同教授の更生担保権のメルクマールとなる3要素に本件契約をあてはめてみると，まず，① この契約では，債務者は使用料の支払という形で，船舶建造に係る融資債務を弁済する実質的な義務を負っているものと考えられる。前述のように，この使用料は経済実質的に見て，融資した元本と利息とを回収できるように設定されており，山本克己教授の基準によれば，融資債務の弁済として構成されることになろう。次に，② 本件契約では，債務者がデフォルトになった場合には，公団等は，債務者の共有持分権を買い受け，または第三者に対してそれを処分する権利を有するものとされる。その結果，公団等は，自己の共有持分権と併せて船舶全体を自ら所有し，または他の事業者に処分することができることになる。これは，まさに担保権の実行と考えることができ[31]，本件契約ではそのような担保権実行により融資金の回収が予定されているものと見られよう。最後に，③ 事業者により使用料が弁済される限りにおいて，最終的に公団等の持分権は事業者が現在価額で買い取ることとされている。換言すれば，本件契約上，事業者が使用料の支払を継続する限り，公団等が自己の共有持分権を船舶の耐用期間中に第三者に対して売却等処分をすることは想定されていないと言える（そして，その点は契約のみならず，公団等の業務方法書によっても担保されている）。したがって，②の方法（担保目的物の帰属・処分による回収）は，あくまで①の融資金（使用料）の弁済に

31）　事業者持分の買取代金の支払は，譲渡担保等の実行における清算金の支払と同様の意義を有することになろう。

従的なものとして位置づけられていることになる。以上の点から，山本克己教授の基準によっても，本件契約上の権利は更生担保権として取り扱うべき権利であるということになろう。

以上から，いずれの見解によっても，本件契約に基づく権利は更生担保権として扱われるべきものと解される。

5　伊藤論文に対する若干のコメント

近時，伊藤眞教授が本件の具体的な問題に近い問題状況を検討され，本件契約をその文言どおり船舶共有契約であると性質決定され，船舶使用料債権等は共益債権として扱うべきものと結論付けられている（伊藤論文2頁以下参照）。そこで，最後に，この伊藤論文について若干のコメントを加えておきたい。

まず，総論として，伊藤論文では，投下資金回収のために選択しうる法形式として，第1に典型・非典型の担保物権の設定，第2に所有権を留保した利用権の設定（所有権留保，ファイナンス・リース），第3に目的物の共有（本件のような形態）があるとされ，第3の方法は，「いわば第1の方法の利点を生かしつつ，第2の方法を併用するものとして位置づけられる」ものと整理される（伊藤論文4頁参照）。これはまことに正当な指摘であり，本件契約の本質を衝いたものと思われる。しかし，そうであるとすれば，第1・第2の方法は倒産手続の中で担保権として位置づけられるのに対し，それらを併用する第3の方法ではなぜ担保権ではなくなるのか，説明が困難であるように思われる。本来債務者の信用リスクを引き受けるべき権利は，いかなる技巧的な法律構成がされているとしても，それは倒産手続では債権（＋担保権）として扱われるのが筋であろう。

また，伊藤論文は「倒産法的再構成」という考え方に依拠されて議論を展開している（伊藤論文7頁以下）。この考え方は理論的な説明概念としては魅力的なものであるが，そのまま解釈論の根拠としていくことには疑問もあるように思われる。これが仮に解釈論として，倒産手続外では所有権であるものが倒産手続では担保権として扱われるということを正面から肯定するとすれば，その根拠はどこにあるのか，疑問を否めない。実定法の規定（たとえば会社更生法2

条10項）は，平時の担保権性を前提として初めて倒産時も担保権として扱われるという趣旨を示している。非典型担保などの場合に所有権と担保権の両方の性質を有する実体法上の権利のどちらの側面を重視していくかという問題設定はありうるが，平時と倒産時の権利の性質が完全に異なるという理解は，解釈論としては採用し難いのではなかろうか[32)]。

次に，各論として，伊藤論文は，本件契約とリースとの比較の中で，いくつかの点を指摘している。網羅的に検討することはできないが，重要な点を中心に検討したい。まず，伊藤論文は，法形式と実体の乖離として，共有期間満了後の事業者の所有権の取得の点で，契約上は終始リース会社が所有権を保有するリース契約との差異を論じる（伊藤論文12頁）[33)]。しかし，リースでもユーザーに買受権が付与されている場合はあり，この点は決定的な差異とは言い難い。そもそもそのような所有権の取得が相手方に保障されていれば，より一層担保的な性格が強まるように思われる。その意味で，所有権留保等とむしろ類似性が生じるからである[34)]。

次に，更生債権者等の合理的期待として，伊藤論文は，事業者の共有持分に担保権を設定できることで，債権者の期待の保護としては十分とする（伊藤論文12頁以下）。しかし，それだけでは，実質的に担保であることが明らかな契約についてなぜ所有権性を承認しなければならないか，その理由は説明できないと思われる。このロジックが当該物件の残存価値を担保として利用できる場合には他の債権者の期待を害さないという趣旨であるとすれば，譲渡担保等であっても他の債権者は後順位の譲渡担保を設定できる（その意味で残存価値を利用できる）ので[35)]，担保と構成する必要はないという帰結にもなりかねない。しかし，そのような理解が一般にとられていないことは明らかであろう。

---

32)　この点については，本書第2章38頁以下参照（そこでは，このような契約を「両性的契約」と位置づけ，倒産法において一定の態度決定がされれば，実体法上の性質もそれに従って決定されるものと論じている）。

33)　この点は，共有期間満了時の持分の譲渡としても同旨が論じられている（伊藤論文17頁参照）。

34)　前述のように，本件契約による担保はリースと所有権留保等との中間的な形態と見ることができよう。

35)　判例はこのような後順位の譲渡担保の有効性を承認している。最判平成18・7・20民集60巻6号2499頁参照。

また，伊藤論文は，事業者の債務不履行等の場合の将来のリース料等について，その支払を義務づける契約条項が存しないことを論じる（伊藤論文13頁）[36]。しかし，前述のように，この契約の総体を実質的に見れば，目的物の使用と関わりなく投下資金を回収できる地位が公団等に保障されていることには疑いがない。すなわち，順調に事業が継続される場合には使用料の支払という形で，船舶が沈没等した場合には保険金からの控除という形で，債務者の弁済が不可能になった場合には共有持分権の買取請求又は相手方共有持分の買取りという形で，投下資金（融資元本＋それまでの利息相当額）の回収が可能になっている。なお，仮に担保権の実行において投資資金の全額が回収できない場合が一部残るとしても，それによって直ちに担保性が否定されるわけではない。担保権を実行した後の残債権を主張できない条項を含むいわゆるノン・リコースローンの場合には，担保目的物の価値を超えて残存債権を行使できないことになるが，それでも担保付融資であることは明らかである（更生手続では更生担保権として扱われる）。また，本件契約では，公団等の持分の買取りについては公団等の行っている減価償却の方法による現在価額とし，実質的に融資債権元本を顕在化させることが可能とされ，逆に事業者の持分を買い取る際には，定額償却法による現在価値か時価のいずれか低い額とされ，公団等持分と合わせた処分による担保権の実行の容易化を図っているものである[37]。このような契約の全体的構造からすれば，形式的な契約条項の記載から双方未履行契約性が主張されることには疑問を否めない。

さらに，伊藤論文は，公団等の債権を更生債権として扱うことの不公平性として，公団等の担保が共有持分についてのみの担保であることから，船舶全体について担保権の効力が及ぶ担保物権方式よりも不利な地位に置かれて不当であるとされる（伊藤論文17頁以下）。しかし，これは公団等がそのような法形式を選択したことの帰結であり，船舶抵当権ではなくこのような所有権担保の構

36）　なお，伊藤論文が双方未履行双務契約の要件としての牽連性として論じる点（伊藤論文15頁以下）も，実質的にはこれと同旨の問題を裏側から論じているものと思われる。

37）　本来であれば，いずれも共有持分の評価であり，同じ基準が用いられるべきように思われるが，このように，評価基準の使い分けがされている点にも，本件契約の技巧性が表出しているように思われる。

成には利点があると判断したものと考えられ（注16）も参照），その代償であると言えよう。そして，公団等の公共的性格を前提とすれば，政策金融としての配慮から，公団等に一定の不利益が生じることを覚悟しても，事業者に利便を与えたものと考えられよう。また，事業者持分の処分は公団等が承認するかどうかにかかっており，本件のように，事業者持分についても公団等自身が担保権を設定することがあるとすれば，船舶全体について担保権の主張を認めることは逆に相当ではないと考えられよう。

最後に，伊藤論文は，やはり更生債権として扱う場合の不公平性として，公団等の公益的な制度目的を論じられ，その目的が達せられなくなると指摘する（伊藤論文18頁以下）。しかし，他の政策金融についても同様の公益的制度目的が存在するが，債務者の倒産時には一般的に民間債権と同じ扱いがされている。そこでは，政策目的が重要であるとか，公益性が大きいとかといった点を理由に，政策金融について優先的な扱いがされることはない。公団等の場合に，その実質が金融であるにもかかわらず公益性を理由にその所有権性を倒産手続でも認めるとすれば，他の民間の所有権担保との均衡を害し，市場原理を損なう結果となる。公団等の制度構成を考えるについては，本来あるべき法的性質（民間であればそのように取り扱われる性質）をまず前提として，そのような金融を政策的に行うかどうかを判断すべきものであり，公益性を錦の御旗として，本来あるべきでない法的取扱い（民間の場合とは異なる性質）を裁判所に強要することは相当とは言い難い。そして，そのような前提をとったとしても，当該政策に真の公益性があるのであれば，国民に対する説明責任を果たして正当な負担を求めることは十分可能なはずであり，「内航海運市場において新たな船舶の建造はきわめて困難となり，多数の内航海運事業者が廃業に追い込まれるとともに，国内物資の輸送に滞る」（伊藤論文19頁参照）といった事態が生じるとは考え難いように思われる。

6 おわりに

以上のような検討から，著者としては，本件契約に基づく公団等の権利は，事業者の更生手続においては，共益債権ではなく，更生債権（更生担保権）として取り扱うことが相当なものであると考えるものである。この問題については従来必ずしも議論の蓄積が多くないところに思われ，文字どおりの拙稿であるが，議論の契機となり得れば幸いである。

（初出：関西法律特許事務所開設45周年記念論文集『民事特別法の諸問題
第5巻（上巻）』（関西法律特許事務所，2010年）271頁以下）

［補論］　本章は，前述のように（注2）参照），具体的な更生事件における著者の意見書を基礎としたものである。ただ，著者が意見書を提出した事件はいずれも和解によって終局しており，裁判所の見解は示されていない。しかるに，ここで論じた法律問題は，海運会社の倒産手続（更生手続）においては常に生じうるものであり，実務的な意義は大きい。加えて，本章がしばしば本書第2章に言及しているように，この問題は倒産法の基礎理論との関連性も大きいものがある。さらに，本書第5章や第13章において論じられているファイナンス・リースや証券化の問題とも関係しており，それらの応用問題としての性格も有する。以上のような意義を考慮し，問題自体はかなり特殊な類型に関するが，あえて本書に収録したものである。

V　特殊な倒産手続

第 12 章

保険会社に対する更生特例法適用の諸問題

1 はじめに

いわゆるバブル経済崩壊後，従来倒産という事象がおよそ現実的なものとしては想定されていなかった事業体が経営破綻に陥る事態が頻発している。その中でも，1つの社会問題となっているのが，保険会社の倒産の問題である（なお，以下では，実際に問題の多い生命保険会社を主に念頭に置く）。保険会社は，保険料の支払の対価として，保険事故が発生した場合に保険金を給付する債務を負担する保険事業を行うが，保険金の支払に備えて保険料から契約者のために責任準備金を積み立てていく。そして，保険契約者に対して一定の利率を予め約束し（これを「予定利率」という），当該利率に応じて責任準備金を積むため，景気動向等に基づく利率の変動によって，当初約束していた利率での資金運用が困難となる場合には，損失が発生する（いわゆる逆ザヤの問題である）[1]。しかるに，生命保険の場合，保険契約者に約束するのが 20 年～30 年に及ぶ超長期の利率であるのに対し，実際の資金運用はいかに長期のものであるとしても，それほどの長期にわたって利率を固定するのは困難と見られる。その結果，運用側では利率水準の変動を避けることはできず，逆ザヤ問題の発生の可能性が常にある[2]。そして，多くの生保会社はバブル期の高金利時代にきわめて高い

1）　このように，利率を予め約束するのではなく，実際の資産運用の結果に応じて責任準備金が変動するのが，いわゆる変額保険などの特別勘定商品である。

2）　このようなリスクを軽減するため，利率のスワップ等のデリバティブ取引が近時盛ん

水準の予定利率を設定して契約をしていたため，その後の長期にわたる政策的な超低金利水準の中で経営体力を徐々に喪失していくことになった。しかるに，契約者の同意なしに予定利率を一方的に変更することはもちろん許されず[3)]，保険会社の経営破綻が現実の問題となってきたものである[4)]。

このような形で破綻状態になった保険会社の倒産を処理するについても，もちろん一般の倒産手続は適用になる。しかし，従来既存の倒産処理手続で保険会社の破綻を処理するには，いくつかの点で不都合があった。第1に，保険会社（特に生命保険会社）の一部は相互会社という特殊な組織形態をとっており[5)]，利用できる法的倒産処理手続の種類が限定されていた点が指摘できる。従来は，破産・和議・会社整理・特別清算の利用が認められていた[6)]が，会社更生法は適用にならなかった。しかるに，一般消費者を債権者とする事業体の破綻で，破産や特別清算など清算型の手続によることは大きな混乱をもたらし一般に望ましいとは思われず，また従来の和議手続が信頼性に乏しい手続であったこと[7)]に鑑みると，大規模企業の破綻処理に有用な更生手続を利用できないことは致命的であったと言える。第2に，仮に株式会社組織の保険会社であっても，実際に更生手続を利用するにはいくつかの問題があった。保険会社の更生手続では，多数の契約者が債権者として登場するが，数百万人にも及ぶ債権者を適切に手続に乗せる枠組みは会社更生法には存しない。また，より実体的な側面でも，保険契約の特殊性に鑑み，通常とは異なる取扱いを要する場面が存

であるが，それでもリスクを消滅させることはできないと見られる。

3)　近時，総代会等の議決によって予定利率を変更することを可能にする法改正が金融審議会等で議論されたが，むしろ多くの保険会社は，契約者の信頼を喪失し保険離れを促進しかねないことを警戒して反対に回ったために実現しなかったという事実は，この問題の解決の困難性をよく示しているように思われる。

4)　もちろん保険会社の経営破綻の原因は逆ザヤ問題だけではない。バブル後の倒産事件の一般的特色である財テク投資の失敗（株式や不動産の価格の暴落等）なども大きな原因となっていることは否定できない。

5)　相互会社については，山下友信「相互会社の法的構造」商事法務1436号（1996年）37頁以下など参照。

6)　この点につき，山本弘「保険会社の経営破綻の処理手続」ジュリ1080号（1995年）14頁など参照（但し，整理能力については，争いもあったようである）。

7)　民事再生法の制定によりこの問題は相当程度解消された。しかし，後述のように，生命保険契約者に一般先取特権を付与することを前提にすれば，一般優先債権を手続の外に出す再生手続は，その意味で利用できなくなる。この問題については，***3***参照。

在する。典型的には，管財人に保険契約の解除権を付与することは，保険の団体性に反し，契約者の利益を著しく害するものとして妥当とは思われないが，一般法の枠組みの中でそれを解釈により規制することには困難が否めない。このように，保険会社を実際に更生手続に乗せていくためには，手続的・実体的にさまざまな特則が不可欠となろう[8)]。第3に，将来のリスクを回避することを目的とする保険契約の特質に鑑み，保険会社の破綻にもかかわらず契約の継続性を担保し，最低限度の保障水準を維持する必要性がある。保険会社の破綻によって，今まで支払ってきた保険料に見合う保障が一切得られなくなったり，保障水準が大幅にカットされたりすれば，個々の契約者の将来の人生設計に大きな影響を与えるとともに，場合によっては公的な保障制度に負担が及ぶおそれもある。そこで，保険会社の破綻にもかかわらず一定の水準の保険給付を保障することが必要になると考えられるが，既存の倒産手続ではそのような担保は何もない。破産になれば，保険契約は原則として解消されるし，更生手続等再建型手続で仮に契約が継続されるとしても，権利の大幅なカットは避け難いのが一般である。したがって，保険契約の保護という側面からも何らかの特則がなければ，法的倒産手続の利用は現実的ではないということになる。

以上のように，理論的には保険会社の破綻処理に法的手続の利用が可能であったとしても，実際には，そのような選択肢は従来ないに等しいものであったと言えよう。しかし，上記のような経済状況の中で破綻処理の現実的な必要性は高まってきた。そこで，最初に試みられたのが，行政的な処理スキームを充実させ保険契約の継続保護の措置を図るものであった（この点については，***2*** ⑴・⑵参照）。しかし，このようなスキームには大きな欠点があった。それは，契約者以外の債権者の権利の内容について原則として変更することができないという点であった。業法上のスキームでは，契約者の権利については包括移転の際に条件変更を多数決によって行うことができるが，債権者の権利は変更できないことが前提となる。この点は，保険会社に対する一般債権が取引債権や賃金債権など契約者の権利に比してそれほど重要ではなかった時代には，実際

8）　このような特則の必要性・範囲等を詳細に検討する萌芽的研究として，後の立法作業等にも大きな影響を与えたものとして，高橋宏志ほか「特集・保険会社の経営破綻と倒産法制」ジュリ1080号（1995年）6頁以下参照。

上大きな問題ではなかった。しかし，保険会社の経営基盤の安定等のため，相互会社における基金の充実のほか，特に外部から劣後ローン・劣後債の形で大量に資金が導入された結果[9)]，一般債権の額は無視できない水準となってきた[10)]。このような状況の中で，業法による破綻処理を行い，金融機関や大企業が有する劣後ローン等が無傷で保護される一方，保険契約者の権利が大きく削減されるとすれば，世論の強い批判を受けることは必至であるうえ，理論的に見ても望ましい破綻処理とは到底言い難いであろう。そこで，上記のような問題点を克服した上で，保険会社についても，契約者の権利以外の権利を縮減するため，法的倒産処理手続を適用する必要性が強く認識されるに至り，今般の「金融機関等の更生手続の特例等に関する法律」（以下，「更生特例法」または「法」という）の改正による保険会社の特則の制定に至ったものである。

今回〔平成12年〕の更生特例法の改正は，活発な議論に基づいて諸方面の利害を調整しながら進められた結果，十分合理性のある手続が創設されたものと考えられる。しかし，立法作業が進められている最中から一部の保険会社につき経営破綻の噂が流れるなど時間との競争の中で立法作業が進められたという側面も否定できない。また，その規定の中には，倒産実体法の本質に迫るような理論的問題を内包していると見受けられるようなものも存在するが，必ずしも詳細な理論的検討を加えた上で規定がされたものとは言い難い。さらに，法施行直後に実際に更生手続を申し立てた例が複数現れ，実務の運用の中でもさまざまな問題が生じたようである。そこで，本章では，更生特例法の保険会社に関する特則について，その解釈論的な問題について若干の検討を加えるとともに，その理論的な射程を検討し，さらに実務的に生じた課題を踏まえて若干の立法論的な検討もしてみたい。更生特例法の改正過程に若干関与した者として[11)]，今後の議論の進展にいささかなりとも寄与することができれば幸甚で

9)　このほか，デリバティブ取引の活発化により，デリバティブの負け分が一般債権として多額に発生する懸念も示されていた（実際，財務状況が悪化した保険会社が状況の判明を先延ばしにする等のためにハイリスクのデリバティブを利用し，傷口を深くするような事例も現に生じていたようである）。

10)　実際の破綻例でも，後述のとおり，一般債権は，千代田生命では1,733億円，協栄生命では457億円に達しており，その大半が（基金を除けば）劣後ローン・劣後債であったとされる。

ある。

以下では，本論の前提として，更生特例法改正に至る経緯（*2*参照），更生特例法における保険会社に係る特則の概要（*3*参照），保険会社倒産処理の実例（*4*参照）についてそれぞれ簡単に概観した後，まず更生特例法の規定について，特に実体規定の部分の解釈について述べる（*5*参照）。この部分は，条文を一読してその内容が必ずしも明らかではないところも多いが，著者なりに一定の解釈を示してみる。次に，やはり更生特例法の実体部分については，従来の倒産実体法の理解からは相当に大胆な規定も多いところ，そのような規定が一般倒産実体法理論に及ぼしうる影響について検討を加える（*6*参照）。最後に，実際に更生特例法が適用された事件の中で，さまざまな法律問題[12)]が発生してきたとされる[13)]ところ，そのような実務上の問題について，どのような解釈論が可能であるかにつき検討し，さらに一部の問題については立法論的な対処が必要なものもあるように思われるので，若干の立法論的な検討をも加えてみる（*7*参照）。

2　更生特例法改正の経緯

今回の更生特例法の改正による保険会社に関する特則の導入に至るまでには，さまざまな経緯が存した。以下ではまず，更生特例法の規定内容の理解に必要

11）　著者は，平成8年12月から平成9年12月まで保険審議会の下に設けられた支払保証制度に関する研究会の委員として契約者保護機構制度の設立等に関する審議（*2*(2)参照）に参加し，さらに平成11年8月から同年12月まで金融審議会第2部会保険の基本問題に関するワーキンググループの専門委員として更生特例法の改正等に関する審議（*2*(3)参照）に参加した。

12）　実務上発生した困難な問題の一端については，協栄生命管財人であった高木教授の論稿（高木新二郎「更生特例法による生命保険会社の再建」債権管理93号（2001年）22頁以下）や千代田生命管財人であった坂井弁護士の論稿（坂井秀行「更生特例法に基づく千代田生命の再建処理への道筋」債権管理93号2頁以下）が特に興味深い。

13）　このような実務的な問題については，実際の事件に関与された方のインタビューにより知ることができた。多忙の中，著者のインタビュー調査に協力を頂いた高木新二郎教授（協栄生命管財人・大成火災申立代理人），坂井秀行弁護士（千代田生命管財人），三村藤明弁護士（同管財人代理），近藤泰明弁護士（同管財人代理），片山英二弁護士（千代田生命・協栄生命申立代理人）にこの場を借りて厚く御礼を申し上げる。

な範囲で，ごく簡単に従来の経緯について概観しておく。

⑴　平成８年保険業法改正

*1*でも見たとおり，保険会社について一般的な経営状況の悪化が進む中で，その破綻処理の法的枠組みが必要である旨のコンセンサスが醸成されていったが，最初に検討された法整備の方向は，既存の保険業法（業法）上の行政的破綻処理手続の充実であった。すなわち，従来から業法上の手続として，経営破綻保険会社の処理および契約者保護のための手続として契約移転・合併の手続があったが，それについてはさまざまな問題点が指摘されていた。たとえば，大蔵大臣の決定によって保険会社の意思に反してまで契約移転を命じうることや大蔵大臣が行政処分によって保険金額の削減等保険契約者の権利内容に変更を加えうるとされていることなどが法制的に問題があるとされていた[14)]。また，金融機関における預金保険のようなスキームがなく，保険契約者の保護の点でも問題があった。

そこで，平成８年の保険業法の改正[15)]において，保険会社の経営危機対応制度として，まず契約移転・合併の手続が合理化された。すなわち，上記のような問題点に鑑み，大蔵大臣の契約移転命令に代えて合併・移転協議命令の制度が導入され，さらに行政命令による契約条件変更の制度は廃止された。そのほか，保険契約者の異議申立成立要件等についても合理化が図られている。また，同じくこの改正によって保険契約者保護基金が設立されることとなった。同基金は，保険会社を事業参加者として構成される民法上の公益法人であるが，すべての保険会社に参加が強制されるものではなかった。その業務の中心は，救済保険会社に対する資金援助であった。すなわち，破綻保険会社を救済する保険会社（救済保険会社）が現れる場合には，包括移転や合併，株式取得といった手続がとられるが，通常は破綻会社には保険契約を十分履行できるだけの資産がないと考えられるので，保険契約者保護基金が，救済保険会社に対して，

14)　この点につき，山下友信「保険業法等の改正について（下）」ジュリ 1052 号（1994 年）100 頁など参照。

15)　平成７年法律 105 号として，平成７年６月７日に公布，平成８年４月１日に施行されている。同改正の経緯・内容等の詳細については，東京海上火災保険株式会社編『損害保険実務講座〔補巻〕保険業法』（有斐閣，1997 年）１頁以下など参照。

金銭の贈与，資金の貸付等の資金援助を行うことによって保険契約の承継を容易にすることとしたものである[16]（同改正に基づき，損保業界は損害保険契約者保護基金を創設し，生保業界は生命保険契約支援制度という名称によって保護基金制度を運営することにした）。

(2)　保険契約者保護機構の設立等（平成10年改正）

以上のような新たなスキームの下，実際に，戦後最初の保険会社の破綻事件であった日産生命の破綻処理がされた（*4*(1)参照）。しかし，平成8年保険業法改正における保険契約者保護基金制度は，当座の対処にとっては有用であったものの，恒久的な枠組みとしては必ずしも十分な制度ではないとの認識が一般的であった[17]。特に，同基金制度は救済保険会社が現れることを発動の前提にしていたが，保険会社を取り巻く当時の状況からは救済会社が現れない事態も十分に想定でき[18]，その場合にも，明確なルールの下で保険契約者の保護を図ることが不可欠と考えられた。そこで，平成8年10月の保険審議会において支払保証制度の検討を行うことが決定され，大蔵省銀行局保険部において「支払保証制度に関する研究会」（座長：倉澤康一郎教授）を立ち上げ，平成9年12月まで検討を行い，さらに保険審議会における審議を経て，いわゆる金融システム改革法（金融システム改革のための関係法律の整備等に関する法律〔平成10年法律107号〕）により保険業法が改正され，新たに保険契約者保護機構が設立されるに至った。

新たな制度においては，保険会社はいずれかの契約者保護機構に加入することが義務付けられる強制加入の仕組みがとられている[19]。そして，救済保険会社が現れる見込みがない場合には，保護機構に対して破綻会社の保険契約を包括移転することを可能としたものである。その際には，保険金額の削減など

16)　資金援助手続の詳細については，東京海上火災保険株式会社編・前掲注15）214頁以下参照。

17)　同改正に関する国会の審議過程でも，衆参両院の附帯決議の中で，支払保証制度の充実のための検討が望まれていた。

18)　実際，日産生命の事件では，受け皿会社が現れず，生命保険協会が各加盟会社の出資によって，あおば生命保険株式会社を設立して受け皿としたものであった。

19)　実際には，1998年（平成10年）12月に設立された生命保険契約者保護機構と損害保険契約者保護機構に分かれている。

契約条件の変更が保険業法の規定に従って行われることが前提となるが，新たな支払保証制度による補償の対象となるのは，保険契約者のために積み立てられた責任準備金のうちの一部（原則として90%）とされた。これは，保険契約の性質上，預金の場合のように一定額を補償対象とすることは困難と考えられたものの，契約者に対しても一定の自己責任を問い，モラルハザードを防止するために，責任準備金の一定率に限定して保護することとしたものである。また，救済保険会社が現れたときには，従前と同様，保護機構が資金援助をすることによって対処されるが，この場合の資金援助額についても，原則として前記のような補償水準が考慮されることになり，契約者には前記と同等の補償が確保される。このような形で整備された支払保証制度の下で，その後の破綻処理（東邦生命，第百生命，大正生命）がなされていった。

⑶　更生特例法改正等（平成12年改正）

以上のような形で，業法上の行政的な破綻処理の枠組みは整備されていったが，そこにはいくつかの大きな問題があった。その最大の点は，保険契約者以外の一般債権者の権利削減が困難な点にあったが（この点については，*1*参照），他にも，行政主導の手続における適時の手続開始の困難性，手続の厳格性・透明性への疑問，処理手法の限定，生命保険契約者保護機構の財源に対する懸念等が指摘されていた[20)]。特に，最後の財源の点では，保護機構の事前積立限度額が4,600億円とされていたところ，東邦生命等の破綻処理によってその財源はほぼ枯渇するに至っていた。以上のような状況の中で，前記支払保証制度の検討の際に積み残しの状態となっていた[21)]倒産手続との連携について本格的な検討の必要が認識されるに至り，平成11年8月，金融審議会第2部会に「保険の基本問題に関するワーキンググループ」（座長：山下友信教授）が設置さ

20)　これら業法上の処理手続の問題点につき詳しくは，丸山高行「生保破綻処理における保険契約者の権利保護」河野正憲＝中島弘雅編『倒産法大系』（弘文堂，2001年）277頁以下参照。

21)　前記支払保証制度に関する研究会の報告書の末尾では，「倒産手続との連携については，検討に少なからずの時間を要する論点があるが，今次研究会では保険会社の破綻処理におけるその重要性が深く認識されたところであり，当局において，制度創設後，今後の倒産法制全般にわたる抜本的見直しの作業をも踏まえつつ，会社更生的な手続を含め，引き続き検討し，早期に実現されることを強く要望したい」とされていた。

れ，同年12月，「保険会社のリスク管理と倒産法制の整備——中間とりまとめ」が発表された。これを踏まえて，保険業法及び更生特例法の改正法案が国会に提出・可決され，平成12年6月30日に施行された。

今回の改正のうち，更生特例法の改正がまさに本章の検討対象となるものであるが（その概要につき，*3*参照），そのほかの改正点は以下のとおりである[22]。第1に，業法上の破綻処理制度の充実が図られた。具体的には，保険事業の継続が困難になった場合の保険会社による監督当局への申出の義務付け，保険管理人による罰則付きの調査権限の付与等その権限の強化，契約条件変更を行うことができる場合の拡充（保険契約の一部移転，救済会社による子会社化等の場合）[23]，生命保険契約者の権利に対する一般先取特権の付与などである。第2に，保護機構の業務の拡大・強化である。具体的には，保護機構の保険管理人への就任，機構出資により設立する子会社による保険契約の承継，破綻会社の契約者の保険金請求権の買取り，破綻保険会社による保険金支払のための資金援助などが可能とされるに至っている。第3に，財源問題に対する対処である。生命保険契約者保護機構の借入限度額を従来の4,600億円から9,600億円に拡大し，そのうち1,000億円を生保業界の追加負担とする一方，残りの4,000億円については，予算の定める金額の範囲内での国庫補助が可能とされた（業法附則1条の2の13）[24]。以上のような制度整備が図られたところ，法施行後に破綻した保険会社（千代田生命，協栄生命，東京生命）の事件では，いずれも更生特例法による更生手続が選択されており[25]，前記のような業法処理のさまざまな問題点を考慮し，また更生手続における運用の安定（特に，その迅速処理の運用）に鑑みれば，きわめて例外的な場合[26]を除き，今後も保険会社の破綻

---

22)　これらの点については，山下友信「保険相互会社の株式会社化と保険会社の破綻処理制度」『あたらしい金融システムと法』（ジュリスト増刊，2000年）109頁以下，丸山・前掲注20）279頁以下，山名規雄「保険業法及び金融機関等の更生手続の特例等に関する法律の一部を改正する法律の概要」金法1583号（2000年）25頁以下など参照。

23)　最終的には資金援助に至らなかったが，協栄生命は（仮に業法上のスキームで処理されたとすれば）これに該当する事案であった。

24)　但し，これは，預金保険の場合における交付国債とは異なり，必ず国会の議決を要するものである。

25)　そして，上記のような財源の拡充にもかかわらず，上記の3事件では，保護機構の資金援助は最終的には必要とされずに破綻処理がされたところである。

処理の中心は更生手続となると予想されるので，以下では，業法上の破綻処理手続にはこれ以上触れず，専ら更生特例法について検討することとしたい。

3 更生特例法における保険会社に係る特則の概要

ここでは，平成12年改正による更生特例法の保険会社に関する規定の部分について，以下の叙述の前提として，簡単にその概要を紹介する[補注1]。同規定は，大きく分ければ，相互会社について更生手続の適用を認め，その手続について規定する部分（(1)参照），契約者保護機構の手続上の権限等について定める部分（(2)参照），更生手続における保険契約の取扱い等について定める部分（(3)参照）に区分できる[27]ので，以下ではそのそれぞれについて規定の概要を紹介する。

ただ，その前に，今次改正で保険会社の特例規定を整備したのは，更生手続と破産手続とに限定され，再生手続については特例が設けられていない[28]が，その理由について簡単に述べておく。当初の議論の段階では，簡易・迅速な破綻処理を可能にする手続ということで，保険会社についても再生手続を適用することも視野に入れられていた。しかるに，その後の審議の中で，生命保険契約者の権利については一般先取特権を付与することが前提となった[29]。とこ

26） 一般債権者がいない場合や一般債権者の大半が権利削減に同意している場合などには，業法上の手続による迅速な処理が選択される余地がなくはないが，レアケースであろう。但し，後述の大正生命の事例（注50）参照）などに鑑みれば，業務運営が著しく不適切な場合に今後も業法上の処理手続が選択されることは考えられないではない。

[補注1] 本章の原論稿執筆以降，会社更生法及び更生特例法の条文番号が変動している。以下では，〔 〕内に現在の条文番号を注記することとする。

27） そのほか，第2章の2〔第4章第2節〕の「保険業を営む株式会社の更生手続の特例」の諸条項（法18条の2～同19〔357条～375条〕）があるが，その規律内容は後述(1)の相互会社に関する規律の一部と同趣旨である。また，破産手続については，第5章〔第6章〕第4節（法194条の15～同29〔530条～547条〕）に保険会社に関する特例が規定されている。

28） 金融機関等の再生手続の特例について定める法第4章の2〔第5章〕は，預金保険機構の権限及び投資者保護基金の権限に関する節のみを設け，（更生手続について定める第4章や破産手続について定める第5章〔第6章〕とは異なり）契約者保護機構の権限については定めを置かず，保険会社の再生手続については規律しないとの趣旨を示している。

ろが，民事再生法においては，一般先取特権は一般優先債権として扱われ，手続外で自由にその権利を行使することが可能とされている（民再122条）。そうすると，仮に生命保険会社について再生手続を開始してみたところで，会社の債務の大宗を占める保険契約者の権利は手続の外に出てしまうことになり，破綻処理手続として無意味になる。そこで，保険会社については再生手続による処理は法整備の対象とはしないこととされたものである[30]。

(1)　相互会社に対する更生手続の適用

更生特例法は，第3章の2〔第3章〕として「相互会社の更生手続」について規定を置く。会社更生法の適用対象は株式会社に限定されている（会更1条）ところ，保険業については，特殊な会社形態として相互会社制度が認められており（保険業18条以下），実際にも，特に生命保険会社については，その一定の割合が相互会社の形態をとっている[31]。ただ，相互会社は，その組織・機関・計算等多くの点で株式会社とは異なった規律がされている。たとえば，株式会社の資本に相当するものとして基金があるが，基金拠出者とは別に社員がおり，原則としては保険契約者が社員になるものとされている（例外的な非社員契約については，保険業63条参照）。また，機関としては，社員総会が究極的な意思決定機関であるが，それに代わるものとして総代会が設置されうる。そ

---

29)　この点は，平成8年改正前の保険業法では，株式会社の契約者には一般先取特権が認められ（旧業法32条），相互会社の契約者は逆に社員としての側面が重視され一般債権者に劣後する（同75条）という仕組みがとられていたところ，同改正の結果，ともに一般債権者と同順位に改められていたものである。

30)　論理的には，損害保険会社については再生手続による処理の余地はなお考えられないではなかったが，あえて損害保険会社についてのみの特例を設けるまでの必要性は現段階では認められないものと政策的に判断されたものと見られる。なお，優先権の付与は，「損害保険会社の保険契約については議論の余地はあるが，割り切って生命保険会社の保険契約に限定され」たものであるが（山下・前掲注22）110頁），大成火災などの事件では必ずしも劣後特約を伴わずにCPが相当額発行されていたとも言われ，これを契約者の権利と同等の扱いとすると処理が困難を増すともされ，今後なお検討を要するように思われる。

31)　生命保険協会に加入している生命保険会社は，2001年11月現在，43社であるが，そのうち，いわゆる老舗の会社を中心に11社が相互会社である。なお，これは生損保相互参入や外資参入の結果，株式会社が急増したことによるものであり，更生特例法の立法検討時にはむしろ相互会社が多数を占めていた。

のような特殊な規律を前提にすれば，相互会社を更生手続の対象とするためには，その旨の条文が必要であることに加え，以上のような相違を前提とした会社更生法の特則規定が必要になる。そこで，更生特例法において，金融機関における特殊な経営形態である協同組織金融機関（信用金庫・信用組合等）の更生手続に係る特則（法第3章〔第2章〕）に倣って，相互会社についても特則規定を定めることとしたものである。したがって，この部分の規定は，実質的には会社更生法の規定を相互会社の性質に合わせる形で書き直したものであり，その条数は149ヵ条〔当時〕に上る大部なものであるが（法160条の2～同150〔168条～340条〕），その大半が会社更生法の準用・読替規定かその内容を言い換えた書き下ろし規定であり，実質的に特則に当たる規定は僅かである。

そのような規定としてまず，申立権者について，基金総額の10分の1以上の債権者のほか，「社員総数の10分の1以上に相当する数の社員若しくは1万名以上の社員」についても申立権が認められている（法160条の12第2項〔180条2項2号〕)。会社更生における「発行済株式の総数の10分の1以上に当る株式を有する株主」（会更30条2項）に対応した規定であるが，社員の持分が観念されない相互会社の特性に鑑み，頭数要件とされた[32]上，さらに1万名という絶対数の要素も加えられた[33]。これは，数百万人に及ぶ契約者を擁する保険会社が存在することに鑑みれば，10分の1の要件が余りに過重になる事態がありうることから，1万人の契約者が集合すれば，それだけで申立権を認めることにしたものと見られる。

次に，更生手続開始後に，更生手続によらなければすることができない行為として，相互会社に特有の組織的行為である基金の募集のほか，保険契約の締結及び移転が含まれている点がある[34]（法160条の24第1項〔197条1項1号〕)。すなわち，保険契約のうち，保険契約者を社員とする契約に限っては[35]，更生手続開始後は締結できないが，これは契約者が社員となるため，組織の変更

32）　法160条の51第2項〔258条1項〕により，社員の議決権は各々1個とされている。

33）　この点は，協同組織金融機関の特則（法29条〔15条〕3項参照）とも相違するところである。

34）　このような社員権の性質に鑑み，保険契約上の債権の届出により，社員権も自動的に届け出たものとの扱いがされている（法160条の51第1項〔257条〕参照）。

35）　したがって，非社員契約については，手続開始後も締結は妨げられない。

をもたらす結果になる（株式会社であれば，新株の発行に相当する結果となる）からであると見られる。また，契約移転も，同様に社員の移転を必然的に伴うため，組織上の行為に該当すると考えられた結果と推測される[36)]。ただ，これが更生会社の業務継続にとって実際上大きな阻害要因となりうるものであり，立法論的検討を要することは後に述べる（*7*(3)参照）。

最後に，組織法上の規定についても，通常の更生手続とは異なる特則が設けられている。たとえば，更生債権等に代える基金の引受けが認められ（法160条の89第1項〔263条3号〕），また相互会社から株式会社に組織変更をする場合の規定が存在する（法160条の97以下〔266条〕。その場合に，併せて株式交換（法160条の99〔267条〕）や株式移転（法160条の100〔268条〕）により，完全子会社化の可能性も認められている）[37)]。また，保険契約の移転についても，更生計画ですることができるものとされる（法160条の115〔302条〕。なお，株式会社である保険会社の更生手続についても同旨の特則がある。法18条の10〔366条〕参照）。ここでは，保険業法137条の規定が適用除外とされ，契約者の異議申立手続は適用にならず，更生計画の議決によって契約の移転が可能となることとされている。

(2)　保険契約者保護機構の権限等

次に，更生特例法第4章「金融機関等の更生手続の特例」の規定であるが，この部分は，先行する金融機関及び証券会社に関する更生手続の中での監督庁や預金保険機構・投資家保護基金の権限を保険会社についてほぼそのまま横滑りさせたものである[38)]。まず，第1節〔第3節〕「監督庁による更生手続開始の申立て等」は，監督庁の手続上の権限について定める[39)][補注2]。ここでは，

36)　法160条の86第2項〔197条1項8号〕において，更生計画に定める条項の中に，保険契約の移転が含まれている。

37)　また，株式会社である保険会社が更生計画により相互会社に組織変更する可能性も認められている（法18条の8〔360条〕参照）。

38)　したがって，その内容の詳細も金融機関等の場合と基本的に同様である。金融機関の場合の特則の意義等については，たとえば，内堀宏達＝川端正文「金融機関の更生手続等の概説」NBL 612号・613号（1997年）など参照。

39)　なお，この部分については，証券会社は対象となっていない。その意味で，保険会社は，監督庁の権限法制上，金融機関と同等の取扱いを受けているものである。

〔補注2〕　平成25年の更生特例法改正により，証券会社（金融商品取引業者）の更生手

他の手続の中止命令の申立権（法162条〔380条〕），保全処分の申立権（法163条〔381条〕），更生手続開始申立棄却決定に対する即時抗告権（法164条〔378条〕）がそれぞれ定められているが，最も重要なものは，監督庁の更生手続開始申立権である[40]（法161条〔377条〕）。申立事由は，「破産手続開始の原因となる事実が生ずるおそれがあるとき」に限られ，当該申立権は実質的には債権者申立ての性質を有するものと位置づけられている[41]（但し，開始原因事実の疎明に関する会社更生法33条1項〔20条1項〕は適用除外となっているが（法161条4項〔377条5項〕），これは監督庁申立てには申立権濫用のおそれが定型的にないことによる）。そして，一定の場合に申立てについて財務大臣との協議が必要とされる点も金融機関の場合と同じであるが，その必要のある場合及び協議の対象は，金融機関の場合の「信用秩序の維持」（法161条2項〔377条2項〕）に対し，「保険業に対する信頼性の維持」（法161条3項〔377条4項〕）が問題とされる点が特徴的である。

他方，契約者保護機構の権限については，第4章第4節〔第6節〕第1款に定めがある。ここで重要な規定としては，まず保険契約者等に対する通知の特例がある（法177条の16〔423条〕）。これは，手続開始決定等については保護機構に対して通知をすれば足り，個別の契約者に対して通知することを要しないとするものである。これによって，膨大な数に上る契約者への書面送付の負担が回避され，円滑かつ迅速な手続進行が可能とされる。次に，保護機構による手続代理に関する諸規定がある。すなわち，債権届出については，保護機構が保険契約者表を作成し（法177条の17〔428条〕），それを裁判所に提出すること（法177条の18〔429条〕）により，契約者の債権届出があったものとみなされる（法177条の19〔430条〕）[42]。そして，保護機構は，当該契約者（保護機構代理保

続も監督庁の申立権の対象とされた（法377条1項参照）。同改正の趣旨については，山本和彦「金融機関の秩序ある処理の枠組み」金法1975号（2013年）26頁以下参照。

40）　この点については，責任準備金基準による破綻危険度の早期判定制度および保険計理人（アクチュアリ）の将来収支分析の規制強化による保険業の継続が困難である旨の監督当局への通知の制度等が実質的に重要な意味を持つ（保険業241条3項参照）。

41）　また，債権者申立ての際の会社代表者の審尋に関する会社更生法36条〔22条2項〕も準用されている（法161条6項〔377条6項〕）。

42）　その前提として，裁判所は，債権届出期間を定めるについて，あらかじめ，保護機構の意見を聴取しなければならないものとされている（法177条の15〔421条〕）。

険契約者）について，更生手続に属する一切の行為をすることができるものとされる（法 177 条の 21〔432 条〕）。他方，そのような手続代理について，契約者の手続権を保障する措置として，①保険契約者表の縦覧[43)]（法 177 条の 17〔428 条〕第 2 項以下）に基づき，契約者はその内容等について保護機構に異議を述べうること，②保護機構の代理から逃れ，自ら裁判所に届け出て更生手続に参加できること[44)]（法 177 条の 20〔431 条〕），③保護機構の代理権について一定の制限が加えられていること[45)]，④保護機構が更生計画について議決権を行使するに際しては，同意しようとする更生計画の内容を保護機構代理保険契約者に通知・公告し，その判断に不満のある契約者に対して代理を離脱する機会を付与していること（法 177 条の 26〔437 条〕）等により担保されている。加えて，手続上このような重要な機能を営む保護機構について，その義務として，公平誠実義務（法 177 条の 22〔433 条〕第 1 項）及び善管注意義務（同条 2 項）が課されている。

⑶　更生手続における保険契約の取扱い等

保険会社に関する更生特例法の特則の最大の特徴である点は，第 4 章第 4 節〔第 6 節〕第 2 款の「保険会社の更生手続における保険契約の取扱い等」における諸規定である。この部分の解釈論的・立法論的・理論的な検討がまさに本章の課題であり，以下で詳細な検討をすることとして，ここでは，その前提として簡単にその概要について紹介しておく。

まず，管財人の解除権に関する特例として，保険会社を保険者とする保険契

43)　実際には，保険契約者表が CD－ROM で提出され，パソコン画面に当該縦覧者の議決権額等を表示する方法で行われたが，縦覧者は僅少であったとされる（櫻井・後掲注 54）43 頁参照）。

44)　実際の手続で本条による参加届出をした保険契約者は，保護機構により代理された数十万人から数百万人のうち，数十人から百数十人のレベルに止まったようである。

45)　金融機関等に関する規律との相違として，機構による代理が外れる更生債権等確定訴訟の場合として，保護機構が異議を述べた場合のほか，保険金請求権や損害塡補請求権が問題となる場合が挙げられている点がある（法 177 条の 21〔432 条〕）。このような場合には，保険事故の有無や告知義務違反など個々の保険契約に関する事由が確定訴訟の争点となることが多いところ，保護機構が代理することは適当でなく，また実際上も困難だからであると見られる。

約について，会社更生法103条〔61条〕の適用を排除した点がある（法177条の28〔439条〕）。管財人が保険会社にとって不利な契約を解除することによって，再契約の困難な契約者の契約のみが解除されることによる社会的な問題を回避し，保険契約の団体性を維持することを目的とする[46]。

次に，補償対象保険金の弁済に関する特例として，更生会社が保護機構と資金援助契約を締結した場合には，補償対象保険契約に係る保険金請求権等を手続中でも随時弁済することを可能とした点がある（法177条の29・177条の30〔440条・441条〕）。保護機構による債権買取り等の措置を要することなく，保険契約者の保険金の支払を確保するための措置である。

第3に，保険契約に係る権利の届出・調査・確定に関する特例として，保険契約の場合は保険契約上の権利が多岐にわたり，かつ，債権者も契約者と異なる場合（たとえば，第三者を保険金受取人とする保険契約等）があることなどに鑑み，債権の届出・調査・確定の手続を簡易化し，また届出がない場合にも更生計画の対象とすることを認めた点がある（法177条の31・177条の32〔442条・443条〕）。

第4に，保険契約に係る債権の評価について，その基準を明らかにした点がある。具体的には，生命保険契約については，更生手続開始時に被保険者のために積み立てた金額（いわゆる責任準備金）とし，損害保険契約については，未経過保険料と更生手続開始時に払戻積立金として積み立てた金額の合計額とされる（法177条の33〔444条〕）。保険契約の場合には，単純な金銭債権とは異なり，その評価の基準が一義的には明確とならないので，立法によりその明確化を図ったものである。

最後に，保険会社の更生計画に関する規定がある。具体的には，①同種の保険契約については，更生計画の中で，責任準備金の積立方式及び責任準備金の計算の基礎となる係数（予定死亡率，予定利率等）の水準について，同一の水準

46)　すでに会社更生法103条〔61条〕による解除の問題点を指摘し，解釈論による対応の方向を示されていたものとして，宮川知法「保険会社更生における保険契約関係の処遇」ジュリ1080号（1995年）35頁以下など参照。なお，破産においては，保険契約は破産宣告後3月で当然に失効する（商651条2項）ので，このような問題はないが〔現行保険法96条2項も同旨を定める〕，破産における法律関係については，弥永真生「保険契約と倒産」『倒産手続と民事実体法』（別冊NBL 60号，2000年）62頁以下など参照。

を用いても，債権者平等原則に反しないこと（法177条の34〔445条〕第1項），②更生手続開始決定後に発生する解約返戻金等の債権について，他の保険契約上の債権に比して不利な条件を定めても，債権者平等原則に反しないこと（いわゆる早期解約控除の容認。同条2項），③更生手続開始決定後に収受した保険料により積み立てるべき責任準備金に対応する保険契約者の権利については，更生計画で減免等の権利変更が許されないこと（同条3項〔4項〕）が規定されている[補注3]。いずれも，保険契約の特性に応じて発生する更生計画条項に関する疑義を予め防止するものである。

4　保険会社倒産処理の実例

(1)　概　　要

2001（平成13）年11月までに，7社の生命保険会社と2社の損害保険会社とが経営破綻に陥った47)[補注4]。まず，1997（平成9）年に戦後最初の破綻事例として，日産生命保険相互会社について，初めて保険業法上の破綻処理の手続がとられた。この手続は具体的には以下のような形で進められた。まず，1997年4月，大蔵大臣（当時。現在の制度では内閣総理大臣）が業務停止命令を発すると同時に，保険管理人による業務財産管理命令を発した。保険管理人としては生命保険協会が選任され48)，管理命令手続の中で保険契約の包括移転が実施された。包括移転契約の締結は，1997年7月，日産生命の総代会により承認されたが，包括移転に伴う契約条件変更として，①予定利率の引下げ（一律2.75%とする），②それに伴う保険金額等の引下げ（保険料は変更せず），③早期解約控除制度の導入（当初15%，7年間）というものであった（当時の制度を前提に，責任準備金の削減は行われていない）49)。契約者による異議申立手続では，移

［補注3］　このほか，現行更生特例法445条3項は，いわゆる特別勘定に係る更生計画条項について規定しているが，その内容については，［補注15］参照。

47)　これらの破綻処理の詳細については，田口城「生保会社の更生手続と保険契約者の保護」生命保険経営69巻6号（2001年）86頁表1参照。

［補注4］　その後事態は相対的に沈静化したが，直近の例として，2008年10月には大和生命保険株式会社の更生事件があった。

48)　この点については，その後の業法上の破綻処理では，保険協会のほかに，公認会計士及び弁護士も管理人として選任されている（いわゆるトロイカ方式）。

転対象契約者111万余名に対し，反対者は4,211名に止まり（積立金額ベースで0.91%），異議申立ては不成立となり，1997年10月，あおば生命（注18）参照）に対する保険契約の移転は認可された。あおば生命に対する保護基金からの資金援助としては，約2,000億円が提供されたとされる。

その後，金融システム改革法に基づき1998（平成10）年に改正された保険業法（*2*(2)参照）の下で，1999年6月に東邦生命保険相互会社，2000年5月に第百生命保険相互会社，同年8月に大正生命保険株式会社[50)]の破綻処理手続が行われた（その他，損害保険会社として，2000年5月に第一火災海上保険株式会社についても業法上の処理手続が行われている）。その基本的なスキームは，上記の日産生命のケースをモデルとしたものであったが[51)]，新たなシステムの下で契約者の責任準備金についても一定の削減がされた（いずれも90%に削減）。それでも，保護機構の負担は多額に上り，東邦生命については，その受け皿となったジー・イー・エジソン生命に対して約3,660億円という巨額の資金援助がされ，保護機構の財源は一気に枯渇に瀕することとなった（その後，第百生命につき約1,450億円，大正生命につき約262億円の資金援助がされ，国庫負担を除く限度額である5,600億円はほぼ蕩尽された）。

以上のような状況を受けて，2000（平成12）年6月，改正更生特例法が施行され，保険会社についても更生特例法の適用が可能となった。その後，2000年10月に，千代田生命保険相互会社および協栄生命保険株式会社が破綻し，さらに，2001年3月には東京生命保険相互会社が破綻したが，これらについてはいずれも更生手続が選択された（また，損保会社についても，2001年11月，大成火災海上保険株式会社が更生手続開始を申し立てた）。前述のように，更生特例法が業法上の処理手続の問題点を打開するために改正されたものであるとすれ

49）以上のような措置の結果，保険契約者の受取年金額は，最大で約70%削減されることとなったという。

50）大正生命は，更生特例法改正後の事案であるが，同社の大株主である代表者が同社に対する詐欺罪で逮捕されるなどきわめて特殊な状況の下での破綻であったため，更生特例法による処理が困難とされたものと言われる。田口・前掲注47）87頁参照。

51）いずれも契約の包括移転がされ（東邦生命2000年3月，第百生命2001年4月，大正生命2001年3月），その際に予定利率は，東邦生命では1.5%，第百生命・大正生命では1.0%に引き下げられ，いずれの手続においても8〜10年の早期解約控除条項が設けられた。

ば，このような帰結は妥当なものであったと評価できよう。加えて，裁判所・申立代理人・管財人等の努力の結果，更生手続はきわめて迅速に進行し，また保護機構に対する資金援助を求めることもなく更生計画が認可遂行されるに至っている。その意味で，更生特例法はほぼ所期の目的を達していると評価することが可能であろう。今後の破綻処理も更生特例法上の手続を機軸として行われることは必至と思われる。そこで，以下では，更生特例法適用の一種のモデル・ケースとなった最初の2つの事件として，相互会社のケースである千代田生命の事件と株式会社の事件である協栄生命の事件について，その概要を簡単に紹介してみる[52)]。

(2)　千代田生命事件（相互会社のケース）

千代田生命保険相互会社の事件は，最初に更生特例法が適用された例である[補注5]。千代田生命は，1904年（明治37年）4月に創立され，100年近い歴史を誇る老舗の独立系中堅生保会社であった。その総資産は，申立時には生保業界中9位という地位にあった。その倒産原因は，①バブル期における資産の急拡大，②バブル期におけるリスクの大きい資産運用，③バブル崩壊後の業績・財務状況の悪化，④経営不安による契約保有高の減少，⑤経営体力の限界を超えた益出し，⑥東海銀行による支援中止と信用不安による解約の急増等にあったとされる。

そのような状況の中で，千代田生命は，2000（平成12）年10月9日に更生手続の開始を東京地方裁判所民事8部に申し立て，即日保全管理命令の発令を受けた（事件番号：東京地方裁判所平成12年(ミ)第19号）。同命令は，保全管理人として坂井秀行弁護士を選任する[53)]とともに，以下のような行為・業務を保全

52)　なお，東京生命についても，2001年10月に更生計画が認可された。その内容は，後記両手続とほぼパラレルなものであるが，責任準備金の削減がされなかったこと，予定利率の引下げが2.6%に止められたこと，年間事業収益の既契約に対する配当が80%に上っていることなど，特に契約者の権利保護に厚いものとなっていることは注目される。この点が，スポンサーを早期に固定せず競争を求めたことの成果である点を強調されるものとして，田口・前掲注47）102頁参照。

［補注5］　千代田生命事件については，千代田生命更生管財人団『生保再建』（東洋経済新報社，2002年）も参照。

53)　なお，保全管理人は，就任後直ちに本手続についての基本理念として，①契約者保

管理人がするについては，裁判所の許可を求めるというものであった。すなわち，許可対象行為として，保険金・解約返戻金等の弁済禁止（個人保険・団体保険・個人年金保険等の保険金は除外されている），解約受付，新規保険契約の締結，保険契約の転換，契約者貸付，保険期間・契約者の変更，不動産の処分，借財等が列挙され，これらの行為が事実上禁じられている。保険金の弁済が基本的に要許可行為から外されている点は注目されよう[54]。

裁判所は，2000 年 10 月 13 日，更生手続開始決定を行い，更生管財人として坂井秀行弁護士を選任した。申立てから僅か 4 日後の開始決定であり，従来の会社更生実務[55]から見てもきわめて異例の対応がされたものと評価できよう[56]。開始決定においては，保全管理命令と同様，保険契約の転換，契約者貸付，保険期間・契約者の変更，不動産の処分，借財等が要許可行為に指定されたが，保険契約に基づく保険金・給付金・配当金等の弁済は開始決定の効果として当然に禁止された。管財人は，10 月 16 日，会社財産の評価を行うため，裁判所の許可の下，プライスウォーターハウスクーパース・ファイナンシャル・アドバイザリー・サービスとの間で，資産査定およびアドバイザリー契約を締結し財産評価に着手した。他方，10 月 19 日には，スポンサー候補として，世界最大級の保険金融グループである AIG（アメリカン・インターナショナル・グループ）との間でスポンサー契約締結に関する覚書を締結した[57]。それを受

護，②会社価値の最大化，③経営者責任の調査・追及という 3 点を設定したとされる。

54) 特に，保全命令発令前に保険事故の発生した保険契約（特定契約と呼ばれる）は全額支払が可能とされているが，この点は業法上の破綻処理の場合（業法 250 条 2 項・3 項）と平仄を合わせたものとされる。櫻井忠明「更生特例法の運用状況」金法 1610 号（2001 年）42 頁参照。

55) 近時の更生手続においては迅速性を重視した運用が一般的になされる傾向にあるが，近時の運用については，菅原雄二「民事再生法施行後の会社更生法運用の新たな展開」債権管理 91 号（2001 年）など参照。

56) このような早期の開始が可能であった理由として，保険会社については，①更生に関する不確定要素が少ないこと，②資金繰りに余裕があること，③金融庁から開始相当の意見が早期に得られること，④スポンサー候補が存在すること，⑤早期の手続進行の要請が強いこと，⑥保険契約の維持・存続のための制度的保障があることが挙げられている（櫻井・前掲注 54）43 頁参照）。

57) このような早期のスポンサー候補選定が行われた理由として，①保険業における経済的・社会的信用の重大性，②傷ついた信用力の回復の必要性，③営業網・営業職員の維持の必要性等が挙げられている。

けて，同日，裁判所は，事業管財人として，アリコジャパンの日本における前代表者を選任した。その後，スポンサー候補との間でスポンサー契約に関する交渉が進められた。その交渉において問題となったのは，資産・負債・無形企業価値の評価であった[58]が，価格合意の形成しえない資産については，その売却により評価額の確定が図られた。また，無形企業価値（暖簾）の評価については，他のスポンサー候補二者を加えて競争入札が実施された。そのような経過の末に，AIG との間で最終的にスポンサー契約の締結に至ったものとされる。

他方，管財業務においては，11 月 8 日，保護機構との間で補償対象保険金の支払に係る資金援助契約が締結された。これに基づき，補償対象保険金の支払が再開されることになった。その他の保険契約についても，順次個別に裁判所の許可を得て，業務・支払が再開された[59]。また，開始決定日に存した常務に関する費用としての一般更生債権については，更生手続の円滑な遂行と経営資源の確保の観点から，裁判所の許可を得て，その弁済が行われた[60]。さらに，旧経営陣の経営責任の追及のため，10 月 22 日，法律家管財人を委員長とし，外部弁護士 7 名，公認会計士 7 名からなる経営責任調査委員会が設置され，経営責任の調査がされた。その調査の結果を受けて，2001（平成 13）年 1 月 10 日，4 名の元取締役に対して，総額 71 億円余の損害賠償請求査定の申立てがされた。

本事件における更生計画の骨子は，以下のとおりである[61]。まず，優先的

---

58)　その場合，将来の資金援助の可能性を勘案すれば，資産評価については保護機構の同意も絶対条件とされたが，個々の評価についてスポンサー・保護機構両者の意見が一致することはきわめて困難とされた。この問題については，坂井・前掲注 12）参照。

59)　具体的には，個人年金保険における年金・給付金，個人保険における保険金・給付金（2001 年 3 月 31 日までに保険事故が発生したもの）については 100% の支払を行い，その他の保険金・給付金については 90% が支払の対象とされた。また，保険契約および特約の更新については，従前と同様の取扱いが認められた。さらに，契約者自動貸付については，貸倒れ発生の懸念と契約者の利益保護のバランスを考慮し，貸付単位で 1 回分に限り，貸付を認めることとされた。また，団体保険についても，保険金・給付金の 100%，団体年金保険については年金・一時金の 90% の支払がされた。

60)　その結果，2000 年 12 月末までの間に，共益債権・一般更生債権を合計して 224 億円の弁済がされたとされる。最終的な確定一般更生債権は，44 名約 1,733 億円となっており，その殆どが基金・劣後債・劣後ローンの債権者である。

更生債権である保険契約上の権利についてであるが，以下のような形で契約条件の変更がされている[62]。第1に，責任準備金については，10% の削減とされた（但し，個人年金保険・財形保険等は除かれている）。ただ，責任準備金等の90% に見合う資産が確保されていたため，保護機構からの資金援助は必要ないという結果になった。なお，上記削減に際しては，責任準備金の積立方式をいわゆる全期チルメル方式[63] に変更することが前提とされた[64]。また，変額保険については，基準日の積立金額が責任準備金とされた。さらに，申立日以降の支払保険料にかかる責任準備金は削減しないものとされる[65]。第2に，計算基礎率の変更であるが，予定利率の引下げがされている。予定利率の変更方法はやや複雑であり，1.0% から 1.75% の範囲内で，第2回関係人集会までに資産処分・評価等により再計算される仮の債務超過額に応じて変動するものとされた（最終的には，1.5% とされた）。第3に，早期解約控除制度が導入された。控除率は逓減し，当初 2002 年 3 月までは 20% である[66] が，その後徐々に引き下げられ，2011 年 3 月までは 2% とされ，その後は控除されない。最後に，不動産の売却等により予想を上回る収益があり計画認可後に実際の債務超過額が少なくなった場合には，契約者配当[67] 等と同様に，特別配当がされるものとされた。この点は，早期の事件処理が図られたため，資産評価が必ず

61)　なお，更生担保権については権利変更はしないものとされるが，確定した更生担保権は存在しなかったようである。

62)　なお，条件変更の方法としては，保険料を変更（引上げ）する方法はとらず，給付金等を変更（引下げ）する方法が採用されている。

63)　これは，新契約に関わる費用を保険料払込期間の全期にわたり償却する（付加保険料により保険料積立金の不足額を埋め合わせていく）計算方式であり，他の積立方式としては，費用を契約当初に償却する純保険料方式や払込期間内の一定期間で償却する 5 年チルメル方式・10 年チルメル方式等がある。全期チルメルは，契約当初の積立額が少なくてすむことから，破綻処理においてはこの積立方式が一般的となっている。

64)　これにより，責任準備金という負債の圧縮が図られることとなる（櫻井・前掲注 54）44 頁参照)。

65)　この点は，開始日以降の積立分の削減を禁じる法律上の要請（法 177 条の 34 第 3 項〔445 条 4 項〕）を申立日まで前倒しにしたものである。

66)　なお，この 20% によった場合に，それが清算価値を保障しているか否かは，更生計画案からは明らかでない。

67)　契約者配当については，営業権償却・標準責任準備金積立完了後に実施され，各事業年度の事業収益の 25% を限度に取締役会が決定するものとされた。

しも十分でないところ，後の換価により債務超過額が予想よりも低減した場合には，その果実を既契約者に還元しようとする趣旨とされる。

次に，やはり優先的更生債権である労働債権については，（共益債権相当部分を除き）保険契約者の権利と平等な取扱いがされている。すなわち，退職一時金・退職年金等について，37.91% 相当額につき免除を受けるものとし[68]，年金は各弁済期に，一時金は認可決定確定から3月経過後に，弁済するものとされる。また，一般更生債権については，原則として全額免除を受けるものとする。優先的更生債権が前述のような権利変更を受けている以上，それに劣後する一般債権の全額免除は当然の処遇と言える。一般更生債権として重要なものは，基金・劣後債・劣後ローンといったそもそも劣後性の認められる債権であり（総額約1,733億円），その他の更生債権は僅かである（約900万円）。この点は，前述のとおり，常務に基づく取引債権等が手続中に弁済されていたことによると見られる。但し，このような全額免除の例外として，更生債権者が個人であり，かつ，更生会社の不法行為を原因とする債権に限って，被害者救済の観点から，元本額の50% を3月以内に支払うものとされる。これは，変額保険の違法勧誘問題等をめぐる係争中の債権が念頭に置かれたものと考えられるが，「差を設けても衡平を害しない」（会更229条〔168条1項〕但書〔以下，法文の文言は現行法に合わせた〕）と言えるかは，やや微妙な問題であろう[69]。最後に，組織変更として，相互会社から株式会社への変更がされた。スポンサーから効率的に資金を導入し，計画認可後も弾力的な資金調達を図るなど経営の機動性・柔軟性を高めることがその理由とされる。新会社が発行する株式は，すべてAIGグループに割り当て（資本金300億円），社員権の補塡（株式割当）は行わないものとされた。社員権が債権に劣後する性質のものである以上，当然の取扱いであるが，これにより組織変更の手続がきわめて容易になったとされる。

以上のような更生計画案は，2001（平成13）年3月30日の関係人集会において，97.6% の議決権の同意を得て可決され，3月31日裁判所において認可

68）　この免除率は，保険契約における予定利率の引下げ分も顧慮したものであり，この点が，次に述べる協栄生命の場合の取扱いとの大きな差異である。

69）　なお，未確定の個人更生債権の総額は約88億円に上り，1,000万円を超える請求も多いので，これを少額債権の例外で取り扱うことは困難であったであろう。

された。その後，同認可決定に対して，退職者から即時抗告の申立てがされたようであるが，それも棄却された。同年4月19日には，相互会社から株式会社への組織変更が認可され，社名がエイアイジー・スター生命保険株式会社に変更された。そして，4月25日，更生手続は終結されたものである[70][補注6]。

⑶ 協栄生命事件（株式会社のケース）

協栄生命保険株式会社の事件は，千代田生命に次いで2番目に更生特例法が適用されたもので，株式会社としては最初の事件であった。協栄生命は，1947（昭和22）年に設立され，創立50年以上の中堅生保会社であった。破綻時の資本金は576億円，従業員は約1万2,000人（そのうち内勤約2,000人）であり，保険契約高は59兆円で業界8位，また総資産は4兆6,000億円で業界11位であった。その倒産原因は，①予定利率の逆ザヤ[71]，②資産の劣化（有価証券の価額の下落，貸付債権の不良債権化），③思い切った経営改善策の遅れ，④業務提携・資本提携等の提携策の失敗，⑤契約者からの中途解約の増加などが挙げられている。

そのような状況の中[72]，千代田生命の更生手続開始申立てが引き金となって保険契約の中途解約が激増するに至り，2000（平成12）年10月20日，協栄生命は東京地方裁判所に更生手続の開始を申し立て，即日保全管理命令の発令を受けた（事件番号：東京地方裁判所平成12年(ミ)第20号）。同処分は，保全管理人として高木新二郎教授を選任するとともに，一定の行為・業務を保全管理人がするについては，裁判所の許可を求めるものであったが，その範囲は，千代田生命の場合（⑵参照）とまったく同一の内容であった。ここでも保険金の弁済

70） 保険会社では，スポンサーによる新株引受けが完了すれば，速やかに更生手続を終結することが通例であることにつき，櫻井・前掲注54）44頁参照。

［補注6］ 現在はプルデンシャルグループの傘下に入り，ジブラルタ生命保険株式会社（後出263頁参照）に合併されている。

71） バブル期に，6.25％の予定利率で10年満期の養老保険等の勧誘を盛んにしたようであるが，その後の利率低下により，運用利回りは年を追って低落し（1995年3.83％，1996年3.82％，1997年2.89％，1998年2.01％，1999年1.54％であったとされる），逆ザヤは急激に拡大していった。

72） 2000年9月には，生命保険会社の健全性を示す指標であるソルベンシー・マージン比率が200％前後まで落ち込む状況となっていた。

が基本的に要許可行為から外されている点が注目されるとともに，株式会社のケースでありながら，新規契約の締結が要許可行為とされている点も興味深い。

保全管理命令発令直後から，保全管理人は，金融庁や契約者保護機構の意見を聴きながら，スポンサー交渉を行った。スポンサーとなることを申し出た者は複数あったようであるが，保護機構の資金援助を求めないことを確約したザ・プルデンシャル・インシュアランス・カンパニー・オブ・アメリカ（以下「プルデンシャル社」という）の協力の下に更生手続を進めることが合意された。スポンサー契約では，保全管理人とプルデンシャル社は，適正な財産評定に基づき公正・衡平で遂行可能性のある更生計画案を立案し，その可決・認可に向けて協力するとともに，プルデンシャル社は必要な資金・人材を提供し，認可計画に基づき相応の資本投下を行うというものであった。それを受け，裁判所は，10月23日，更生手続の開始決定を行い，更生管財人として高木教授を選任した。また，プルデンシャル社との上記契約に基づき，同社の日本子会社の執行役員が更生管財人代理に選任された[73]。申立てから僅か3日後の開始決定であり，千代田生命事件に次いでこのような迅速な処理がされたことで，保険会社の更生手続の迅速処理のスタンダードが確立したものと評価できよう。開始決定においては，保全管理命令と同様，一定の要許可行為・業務が指定されたが，その内容も千代田生命の場合と同一のものであった（また，保険契約に基づく保険金・給付金・配当金等の弁済は開始決定の効果として当然に禁止された）。なお，新規契約の締結について定めは置かれていないが，その点が法律上当然に禁じられている相互会社の場合と異なり，株式会社では原則として許容されていると解されるところからすると，むしろ（裁判所の許可なしに）自由に契約締結等ができるようになったようにも読めるが，関係者の意図はそうではなく，新規営業はやはり禁止されるという前提に立っていたもののようである[74]。

管財業務については，11月7日，保護機構との間で補償対象保険金の支払に係る資金援助契約が締結され[75]，同契約に基づき，保険金の支払が再開さ

73）　当該更生管財人代理は，事業執行最高責任者（COO）として通常の事業執行全般を担当した。また，プルデンシャル社からはこの他にも，営業最高責任者（CMO）や財務最高責任者（CFO）等のスタッフの派遣を受けたとされる。

74）　更生計画には，「更生計画認可決定までは事実上会社を保険者とする保険契約を新規に締結できないところ」（傍点著者）という表現が見られる。

れることになった。また，その他の保険契約についても，順次個別に裁判所の許可を得て，業務・支払が再開された。そして，全国の営業職員は保険契約者との接触を保ち，保険契約の維持継続を図っていたが，12月28日，金融庁から保険募集代理受託の認可を得て，2001（平成13）年1月15日からプルデンシャル社の日本子会社を保険者とする保険契約の代理販売活動を開始し，部分的に営業を再開した。なお，更生計画からは，開始決定日に存した取引債権等一般更生債権に関する手続上の扱いは明らかでない[76]が，最終的な更生債権はほぼ劣後ローン・劣後債に限られている[77]ところからすると，千代田生命の場合と同様，裁判所の許可を得て，弁済がされたものと推測される。

本事件における更生計画の骨子は，以下のとおりである（更生担保権は存在しない）。まず，優先的更生債権である保険契約上の債権については，以下のような形で契約条件の変更がされている[78]。第1に，責任準備金については，8%の削減とされた（但し，個人年金保険・財形保険等は除かれている）。これは，契約者保護制度による保障限度額を上回る水準で契約者の保護が図られたことを意味し，きわめて注目されるところである。そして，この削減に際しては，責任準備金の積立方式をいわゆる全期チルメル方式（注63）参照）に変更することが前提とされている[79]。なお，更生計画認可決定前に保険事故が発生した場合の元受個人・団体保険金等の請求権については，契約条件変更前の条件で保険金等を支払うものとされる。第2に，計算基礎率の変更であるが，予定利率については，原則として1.75%に引き下げられる。第3に，早期解約控除制度が導入される。適用期間は8年間であり，控除率は逓減し，当初2002

75） これは，千代田生命について資金援助契約が締結される前日である。千代田生命の方が申立てが11日，開始決定が10日早いが，このような同時処理となったのは，保護機構の予算の財務大臣による認可取得（保険業265条の37）の関係であったようである。

76） なお，共益債権については，2000年12月末までの間に，総額約402億円を弁済したとされる。また，補償対象保険金等の弁済総額は，686億円に上ったという。

77） 一般更生債権の総額は約457億円であるが，確定した劣後ローン等以外の債権は僅かに4,000万円程度に止まる。

78） なお，条件変更の方法としては，千代田生命事件と同様，保険料を変更（引上げ）する方法はとらず，給付金等を変更（引下げ）する方法が採用されている。

79） 変額保険については，変更前の保険料及び保険金額のそれぞれ8%相当額を減じた金額を変更後の保険料及び保険金額とするものとされる。

年3月までは15%である[80]が，その後徐々に引き下げられ，2009年3月まで2%とされ，その後は控除されない。最後に，契約者配当[81]のほか，特別配当として，計画認可後実際の換価回収額が財産評定額を上回った場合には，その超過額から換価費用等を控除した残額の70%相当額を保険料充当または現金支払の形で，既契約者に特別配当するものとされた[82]。

次に，やはり優先的更生債権である労働債権については，保険契約における責任準備金の削減率と同等の権利変更がされている。すなわち，退職一時金（総額約7,600万円）については，確定債権額の8%につき免除を受けたうえで，残額を更生計画認可決定日から2月後に一括弁済し，退職年金（確定債権額約43億8,000万円）については，確定年金月額の8%につき免除を受けたうえで，免除後の年金月額を所定の支払期日に弁済するものとされる。さらに，一般更生債権については，全額免除を受けるものとする。一般更生債権として重要なものは，劣後債・劣後ローンといったそもそも劣後性の認められるものであり（確定債権総額約457億円），その他の更生債権は僅かである（確定債権総額約4,200万円。うち，578万円は監査法人の債権である）。この点は，取引債権等が手続中に弁済されたことを推測させることは前述のとおりである。最後に，組織変更として，株式の消却と新株の発行がされている（この点は，相互会社であった千代田生命と計画内容が大きく異なる点である）。まず，発行済株式の全部が無償で消却される（いわゆる100%減資）。他方で，新株100万株を発行し，500億円の払込みを受けてプルデンシャル社の100%子会社である在米持株会社の100%子会社である在日持株会社に株式全部を割り当てるものとされた（新資本金500億円）。それとともに，当該引受会社から，劣後特約付借入（劣後ローン）として980億円を借り入れるものとする（これにより，スポンサーからは合計1,480億円の資金投入がされ，それがソルベンシー・マージンに算入される）。

80）なお，この15%によった場合に，それが清算価値を保障しているか否かが更生計画案から明らかでない点は，千代田生命の場合と同様である。

81）営業権償却・標準責任準備金積立完了の後，当期未処分利益の1,480億円超過，ソルベンシーマージン比率の500%超過を満たした場合に，他社の状況等を勘案して実施するものとされる。

82）更生計画認可決定後4年目及び8年目の各事業年度の最終日を計算基準日とし，会社は高木新二郎管財人他1名の検査人に特別配当計画書を提出し，事前に検査を受けるものとされる。

以上のような更生計画案は，2001（平成13）年3月28日の関係人集会において，99.8%の議決権の同意を得て可決され，4月2日裁判所において認可された。その結果，社名がジブラルタ生命保険株式会社に変更され，4月3日から新契約の募集等営業を再開したものである。そして，4月20日，更生手続は終結されたとされる。

5　保険会社に係る特則の解釈論的問題

以下では，生命保険会社について更生特例法を適用するについて生じる理論的・実務的な法的問題を検討していくが，その前提として，更生特例法の特則の中で，特に保険会社について設けられた実体的条項[83]に関する解釈について，より詳細に検討しておきたい。

(1)　双方未履行双務契約に関する規定の適用除外（法177条の28〔439条〕）

更生特例法177条の28〔439条〕は，保険会社を保険者とする保険契約については，原則として，会社更生法103条〔現行61条。以下同じ〕の双方未履行双務契約に関する規定[84]を適用しない旨を明らかにする。その趣旨は，前述のとおり（*3*(3)①参照），保険契約の団体性に鑑み，そのうちの一部の契約のみを取り出して管財人が解除・履行を選択することはその性質に適合しないうえ，保険事故発生リスクの高い契約を狙い撃ちで解除することを防止し，新たな保険契約の締結が困難な弱い立場の契約者を保護することにある。

双方未履行双務契約に関する規律を保険会社倒産の場合の保険契約に適用しないとするときに，どのような形の規律とするかについては，いくつかの選択肢が論理的にはありえた[85]。すなわち，①保険契約を双方未履行の双務契約

83)　更生特例法の第4章第4節〔第6節〕（保険契約者保護機構の権限等）の第2款（保険会社の更生手続における保険契約の取扱い等）において規定される同法177条の28〔439条〕から177条の34〔445条〕までの条文である（その概要については，*3*(3)参照）。

84)　相互会社の更生事件について，更生特例法160条の38〔206条〕の規定により同条が準用される場合も，やはり適用除外とされている。

ではないと規定する方法，②保険契約が双方未履行の双務契約であるか否かはともかく，仮にそれに当たる場合でも法103条の適用を排除する方法，③保険契約を双方未履行の双務契約としながら，法103条の適用を排除する方法である。このうち，更生特例法は，①の考え方によるものではないものと見られる。けだし，①によるとすれば，当然に適用とならない法103条の適用除外という形ではなく，同条の適用対象となる契約類型に該当しない旨を（注意的に）明らかにする規定態様がとられたものと考えられるからである。ただ，更生特例法が③の立場によっているという保障はない[86]。おそらくは，②として，それが双務契約に該当するか否かはオープンのままにして，仮に双務契約に当たるとしても，法103条が適用されない旨を明らかにしたものと理解しておくのが穏当であろう[87]。

法103条の適用除外の結果，更生会社の側の保険料請求権および契約者側の保険契約上の諸請求権（保険金支払請求権，解約返戻金支払請求権等）は，それぞれ保険契約の内容に従って発生し，原則として通常の会社更生法上の処遇を受けることとなる。したがって，保険料は更生会社に帰属する債権として管財人が取り立てることとなる一方，保険契約上の債権は，いずれも「会社に対し更生手続開始前の原因に基づいて生じた財産上の請求権」（会更102条〔2条8項〕）であるので，更生債権となり，「更生計画の定めるところによらなければ，弁済をし，弁済を受け，その他これを消滅させる行為（免除を除く。）をすることができない」（会更112条〔47条1項〕）ことになる。問題は，保険契約上の債権の実行禁止に対して，保険契約者が同時履行の抗弁権を主張して保険料の支払を拒絶できるかという点にあるが，この点は法103条の規定の意味内容に関

85）　なお，契約者側が保険料を全額前払いしている場合には，すでに一方の義務が既履行となっているものとして，当然に103条の規定は適用にならないことは言うまでもない。

86）　同旨，弥永・前掲注46）72頁参照。民事再生法との関係で論じられるが，前述のように，同法の下では生命保険契約者の権利は一般優先債権となるので，生命保険契約との関係では議論の実益はないと考えられる。

87）　その意味で，保険契約者側が倒産した場合に，その管財人・再生債務者等が保険契約を双方未履行の双務契約として解除できるか，という問題に，本条が結論を出したわけではない（ただ，相対的に見れば，本条の存在は適用説に有利に援用される余地はあろう）。

する優れて理論的な問題に関連するので，この論点は後にまとめて取り扱うことにする（*6*(2)参照）。

最後に，本条は，法103条の適用除外という規律から，再保険契約をさらに除外しており，結果として，再保険契約については，法103条が適用になることとされている[88]。再保険契約とは，保険者が保険契約（元受保険）によって引き受けた責任の全部または一部を他の保険者に保険させることを目的とする保険契約とされる（保険業3条4項3号参照）。ここで除外されている再保険には，いわゆる受再（当該会社が他の保険会社が締結した保険契約の再保険を受ける場合）・出再（当該会社が自らの締結した保険契約を他の保険会社に再保険として出す場合）の双方を含む。このような再保険契約が本条の例外とされたのは，保険会社間でリスク分配の手法として用いられる再保険については，本条の立法趣旨が妥当しないと考えられるためである。けだし，再保険では保険契約の団体性は一般に問題とならないし，また保険会社間の契約であるので社会政策的な弱者保護も問題となる余地はないからである。また，実際にも，倒産間際に保険会社が当座の保険料収入を目当てに不利な再保険契約を受ける可能性が常にあり，会社再建のためには，管財人がそのような再保険契約を解除する必要のある場合も考えられるので，再保険契約には管財人の履行解除選択権を残すこととしたものである（この再保険契約の解除は，前記2つの更生事件で実際にも適用され，新たな実務的問題を生じたようであるが，この点については，*7*(2)参照）。

(2) 保険金の随時弁済（法177条の29・177条の30〔440条・441条〕）

次に，更生特例法177条の29〔440条〕および177条の30〔441条〕は，補償対象保険金の弁済に関する特例を設けている。(1)でも見たように，双務契約に関する規律が保険契約に関しては排除される結果，保険契約者の権利は更生債権（但し，生命保険契約者の関係では一般先取特権が認められているので，優先的更生債権）となる。そして，更生債権については，手続中の弁済が禁じられているところ（会更112条〔47条1項〕，法160条の40〔199条〕），特則を設けないと，手続中に保険事故が生じて保険金請求権が発生しても，その弁済は許されない

88） このほか，立法論としては，貯蓄性の高い保険類型については，解除権を排除すべきであるか疑問もあるとされるのは，弥永・前掲注46）69頁注23参照。

こととなる。しかるに，保険事故がすでに生じているにもかかわらず，受取人が保険金を直ちに入手できないとすれば，①遺族等の生活保障に欠ける事態が生じて保険の本来果たすべき生活安定機能が大きく損なわれるとともに，②保険契約者の保険料支払意欲の喪失を招くおそれがあり，更生会社の再建が困難になるうえ，保険制度に対する社会的信頼が揺らぎ，保険業の健全な発展を阻害する結果を生じる。

そこで，更生手続中あるいはその前に保険事故が発生した場合にも，保険金請求権については，手続中であってもその随時の支払を保護する必要があると見られる[89]。そのような保護を図る制度として，保険業法上は，保険金請求権の買取りの制度がある（保険業270条の6の8参照）。これは，保護機構が，所定の比率の買取額[90]において，保険金請求権その他政令で定める権利を買い取ることができることとしたものである。このような買取制度は，いわば保護機構が事前に契約者に対して代位弁済するのと同様の効果を果たすものであり，これが機能すれば，上記のような問題は生じないはずである。しかし，ここでの問題は保護機構の資金力の点である。現段階では，生命保険契約者保護機構の流動資金は決して十分ではなく[91]，特に大規模な保険会社が破綻した場合には，手続中に発生する保険金をすべて買い取ることは到底できない状況にあるとされる。これに対し，更生会社は経済的に破綻しているとはいえ，それは保険金の支払を見込んだ長期的なスパンの話であり，当面は保険料収入による豊富な流動資金が見込める状況にあるのが一般的と考えられる。そこで設けられたのが，更生会社の資金により直接に保険金を弁済してしまうという本制度である[92]。このような形で，（優先的更生債権である）保険金債権等を弁済する

89)　これに対し，更生手続開始申立後開始決定前の支払については，弁済禁止保全処分の個別解除等の措置によって対処できるものと考えられる。前記のとおり，実務的にも，保険金の支払は同保全処分の例外と扱われているようである。

90)　但し，保護機構は，その後に更生手続の中でより多くの回収ができたときは，（費用等を控除して）買取額を超える部分の金額を保険金等債権者に支払わなければならない（保険業270条の6の8第2項但書）。

91)　前述のとおり，国庫による財政措置が可能な4,000億円分を除けば，生保保護機構に確保されている財源は，現段階では約220億円に止まっている。これに対し，たとえば，協栄生命で手続中に弁済された補償対象保険金は686億円に上ったとされる（前掲注76）参照）。

としても，最終的には，保護機構からの資金援助による塡補が予定されているところである（逆に言えば，その範囲内に限って弁済が認められる）ので，他の債権者には不利益とはならないことになる。

以上のような趣旨に基づく保険金の随時弁済制度であるが，具体的には以下のような手続に従って弁済が行われる。すなわち，更生会社である保険会社はまず，保護機構との間で補償対象保険金の支払に係る資金援助に関する契約（保険業 270 条の 6 の 7 第 3 項）を締結する。これに基づき，保険会社は，保険契約に係る債務の一部を弁済することができることになるが，その対象となる債務は以下のとおりである。すなわち，①補償対象契約[93]（保険業 270 条の 3 第 2 項 1 号）に係る権利の債権者が有する権利である必要がある。そして，②保険金請求権その他の政令で定める権利の債権者が有する権利である必要がある。具体的には，(a) 保険金請求権，(b) 分配済みの配当金等，(c) 未経過保険料等である。次に，③更生債権者・更生担保権者の権利のみが問題となる。最後に，④補償対象保険金[94]（保険業 245 条）に係る権利である必要がある（法施行令 13 条）。以上のような権利については，最終的には保護機構による塡補が予定されているところ，更生会社が随時弁済をしても他の更生債権者等の利害に影響しないと考えられたものである。しかし，現実の更生事件ではいずれも，実際には保護機構による資金援助はされなかった。したがって，この分の弁済は最終的にも更生会社の負担に帰したわけである。率直に言って，このような事態は立法時には想定されていなかったようにも思われるが，これは実質的には計画弁済の一部前倒しとなったものであり，債権者間の平等を害するものでないことは言うまでもなかろう。

92）代替的な制度としては，弁済資金を更生会社から保護機構に貸し付ける制度や更生会社が保護機構に代わって代位弁済するとする構成等も検討されたようであるが，更生会社にそのような義務付けをすることは一般に困難と考えられ，断念されたようである。

93）破綻保険会社に係る保険契約のうち，内閣府令・財務省令で定める保険契約に該当するものとされる。具体的には，日本における元受契約から再保険契約を除いたものである。

94）補償対象契約の保険金その他の給付金の額に内閣府令・財務省令で定める率を乗じて得た額であり，この率は原則として 90%（自賠責保険・地震保険については，100%）として定められている。但し，平成 13 年 3 月末までの経過期間中は，一定の死亡保険金，入院給付金，損害保険金等の 100% が支払われることとされていた。

以上のような資金援助契約の締結に基づき，債務の弁済を求める保険金等請求権者（以下「権利者」という）から，保険会社に対して，弁済の請求がされ，保険会社[95]が弁済をすることになる（法177条の29〔440条〕第1項）。弁済の請求があったときは，保険会社は，遅滞なく，その保険金請求等についての保険契約者表記載事項（法177条の17〔428条〕第1項参照）を保護機構に通知しなければならない（法177条の30〔441条〕）。そして，権利者の側は，債権届出期間内であれば，自己名義で債権届出をすることになる。当該期間が経過した後更生計画認可決定前に弁済請求がされた場合には，その請求から2週間の不変期間内に，更生債権の届出（契約者と権利者とが異なり，当該権利の届出がない場合），届出の追完（契約者が権利者であるが，当該権利の届出がない場合），届出事項の変更（当該権利の届出はあるが，債権額等が異なる場合），届出名義の変更（当該権利の届出はあるが，契約者と権利者とが異なる場合）をすることになる（法177条の29〔440条〕第2項）。通常の届出の追完（会更127条2項〔139条3項〕）の1月に比べて短い期間とされているが，起算点が債権の発生時点ではなく，弁済請求時点とされている[96]ので，権利者に酷ということはなかろう。これにより，権利者は手続に自ら参加することになり，保護機構の代理から外れるところ，保護機構は前記の保険会社からの通知によって，従来代理していた契約者が代理対象から外れたことを知りうるわけである。弁済を受けた権利者は，弁済を受ける前の債権の全部をもって手続に参加することができる（法177条の29〔440条〕第3項）。ただ，議決権については，弁済を受けた部分については行使できないし（同条5項），計画弁済も，同じ性質を有する他の更生債権者が権利者と同一の割合の弁済を受けるまでは，受けることができない（同条4項）。これは，国際倒産の場面で外国財産から弁済を受けた債権者に関する配当調整等のルール（いわゆるホッチポット・ルール。破23条ノ2〔109条〕・182条6項〔142

95)　条文上は，弁済の主体は「保険会社」とされているが，実際に弁済を行うのは，更生管財人ということになろう。

96)　立案段階では，保険事故の発生時点を基準時とし，そこから1月の期間とする案もあったようである（これは，退職手当請求権に関する会社更生法127条の2〔140条〕第2項を参考としたものではないかと思われる）が，保険会社に対する請求を失念してしまう権利者が多数発生し，また死亡後49日の間は請求を控えるような社会的風潮もあるところから，弁済請求時を基準時としながら期間を2週間に短縮したものと推測される。

条2項〕・265条ノ2〔201条4項〕，民再89条，会更118条の2〔137条〕）と同一の規制をしたものである。したがって，1億円の保険金債権を有する権利者が9,000万円の随時弁済を受けた場合には，1億円の債権届出をすることになるが，議決権は1,000万円分しか行使できず，また他の保険契約者等が更生計画により90％の弁済を受けるまでは弁済を受けることができない。これによって，当該権利者の有する実質的な利害の範囲で手続にその意思を反映するとともに，債権者間の平等を確保しようとしたものである。

以上のような規律については，前記のように（注92）参照）他にも制度的選択肢があったが，当時立法直後であった民事再生法の規制も参考としながら，随時弁済構成を採用したものである。同一の目的を達する手段である債権買取りの場合と比較した実質的な差異としては，残余債権に係る権利が保護機構に移転せず権利者に残ること，弁済部分について議決権がなくなること（買取構成の場合には，当然保護機構がその部分についても議決権を持つ）といった点がある。しかし，前者は，買取りの場合にも追加的な弁済部分が生じた場合には調整することとされている（保険業270条の6の8第2項）ので，実質的な差異はない。他方，後者の点は，将来的に資金援助がされるとすれば，むしろ保護機構に議決権を認めるのが実質的利害関係をよりよく反映するものとも思われるが，実際の例が示したように，資金援助がされるか否かは予測し難い部分があるところ，仮に資金援助がなければ，保護機構に議決権を認めることは明らかに不当であるので，議決権を否定する結論はやむをえないものと言えよう[97]。

⑶　保険契約に係る権利の届出・調査・確定（法177条の31・177条の32〔422条・443条〕）

次に，保険契約に係る権利の債権届出，債権調査，債権確定の各手続についても，更生特例法は特則を設けている。まず，保険契約者による権利の届出があったとき（保護機構が代理して届け出た場合も含まれる）は，その保険契約に係る権利であって届出がなかったものも，更生計画による権利変更の対象とな

97）　前記のとおり，この制度が保護機構の資金に十分な余裕がないことを前提にするものであるとすれば，本文に述べた限りで保護機構が不利益を受けるのはやむをえないとも言えよう（保護機構はもちろん，債権買取りを行う余地も認められている）。

る[98]（法177条の31〔442条〕第1項）。これは，特に，契約者と受取人が異なるような契約についても，計画において受取人の有する権利を変更できることを明らかにしたものである[99]。ただ，このことは，権利者が自ら届出をすることを禁じる趣旨ではない（同条2項前段）。しかし，保険契約者は保険事故の発生その他の事由により受取人の権利が確定するまでの間は，原則として，自由に受取人を変更したり，契約を約定解除したりできることに鑑みれば，未発生の権利者について，停止条件付の権利の届出を認める必要はないと考えられる。そこで，更生特例法は，上記の権利者の債権届出は，当該権利が実際に発生した後にのみ可能なものとした（同条2項後段）。また，契約者が受取人に保険契約の存在を知らせないまま保険事故が発生する場合も多いとされ，そのような場合には権利者に届出義務を課すのは酷であるので，債権届出を行わなくても，例外的に失権しないものとした（そのように扱っても，実質的には，契約者〔さらには保護機構〕によって権利者の権利も届け出られているものと同視できるので，手続の運営や他の債権者の利害からみて支障はない）。したがって，当該権利発生後，権利者は以下のような選択肢をもつ。すなわち，①保険金等の一部弁済を受け，法177条の29〔440条〕第2項により，債権届出または届出事項・名義の変更を行う，②保険金等の弁済を受けずに，法177条の31〔442条〕第2項により債権届出を行う，③保険金等の弁済を受けずに，債権届出も行わない，といった行動パターンがありうる。しかし，いずれの方法によっても，更生計画中で当該権利者の権利は変更を受けることになる。③による場合は，管財人も当該権利の発生を知りえないが，保険契約上の権利の変更に応じた形で保険金請求権等も変更されたこととなる。ただ，実際には，保険事故発生後に更生会社に照会があれば，①ないし②の措置がとられることとなろう。

債権届出が届出期間内にされた場合には通常の債権調査手続が行われるが，それが届出期間経過後更生計画認可決定前にされた場合には，退職手当請求権の債権調査確定の特例[100]（会更143条の2〔149条〕参照）に準じた特例措置が

98）　但し，手続中の随時弁済請求をして届け出た保険金請求権についてはこの限りでない。

99）　受取人が有する停止条件付の保険金債権を契約者が代理して届け出ているものとする解釈の余地もありえたと思われるが，実体的な権利変更に関わる重大な問題であるので，明文でその点を明らかにしたものと思われる。

設けられている。すなわち，届出が上記の期間中にされた場合には，当該届出に係る権利については通常の債権調査手続は行わず，裁判所は，直ちにその届出があった旨を管財人および保険会社に通知しなければならないものとし（法177条の32第1項〔443条2項〕），この通知から2週間以内に管財人から上記権利につき異議がなかった場合には，当該権利は確定する（同条2項〔443条3項〕，会更143条〔150条〕）。上記期間内に管財人から異議のあったときは，裁判所書記官はその旨を権利者に通知する（法177条の32第3項〔443条4項〕）。この場合，権利者は管財人を相手方として更生債権確定の手続をとることになるが，その場合の1月の申立期間は，上記通知から起算される（同条4項〔443条5項〕，会更147条〔151条〕2項）。これによって，このような権利については他の債権者の異議は認められず，管財人が集約して異議権を行使することになる[101)]が，その趣旨は，退職手当請求権の場合[102)]と同様，特別期日の開催費用を権利者に負担させることは酷であり，またこのような権利の存否およびその数額等は会社の帳簿等によって容易に明らかにでき，特別な場合を除き，これに関する争いが生じることも少ないと考えられる点にある。なお，立案段階では，上記異議申出期間について，やはり退職手当の場合と同様に3日間とする（会更143条の2第2項〔149条3項〕参照）構想もあったようであるが，管財人が権利内容を容易に把握でき，退職の日時も予想できる退職手当の場合とは異なり，保険金請求権等の場合には，保険事故の発生や免責事由等異議申出に困難な認定・判断が必要となる場合もあり，仮に異議申出期間を3日とすると，管財人は事実上すべての届出に異議を述べざるをえず，適当ではないので，期間を2週間に延長したものと見られる[103)][補注7]。

---

100)　これは，会社使用人の退職手当請求権について，債権届出は退職した後にすることとされている（会更127条の2〔140条〕第1項）ことに併せて規定されているものである。

101)　なお，保険会社も異議を述べることはできるが，その異議は債権確定を遮断しない。

102)　この規定の趣旨につき，兼子一監修『条解会社更生法（中）』（弘文堂，1973年）686頁以下，宮脇幸彦ほか編『注解会社更生法』（青林書院，1986年）511頁など参照。

103)　この結果，保険金債権者等は，届出から1月半程度の期間内に査定申立てを強いられる場合があることになるが，保険事故発生から届出までの期間は制限されていないので，争いが予想される場合には，権利者はそのための準備を整えた後に届出をすべきこととなろう。

(4)　保険契約に係る債権の評価（法177条の33〔444条〕）

次に，更生特例法は，保険契約に係る債権の評価についても，特則を設けている。すなわち，保険契約に係る債権は条件付権利と考えられるが，更生手続においては，条件付権利の議決権は，「更生手続開始の時における評価額」によるものとされる（会更118条1項〔136条1項3号ホ〕）。そこで，更生特例法は，保険契約者の権利の評価額について，以下のような評価基準（みなし規定）を設けている。すなわち，生命保険会社にあっては，契約者の権利の額は，更生手続開始の時において被保険者のために積み立てた額（責任準備金）とされる（損害保険会社にあっては，未経過期間に対応する保険料額と更生手続開始の時において払戻積立金として積み立てた額の合計額とされる。法177条の33〔444条〕）。この点は，条件付権利の評価方法につきさまざまな考え方がありえた104) ところ，立法で統一することにより実務的混乱を事前に防止する趣旨による。そして，上記のような基準額は，開始決定時の各保険契約者の実質的な持分[補注8] を体現したものと考えられ，また破産時や清算時の払戻金（商683条2項，保険業177条3項）や業法上の保険契約者による異議申立手続における債権額基準（保険業施行規則18条）ともなることに鑑み，議決権の評価基準として相当と判断されたものである。したがって，実際の評価額の解釈については，商法等の上記条項に関する解釈論がここでもそのまま妥当することとなろう。具体的には，生命保険については，保険料及び責任準備金の算出方法書に定める契約者価額（保険業施行規則10条3号），すなわち，返戻金の額その他の被保険者のために積み立てるべき額を基礎として計算した金額ということになる105)。

(5)　保険会社の更生計画（法177条の34〔445条〕）

最後の特則として，更生特例法は，更生計画についてもいくつかの特例を設

［補注7］　現行法では，更生特例法443条1項の規定が設けられ，更生手続における通常の債権調査の規律（会更145条～148条の2）が適用されないことが明確化されている。

104)　この問題につき，中島弘雅「保険会社更生と保険契約者等の地位」ジュリ1080号（1995年）30頁以下など参照。

［補注8］　保険法63条において「保険料積立金」として，その概念が定義され，明確化されている。

105)　この点の詳細は，丸山・前掲注20）290頁参照。

けている。第1に，更生計画における保険契約者の権利変更の内容として，責任準備金の積立方式や計算基礎係数の水準について同種の保険契約に関して同一の水準を用いることは，債権者の実質的平等原則（会更229条〔168条1項〕）に反するものではないとする（法177条の34〔445条〕第1項)。同種の保険契約でも，その契約締結の時期によって上記のような責任準備金の算定基礎が異なることがある。たとえば，一定の時期までは予定利率を5%としていたのが，順次4%，3%と低減したような場合である[106]。これを更生計画の中で一律2%に変更することが考えられるが，このことは，形式的には，5%で契約した債権者が3%で契約した債権者に比べ，より大きな権利変更を受けるように見え，債権者平等原則に反するとの疑念がある。しかし，実質的には，これは将来の責任準備金の積立方式を変更するに止まるもので，従来の責任準備金自体は一律に一定割合で削減される。換言すれば，これは将来に向けた契約を契約者すべてと同一条件で新たに結び直すといった性質のものであり，実質的に言えば債権者平等に反するものではないと考えられる[107]。その意味で，本規定を置かなくとも解釈論として同旨の解釈は可能であったとも思われるが，疑義を払拭するため（確認規定として）明示の条項を置いたものと解される。

第2に，保険契約者の権利のうち，解約返戻金その他これに類する給付金[108]について，他の権利に比して不利な条件を定めることも，債権者の実質的平等原則（会更229条〔168条1項〕）に反するものではないとされる（法177条の34〔445条〕第2項)。いわゆる早期解約控除の条項が実質的平等原則に違反しない旨を確認した規定である。保険会社が破綻すると，他の会社と契約が可能な（その意味では優良な）契約者は早期に解約し，他の会社と契約する一方，

106)　他にも，責任準備金の積立方式について一定時期までは5年チルメル方式によっていたのが，後の契約については全期チルメル方式に転換したような場合なども想定できる。

107)　特に予定利率について言えば，これは預金などで言えば将来利息に関する約束とも言えるものであり，将来利息が更生手続上劣後的更生債権（会更121条1項1号）として基本的には全額免除されるとすれば，その内容を変更することにつき一般に問題は少ないと考えられる〔現行法では，劣後的更生債権の制度はなくなったが，将来利息が全額免除可能である点に変わりはない。会更168条1項但書・136条2項1号参照〕。

108)　具体的には，減額，失効，年金の一括支払，積立配当金の引出し等に基づく請求権である。

破綻会社にはそのような再契約が困難な契約者のみが残ることになりかねない。そのような事態は保険契約の団体性を害し，更生会社の経済的基盤を脆弱にしてその更生を困難にする。しかし，契約者の解約を禁止することは（解約が契約上認められている以上）許されない。そこで，実質的に解約を制限するため，早期解約がされる場合に，解約返戻金の控除の割合を増加させる措置が必要となり，このような措置を早期解約控除と呼ぶ。このような取扱いは，上記のような必要性に加え，すべての契約者に平等に適用されるものであり，確かに早期に解約する者を遅れて解約する者あるいは解約しない者に比較して不利益に扱うものであるが，解約するかしないか，また何時解約するかは契約者が自由に選択できることから，実質的には債権者平等に反しないものと解される。本条項は，その意味で，やはり解釈論として同旨の解釈が可能とも言えるが，あえて疑義を払拭するため（確認規定として）明示の条項を置いたものと見られる。

このような規定を設けるについて，最も問題となった点は，早期解約控除の条項が設けられる結果として，早期解約した場合の解約返戻金が清算価値を下回る事態が認められるか否かという問題であった。この点については，従来，清算価値を下回る場合には，倒産法上の清算価値保障原則に反して許されないとする見解も有力であったが，金融審議会では，①解約を防止し，保険集団を維持するためには必要不可欠の制度である一方で，②保険契約を継続する限り，更生計画によって清算価値を割り込む内容の権利変更がされることはなく，早期解約控除によって清算価値を割り込むことになるのは，保険契約の継続か解約かを保険契約者自らが選択した結果であると考えれば，清算価値を下回る条件も許されるものと整理された[109)]。基本的にはこのように言うことができようが，著者には，解約権に対する制約は，やはり無制限なものではありえないと思われる[110)]。たとえば，清算価値を下回る解約控除の期間が長期に及ぶような場合や当初の解約返戻金を名目的なものとし，結果として解約を事実上禁圧するような効果をもつような場合には，そのような条項は公平なものとは言

---

109)　山下・前掲注22）112頁参照。反対の見解として，中島・前掲注104）34頁，弥永・前掲注46）71頁参照。

110)　少なくとも，手続開始後の保険料に見合う解約金の部分は変更することができないことは当然である。

えないのではなかろうか。実際の更生計画の例では問題はなかったように見受けられるが，許される早期解約控除の範囲・基準については，さらなる検討が必要なように思われる。

最後に，更生手続開始決定後に納付された保険料により積み立てられるべき責任準備金に対応する保険契約者の権利については，更生計画において，減免その他権利に影響を及ぼす定めをすることはできないものとされる（法177条の34第3項〔445条4項〕）。このように，手続開始後の保険料を別枠として扱う根拠としては，このような保険料に見合う責任準備金についても削減対象とすると，保険料支払意欲の喪失を招き，保険集団の維持が困難となるおそれがある点が指摘された。理論的に見ても，手続開始後の債務履行に見合った債権部分は，手続開始後の契約上の請求権や不当利得返還請求権等が共益債権となるのと同様に，共益債権として扱われるのが筋であると思われる[111]。その意味で，本条項はやはり仮に規定がなくともその旨の解釈が十分可能であったところ，明文でその趣旨を明らかにした確認規定と解されよう。なお，当然のことであるが，この規定は責任準備金の削減に伴う権利の減免を禁じているものであって，開始決定の前後を通じた契約条件全体の変更に伴って権利が変更されることは禁じていないので，前記のように，予定利率の引下げや早期解約控除の採用の結果，契約者の最終的な権利が削減されること自体は認められる。したがって，たとえば，予定利率を5%から2%に引き下げれば，開始決定後の保険料に基づく責任準備金も積み上がっていくペースが鈍ることになるが，それは本条項によって禁止されるものでないことは言うまでもない。

以上のように，本条において定められた更生計画の内容に関する特則は，いずれも解釈論によっても同旨を導く余地がありえたものであるが，特に明文規定を設けて運用の混乱を避けたものと言えよう。前述のとおり，なお解明すべき問題点は残っていると考えられるものの，このような立法態度は，多くの消

111)　なお，立法時の議論では，保険契約者の権利は，一定時点の責任準備金の水準と予定利率（などの基礎率）が定まれば，自動的に決まってくるものであり，開始前の責任準備金に伴う権利部分と開始後のそれに伴う権利部分とが分別されるわけではないとの指摘もあった。著者には，このような議論の当否を論じる能力はないが，直感的には，一定時点以降の保険料（中の責任準備金組入分）の水準はやはり権利の内容に影響するように思われ，おそらく本条の規律もそのような理解を前提にするものと思われる。

費者（保険契約者）が手続に巻き込まれる中で，透明かつ迅速な手続運営が特に求められる保険会社の破綻処理の局面では，きわめて妥当な立法態度であったと評価することができるように思われる。

6　更生特例法上の手続の理論的問題

前述のとおり，更生特例法は，保険会社の更生手続に関して，さまざまな実体的規定を設けているところ，それらの規定は，内容的にそれ自体興味深いのみならず，倒産実体法に関する一般的な理論についても一定の示唆を与えうるもののように思われる。そこで，以下では，そのような理論的な観点から見て興味深い論点について，一般倒産法との関係をも視野に入れて，若干の検討を試みることにしたい。

(1)　一般更生債権（取引債権）の弁済

前述のとおり，更生特例法の立法の際に併せて行われた保険業法の改正の中で，生命保険の保険契約者の権利については一般先取特権が付与された[112]（保険業117条の2）。すなわち，保険契約者は，被保険者のために積み立てた金額（責任準備金）につき[113]，生命保険会社の総財産の上に先取特権を有し（同条1項），その先取特権の順位は共益費用の先取特権（民306条1号）に次ぐものとされる（同条2項）。このような規定は，保険契約者の権利を優先権の付与により，より強く保護する趣旨に出たものであることは言うまでもない。

しかし，このような優先権の付与は，結果として，実務上さまざまな問題を

112）　周知のように，昭和14年の保険業法においては，株式会社組織の生命保険会社に対する保険契約者の権利には，一般先取特権が認められていた（旧保険業32条）。しかし，平成7年の保険業法改正において，①保険会社の負債の大部分が先取特権の対象となり実効性に疑問があること，②保険会社の格付けが悪化し社債発行等に支障の出る懸念があること，③保険契約者の保護については本格的検討が予定されていることなどの理由で，上記規定が削除されたところである（東京海上火災保険株式会社編・前掲注15）33頁参照）。今回の改正は，そのような立法態度を変更し，株式会社・相互会社にかかわらず，一般先取特権を認めたものである。

113）　また，すでに現実化している保険金請求権や返戻金・剰余金・配当金等の給付金請求権等についても，当該権利の額について，やはり一般先取特権を有するものとされる。

発生させたようである。保険会社について，保険契約者以外の債権者で主要なものとしては，以下のような者がある。すなわち，①劣後ローン・劣後債等金融債権者，②取引債権者，③労働債権者（主として，退職金・退職年金債権者），④不法行為債権者（主として，変額保険等をめぐる取引的不法行為債権者）である。このうち，①はこの優先権付与の主たる狙いであった金融債権であるが，実際には劣後特約のあるものが大半である[114]。劣後特約の倒産法上の効力についてはさまざまな議論があるが，現在では少なくとも，実質的には特約の効力が認められると解されているように思われ[115]，仮に一般更生債権であっても保険契約者が優先することに異論はないように見える。それに対し，保険契約者に一般優先権を付与した結果，契約者の債権は，②・④の債権には全面的に優先し，③の債権とは同一順位となる。この点は，それぞれ大きな問題となるが，ここでは②の取引債権者との関係について考えてみる（③については，*7*(1)参照）。

保険会社の倒産にあっては保険契約者の権利に100％弁済をすることが常に不可能であるので，それに劣後する債権者に対しては，常に100％免除の計画が立てられることが原則となる[116]。したがって，特段の物的担保をもたない一般の取引債権者については，常に原則として全額免除の計画にならざるをえない。しかし，このことは保険会社の再建を困難にするとともに，取引先の経営にも大きな打撃を与える可能性があろう。ただ，このような問題は，契約者の権利に優先権が与えられている保険会社について特に問題となるが，より一般的には更生手続一般との関係でも問題となりうるものである。すなわち，更生手続が開始すれば，少なくとも取引先の更生債権は弁済が禁止され，更生計画でも大幅なカットがされるのが通例であるが，そのことが取引関係の維持に

114)　立法に際しては，デリバティブの清算債務（いわゆる負け分）も問題にされていたが，実際の事件では，そのような債務は現れてきていないようである。ただ，最近は，劣後特約のないCPの債権等が相当多額に上る実例もあるようであり，契約者に優先権の付与されていない損害保険会社について深刻な問題を発生させているとされる。

115)　特約の効力を仮に直接更生計画に反映できないとしても，更生計画上の弁済を受ける権利を何らかの形で劣後化させる効力は認められるものと解されよう。

116)　絶対優先原則によらず相対優先で足りるとするのが通説であるが，なお原則としては，優先債権の権利を変更する以上，一般更生債権は100％免除が基本となることは当然である。

よる企業の再建を困難とし，結果として企業が更生手続を選択することを躊躇する１つの要因となっていることは事実と思われる。

このような状況を一般的な形で打開するために，立法論として，弁護士会等から提言されたものとして，特定更生手続の構想がある。これは，取引債権等を全部弁済しながら金融債権だけを手続に取り込む特殊な更生手続の創設を提言するものである。これを仮に保険会社の倒産に当てはめるとすれば，劣後ローン等を中心とした金融債務と保険契約者の権利だけを更生手続の中で処理し，取引先債権者は手続の外に出すこととなろう[117)]。これによることができれば，契約者に劣後する金融債権をカットしながら，取引先にはそのまま弁済をしていくことが可能となる。しかし，このような手続については，債権者平等原則の観点から重大な疑問があることは否定できない。この例で言えば，実体法上，同一順位の債権者である金融債権者と取引債権者[118)] をまったく異なる形で（通常，前者は一部カット，後者は100％弁済），扱うことになるからである。このような扱いは，劣後する処遇を受ける金融債権者の財産権を大きく侵害し，憲法に違反するおそれも払拭できないところである。したがって，立法論としてであっても，このような手続を採用することは困難であると考えられる[補注9]。

ただ，このような問題に何らかの対応をする必要があることは否定できず，よりマイルドな形での対処としては，以下のような立法論が考えられる[119)]。第１に，手続中に随時弁済が認められる例外的範囲を拡大することによる対処がありえよう。会社更生法112条の２は，更生会社を主要な取引先とする中小企業者がその有する更生債権の弁済を受けなければ事業の継続に著しい支障を

117)　換言すれば，契約者の権利だけを対象とする保険業法の管理命令手続に，劣後ローン等金融債権の処理を加えた手続を構想するものとも言えよう。

118)　実際には金融債権者はむしろ担保権を有することが多く，その場合には実体法上優先する債権者を後順位の債権者に劣後させることになり，問題はより大きくなる。

［補注9］　この点に関連して，近時，私的整理について（裁判所の判断を介して）多数決によって処理することが可能か，その前提としてどのような点を考える必要があるかが問題とされている。この問題に関して，フランス法を参考にしながら著者の見解を示したものとして，山本和彦「私的整理と多数決」NBL 1022号（2014年）14頁以下参照。

119)　保険会社限りで問題処理を図るとすれば，契約者に付与された一般先取特権を再び見直すことが考えられよう。しかし，これは契約者を取引先と同順位に引き下げるに止まり，問題の抜本的解決にはならないし，注114）記載のような劣後性のない金融債権との関係も問題となる。

きたすおそれがある場合や少額の更生債権を早期に弁済することにより更生手続を円滑に進行することができる場合には，裁判所は更生手続中の弁済を許可できるものとしている（同旨，民再85条）。実際にも，2000（平成12）年のそごうの民事再生事件を始め，この少額債権の弁済を緩やかに解して取引先を救済する運用がされているとされ，保険会社の事件でもこの規定が随時弁済について援用されたようである。しかし，到底少額とも中小企業とも言えないような取引先の債権を弁済するためには，正面からこの規定を改正して，たとえば，「更生会社の常務に基づき発生した債権」とするようなことは考えられないではない[120)]。より抜本的には，「当該債務を弁済することにより他の更生債権者の弁済を増大させることになる債権」という規律もありうるかもしれない。実質論として，当該債権の弁済により他の債権者の弁済が増大すれば，理論的にはパレート改善となるので，債権者間の不平等が生じても甘受しうると評価することは可能であろう[補注10]。しかし，問題はどのような債権がその弁済により他の債権者の弁済を増大させると言えるか，という点であろう。抽象的に言えば，取引継続の利益が大きく，かつ，その債務の弁済がなければ取引が継続されないような債務ということになるが，その条文的な特定はきわめて困難であり，そうだとすれば，次の第2の切り口の方がより適切かもしれない。

第2のアプローチとしては，継続的給付を目的とする双務契約に関する規律の拡大が考えられよう。会社更生法104条の2〔62条〕は，会社に対して継続的給付の義務を負う双務契約の相手方について，更生手続開始申立前の弁済がないことを理由に履行を拒絶できないこととし，他方で申立後の給付に係る請求権を共益債権として扱うこととしたものである（同旨，民再50条）。これは，特に電気・ガス等いわゆるライフラインの供給を念頭に置いた規定であり，例外的に手続開始申立後の債権（更生債権）を共益債権に格上げしたものである。そこで，この規定の対象債権・時期を拡大し，より一般的に手続開始前の取引

120）千代田生命事件などで，裁判所が開始決定後に弁済を許可した債権として，「開始決定日に存した常務に関する費用」が挙げられている。

［補注10］会社更生法の改正によって，このような考え方は結局，同法47条5項後段に結実した。具体的事件（JAL会社更生事件）におけるその適用をめぐって，その意義に関する著者の認識を示す論稿として，山本和彦「企業再生支援機構とJALの更生手続」ジュリ1401号（2010年）12頁以下参照。

債権をこのような形で格上げすることが問題となりうる。つまり，継続的な物品・サービスの供給契約に関して，そのような供給が申立後もなされることを前提に，申立前の未払分も含めて共益債権として優先扱いを認めるという考え方である。前述のように，当該取引が事業の再建に不可欠なものであるとすれば，それによって他の債権者も利益を得る（破産の場合よりも回収額が増加する）という点にその正当化根拠が求められよう。ただ，この規定も，共益債権化する範囲は，開始申立後の給付に係る請求権部分に限定しており，これを申立前に拡大することは，理論的に相当の問題があるのみならず，広範囲の債権に係る当然の共益債権化は，多くの企業の更生を実際上困難にするおそれが大きいであろう。

最後のより抜本的な手段としては，このような問題を一般的な倒産手続である更生手続の枠内で処理することは諦め，これが不良債権処理という現下の日本経済の根本に関わる問題であることを直截に捉えて，時限立法等により特例的な手続を構想することも考えられないではない。たとえば，現在，任意整理または特定調停の中では，実際には金融債権者だけを相手方にして交渉を行い，取引債権者については随時全額弁済を続けるといった取扱いがされているようである[121]。このような手続を強化し，一種の強制性を限定的に付与することが考えられよう。たとえば，特定調停について，合意ができない場合にも裁判所が調停に代わる決定をできることとし，それに対する債権者の異議については，一定の場合にそれを却下する余地を認めるような制度構成がありえないではない[122]。しかしながら，言うまでもないことであるが，これは一種の強制調停を認める結果となり，憲法違反のおそれが相当に強い。要件を絞ることで

121）　この点は，近時策定された私的整理ガイドラインにおいても，正面から認められているものである。同ガイドラインは，手続対象債権者を「金融機関債権者であるのが通常であるが，相当と認められるときは，その他の大口債権者などを含めることができる」として，その範囲を限定し，取引債権は原則として弁済継続を前提としている（「私的整理に関するガイドライン」NBL 712号（2001年）12頁参照）。

122）　この点について，「倒産法制に関する改正検討事項」（1997年）においては，債務弁済協定調停に関して，裁判所がした調停に代わる決定に対して，当事者からの濫用的な異議の申立てがされた場合について，何らかの対策を講じる旨の提案がされていたが（第5部第1の2⑸参照），平成11（1999）年制定の特定調停法（特定債務等の調整の促進のための特定調停に関する法律）でもそのような対策は実現されていない。

違憲の疑いを免れる余地が皆無ではないと思料されるが，相当に困難な方途であることは疑いがないところである。

以上のような検討から，当面は現在の実務的対処にも合理性があると考えられるが，立法論としては，やはり上記いずれかの方法により，その範囲を真に更生会社の再建に必要なものに限定・明確化しながら，取引債権の優先性を正面から認めるのが相当ではないかと思われる。

(2)　双方未履行の双務契約

前述のように（*5*(1)参照），保険会社の更生手続においては，双方未履行の双務契約に関する一般規定（会更103条〔61条〕）の特例として，管財人に保険契約の解除・履行の選択権を認めないこととしている（法177条の28〔439条〕）。このような規律は，やはり前述したような保険契約に特有の理由に基づくものであるが，それにもかかわらず，なお一般的な理論的射程を有しうる規律として評価することもできる。以下では，このような更生特例法の規定が，近時議論が喧しい双方未履行契約の規律に関する理論的位置付けに与えうる影響について簡単に検討しておきたい（なお，実務上大きな問題になったとされる再保険契約に係る論点については，*7*(4)参照）。

まず，双務契約規律の理論的根拠については，近時議論が盛んである。簡単にまとめれば[123)]，従来，この規律の根拠の説明は，更生会社の権利がそのまま履行を求められるのに，相手方の権利が倒産債権になってしまうことの不均衡を是正するという点に力点が置かれていたが，近時の有力説（代表的なものとして伊藤眞教授の見解）[124)]によると，債務者に倒産手続が開始しても双務契約に関する同時履行の抗弁権は残存するので，相手方の権利は単なる倒産債権に止まるわけではなく，共益債権化は当然の措置とされ[125)]，むしろこの規律の

123)　この点の議論につき詳しくは，福永有利「破産法第59条による契約解除と相手方の保護」曹時41巻6号（1989年），水元宏典「破産および会社更生における未履行双務契約法理の目的(1)（2・完）」志林93巻2号・3号（1995年），宮川知法「破産法59条等の基本的理解」法雑37巻1号（1990年），中田裕康「契約当事者の破産」『倒産手続と民事実体法』（別冊NBL 60号，2000年）など参照。

124)　伊藤眞『破産法〔全訂第3版補訂版〕』（有斐閣，2001年）225頁以下参照。

125)　この点をより徹底する見解として，水元・前掲注123）参照。

特色は，管財人に解除権を付与した点にあるとされる。このような解除権は，会社の利益になる契約のみを生かし，それ以外を切り捨てて会社が身軽になって，より再建をしやすくする配慮に基づくとされる。この両説の争いの背後には，倒産手続開始により同時履行の抗弁権が当然に喪失するか否かという問題があるが，保険契約の場合のように，実際に解除選択が法律上否定されてみると，解釈論としてもこの点の議論は一定の意味をもつことになる。換言すれば，保険金の支払がされない（つまり保険会社側の債務が履行されない）間[126]，契約者は保険料の支払を拒絶することができる（拒絶しても契約を解除されない）か，という問題である。著者は，この点で有力説が相当であり[127]，同時履行の抗弁権の規律がなお妥当するものと考える。したがって，契約当事者は，更生手続開始後[128]，保険会社と保護機構との間で資金援助契約が締結されるまでの間は，保険料の支払を拒絶することができるものと解される。ただ，実際には，前述のように（注 126）参照），迅速に資金援助契約が締結されているので，現実に支払拒絶が大きな問題となることはないと考えられよう。

このように，更生特例法が保険契約について双方未履行契約の規律の例外を設けたことは，今後の倒産立法にも一定のインパクトをもつものと予測される。個別契約類型において，上記規律の妥当性に疑問が呈されているものは，すでにいくつかある。たとえば，賃貸借契約について，貸主が倒産した場合に，管財人等が当然に解除権を行使できるかについては，（その理由はさまざまであるが）それを否定する場合のあることで，判例・学説はほぼ一致している[129]。

126）　前述のように（*5*(2) 参照），保護機構との間で資金援助契約が締結されれば，その時点から保険金の随時弁済が可能となるので，これは手続開始後同契約が締結されるまでの間の問題ということになり，実際にはそれほど長期の問題ではない（千代田生命事件で開始決定から 26 日，協栄生命事件で 15 日であった。*4*(2)・(3) 参照）。

127）　山本和彦「ファイナンス・リース契約と会社更生手続」NBL 574 号（1995 年）8 頁参照。

128）　更生手続開始前も，保険金が弁済禁止の保全処分の対象となっている場合には同様の帰結となるが，現在までの実例では，保険金はいずれも対象外とされているようであり，そうであれば，契約者側の保険料支払拒絶権も発生しないことになる。

129）　伊藤・前掲注 124）237 頁以下など参照。立法論としても，「不動産の賃貸人が倒産した場合において，賃借人が対抗要件を具備しているときは，破産法第 59 条及び会社更生法第 103 条による管財人の解除権の行使を制限するものとするとの考え方」が提示されている（倒産法制に関する改正検討事項第 4 部第 1 の 1(2)ア b 参照）〔この規律は

また，立法論としては，ライセンス契約におけるライセンサーの倒産などについても同様の議論がされている[130)][補注11]。さらに，近時の注目すべき判例として，最判平成12・2・29（民集54巻2号553頁）は，「破産宣告当時双務契約の当事者双方に未履行の債務が存在していても，契約を解除することによって相手方に著しく不公平な状況が生じるような場合には，破産管財人は同項に基づく解除権を行使することができない」とする。この判決の射程についてはさまざまな議論がありうるが，素直に読む限り，契約当事者間の公平の考慮に基づき，会社更生法103条〔61条〕等の射程を左右する趣旨と思われる。そこで，以上のようなさまざまな議論の中に法177条の28〔439条〕の規定を位置付けるについては，本規定の趣旨が問題となろう。本規定の趣旨としては，保険契約者という弱者の保護が一方にあり，他方には保険契約の集団性の維持という契約の特殊性がある（*5*(1)参照）。仮に前者を強調するとすれば，前記最高裁判決と連続線上に把握され，さらに賃貸借・ライセンスに関しても，賃借人・ライセンシーという弱者の保護の観点で捉え，双方未履行契約処理の政策的排除という方向に統合される可能性があろう[131)]。しかし，後者の捉え方によれば，これは保険契約の特殊性によるものであり，双方未履行契約規律の例外を認めるか，また例外の範囲をどうするかについては，各契約の特殊性に配慮した個別的な検討が必要であるということになり，前記最高裁判決の射程もむしろ限定的に理解する[132)]方向性が示唆されよう。著者は，どちらかと言えば，後者

最終的に立法化された。破56条，会更63条など参照〕。

130）　金子宏直「技術ライセンス契約の倒産手続における処理(1)（2・完）」民商106巻1号83頁，2号208頁（1992年）など参照。

〔補注11〕　ライセンス契約については，平成23年の特許法改正によって，通常実施権の登録制度が廃止され，いわゆる当然対抗制度が導入されたこと（特許99条）により問題が解決されている。

131）　このような傾向は，双方未履行契約の規律を政策論的なものとして捉えた宮川知法教授の見解（宮川・前掲注123）など参照）などと方向性を共通にするものと評価できようか。

132）　同判決の事案はゴルフ場会員権契約の例であり，そのような契約の特殊性に鑑みて，判例を理解することが考えられよう。すなわち，同会員権契約は，預託金を払い込み，その利息等を求めずにゴルフ場を利用するというもので，経済的に見れば，預託金の利息相当分（＋会費）がゴルフ場の優先利用の対価となっているものと考えられる。そうであるとすれば，契約解除により当然に預託金の返還を求めることができるというのは契約の趣旨から本来的に相当でなく，実質的には，預託金の利息相当額を支払わせるの

のような考え方に親近感を持つ。会社更生法 103 条等が管財人等に付与した解除権は，倒産手続の目的遂行のための貴重な武器であり，総債権者の利益の源泉であるとすれば，弱者の立場にある相手方であるからといって安易にその例外を認めることは相当ではない。むしろ個々の契約の特性を詳細に検討して，両者のアンバランスを放置することができないようなきわめて重大な例外的事由がある場合に限って，立法・判例による例外を個々的に認めていくに止めるべきであろう[133)]。

また，更生特例法は，保険契約の解除を認めない代わりに，保険契約の契約条件の変更を認めるものである。このような規律のあり方は，従来の未履行双務契約に関する履行選択か解除選択かというオールオアナッシングの規律方式から，より柔軟な契約条件変更による契約継続という中間形態が構想しうることを示唆しているようにも見える。この点につき，すでに弥永真生教授は，「一般的に更生管財人に解除権を認めなくとも契約条件を変更すればよいということになり，会社更生法 103 条〔61 条〕のような規定の一般的妥当性に疑問が生じるのではないか」と指摘されているところである[134)]。ただ，同教授ご自身は，一般の双務契約の場合は「対価が均衡しており，更生管財人に解除権を与えても相手方に不当な不利益を与えることが少ないし，契約条件の変更は個々の相手方との契約内容の変更をもたらすもので，１つ１つの契約条件を他の債権者との衡平を図りつつ変更することが困難であるという特徴を有する」点で保険契約とは異なり，本条項の特殊性を強調される。しかし，保険契約以外の双務契約であっても，解除による契約相手方の不利益が大きい場合は存するし（まさに前記判例はそのような場合の管財人の解除権を制限するものである），他

が相当ということになる。しかし，そのような形で契約を変更することはできないため，次善の策として解除権を否定したものと理解することも可能ではなかろうか。

133）　このような観点から，賃貸借・ライセンスについては，その例外性の根拠は，賃借人・ライセンシーが有する対抗要件に求められるべきものと考える。つまり，対抗要件の具備による物権性（第三者対抗性）がその保護の根拠になると見られ，その具備がない場合にまで（気の毒である等の理由により）保護を拡張することは妥当と思われない（たとえば，ライセンシーが登録等の対抗要件を具備していないときは，管財人等が特許権等を売却すれば，いずれ譲受人には対抗できないのであるから，管財人等の解除を否定してライセンシーを保護する根拠に乏しい）。

134）　弥永・前掲注 46）69 頁以下参照。

の債権者との衡平は確かに１つの問題であるが，従来の枠組みの延長線上で捉えられる事柄のようにも思われる[135]。その意味で，このような選択肢は今後の立法論・解釈論の中で，やはり一般的な検討に値するように思われる。一例を挙げれば，賃貸借契約について，賃貸人が破産した場合の契約解除は（少なくとも賃借人に対抗要件が存するときには）許されないと考えられるが，この場合に当該契約の内容が不当に破産財団に不利であるようなときには，契約は継続するとしても，その条件を変更するというアプローチはありえないではないと思われる。それによって，そのままの条件で履行選択する場合や契約を解除してしまう場合よりも，妥当な利益配分が可能になりうると考えられるからである[136]。このような処理がどのような場合にどのような範囲において可能かは，今後の理論的課題となろうが，真剣な検討を要するように思われる。

(3)　優先債権への随時弁済

前述のように（*5*(2)参照），更生特例法は補償対象保険金について随時弁済を認めた（法 177 条の 29〔440 条〕)。これは，優先的更生債権について随時弁済を認めるものであり，更生債権については計画内での弁済しか認めないという更生手続上の大原則の大きな修正であると言える[137]。そこで，理論的に見た場合，このような随時弁済の容認が他の優先債権等についてどのような影響を及ぼすかについて検討の必要があるように思われる。また，随時弁済がされた後の債権者の権利行使について，いわゆるホッチポット・ルールの場合と同等の処理がされた（民再 89 条方式）が，このような処理方式が他の場合に及ぼす影

135)　けだし，従来から他の債権者や相手方の利益衡量は不可欠とされており（特に，福永・前掲注 123)，中田・前掲注 123）など参照)，履行・解除に契約変更の選択肢を加えることは，後述のとおり，契約によってはより適切な利益配分の実現可能性があると思われるからである。

136)　他にライセンス契約についても同様の可能性があろう。すでに，アメリカ法は，相手方である実施権者に使用実施に限った継続の可能性を認めており（連邦破産法 365 条(n)項参照)，契約条件変更による契約の継続というアプローチが実定法として採用されているとも評価できる。

137)　すでに(1)でも見たように，少額債権や取引先中小企業債権に対する随時弁済の規律（会更 112 条の 2）が存在するが，このような弁済は手続の円滑な進行の必要により説明されているところ，ここでの例外は新たな地平を拓くものと評価できるように思われる。

響についても検討しておく必要があると考えられる。

まず，優先債権に対する随時弁済一般の問題として考えるとき，実際上最も問題となるのは，労働債権に対する弁済の問題であろう。労働債権は，その一部は共益債権（会更119条・119条の2〔130条〕）として当然に随時弁済の対象となるが，残りの部分は一般先取特権（民308条）として優先的更生債権となるに止まる[138]。現在議論されている倒産実体法の改正の中で，労働債権の取扱いは1つの中心的なテーマである[139]が，少なくともその全額を共益債権とするのでない場合には，優先的更生債権とされる部分が残ることになる。しかし，優先順位の問題はともかく，賃金は労働者にとってその日その日の生活を支える債権であるので，（弁済額のほかに）その弁済時期も重大な問題となる。そこで，そのような優先的更生債権に止まる部分についても，例外的な措置として手続中に随時弁済をすることにより，迅速な履行を確保することが考えられる。保険契約者に対する随時弁済制度の実質的根拠が保険契約者保護という社会政策的理由とそれに付与された優先権という法的理由によっているとすれば，同様の理由は労働債権にも妥当し，その随時弁済に関する議論にも理論的な影響を与える可能性を含んでいる。しかし，ここで注意すべきは，保険金の随時弁済は，まさに補償対象保険金に対する制度であり，保護機構による事後的な塡補が前提として想定されている点である。その意味で，仮に弁済がされたとしても，その分は後から更生会社の財産に保護機構からの資金援助の形で戻って来るのであり，他の債権者が害される懸念はまったくないことになる（実際のケースであったように，結果として資金援助がされない場合も，他の債権者の弁済率は左右されない）。その点において，そのような補償措置が伴わない労働債権の場合を直接同視できるものではないと言えよう。ただ，実質的に他の債権者を害さないという点を重視するとすれば，労働債権についても一定の要件の下に（たとえば，他の優先債権者との均衡の確認等），随時弁済制度を整備していく余地

138）破産法においては，現状では財団債権となる部分はなく，債務者が株式会社等である場合にはその全額，個人等である場合には最後の6月分（民308条）が優先的破産債権として処遇される（その残余は一般破産債権となる）に止まる〔現行破産法では，その一部が財団債権として処遇されている。破149条参照〕。

139）この問題に関する私見の概要については，山本和彦「倒産企業従業員の生活保障」河野正憲＝中島弘雅編『倒産法大系』（弘文堂，2001年）84頁以下参照。

はなおあろう[補注12]。さらに言えば，著者は，労働債権についても，現在の賃確法（賃金の支払の確保等に関する法律）上のスキームを強化する形で，むしろ保険的な措置を充実していくことが将来的には望ましいものと考えており[140]（ドイツやフランスなどでは，保険的措置が倒産手続における労働者保護の中核とされているようである），仮にそのような充実が図られれば，将来的な補塡を前提に暫定的に随時弁済をするという本制度と同様の枠組みの構想も可能となろう。

次に，より手続的な論点として，法177条の29〔440条〕が，随時弁済をした後の手続的な処遇として，国際倒産におけるホッチポット・ルールと同様の扱いをしていることが注目される。これによって，当該規律（具体的に言えば，元の債権額全額で手続に参加するが，既弁済部分については議決権行使ができず，計画弁済・配当は他の債権者と公平にされるとの規律）は，手続中に弁済がされた場合についての一般的ルールの地位に就いたと評価することができるように思われる。この点で注目されるのは，やはり手続中に弁済がされる場合として，保証人・物上保証人・連帯債務者等からの弁済がされた場合の取扱いの問題である。現在の倒産法は，これらの者から手続中に手続債権者が一部弁済を受けても，債権者は債権全額についてその権利を行使することができるものとしている。この点の相当性は十分に肯定できるものであるが，この場合の債権者の議決権については，さらに考慮の必要があるように思われる[141]。けだし，債権者は弁済を受けた部分についてはすでに利害関係を失っており，その部分についても議決権行使を認めることは議決結果にバイアスがかかることになる点で，本件（およびホッチポット・ルール）の場合と同様の問題状況があろう[142]。著者は，

［補注12］　この点は，その後の破産法改正によって，破産法101条において給料の請求権等に関する弁済の許可の制度が導入され，一部実現されている。

140）　倒産手続における労働債権保護に関する私見一般については，山本・前掲注139）及び本書第8章参照。

141）　この点につき，山本和彦「倒産手続における求償権の処遇」関西法律特許事務所開設35周年記念『民事特別法の諸問題第4巻』（第一法規，2002年）265頁以下参照。

142）　たとえば，1億円の債権者が手続中に保証人から7,000万円の弁済を受けた場合，更生計画が30％以上の弁済であれば当該債権者は（結局100％弁済を受けられるので）必ず賛成することになるが，実際には50％の弁済も可能であるような場合にそれでよいか（その場合も，当該債権者はより堅実な30％弁済計画を選好するであろう），という点にはなお疑問があろう（それが嫌なら保証人等は全額弁済しろというのも，保証人等に酷なように思われる）。

このような場合には，債権者の議決権は現実の債権額に限定し（その意味で，本制度等と同様の扱いとし），既弁済の部分についてはむしろ保証人等の議決権を認めるべきではないかと考えている（つまり，保証人は計画弁済においては債権者に後れるが，議決権は弁済した部分について行使できるという制度が検討に値しよう）[143]が，なお検討を要する。

また，本条とホッチポット・ルールの場合との間での実質的な利益状況の差異として，本条においては，資金援助契約の締結を前提とするものとして，実質的には保護機構の将来的な弁済を代位して更生会社が行っているという側面がある点を指摘できる。換言すれば，本条の弁済は，純粋に債務者が債務者自身の負担で弁済をする外国弁済の場面よりは，実質的には保証人等の弁済に類似する点がある。しかるに，本条は，代位予定分についても保護機構に議決権を付与していないが，それでよいかという問題がある。立案段階では，むしろ保護機構の手続参加を認める案も存在したところである。しかし，この点では，本条のような規律も十分正当化できると解される。すなわち，保護機構には他に債権買取りの手段も付与されており，買取りによれば議決権を行使することができるところ，手元流動性に欠けるために自ら買取りを選択せず，更生会社の資金に依存する随時弁済制度によったところにこの問題の原因があるとすれば，保護機構に議決権を付与しなくてもあながち不当とは言えない。加えて，実際的な理由としては，いずれにしろ保護機構の契約者権利の代位行使により同機構が圧倒的な議決権をもつのが通例と見られ，この部分の議決権がなくとも，議決結果に影響することは考えにくく，この点をリジットに詰める意味に乏しいとも考えられる。したがって，理論的にはやや疑問な部分も残るものの，実質論としては本条のような扱いも支持できると見られる[144]。

143）　もちろんこれが必然的な解決策ではなく，問題を保証人・債権者間で解決する方策もありえよう。たとえば，保証人の意向に反して債権者が議決権を行使した場合には，一定の要件の下に残債務について免責的効果を発生させるといった方法である。ただ，これでは保証人の求償権が十分確保されない場合がなお残ることになり，決定的なものではない。

144）　なお，実際の例では，最終的に保護機構からの資金援助がされなかった。したがって，仮に保護機構に議決権を付与していれば，かえって不当な結果に陥っていたことになる。ただ，立法時には資金援助契約が締結されながら最終的に資金援助がされない事態は，余り想定されていなかったようにも思われる。

7　更生特例法上の手続の実務的問題

(1)　労働債権の取扱い

更生特例法上の手続が実際に運用され，その結果として明らかになった実務的問題点がいくつかある。第1の点として，労働債権の処遇の問題が指摘できよう。これは，生命保険契約者に一般先取特権を付与したことに付随する問題点である（**6**(1)参照）。すなわち，今回〔平成12年〕の保険業法改正によって，生命保険契約者の権利に一般先取特権が付与されたが，その順位は，「民法第306条第1号（共益費用の先取特権）に掲げる先取特権に次ぐ」ものとされる（保険業117条の2第2項）。これは共益費用の先取特権に次ぐ趣旨を示すが，他方で，労働債権についても，保険会社が株式会社である場合（商295条2項），相互会社である場合（保険業59条1項）のいずれにおいても，やはりその先取特権の順位は共益費用に次ぐものとされている[補注13]。したがって，両者の先取特権の順位は，解釈論としては，同順位と解さざるをえないことになる[145)]。

このような規定を前提にすれば，保険契約者の権利の削減がされる場合，実体法上同一の地位にある労働債権についても，原則として同等の権利削減がされるべきことになろう。この点で，技術的には，その権利削減の程度について，保険契約者における予定利率引下げに伴う権利削減分も考慮するか否かが問題となりうる。実務の扱いは必ずしも統一されていないようであり，千代田生命事件では予定利率引下げ分も考慮して37.91％の免除とされているのに対し，協栄生命事件では予定利率の分は考慮されず，責任準備金の削減率と同等の8％カットとなっている。このような率の差異からも明らかなとおり，保険契約者の権利に与える打撃は実際には予定利率引下げの効果がきわめて大きく，多くの契約者にとっては責任準備金の削減以上の影響を及ぼすものである[146)]。

［補注13］　労働債権については，平成15年の民法（担保法）改正に際して，民法上の先取特権の範囲を拡大して，全面的に民法の規律に委ねられることになり，現在では民法308条で規定されているが，その順位に変動はない（民306条参照）。

145)　この点について，金融審議会のワーキンググループ等の議論では優先権付与の根拠等は詳細に論じられたものの，その順位，さらには労働債権との優先関係等については必ずしも十分な詰めはされていなかったようにも思われるところである。

そうだとすれば，両者の権利を実質的に同等に扱うためには，やはり予定利率の引下げ分も考慮して，労働債権者の権利変更の内容を定めるのが相当であると解される。

解釈論としては以上のようなこととなり，結果として，労働者の権利は相当に大幅な削減を受けることになるが，立法論としてそれでよいのかについてはさらに検討を要するところであろう。確かに，保険会社の労働者は一般にそれなりの賃金水準にあり，顧客である契約者の権利が削減されるときに，内部者である労働者の権利も少なくとも同程度に削減されることについて，感覚的にはそれほどの違和感はないかもしれない。しかし，注意すべきことは，このような扱いは，更生手続ではきわめて異例と見られる点である。更生手続では，労働債権の属する優先的更生債権が削減の対象になることは実際にはないと言われる。それは，（更生担保権を有する金融債権等を除けば）他に優先債権は殆どなく，一般更生債権に弁済がされる前提として，優先的更生債権には原則全額弁済がされるからである。ところが，保険会社の場合には，たまたま圧倒的な比率を占める契約者の権利が優先債権化されたため，いわば労働債権は割を食ったわけである。しかし，同じ広義の金融機関でも銀行等の預金債権には優先権がなく，労働債権者は他の企業の労働債権と同様，全額弁済を受けられる可能性が高く，このような区別が給与水準の差異等で説明できないことは明らかであろう[147)]。加えて，更生手続で実際に問題となる労働債権は，給料債権よりも退職金債権（退職年金を含む）であると考えられる[148)]。退職金は言うまで

146）この点は，近時，保険会社の抜本的な経営再建のための有力な方法として，（結局実現はしなかったが）総代会の議決等による予定利率の引下げを認める旨が論じられたことからも明らかであろう。

147）実質的には，契約者の権利保護が保険を通して図られるとすれば，優先権付与の機能は，保険弁済後に代位した権利の保護の度合いにあると言えるかもしれない。そうだとすると，契約者に対する一般先取特権の付与は，それを通して，保護機構の代位債権の優先順位を上げるものと言える。その根拠が仮に保護機構の財政基盤が預金保険機構のそれより脆弱な点にあるとすれば，そのような政策的配慮が労働者の権利内容に影響することを正当化することはさらに困難であるように思われる。

148）協栄生命では，退職年金債権43億8,000万円余（1,485件），退職金債権7,000万円余（53件）であり，千代田生命では，退職年金債権（選択年金・特別年金を含む）31億円余（4,138件），退職一時金債権7億2,000万円余（194件）で，給料債権の不払いはなかったとされる。

もなく老後の生活の糧であり，労働者の生活設計の基礎をなすものである。それが大幅な変更を受けることは，他の代替手段がないだけに，多くの人の生活に致命的影響を与えるものと言えよう。

以上のような点を考えれば，労働債権の順位を契約者の権利と同順位とすることは，立法論として妥当とは思われない[149)]。立法論としては，契約者の権利は労働債権に次ぐ順位とすべきものと考えられる（保険業 117 条の 2 第 2 項の「民法第 306 条第 1 号」を「民法第 306 条第 2 号」と改めるべきこととなろう）。

(2)　保険契約者の組分け

次に，やはり実務的な課題として，関係人集会における更生計画案議決の際の保険契約者の組分けの問題がある。会社更生法は，「一般の先取特権その他一般の優先権がある更生債権」をそれ以外の一般更生債権と組分けすることを原則とするが（会更 159 条 1 項〔168 条 1 項 2 号・196 条 1 項〕），裁判所の裁量により，2 以上の組の者を 1 の組とし，又は 1 の組の者を 2 以上の組として分類することも認めている（同条〔196 条〕2 項）。そこで，保険契約者の組分けをどのようにするかが実務的には大きな問題となる。問題点としては，①契約者を他の優先的更生債権者（主に労働債権者）と同じ組にするか，②契約者を一般更生債権者と同じ組にするか（前記会社更生法 159 条〔196 条〕2 項を適用するか），③契約者間で異なる契約内容の者を別の組に分けるか，といった点がある[150)]。この点について，金融審議会の報告書（*2*(3) 参照）では，「保険契約者は，更生計画案の作成・決議において，別の組とすることが望ましい」とされ[151)]，むしろ契約者は当然に他の債権者と別の組とされることが前提となっていた。こ

149)　もちろん，労働債権の順序について，立法論として問題がないわけではない。著者は，むしろ労働債権についても（ドイツ・フランス等に見られるように）保険的処理が適当ではないかと考えている（この点については，山本・前掲注 139）参照）。そのような改革が実現すれば，ここでの問題は実質的には，契約者の保険機構（保護機構）と労働者の保険機構との間の優先劣後の問題にほぼ整理されることになり，その場合には両者を同等に扱うことにも合理性があるかもしれない。

150)　このほか，基金権者の組分けの問題があるが，これについては，丸山・前掲注 20）294 頁，山下・前掲注 22）112 頁参照。

151)　さらに，特別勘定の保険契約など，「保険契約者の間で更に組分けをどこまで行うかについては，個別事案ごとに判断することでよいと考えられる」とされていた。

れを受けて，立案過程でも，「保険契約者等は，会社更生法159条〔196条〕1項の規定にかかわらず，保険契約者等以外の更生債権者と別の組としなければならない」といった明文規定を置くことが検討された。しかし，最終的には，前記会社更生法159条〔196条〕2項による裁判所の裁量権の行使によって適切な対応が可能であるということで，明文化は見送られたもののようである。

以上のような経緯からも明らかなとおり，明文規定を設けるか否かはともかく，保険契約者を他の債権者と組分けすること自体については，およそ異論がなかったところであるが，実際の手続では，このような組分けはされなかったようである。これは，更生債権者間では組分けをしないという現在の更生手続一般の実務[152)]に基づくものと見られるが，実質論からすれば，相当に疑問のあるところである。まず，①の労働債権者との組分けについてであるが，前述のとおり（(1)参照），その当否はともかく，両者は実体法上同一の順位とされており，その意味で，両者を1つの組とすることも確かに理解できないではない。債権の削減率も（基礎率変更分を反映させるか否かで扱いは異なるものの）基本的には同率とされているからである。しかし，言うまでもないことであるが，両者の債権者集団としての実質的な性質は著しく異なり，決議の結果についても差異が見込まれるところであったと考えられる[153)]。しかるに，両者を同一の組とすることは，結果として圧倒的に多額の債権者団（保険契約者）の意向を相対的に少額の債権者団（労働債権者）に押し付けることになった点は否めないであろう[154)]。もちろん，労働債権の組が独立とされない通常の更生手続でも同様の問題は発生しうるが，(1)でも見たとおり，他の会社とは異なり，保険会社の更生手続では，労働債権の削減が実際に問題になるところであり，労働債権を独立の組とする必要性はより大きい。

また，②の一般更生債権者との関係でも，当然のことながら，契約者の利害

---

152)　組分けの実務については，長谷部幸弥ほか「会社更生手続・会社整理手続の運用手引き⒅」判時1686号（1999年）4頁以下など参照。

153)　この点は，たとえば，千代田生命の事件で，計画認可決定に対して労働債権者から即時抗告の申立てがあったとされることが示唆していると言えよう。

154)　実際にも，労働債権者のほぼすべてが退職債権者（退職年金債権者）であったとすると，これを独立の組とすれば，反対の決議がされた可能性は多分にあったように思われる。

は大きく異なるところであり，1つの組とすることは問題であったと思われる。これも，劣後ローン等の債権者は結局全額免除されることになり，単独の組とすれば反対の議決がされることが予想されるが，その場合には，会社更生法の基本に則り，権利保護の措置をとったうえで認可の可否が検討されるべきであろう（いわゆるクラムダウン。会更234条〔200条〕)。実際には，そうしても弁済が一般債権者にまで回ることはありえないと考えられ，計画の策定に支障はないと考えられよう。①・②の点に係る実務運用が今後も変更されないものとすれば，本改正の当初に想定されていたように，組分けに関する明文規定を設けることが再び検討されてよいように思われる。

最後に，③の保険契約者間の組分けの問題である。この点についても前述のように，問題点としては意識されてきたところであるが，①・②の問題と比較して必ずしも明確なコンセンサスがあったわけではなく，むしろ個別事案における判断に委ねる旨の見解が有力であったようである（注151）参照)。問題となる場面としては，(a) 基礎率（特に予定利率）が異なり，更生計画では基礎率を同一にする結果，その変更割合を異にする契約者間，(b) 一般勘定の契約者と特別勘定の契約者（特に変額保険の契約者）間の組分けなどが想定される。組分けの本来の必要性が計画において異なる権利変更を受ける債権者については，別々にその意思を表明させるべきであるとの理解に基づくとすれば，(a)・(b)いずれの場合も組分けをすべきこととなろう。ただ，現在は一般更生債権者についてそのような扱いがされていないことは明らかであるし，衡平を害しない範囲での取扱いの差異を認める法の枠組みの下では，異なる計画上の処遇を受けている債権者であっても，議決まで別にする必要性はなく，そのような計画上の扱いの差異が不当であると考えるのであれば，むしろ認可決定を争うべきであるという考え方にも一応の合理性はあると見られる。その意味で，一般論としては組分けが望ましいとしても，法的には裁判所の裁量の問題と考えてよいであろう。ただ，(b)の点については，むしろ実体的に区別した取扱いをすべきか（両者の間での衡平はいかに考えられるべきか）という点がより大きな問題であろう（この点については，(5)参照)。

(3)　相互会社における新規営業

次に，やはり実務的に問題とされた点として，更生手続開始決定後の新規契約の締結を含む新規営業の問題があったようである。前記のとおり，実際の破綻処理は，手続の早い段階でスポンサー企業を確保する形で行われたが，スポンサーにできるだけ高い価格で事業を譲渡するためには，事業価値（暖簾）を手続中も維持していく必要が大きい。保険事業においては特に営業の重要性は言うまでもないところであり，手続開始後も新規営業を継続できるか否かは大きな問題である（なお，この点は，保険契約の期間が一般に短く，新規契約が営業に不可欠となる損害保険会社においてはさらに切実な問題となりうる。ただ，大成火災の事件でも，保全命令で「補償対象契約以外の新たな保険契約の締結」が要許可事項とされ，事実上禁止されたようである）。しかるに，前述のとおり（*4*(2)・(3)参照），現状では新規営業は認められない形となっている。それには，2つほど理由があるようである。第1に，経営が破綻し，将来どうなるか分からない企業が，リスク回避の手段であり長期の契約期間が予定される保険契約を締結することは相当でないという理解である。第2に，相互会社に固有の問題であるが，相互会社では契約者が原則として社員となるところ，更生会社が新たに構成員を増加し，内部構成を変更することは許されず，その点で新規契約の締結は不可能になるという問題である。千代田生命は相互会社であるため，アプリオリに第2の問題が生じたが，株式会社である協栄生命でも新規営業が認められなかったことから見ると，実務上は第1の点も大きな理由とされているように見受けられる。

しかし，第1の点が保険会社の新規営業を禁じる理由となるかについては，疑わしい点もある。保険会社においては，保険契約の締結はまさに常務であり，事業の中核をなすものである。言うまでもないことであるが，更生会社は一般に開始決定後も営業を継続するものであり，それが会社更生の不可欠の前提となるのであり，この理が保険会社についてだけ妥当しないとする理由はないと思われる。もちろん，新規営業を行っても，顧客がそれに応じるか否かは別問題であり，更生手続の廃止等を懸念して契約に応じないか，応じるとしても契約条件の優遇を求める可能性はある。しかし，このようなことは他の業種でも同様にありうる話であり，手続開始後は取引条件が現金取引になったり，価格等において優遇する扱いがされたりすることは，一般に見られるのではないかと思われる。どのような範囲で取引条件の変更等が認められるかは，管財人の善管注意義務および裁判所の監督権に委ねられるところであるが，アプリオリに新規営業を禁じる理由はないのではなかろうか[155)]。特に，実際の運用が示したように，保険会社は，契約者の権利を変更しその離脱を防止さえすれば，事業の更生自体はむしろ通常の事業会社に比べて相当に容易であり，一般に顧客にとっての安全性は高いように見受けられるからである。

第2の論点は，より規範的・形式的な問題である。すなわち，更生特例法160条の24第1項〔197条1項1号〕は，更生手続開始後その終了までの間は，更生手続によらなければ，「保険契約（保険契約者を社員とするものに限る。）の締結」をすることができないとしている。これは計画外の減資や新株発行を禁止する条文の中で規定されている点からも明らかなとおり，一般の更生手続で同旨を定める会社更生法52条〔45条〕1項と同趣旨の規定である。つまり，その規律の趣旨は，更生手続中に手続によらずに会社の組織構成を変えることは認めないというものであり，その点は，更生特例法の規定が非社員契約（保険業63条）の締結については開始後も禁止していないことからも明らかである[156)]。この点は，開始決定後の株式会社の新株発行が禁じられていることとパラレルな規律であるが，その趣旨としては，新たに株主となった者は「この手続における利害関係人となりうるかの問題を生じ，法律関係を錯雑ならしめる」点が挙げられている[157)]。確かに一般論としてはそのような懸念は正当で

155）　実際には，前述のとおり，協栄生命の事件などではスポンサー会社の保険契約を代理募集するという形で新規営業を再開することができ，致命的な営業価値の低下を回避することができたようである。更生会社が自らの名前で契約をするか，より信頼性の高いスポンサーの名前を出して契約するかは，もちろんビジネス・ジャッジメントの問題である。ここでの議論は，前者の可能性をアプリオリに排除すべきではないのではないか，というに止まる。特に，東京生命事件が示したように，手続の当初ではスポンサーを固定しないような運用が今後一般化するとすれば，代理募集という便法は用いられなくなる点に注意を要しよう。

156）　その点で，実際上の不都合は非社員契約の締結で回避できるという考え方もありえようが，定款規定の必要性や種類・限度額の限定など非社員契約には多くの制約があり，十分な代替策となりうるか，なお疑問なしとしない。

157）　兼子一監修『条解会社更生法（上）』（弘文堂，1973年）488頁。その他の理由としては，新株発行の実際上の困難性，更生の観点からの無意義性，収入した財産が管財人

あろうが，債務超過の相互会社については，社員は手続に関与することはできず（法160条の51第3項〔258条2項〕），法律関係が実際に「錯雑」になるとは思われない。加えて，社員の利益もその債権者（契約者）としての側面が共益債権として保護されれば，それで十分であろう。新規契約の締結が保険会社の更生にとってきわめて重要な意味をもつこと[158]を考えれば，それをこのような形式的な理由で全面的に禁止することは相当とは思われない[159]。少なくとも裁判所の許可を前提に，（そして，契約者に対してはその社員権の保護が不十分であることを十分事前に開示することを前提に）新規契約の締結を認めてよいように思われる。その意味で，立法論としては，更生特例法160条の24〔197条〕第1項から保険契約の締結を削除すべきものと解される。

(4)　再保険契約の扱い

前述のとおり，保険会社を保険者とする保険契約については，会社更生法103条〔61条〕の規定は適用除外となっているが，その規律からは再保険契約が除外されている（*5*(1)参照）。したがって，再保険契約については，通常の未履行双務契約に関する規律が妥当し，管財人は解除・履行の選択権を有することになる。そのような適用除外が設けられた趣旨は，前述のとおりであるが（*5*(1)参照），実際の事件でも再保険契約の取扱いが問題とされたようである。

に帰属するか自由財産になるかの不明確性といった点が挙げられているが，これらは相互会社の場合の保険契約締結には妥当しないと解される（契約から得られる収入＝保険料収入は当然に管財人の管理する財産となろう）。

158）　千代田生命が欧州系のスポンサーを選ばなかった1つの理由として，日本で売る保険商品がなかったことが挙げられている。売る商品がなくては営業組織が活気を失い維持できなくなるという点は，暖簾の価値を維持するという観点からは大きな問題と思われる。

159）　なお，会社更生法52条〔45条〕の趣旨は，一般に言われているように，会社の組織法上の行為を更生手続中禁止したものと言えるかには疑義もある。この規律は，当初構想されていた条文案（昭和26年1月20日の会社更生法（案））には存在せず，その次の段階（同年2月13日の会社更生法案）で挿入されたが（同案52条），その主語は「会社の株主総会又は取締役会」となっており，「決議をすることができない」という文言に鑑みれば，むしろ管財人以外の者を主体とする行為（であり，会社の経営に影響するもの）を禁止する趣旨であったと考える余地がある。仮にそうであれば，本来管財人の権限に属する新規契約締結を一律に禁止する必然性はなかったことになり，別個の制約の方法を考えるべきであったとも言えよう。

そこでの問題は，再保険契約が受再であるとき，解除選択の場合に再保険に係る責任準備金相当部分は共益債権として扱われるのかという点，および履行選択の場合に再保険金が（開始前に保険料を支払っていた部分も含めて）全部共益債権となるのかという点であったとされる。

まず，前者については，実際の事件でも再保険契約が解除された場合に問題となった論点のようである。問題は，再保険の保険料が会社の「受けた反対給付」（会更104条2項〔61条5項，破54条2項〕，法160条の38〔206条2項〕）に該当するか否かという点にある（再保険契約については，当然にこれら条項の適用があると解される）。この規律は，従来，管財人に会社の利益のために解除権を付与した見返りとして，契約当事者間の公平を確保するための措置と説明されてきた[160)]が，近時，請負人破産の場合の前払い金に対する注文者の権利をめぐって議論が展開され[161)]，破産財団の原状回復請求権と相手方の請求権とが成立し同時履行の関係に立つ場合に限って，相手方の権利を取戻権ないし財団債権として保護する見解も有力となってきている（これによれば，上記前払い金は財団債権とはならない）。この場合，前者の見解によれば，再保険の相手方が支払った保険料に見合う積立金額については，共益債権が成立することになろう。これに対し，仮に後者の見解に立つとすれば，この場合は会社の側に特段の原状回復請求権は成立していないことになり，共益債権としての取扱いを認める合理性は存しないものと考えられよう。結局，いずれの考え方によるかという問題であるが，解釈論としては，何らの限定のない現行条文を前提に，近時の有力説のような解釈をすることにはかなりの困難があるように思われる。その意味では，通説に従い，この場合も共益債権の扱いとすべきことになろう。ただ，立法論としては，この点は現在議論の最中にあり，将来の破産法改正の中では，前記有力説に沿った改正がされる可能性もある[補注14]。その場合には，更生債権説も成立の余地があることになる。そして，この場合の再保険料払込が実質的には与信の側面をも有するとすれば，そのような帰結も合理的な解決

160）　近時の代表的見解として，伊藤・前掲注124）226頁参照。

161）　この問題につき，高橋宏志・判批・『新倒産判例百選』（1990年）177頁など参照。

［補注14］　この点は破産法改正でも議論の対象とされたが，最終的には改正されず，従来の判例を前提に更生債権説は否定された。これについては，山本和彦ほか『倒産法概説〔第2版〕』（弘文堂，2010年）220頁〔沖野眞已〕など参照。

と言えるかもしれない[162]。

次に，管財人が再保険契約の履行を選択した場合に，再保険金が（開始前に保険料を支払っていた部分も含めて）全部共益債権となるか否かという後者の問題である。この点は，会社更生法208条〔61条4項〕（法160条の84〔206条1項〕により準用）において共益債権とされている「更生会社の債務の履行をする場合において，相手方が有する請求権」の解釈問題ということになろう。この点について，通説は，履行選択により共益債権化される債権は，開始決定後に相手方に生じる債権に限られるものとする。たとえば，開始決定前に100万円の未払債権があったとして，管財人が履行選択をしたからといって，当該債権が当然に共益債権として扱われることにはならない。この制度は，あくまで未履行部分の履行の均衡を確保することを目的とするものだからである。これに対し，近時の有力説[163]は，管財人の履行選択によって，開始後の債権のみならず，開始前の債権も含めて契約相手方が有する債権が全面的に共益債権となるものと解される。以上のような対立を前提に，この問題を考えてみると，まず後者の有力説によれば，再保険金が全額について共益債権となることは疑いなかろう。これに対し，通説的な見解に立ったとしても，再保険金請求権自体は手続開始後に保険事故が発生した場合に生じる債権であるから，開始決定後に相手方に生じる債権として，共益債権となると解するのが素直であろう。ただ，そのように解すると，一般の保険契約が権利変更を受けて，責任準備金の削減や予定利率の引下げ等を受けるのに対し，再保険だけは無傷で生き残ることとなり，かえって保護される結果になる点に違和感は残る（本条による適用除外の1つの理由は，再保険契約者の保護の必要が小さい点にあったことと実質的に齟齬する）。しかし，この点は，前述のとおり（***6***(2)参照），現行倒産法制が双方未履行契約について解除か履行かという二者択一の選択肢しか用意していない（契約内容変更のような中間的な解決策が認められていない）点に根本的な問題があるところであり，現行法の制度設計からは，やむをえない不均衡と言えようか。

162）　ただ，前述の請負の前払金のような場合は明らかに与信性を有すると言えるが，保険の場合には，契約の性質上保険料の前払いは避けられないところであり，与信として一概に扱うことが合理的であるか，なお疑問の余地は残ろう。

163）　伊藤・前掲注124）227頁など参照。

(5) 特別勘定商品の扱い

立法段階で激しく議論された問題として，変額保険を代表とする特別勘定商品の取扱いの点があった。たとえば，変額保険については，その運用は特別勘定[164]においてされており，特別勘定は一般勘定や他の特別勘定とは切り離されて経理される[165]。そして，変額保険については，実際に特別勘定において積立て・運用された資産に基づいて保険金の支払等の給付がされるため，予定利率に基づく一般の保険契約とは異なり，逐次的に特別勘定帰属財産の価値劣化の影響を受けてきていることになる。そのようなすでに実質的に切り下げられている権利を，未だそのような影響を受けていない契約と同様の比率で削減することは，実質的には他の契約者より不利な扱いとなってしまうという点がここでの問題である。たとえば，資産劣化によって一般勘定・特別勘定ともに資産価値が2割減少している場合，変額保険はすでにその責任準備金が80%となっているのに対し，通常の保険契約は予定利率に従って積み立てられるべき責任準備金が基準債権額となる。したがって，仮に両者を同率で削減すると（たとえば，80% に削減すると），変額保険の権利内容は当初の 64% になってしまうことになると考えられる。その意味で，むしろ変額保険については，特別勘定積立財産の範囲で保護するのが実質的に相当と見られることになろう。

この点については更生特例法の立案段階では，特別勘定について特別先取特権を認めること等も検討されたところである。たとえば，特別勘定の中の資産については全額，変額保険契約者等のための配当財源とする（その意味で，一種の更生担保権者に近い扱いを認める）代わりに，一般勘定やその他の特別勘定に対しては，変額保険契約者等の権利は（残余が出ない限り）認めない（つまり，劣後的に処遇する）ような制度構成である。このような構成は，前述のような変

164）　保険業法 118 条の定める勘定形態であり，「当該保険契約に係る責任準備金の金額に対応する財産をその他の財産と区別して経理する」ことが要件となり，特別勘定に属するものとして経理された財産を一般勘定や他の特別勘定に振り替えたり，当該財産以外の財産を特別勘定に振り替えたりすることが禁止されている。

165）　但し，変額保険の場合，死亡保険金等については最低保証保険金額が定められている契約が一般とされるため，責任準備金が当該金額以下の状態で保険事故が発生した場合には，保険料の収支いかんにより保険金支払については一般勘定に負担が生じることもなくはなく，勘定間のリスク遮断は必ずしも完全なものとは言い難い商品設計となっているようである。

額保険の特性からは一定の合理性があると評価できるが，なお克服すべき多くの問題点が残されていた。たとえば，現行の商品設計では特別勘定と一般勘定とのリスク遮断が必ずしも完全ではないとする見方もあり（注165）参照），特別勘定に対する完全な優先性を認める基盤が十分ではないこと，特別勘定について特別先取特権を認めることができるだけの分別管理が確保できるか，また対抗要件の具備が可能か等について十分な対処が困難と考えられたこと，破綻直前に一般勘定から特別勘定に資産が移された場合の対応に問題がありうることなどから，結局，その段階での立法は見送られたものと思われる。しかし，そのことは，変額保険について特別の考慮が必要であるとの判断まで否定したものとは考えられない。

以上のような点から，特別勘定を引当とする変額保険契約者等の権利については，やはり一般勘定による他の保険契約と同じ取扱いをすることは，むしろ実質的公平に欠けると思われる。実際にどのような更生計画とすべきかについては，保険数理上さまざまな問題がありえようが，一般的に言えば，変額保険契約者等がすでに特別勘定において受けている損失を適切に反映させ，それを含めて他の契約者と実質的に同等の削減率となるような形で，契約条件の変更をすべきものと思われる。その結果として，更生計画の表面上は，変額保険契約者が他の契約者に比して有利な取扱いを受けるように見えるとしても，それはあくまで見かけであり，その者がすでに実質的損失を負担しているという実情に鑑みれば，「同一の種類の権利を有する者の間に差を設けても衡平を害しない場合」（会更229条但書〔168条1項但書〕）に当たると言えよう。そして，将来的には，上記のような問題点に配慮しつつ，特別勘定に属する資産について一種の先取特権（より実質的には，責任財産限定の取扱い）[166]を認めていくことも立法論として検討される必要があろう[167)[補注15]]。

166）　責任財産限定特約の倒産手続における取扱いの問題一般については，金融法委員会「責任財産限定特約に関する中間論点整理」金法1625号（2001年）6頁以下，本書第14章など参照。

167）　2001年6月の金融審議会金融分科会の生命保険をめぐる総合的な検討に関する中間報告においては，「今後，内部的な管理の徹底や第三者への対抗要件の具備，受託者責任の明確化等，リスク遮断の厳格化のための措置を講じた上で，このような措置が講じられた特別勘定で経理される資産に対する特別先取特権を付与することについて，検討を進めるべきである」と提言されている。

8 おわりに

以上で，本章を終えることとするが，最後に，若干の感想を述べておきたい。すでに指摘したように，今回の改正に基づく更生特例法の諸規定は，さまざまな政治・経済・社会上の要請から，きわめて短期間で立法されたものである。しかし，その内容については，従来の議論の積み重ねを踏まえ，十分に批判に耐えうるものとなっていると見られる。ただ，(1) 更生特例法の規定内容が倒産実体法に関する重要な規律を含み，理論的にも影響の大きな内容を包含していること，(2) 更生特例法が適用された実際の事件が複数発生し，その中でさまざまな実務的・理論的な問題点が指摘されていること，(3) 倒産法制の抜本改正作業の中，会社更生法の見直しや倒産実体法の改正が検討中であることなどに鑑みれば，今後，時間を掛けてさらに掘り下げた検討がされていく必要があると考えられる。特に，理論的観点からみた更生特例法の規定の適否およびその射程に関する本格的な検討が期待されよう。加えて，平成 14 年に予定される会社更生法改正や平成 15 年に予定される破産法改正の際に，それに合わせて更生特例法の改正も必要になるが，その際にすでに実務上指摘されている問題点を是正し，更生特例法がより使いやすいものになるよう，必要最小限の実質改正が行われることも期待される。ただ，更生特例法の規律内容は条文を読んだだけではなかなか分かりにくいことも確かであり，本章が理論的・立法論的な検討作業のきっかけになれば，これに勝る幸せはない[168]。

（初出：民商法雑誌 125 巻 3 号（2001 年）279 頁以下）

［補注 15］ この点については，平成 17 年の更生特例法の改正により，同法 445 条 3 項が新設された。これによれば，運用実績連動型保険契約（保険業 100 条の 5 第 1 項）に係る債権について，その他の保険契約に係る債権に比して有利な条件を更生計画で定めても，それは実質的平等の原則に反しないことが規定された。本文掲記のような先取特権を実体権として付与することにはさまざまな困難があるところ，より柔軟な対応が可能であり，かつ，このような保険契約は既に更生会社の財産変動のリスクを負担しているという実質を考慮し，債権者平等原則に実質的に見て反しない旨を確認したものといえる。

168） 実際問題としては，その他にも多くの問題が生じているようである。たとえば，① 管財人と生保協会・保護機構等との協力関係（立法時には，弁護士との共同管財人も構

［補論］本章において検討した制度についてその後の法改正として，［補注15］の特別勘定に関する改正に加えて，平成24年の保険業法改正により，平成24年3月末までで終了するとされていた政府援助について，東日本大震災や世界的な金融危機の影響等に鑑み，暫定的な政府補助の規定の適用を5年間延長し，平成29年3月末まで可能としている（保険業附則1条の2の14第1項）。また，平成18年の保険業法改正では，損害保険会社の契約者保護のあり方について，比較的短期間の契約で，他の保険会社に乗換えが容易であるような火災保険や自動車保険について，破綻後3ヵ月以内の保険事故については，100%の保険金を支払う代わりに，それ以降については保障割合を80%に削減するという新たな制度を導入した（保険契約者等の保護のための特別の措置等に関する命令50条の5第1項参照）。

また，本章とはやや別の観点であるが，リーマンショックにおいて明らかになった金融機関の新たなリスクとして，いわゆる市場型金融危機に対応するという観点から，平成25年に更生特例法等の大幅な見直しがされている（これについては，［補注2］及びそこに引用の文献参照）。これによって，保険会社についてもこのような規律の対象とされ，預金保険機構等が関与する新たな破綻処理（従来の預金取扱金融機関の破綻処理スキーム〔これについては，山本和彦『倒産処理法入門〔第4版〕』（有斐閣，2012年）257頁以下参照〕に類似した処理）の枠組みが導入されている。

想されていたが，実際には弁護士管財人で円滑に機能したとの評価が多いようである），②資産評価の困難性（この点が実務上の最大の課題であったことにつき，高木・前掲注12），坂井・前掲注12）参照），③保険契約者の債権評価の方法（この点はそれほど大きな問題はなかったようである）等が指摘されうるが，必ずしも立法的な解決を要する問題ではないように見受けられる。ただ，現在，会社更生法改正の議論の中で，社債管理会社が社債権者のために行った社債管理事務処理の費用償還請求権を共益債権とする方向で検討がされている。これが仮に実現する場合には，同様の性格を有する保険契約者保護機構が契約者のために行った事務処理費用償還請求権（特に債権届出等のための費用）についても共益債権化が検討されてしかるべきであろう〔最後の点は最終的に実現したが〔会更131条〕，保護機構の請求権までは改正が至っていない〕。

第 *13* 章
マイカル証券化スキームの更生手続における処遇について

1 マイカル証券化スキームの概要と基本的なアプローチ[補注 1]

本件マイカル証券化スキームは2つのものからなるが，その基本的構造において共通する。すなわち，まず，マイカル及びその関連会社（以下「マイカル等」という）がその保有する店舗等及び追加入居保証金を信託財産として安田信託銀行に信託譲渡し，その信託受益権を取得する。その後に，マイカル等は，その信託受益権を特別目的会社（SPC 1）に譲渡し，譲渡代金を取得する。そして，SPC 1は，前記信託受益権の一部を引当てとして別の特別目的会社（SPC 2）から借入れを行い，当該貸付債権を引当てとして，SPC 2が社債等を発行する1)。他方，信託財産となった店舗等については，安田信託銀行は，マイカル等との間で長期一括賃貸借契約を締結して賃貸し，マイカル等はさらにテナントに対して転貸する。

［補注 1］ 本章は，2001 年 12 月 31 日に更生手続開始決定がされた株式会社マイカルほか 9 社の更生事件に関して，著者が 2002 年 7 月 24 日付で作成した意見書であり，金融法務事情誌上で公表されたものである。マイカル等がオリジネータとして更生手続開始申立て前に，自らがオリジネータとして組成していたその店舗不動産の証券化については，このほかにも，京都大学の山本克己教授の作成による「マイカル・グループの不動産証券化についての意見書」（金法 1646 号（2002 年）32 頁以下参照）や，東京大学の新堂幸司名誉教授の作成による「山本意見書に対する見解書」（金法 1649 号（2002 年）17 頁以下参照）などがある。

1） 一方のスキームは，SPC 2 が 2 社あるが，これは中間に劣後ローン（いわゆるメザニン・ローン）を挟むための技術的な理由に基づく。

以上のようなスキームにおいて問題となったのは，更生手続開始決定を受けたマイカル等が安田信託銀行に対して支払う賃料が共益債権となるか否かという点に関する。前記長期一括賃貸借契約（以下「本件賃貸借契約」という）は，少なくとも契約書上は賃貸借契約と性質決定されていることは明らかであり，それを前提にすれば，本契約は双方未履行の双務契約となり，更生管財人がその履行を選択すれば，賃料債権は当然共益債権になることとなる。しかるに，共益債権化を否定する議論があるとすれば，それは，賃料債務の名目として支払われる金員を実質的に他の債務の弁済と法的に構成し直して，当該債務を更生債権ないし更生担保権として把握する（その結果，更生手続の開始による弁済禁止の範囲に含ませる）ものと考えられる。

基本的には，契約は契約当事者の意思によってその法的性質が定まるものと考えられるが，契約当事者以外の第三者（倒産債権者等）の利害が問題となる倒産手続などにおいては，当事者がある契約を賃貸借と性質決定したからといって，それがそのまま手続でも認められるわけではなく，倒産手続から見た性質決定が別途必要となる（たとえば，後述のリース契約の例はこのことを示している)。もちろん，その性質決定に際しては，当事者の意思も重要な判断要素の1つとはなるが，契約の経済的実質等他の要素も総合的に考慮されて決定されることとなる。

そして，いわゆる資産の流動化・証券化が問題となる際には，その取引が真正譲渡であったか担保取引であったか，というアメリカ法的な問題設定に基づき，暗黙のうちにアメリカ法上の基準を念頭に置いて議論が展開されることも多いようであるが，そのようなアプローチは日本法の解釈論としては必ずしも妥当でないと思われる。言うまでもないことであるが，日本法には，独自の担保制度や担保権の概念があり，一定の取引が担保として位置づけられるかどうかを判断してきた歴史，従来の判例や学説の積み重ねがある。この問題も，その見かけ上の新規性にかかわらず，そのような議論の積み重ねに基づき，従来の議論との整合性をもって検討していくべきであろう[2)]。その意味で，たとえ

2)　たとえば，譲渡担保の理論が確立していく過程で，譲渡担保，売渡担保，真正売買の関係を論じた学説の展開があり，その議論はこの問題との関係でも十分斟酌するに値しよう。

ば，（おそらくはオフバランス基準に係る議論の影響を受けて）当事者によるリスクの負担を決定的な判断基準として流動化に関する議論を展開するものも見受けられるが，手形割引の議論などとの均衡を考えると妥当とは思われない。周知のように，手形の割引は，現在一般に売買として理解され，判例も基本的にそのような立場に立つが（最判昭和 48・4・12 金法 686 号 30 頁など），譲渡人に対しては銀行取引約定書上一般に買戻請求権が認められており，リスクは譲受人には移転していない。しかるに，なお「真正売買」性が承認されているのは，譲渡人の資力よりも，「手形自体の価値に重点を置いて」（前掲最判昭和 48・4・12）取引がされている点を判例が重視していることによるものと考えられる。そうであるとすれば，（いわば原初的な債権流動化の方法である手形割引よりも）さらにアセット重視型の取引である流動化・証券化については，売買と認定されるべき場合が一般に広いのではないかと解される[3)]。なお，逆に，譲受人にリスク移転があるような場合には，後述の売渡担保に該当する場合など特殊な場合を除き，原則として売買性を認めてよいと思われる。その意味で，本章では，リスクの移転の態様が考慮すべきファクターの１つであることは否定しないが，その点に特化した議論はせず，従来の議論との整合性を中心として考察を進めている。

さて，本件の場合に，賃料債権（とされているもの）を共益債権ではなく，何らかの担保取引の結果として生じた債権の弁済として，更生担保権的に把握するとすれば，考えうる法律構成としては，不動産の権利移転があることから，不動産を担保とした更生担保権と理解するのが自然であろう。その場合に考えられる担保としては，典型担保はありえないので，非典型担保ということになるが，所有権留保や仮登記担保は排除される。したがって，論理的にありうる構成としては，おおむね譲渡担保とファイナンス・リースに限定されるのではないかと思われる。そこで，以下では，それぞれの構成について順次その可能性について検討していくこととする。

3)　この点については，山本和彦「債権流動化と否認権」金判 1060 号（1999 年）172 頁注 4 参照。

2　譲渡担保権構成

(1)　譲渡担保権構成の可能性

譲渡担保権について，更生手続においては，取戻権が否定され，更生担保権に準じるものとして扱われることは，確定した判例と言える（最判昭和41・4・28民集20巻4号900頁）。そこでは，「譲渡担保権者は，更生担保権者に準じてその権利の届出をなし，更生手続によってのみ権利行使をなすべきものであ」るとされるので，賃料債権とされるものが譲渡担保の被担保債権の一部であるとすれば，当該債権に係る弁済を更生手続外で受けることは許されず，譲渡担保権者は更生担保権の届出に基づき計画弁済を受けるべきものということになる。

本件のスキームを譲渡担保権として構成し直すとすると，関係者間の法律関係はどのようなものとなるであろうか。ありうべき構成の1つとして，譲渡担保権者を安田信託銀行，担保目的物を不動産等と理解し，安田信託銀行とマイカル等との間で何らかの形で（隠れた）融資債権を構成[4]することが考えられる。この場合は，SPC[5]は本件法律関係の主体としては表れてこないということになる[6]。他方，さらに考えうる別個の構成としては，担保権者をSPCとし，担保目的物を信託受益権として理解し，やはり何らかの形で被担保債権をSPCとマイカル等との間で構成する考え方がありえよう[7]。いずれにせよ，そのような構成は契約当事者全員の意思に反するものと考えられるが，前述のように，契約当事者以外の第三者の利害関係が重大な影響を受ける更生手続においては，当事者の意思のみを基準にすることはできないので，このような構

---

4)　その構成方法については，後述を参照。

5)　なお，以下の考察では，結論に影響がないと考えられるので，SPC 1とSPC 2とは一体のものとして検討する。

6)　当初の資金を提供しているのはSPCであるが，それは信託銀行に代わって一種の立替払いをしているものと把握することになろうか。ただ，本件の場合には，SPCの立替払いまでは，SPCと信託銀行との間には法律関係は存在せず（立替払い後に初めて両者間に信託関係が生じる），そのような何ら法律関係のない者のためにSPCが立替払いをするという構成は技巧的にすぎるようにも思われる。

7)　債務の弁済は賃料の支払という形で信託銀行に対してされているが，信託銀行はSPCに代わって弁済を受領しているものと把握することになろうか。

成は理論的には成立の可能性を否定できないものであろう。

そこで，以下ではまず，倒産手続において一定の法律関係が譲渡担保と認められる場合に必要とされる要素を抽出・検討し，その後に本件スキームにそれを当てはめて検討してみる。その前提として，やや根本的な問題であるが，なぜ担保権は更生手続に組み込まれるか，という点を確認しておきたい。著者は，それは，更生手続開始前の原因に基づいて被担保債権が発生しているという点で，当該債権者は債務者の信用リスクを負担すべき立場にある点が根拠であると考える。もちろん，破産手続や再生手続のように，担保権の手続外での自由な行使を認める政策判断もありうるところであるが，更生手続は担保権も手続に組み込む決断をしたものであり，そのような決断が理論的にも正統性をもっているのは，上記のような担保権者の信用リスクを負担すべき地位にその根拠があると解される。これに対して，共益債権は，原則として更生手続開始後の役務等の対価であり，そもそも債務者の信用リスクを負担すべき地位にはないと考えられる。その意味で，そのような債権を更生手続に組み込むことは理論的に正統化できないものと解されるのである。

(2)　譲渡担保権の要素

以下では，広義の譲渡担保の要素について検討するが，便宜上，狭義の譲渡担保と売渡担保とに分けて考える（両者の差異がどこにあるかについてはさまざまな議論のあるところであるが，以下では，通説的な見解に従って，形式的な被担保債権の有無をとりあえずのメルクマールとして考えている）。

(a)　狭義の譲渡担保の場合

狭義の譲渡担保の構成要素としては，(i) 被担保債権の存在，(ii) 担保目的物を債務不履行時に処分できる実行権及び債務不履行時までは処分できないという補充性，(iii) 設定者による受戻権という3点が観念できる。

(i)　被担保債権の存在

まず，被担保債権の存在である。後述のとおり，この点は売渡担保では問題となるところであるが，狭義の譲渡担保においては，他の担保権同様，当然その成立の前提となるものと言えよう。前掲最判昭和41・4・28も，譲渡担保を更生担保権に準じるものとする前提とし，「両会社間に債権債務関係が存続していたものである」として，被担保債権が存在していることを認定している。少なくとも，累次の最高裁判決によって，譲渡担保における担保目的物の丸取りが禁じられ，担保権者の清算義務が確立されるに応じて，後述の売渡担保などのように被担保債権を明示しないで実質担保取引をするインセンティブはなくなってきつつあるものと思われ，通常の譲渡担保では多くの場合，明示的な被担保債権が観念されるものと思料される。

しかるに，いわゆる資産流動化・証券化の場面では，関係者が担保取引として自ら観念していないために，契約上明示的な形で被担保債権の存在が認識されることはありえない。むしろ契約関係の全体から被担保債権の存在を認定していくことが必要不可欠となろう。被担保債権の存在が認定されるものとして考えられる典型的な場合としては，譲渡人（オリジネータ）について，（一定期間経過後自動的に又は譲受人〔SPC等〕の一方的意思表示に基づき）当初売却価額（プラスアルファ）での目的物の買戻義務が契約上規定されている場合があろう[8)]。この場合には，買戻義務に基づき成立した売買契約の代金債権は，実質的には貸付債権（の返済）であり，当該目的物は担保であると見られる場合があろう。

その意味で，仮にオリジネータの買戻義務を定めていても，買戻代金額が当初の代金額を下回る場合（少なくとも同額以上の額が保障されていない場合）には（たとえば，買戻時の目的物時価を代金として買い戻す旨の契約），原則として，譲渡担保として観念することはできないものと思われる。けだし，融資は投下資本の回収（とリスクに応じた利息の収受）を大前提とした経済行為であり，元本の返済が（債務者の信用リスクはともかく）契約上担保されていない融資はありえないからである。

(ii)　担保目的物を債務不履行時に処分できる実行権及び債務不履行時までは処分できないという補充性

担保権の一般的な性質として（優先弁済権とともに）換価権が摘示される。典

---

8)　実質的な利息の取得方法として，当初売却価額に実質利息相当額を上乗せして買戻代金額を設定する方法と目的物の賃貸借を前提とした賃料として実質利息を支払う方法などが考えられよう（後者の構成を採用した実例として，東京地判昭和37・12・24判時323号22頁など参照）。

型担保は一般に競売による換価を前提とするが，譲渡担保の場合には，処分清算型のほかに帰属清算型も観念されているので，一般に説かれる「換価権」は，債務者の債務不履行時の債権者による目的物の処分・帰属の可能性と言い換えられることになろう。他方，その裏面として，債務者が債務不履行に陥るまでは，担保権者は目的物を処分等ができないという性質も担保権に本来的なものであろう。これは，「本来の債務が弁済期に弁済されないときに初めて譲渡担保の目的物を債権の満足に充てられるという補充性」[9]と表現されるものである。あくまでも担保である以上，目的物の実質的な所有権は譲渡人（債務者）に帰属しているのであり，譲受人（債権者）は，債務者の債務不履行等により換価権等が発生するまでは勝手に目的物を処分して，債務者の受戻権を喪失させることはできないはずである。したがって，（売買名義の）契約中に，買主の目的物処分について何の制限も加えられていないようなものは，原則として譲渡担保とは考えられないであろう。

(iii)　担保設定者による受戻権

(ii)と裏腹の関係になるが，担保権においては，担保設定者は被担保債権を弁済して目的物の全面的な所有権を回復する権利を有する。契約が名義上売買の形式をとっている場合には，売主は，当初代金額を返還して売買を解除するか，又は当初代金と同額の代金で再売買する形で，所有権を回復する（受け戻す）権利が認められているはずである。そして，そのような受戻行為は，いずれにしても，売主の一方的な行為で成立すべきものであり[10]，契約上は，売主の一方的な解除権又は再売買の一方の予約として定めることになる。

(b)　売渡担保の場合

以上が狭義の譲渡担保の要素と見られるファクターであるが，それと対比して，いわゆる売渡担保の最大の特徴は，(i)の要素（被担保債権の存在）が不要とされる点にあると考えられる[11]。しかし，実質的にであっても，それが担保取引であるとすれば，被担保債権がいかなる意味でも存在しないということ

9)　現代財産法研究会編『譲渡担保の法理』（ジュリスト増刊，1987年）41頁〔菅野孝久〕参照。

10)　買主の同意等が必要であれば，それはもはや受戻しとは言えないものである。

11)　売渡担保において被担保債権は不要であるとするものとして，大判昭和8・4・26民集12巻767頁（この判例は，被担保債権が残留せず，「先に売渡したる当該財産権を其

はありえない。そこで言われていることは，売渡担保と認定するについては，形式的な形で被担保債権が認定される必要はなく，実質的・経済的な意味で，融資債権と担保として位置づけられる関係があれば足りるということであろうと思われる。そして，最近では，そのような趣旨をさらに進めて，むしろ売渡担保も譲渡担保に加えて一体的に処理しようとする見解[12)]や売渡担保は真正売買か譲渡担保のいずれかに吸収されるとする見解[13)]も有力である。

ここでの問題は，売渡担保が独立した概念として成立しうるとして，それと真正売買との振り分けの基準にある。著者は，以下のように考えている。前述のように，これが担保取引である以上，被担保債権が経済的・実質的にも存しないということはありえないので，いわゆる「隠れた被担保債権」が認められるかを検討すべきである。そして，そのような「隠れた被担保債権」が認定できるのは，債務者（売主）がそれを弁済して担保目的物を受け戻すことができるとともに，実質的に見て弁済せざるをえない地位に置かれていることであると考えられる。すなわち，売渡担保成立の第1の要素は，(a) 譲渡人に対する買戻権の付与（＝隠れた被担保債務の弁済による担保の受戻し）にあり，第2の要素は，(b－1) 買戻時の市場価格よりも安い価格での買戻権の付与又は (b－2) 当該資産の譲渡人にとっての不可欠性にあるのではないかと思料される。(b－1) 又は (b－2) の要素が認められる場合，譲渡人は実際上当該目的物を買い戻さざるをえない立場に置かれ，その結果として，その代金債権という形で，実質的に融資債権の弁済が図られることになろう。

この点を売渡担保の問題を詳細に検討される伊東秀郎判事の論稿[14)]に挙げられている設例で見てみたい。当該設例は，乙が自己所有の時価500万円の不動産を担保として，甲に対して200万円の金融を申し込んだところ，①乙は甲に上記不動産を200万円で売り渡す，②乙は3ヵ月内に金300万円を提供すれば甲から上記不動産を買い戻すことができる，という合意が成立した，という

の手中に回収するを得るは取りも直さず其の権利にして義務に非」ざることを譲渡担保と区別された売渡担保の特徴と把握している），我妻栄『民法研究Ⅳ』（有斐閣，1967年）121頁以下など参照。

12)　道垣内弘人『担保物権法』（有斐閣，2008年）251頁など参照。

13)　現代財産法研究会編・前掲注9）44頁〔椿寿夫〕など参照。

14)　伊東秀郎「残された売渡担保の問題点」判タ246号（1970年）8頁以下参照。

ものである。これは，上記の要素で言えば，②による買戻権の付与が(a)に，同じく②によって時価500万円の不動産を300万円で買い戻せることが（b－1）に相当する。乙としては，300万円を提供しないと時価500万円の不動産を失ってしまうことになるので，何としても買い戻そうというインセンティブが働き，経済的にみれば300万円の債務が成立しているのと同じことになるわけである。そして，この点は，仮にその買戻代金額が500万円以上であっても，当該不動産が乙にとって不可欠なものである場合には同様に妥当するものと考えられよう。

(3) 本件スキームへのあてはめ

以上のような譲渡担保権の要素を本件証券化スキームに当てはめると，下記のようになる。まず，(a)の狭義の譲渡担保の構成であるが，ここでの最大の問題は，(i)の被担保債権の存在である。すなわち，本件契約上，オリジネータであるマイカル等に買戻義務はなく，形式的な意味での被担保債権は成立していない。本件信託受益権譲渡契約9条には，甲（オリジネータ）の買取交渉権が規定されているが（その詳細については，後述），いかなる意味でも買取義務は存しない。また，仮に上記の買取交渉権が買戻義務に代わるものであるとしても，そこでの購入基準価格は，各不動産についての不動産鑑定士による過去1年以内の評価額が基準とされており，買戻時の時価による買戻しということになる。したがって，狭義の譲渡担保の成立要件である被担保債権の存在という点は充足していないと考えられる。

また，狭義の譲渡担保の(ii)の要素として前記の補充性があるが，本件スキームでは，この要素も満たしているとは言い難い。けだし，本件信託契約では，債務者の債務不履行以外の場合でも，受託者に信託財産を処分する権利が認められているからである。すなわち，本件変更後不動産管理処分信託契約（以下「本件信託契約」という）等においては，受託者の処分権には何の制限も加えられておらず，債務者の債務不履行の場合（賃借人の賃料支払義務の不履行や破産等）以外でも，広く信託財産の処分の可能性が認められている。仮にこれを担保とすれば，債務者の責めに帰すことのできない事由や債権者側の事情によって目的物を処分することが認められていることになり，きわめて不合理である[15]。

さらに，狭義の譲渡担保の(iii)の要素である担保設定者の受戻権についても，本件スキームは妥当しない。まず，不動産を担保と見る場合，本件信託契約には，信託契約の解約・終了を定める条項はあるものの（32条〜34条），いずれも解約できるのは受託者又は受益者だけであり，委託者（オリジネータ）の解約権が認められていない。したがって，債務者であるはずのオリジネータには受戻権が認められていないことになる。また，信託受益権を担保と見る場合，この点は(i)との関連ですでにふれたところであるが，契約上認められているオリジネータの権利は，時価による買取申込権に止まっている。SPCはそのような申込みに応じる契約上の義務を負っているわけではない[16]。その意味で，この点も，仮に担保だとすると，債務者に著しく不利な規定となるが，マイカル等がそのような契約に同意することは考え難く，やはり本件取引が担保でないことを示している。

最後に，本件スキームを売渡担保として把握する可能性である。前述のように，買戻義務が認められない本件では，狭義の譲渡担保として構成することには無理が否定できないところ，売渡担保として構成できるかが問題となりうる。そこで，上記の基準に従って「隠れた被担保債権」の存在を検証してみると，まず(a)の債務者の買戻権であるが，これが存在しないことは，すでに上で見たとおりである。次に，(b－1)の買戻価格についても，前述のとおり，不動産鑑定士の評価に基づく市場価格が基準とされている。したがって，買戻しの申込権がオリジネータに認められるとしても，買戻しのインセンティブに欠けるものと言えよう。最後に，(b－2)の点で，確かに本件信託財産はマイカル等の経営にとって不可欠のものである。しかし，それは，本件不動産の所有が不可欠なのではなく，その利用が不可欠なだけである。そして，マイカル等は本件不動産の賃借権をすでに取得しているのであるから，その賃借権が維持できる限り，あえて本件不動産を買い戻す必要性は強くないと言えよう[17]。

---

15)　また，仮に信託受益権を担保と解する場合も，信託受益権譲渡契約において，オリジネータの同意がなくとも，信託受益権の譲渡を禁じる条項は存しない。

16)　SPCは，当該申込みから13日以内に書面による応諾の確答義務を負っているのみである（信託受益権譲渡契約9条1項(ウ)参照）。

したがって，(b－2) のような理由で，「隠れた被担保債権」の存在を認めることもできないものと解される。

以上のところから，本件スキームは，狭義の譲渡担保の要素も売渡担保の要素も満たしておらず，結局，いずれの類型としても構成し直すことはできないと解される。

3　ファイナンス・リース構成

(1)　ファイナンス・リース構成の可能性

次に，本件スキームをファイナンス・リース契約として構成し直す可能性を検討してみる。これも周知のとおり，ファイナンス・リース契約については，双方未履行の双務契約に関する規定の適用を認めず，更生債権として扱う判例が存するところである（最判平成7・4・14民集49巻4号1063頁）。そして，実務的には，更生手続上，リース料債権を更生担保権として処遇することがほぼ確定しており，学説も（何を担保目的物として理解するか等細部についてはなお争いがあるものの）近時はそのような扱いを支持するものが多いと言えよう[18]。したがって，本件契約が仮にファイナンス・リース契約であるとすれば，賃料名目で支払われているものは実はリース料であるということになり，その支払は更生債権又は更生担保権に対する更生手続外の弁済として許されないという結論になろう[19]。

いわゆる証券化のスキームにおいても，オリジネータが賃料を支払うという形式で，実質的にはSPC（及びその背後にいる投資家）の投下資本が回収されて

---

17)　言うまでもなく，本件賃貸借には借地借家法の適用があるので，不動産か仮に信託銀行以外の第三者に売却されてもマイカル等の賃借権は買受人に対抗できるし，賃貸借契約の期限が到来しても，正当事由がない限り，解約はされない。

18)　著者自身もこのような判例の結論を支持するものであることは，山本和彦「ファイナンス・リース契約と会社更生手続」NBL 574号（1995年）6頁以下参照。また，本書第5章も参照。

19)　なお，ファイナンス・リース契約以外のオペレイティング・リースと呼ばれるようなリース契約については，前記判例の射程外と解されており（八木良一・解説・最判解平成7年度416頁注14など参照），実際にも一般に更生担保権としては扱われていないようであるので，ここでの検討の対象とはしない。

いるとすれば，これを更生担保権として位置づけることが考えられよう。そこでは，賃料は貸金債権の弁済について期限の利益が付与され，分割弁済がされているにすぎないものと考えられ[20]，本来債権者はオリジネータの信用リスクを負担すべきものと考えられるからである。担保目的が何であるかについては，不動産自体を目的物と理解する考え方と不動産利用権を担保目的として理解する考え方（いわゆる利用権質入説）がありうる。このような構成も，譲渡担保の場合と同様，契約当事者はまったく想定していなかったものと思われるが，倒産手続ではありうべき法的構成として検討すべきものと考えられる。よって，以下では，まず，ファイナンス・リース契約の要素を検討し，次いでそれを本件スキームに当てはめてみたい。

(2)　ファイナンス・リースの要素

本件スキームが仮にファイナンス・リースであるとすると，不動産リースということになるが，それは通常の不動産ファイナンス・リースとは相当に異なるものとなる（そのことは，ファイナンス・リースとしての構成の無理を反映したものであろう）。すなわち，ファイナンス・リース的な不動産リースとしては，リース会社がユーザーの希望する土地の所有権を取得してユーザーの希望する建物を建築してリースする場合が挙げられている[21]。このような契約は，典型的な動産のファイナンス・リースに比して金融的性格が薄いとされるが，なお契約違反の場合に残存リース料総額かそれに近い規定損害金の請求がされるなどリースとしての特質を有するものとして位置づけられている。ただ，ファイナンス・リースの基本は，ユーザーが取得したい物について，その所有権を取得せずに賃借の形態をとる取引であるが，本件のようなセール・アンド・リースバックの形態はその基本を異にするものと考えられる。

それでは，判例がリース契約に双方未履行双務契約性を認めない実質的な要素はどこにあるのであろうか。前掲最判平成7・4・14は，「ファイナンス・リース契約は，リース期間満了時にリース物件に残存価値はないものとみて，リース業者がリース物件の取得費その他の投下資本の全額を回収できるようにリ

20）　債権者等が誰になるかは，譲渡担保の場合と同様，両様の構成の可能性があろう。

21）　庄政志「不動産リース」金判782号（1998年）149頁など参照。

ース料が算定されているものであって，その実質はユーザーに対して金融上の便宜を付与するものである」としている。これは，当該事案がいわゆるフルペイアウト方式のファイナンス・リース契約を対象とするものであったため，このような判示となったものと考えられるが，判旨の射程がフルペイアウト方式にしか及ばないものとは解されていない[22)]。ファイナンス・リース契約のその他の要素としては，(1) ユーザーの指定したサプライヤーからの物件の購入，(2) リース期間中の解約禁止，(3) リース会社は瑕疵担保責任を負わないこと，(4) ユーザーが保守・修繕義務を負うこと，(5) 損害保険でカバーできない危険をユーザーが負担すること等が挙げられている。ただ，これらの点は，確かに動産賃貸借では通常考えにくい特約かもしれないが，不動産の賃貸借の場合には，それがファイナンス・リースでなくとも認められるものが多く，決定的な要素とは言い難いように思われる。

1 で見たとおり，担保権者が更生手続中に権利行使を制限されることの最大の理由が担保権者による信用リスクの事前負担にあるとすれば，著者の見るところ，ファイナンス・リースの場合，リース業者が目的物の利用の対価ではなく，その利用の有無とは無関係に被担保債権を回収しうること，その意味で手続開始後の利用に基づく債権ではなく，手続開始前にすでに債権を有し信用リスクを負っていることが共益債権性を否定する実質的な根拠になっているのではないかと思われる。この点を調査官解説[23)]は以下のように表現している。すなわち，従来の判例（最判昭和 57・10・19 民集 36 巻 10 号 2130 頁，最判平成 5・11・25 集民 170 号 553 頁など）は「ファイナンス・リース契約を金融取引的に理解したからこそ，ユーザーは物件の使用不能の場合においても原則としてリース料の支払義務を免れないことなど，リース業者に賃貸人とは異なる権利義務を認めたものであり，しかも，それは，概ね，金融取引的な側面を重視するリース業者自身の主張に沿った判断であったといえる。にもかかわらず，まさに金融取引たる性質が認められる根拠となったリース料債権を，その回収の究極的な場面であるユーザーの倒産の場合には一転してリース業者に賃貸人と同等の地位を認めることは，甚だ疑問である」と評されている[24)]。

22）　この点につき，八木・前掲注 19）412 頁以下など参照。
23）　八木・前掲注 19）412 頁参照。

したがって，判例が認めているように，フルペイアウト型のファイナンス・リースは典型的な金融取引として更生担保権と考えてよいと思われるし，仮にフルペイアウト型でないものでも，目的物の利用とその対価との関係が切断されているような場合，すなわち利用者の利用の有無にかかわらず対価が（損害金等の形でも）支払われることが予定されているような場合には，リース債権者は，手続開始前にすでに債務者の信用リスクを負担しているものと解することができ，更生担保権として手続に組み込んでよいであろう。これに対して，フルペイアウト型でなく，かつ，利用者の利用がない場合には，対価の支払義務が否定されているような契約については，これをファイナンス・リースと構成することはできず，リース債権者は債務者の信用リスクを負担していないものとして，債務者がリース物件の利用を継続する限り，共益債権者として手続外で優先・随時弁済を受けうる地位を（他の手続債権者との関係で）認められてしかるべきである。

(3)　本件スキームへのあてはめ

以上のようなファイナンス・リース契約の要素と考えられるファクターを本件スキームに当てはめてみる。まず，本件スキームがいわゆるフルペイアウト型になっているか否かであるが，本件に即して言えば，マイカル等から支払われる賃料によって，SPC（及びその背後にいる投資家）の投下資本（信託受益権買取りのための代金額）を全額（合理的な利息及び税金，保険料等の費用相当額とともに）回収することができるようなスキームになっているか否かという点が問題となる。

この点で，本件賃料は，第1次的には，調達コストの利息に相当する金額で定まることになっている。すなわち，本件賃貸借契約6条1項によると，本件の当初賃料は，SPCの調達する資金の年間負債コスト及びSPCの年間運営コストの合計額を基準として定められている（そして，資金調達実施時ごとに改定さ

24)　同旨の見解として，竹下守夫・判批・金判813号（1988年）45頁，道垣内弘人・判批・金法1396号（1994年）76頁，山本豊・判批・判タ778号（1992年）30頁（リース業者の主張は「いかにも二枚舌的主張との印象を免れない」とされる）など参照。著者も同様の見解を有することは，山本・前掲注18）7頁以下参照。

れていく）。したがって，減価償却を勘案しても，SPC は賃料によって利息相当額及び元本の一部を回収できるに止まり，賃貸借契約期間中には元本全額の回収はできないこととなる。そして，スキーム終了時には，何事もなければ，不動産は受益者（すなわち SPC）に帰属するものとされており（本件信託契約 34 条 3 項参照），結局，それが換価されることにより，投資家等への返済資金に充てられることになる。その意味で，「投下資本の全額を回収できるようにリース料が算定されている」フルペイアウト型のファイナンス・リースとはまったく異なるスキームであることは明らかであろう。

ただ，順調に資金調達（借換え）ができて信託期間の満了に至るのではなく，期間中途でスキームに問題が生じる場合もありうる。その場合には，本件契約では，まず賃料が当然に推定市場賃料に従って改定されるものとされる（本件賃貸借契約 6 条 2 項）。そこでは，トリプルネットの賃料（すべての負担を控除した賃貸人の手取り賃料）の水準として，不動産鑑定士の鑑定結果等を勘案して決定することになる[25)]（そして，以後 3 年ごとに同様の方法で改定される）。加えて，賃貸借契約の中途解約不能期間が設定されている（本件賃貸借契約 3 条 1 項 b）。そこでは，契約期間 20 年のうち 15 年間（2000 年 6 月から 2015 年 6 月まで）は賃貸物件の全部又は一部の解約はできないものとされる（また，本件賃貸借契約 3 条 2 項によれば，残りの 5 年間も賃貸物件の一部のみの解約はできないものとされる）。したがって，15 年の間は，賃借人の側から解約はできない。その意味で，前記賃料改定条項と中途解約不能条項を組み合わせることで，ファイナンス・リースと同様の法的効果を目指したものとの評価がありうるかもしれない（なお，賃借人が賃料を支払わず，本件賃貸借契約 22 条 1 項に基づき，賃貸人の側が契約を解除すれば，同条 2 項で 48 ヵ月分の賃料相当損害金が発生し，その後の賃料支払義務は消滅する）。

しかし，そのような評価は本件スキームに関しては成り立つ余地はないものと考えられる。上記賃料改定条項の趣旨は，あくまで当初賃料が「市場賃料の範囲内で賃借人に対して有利に設定されている」（本件賃貸借契約 6 条 1 項但書）事実を前提に，賃料を市場水準まで引き上げて，賃料からの投下資本の回収を

25)　第 1 回目のリファイナンス時に適用される推定市場賃料については，2000 年 6 月 29 日にすでに決定されている（本件賃貸借契約書別紙 1 参照）。

増やすとともに，賃貸借契約の付された収益物件としての売却が可能なものとするための措置であると見られる。また，中途解約不能期間条項も，本件のような大型ショッピングセンターの賃貸借などでは一般的なものとされ，直ちに代替的な賃借人を確保できないような場合に対処するための措置と見られる。その意味で，いずれの措置も，融資債権者（担保権者）としての立場からの措置というよりも，所有者（賃貸人）としての立場からの合理的な条項と位置づけることができよう。そして，何よりも注意すべきは，このような措置がとられたとしても，当該期間・当該賃料から投下資本を全額回収できる保障はないという点である。以上のところから，本件スキームをフルペイアウト型のファイナンス・リースと構成し直すことは不可能であると思われる。

次に，その他のファイナンス・リースと構成し直す可能性の検討として，物件の利用と利用料支払との対価関係を検討する。この点について，本件賃貸借契約11条1項は，火災・地震など天災地変等により賃貸物件の使用が著しく困難となったときは，賃貸人は賃貸借契約を部分解約して賃貸借物件を売却できるものとする。そして，その場合，同条3項により，賃借人は損害賠償義務を負わないものとされている。すなわち，ファイナンス・リース契約が（不動産リースであっても）一般的に定めているように，物件の使用が困難になった場合にも，残存リース料相当額の支払を定める条項は存在しないこととなっている。その意味で，本件スキームの下では，物件の利用と賃料の支払が対価関係に立っていることは明らかであろう[26]。賃借人は物件を利用しなければ，賃料を支払う必要はないわけであり，賃貸人の側から見れば，（自らがコントロールできない）物件の利用の有無によらずに投下資本を安定的に回収できる保障がないということになる。担保目的物が滅失した場合には資金が回収できないような不安定なものは，経済的に合理的な与信行為とは言えないのであり，そのことはとりもなおさず本件スキームがファイナンス・リースとは異なるものであることを示している。そして，前記の対価関係の存在を前提にすれば，本件SPC又は信託受託者はオリジネータの信用リスクを負担する立場にはなく，賃料債権には共益債権性が認められるものと解される。

26）　そして，賃借人に責めに帰すべき事由がある場合ですら，契約解除により利用が不可能になった後は最大で48ヵ月分の賃料支払義務を負うに止まる。

以上の検討から，本件スキームは，ファイナンス・リース契約の要素を満たしておらず，結局，ファイナンス・リース契約として構成し直すことはできないと解される。

4 結　論

以上に検討してきたように，本件スキームは，狭義の譲渡担保の要素も売渡担保の要素も，またファイナンス・リース契約の要素も満たしておらず，結局，いずれの類型の担保取引としても構成し直すことはできないものと解されるので，契約文言に従い賃貸借契約と解すべきものである。よって，本件賃料債権は，更生手続上，共益債権として取り扱われるべきものと解される。

（初出：金融法務事情 1653 号（2002 年）44 頁以下）

［補論］ 本章及び次章は，証券化と倒産手続との関係について論じたものである。著者は，次章の元となった論稿（山本和彦「債権流動化のスキームにおける SPC の倒産手続防止措置」金融研究 17 巻 2 号（1998 年）105 頁以下）に係る日本銀行からの委託研究に関与して以降，比較的早い段階からこの問題に関心を持ち続けている。著者の関心は，もちろん最先端の金融法の論点であるこの問題そのものにもあるが，さらにはそれを通して，特に倒産法において担保を規制する根拠はどこにあるのか，倒産手続申立権は誰のためにあるのかなどの倒産法の基本的な問題の再考が促される点にある。その意味で，本章の叙述は本書の第 2 章や第 5 章・第 6 章などの問題とも密接な理論的連関を有するものである。なお，証券化をめぐるその他の倒産手続上の諸問題に関する著者の見解についてはさらに，山本和彦「証券化と倒産法」ジュリ 1240 号（2003 年）15 頁以下も参照。

第 *14* 章

証券化のスキームにおけるSPVの倒産手続防止措置

1 問題の設定

(1) 倒産隔離措置——倒産予防措置と倒産手続防止措置の区別

本章は，証券化のスキーム[1]におけるSPVの倒産手続防止措置の意義，方法，効力等について論じるものであるが[2]，その前提としてまず本章の扱う倒産手続防止措置と倒産予防措置の相違について確認しておきたい[3]。

いわゆる証券化の前提となる資産流動化の制度を構築する際には，投資家の投資の安全を保障するため，流動化すべき資産の保有者であるオリジネータが投資家に資産を直接譲渡する形ではなく，別個の法人格を有する会社（SPC〔Special Purpose Company〕）又は信託[4]（併せて，SPV〔Special Purpose Vehicle〕

1) 証券化の代表的なストラクチャーについては，西村総合法律事務所編『ファイナンス法大全（下)』(商事法務，2003年)（以下『ファイナンス法大全』という）9頁以下〔前田敏博〕など参照。

2) 本章は，山本和彦「債権流動化のスキームにおけるSPCの倒産手続防止措置」金融研究17巻2号（1998年）105頁以下と重複する部分が多い。本章は，前稿のうち，外国法に関する部分を割愛し，この間の倒産法改正による変動を中心に加筆したものである。

3) なお，証券化についての倒産法上の諸問題に関する私見については，山本和彦「証券化と倒産法」ジュリ1240号（2003年）15頁以下参照。

4) この場合には，別法人である信託会社に資産を譲渡する場合のほか，新信託法〔平成18年法律108号〕の下では，自己信託（いわゆる信託宣言）による方法も認められることになる（但し，自己信託に関する規定は，新信託法の施行〔平成19年9月30日〕から1年遅れて施行することとされている)。このような自己信託の証券化における利

と呼ぶ）を利用して，当該会社や信託に資産を譲渡し，当該会社や信託が何らかの形で投資家から投資を受けるものとされている。そして，投資家の保護のためには，オリジネータの経営状態の影響を受けてSPVが倒産手続に入ることがあってはならず，いわゆる倒産隔離（bankruptcy remote）の措置を仕組んでいく必要があることになる。

そのような倒産隔離の措置には大きく２つのものがあるように思われる[5]。第１に，倒産状態（支払不能など）自体が発生しないようにする措置である（以下では「倒産予防措置」という）。第２に，倒産状態が発生していても倒産手続を開始させないようにする措置である（以下では「倒産手続防止措置」という）。第１の措置としては，SPCの資産譲受業以外の事業目的の禁止，投資家から得た資金の運用目的・方法の制限，資産裏付証券以外の債務負担行為等の禁止，オリジネータとSPCや受託者との人的交流の制限などさまざまなものが考えられ，現に実行されているようである[6]。他方，第２の措置としては，SPCの定款や信託契約等による倒産手続の自己申立て又は取締役・受託者申立ての禁止，債権者等との倒産手続申立禁止契約の締結などがある。従来は，第１の倒産予防措置については比較的多く論じられてきたようであるが，第２の倒産手続防止措置については必ずしも詳細な検討はなく，むしろ，倒産隔離措置として，倒産予防措置と特に区別はされずに一体的に論じられる傾向があったように見受けられる。

しかしながら，倒産予防措置と倒産手続防止措置との間には重大な質的差異があることは否定できないように思われる。なぜなら，倒産予防措置はまさにSPVが倒産状態に陥ること自体を予防しようとする措置であるのに対し，倒産手続防止措置は，そのような倒産予防措置が失敗し，SPVがすでに倒産状態に陥ったことを前提にしながら，その場合もなお法的倒産処理手続を開始さ

用の可能性については，川上嘉彦＝有吉尚哉「新信託法下での新たな信託類型の資産流動化・証券化取引における利用可能性に関する一考察」金法1798号（2007年）9頁以下など参照。

5）なお，このような分類を基本的に支持しながら，第3の問題として，「倒産時対応措置」があるとするものとして，『ファイナンス法大全』（前掲注1））55頁〔前田敏博ほか〕参照。

6）このような方法の詳細については，『ファイナンス法大全』55頁以下〔前田ほか〕参照。

せないことをその目的とするものだからである。その意味で，倒産予防措置が証券化のスキームにとって不可欠なものであることは明らかであるが，倒産手続防止措置については，まずその必要性がどこにあるのかを検討しておく必要があろう。

(2) 倒産手続防止措置の必要性

倒産手続防止措置の必要性を検討する前提として，このような措置がどのような利害関係人との関係での投資家保護を念頭においているのかをまず確認しておく必要があろう。すなわち，他の投資家（ABS〔Asset Backed Securities〕等を購入した他の債権者）からの保護を目的とするのか，そのような投資家以外の債権者からの保護を目的とするのかによって，その措置の性質がかなり異なってくると思われるからである。実務上，倒産手続防止措置の対象として主に考慮されているのは，投資家以外の債権者ではないかと思われる。代表的な債権者はオリジネータ又はその関係債権者であるが，そのほかにも，バックアップ融資等をする金融機関やSPVにさまざまなサービスを提供する債権者（弁護士，公認会計士等）が含まれるとされる。他方，他の投資家については，倒産手続防止措置という方策よりも，責任財産限定特約（*4*参照）という別個の保護スキームが採用されているようである[7]。ただ，投資家の倒産申立権放棄の問題をアプリオリに検討の対象から排除することの当否にはなお疑問があるので，以下では，非投資家債権者に対する防止措置と投資家債権者に対する防止措置の双方について一応考察の対象としておき，両者を区別する必要がある場合を除き，両者を射程に入れた議論をすることにしたい。

以上のような検討を前提にして，倒産手続防止措置の必要性はどこにあるであろうか。第1に，SPVに倒産手続が開始され，債務の弁済が禁止されることにより，投資家が期待しているキャッシュフローが阻害されることを防止する必要性がある。第2に，自己の資産の収益性が悪い一部の投資家が倒産手続を申し立て，その負担を他の投資家に転嫁することを防止する必要性が考えられる。これらの点については，仮に個々のアセットの上に担保権を設定するこ

7）　なお，他の投資家からの保護が問題となる局面では，1つのSPVが複数の種類のABSを発行していることが前提となる点に注意を要する。

とができれば相対的に問題は少なくなるが，なお破産管財人による換価への介入（破184条2項・185条）など手続上の制約は残るし[8]，十分な解決とはなりえないと見られる[9]。その意味で，倒産手続防止措置の必要性は否定できないと考えられる。また，仮に他の投資家の資産に対する不執行の特約（責任財産限定特約）が有効であるとしても，果たしてSPVが法的倒産手続に入った場合にまで，各資産部分がそれぞれの投資家の配当対象として割り当てられていると言い切れるかについては疑問もあり（この問題については，*4*参照），なお検討の必要性は残ろう。

(3) 防止されるべき倒産手続の意義

以上のような考察から，倒産手続防止措置について検討する必要性は肯定されると思われるが，さらに防止の対象となる「倒産手続」の範囲を前提問題として考えておく必要性がある。仮にSPVの事業を継続できればよいというのであれば，破産手続を防止する必要はあるものの，再建型手続まで防止する必要はないとも考えられるからである。この点，確かに再建型手続によって破産手続に対抗できる可能性が認められるならば，手続防止措置の対象を破産手続に限定することも考えられないではない。しかし，仮に再生手続又は更生手続によっても，その手続中は投資家に対する弁済は当然に禁止されるし，また再生計画・更生計画の認可後であっても，その弁済は（一部免除・期限猶予等権利変更を受けた後の）再生計画・更生計画に従ってしか認められない。これは，利払い・元本償還等のキャッシュフローが当初の予定どおりに行われることを期待する投資家に対し，致命的な打撃を与えるものであり（(2)参照），証券化のスキーム全体を破壊するおそれがある点では，破産の場合と余り径庭はないといえる。その意味では，再建型手続による対抗は，他に方途がない場合の最後

8）　更生担保権についてはさらに制約が強くなるが，これについては，(3)も参照。

9）　また，そもそも対象資産に対する個別的な担保権の設定は相当に困難であるようにみられる。けだし，個々の債権について通知・承諾による担保権（譲渡担保・質権）を設定する場合や不動産について抵当権等を設定する場合に，個々の投資家について譲渡通知等をしたり，それらの者を担保権者としたりすることは相当に困難と考えられるからである。ただ，この点は，信託法の改正によって可能となった信託によって担保権を設定する方法（いわゆるsecurity trust）を活用することによって対処できる可能性はあろう。

の手段としてはともかく，必ずしも決定的な解決策とはなりえないものと思われる。そこで，以下では，倒産手続防止措置の対象として，破産など清算型の倒産手続に限定せず，民事再生・会社更生といった再建型の手続もその対象とすることを前提にして議論をすすめていくものとする。

(4)　その他の前提

以下では，破産手続等倒産手続の開始が可能な状態での倒産手続防止措置を考えるのであるから（開始原因がない場合には手続の防止を問題にする必要はそもそもない），問題のSPVには支払不能その他の倒産手続開始原因が存在することを当然の前提とする。この点は，アメリカ法のように，少なくとも自己申立てについては，倒産原因の存在を必要としていない法制とはその前提を異にしているため，支払不能状態が存在しないにもかかわらずいかに倒産手続の開始を防止するかという，アメリカで議論されるような問題状況は，そもそも日本では一般に存在しないといってよい。ただ，再建型手続では日本でも手続開始原因が緩和されており（民再21条，会更17条），このような手続においては早期の手続開始の防止をも一応視野に入れておく必要があろう[10]。

さらに，倒産手続防止措置を問題にする場合に注意する必要がある点として，個別執行の問題がある。仮に倒産手続を認めない一方で，個別執行の可能性については何ら規制を設けないとすると，当然のことながら各債権者は個別執行により債権回収を図ることになる。この場合，SPVの財務情報に対してより容易にアクセスできる債権者ほど早く債権回収に着手できる可能性があり，結果的に債権者平等が害される（早い者勝ちになる）おそれが大きい[11]。つまり，一方で倒産手続の開始を否定しながら，他方で個別執行にまったく規制を加えないとすれば，そのことは，SPVの経営破綻の情報にいち早くアクセスできる債権者に満足を独り占めできる可能性を与え，到底許容できない結果をもた

10）　ただ，日本では，実際の手続開始は支払不能の状態になった後にされるのが現状であり，経営戦略的な一手段として倒産手続（連邦倒産法第11章手続）が利用されているアメリカとはかなり事情が異なっていることには注意をしておく必要があろう。この点は，倒産法制の抜本改正後も基本的には変わりはないとみられる。

11）　特に証券化の対象資産が債権である場合には，債権執行は，転付命令制度の存在などにより，とりわけ早い者勝ちが可能である執行手続であることに注意を要する。

らすおそれがある[12]（事後的な規制方法としての詐害行為取消権〔民424条〕は，本旨弁済については原則として適用されない）。そこで，倒産手続防止措置について議論する場合には，それとともに，個別執行に対する規制にも常に目配りをしておく必要があろう。

以上のような前提を念頭に置きながら，以下ではまず，債務者自身が倒産手続の開始を申し立てる自己申立倒産手続の防止措置について検討した後（*2*参照），それ以外の者の申立て，とりわけ債権者の申立てに係る倒産手続（非自己申立倒産手続）の防止措置につき考察し（*3*参照），最後に付随的に，倒産手続防止措置に一部代替する機能を有するものとして，責任財産限定特約についても簡単に見ておくこととする（*4*参照）。

2　自己申立倒産手続の防止措置

(1)　自己申立権放棄の効力

SPV自身（SPCの場合には本人，信託の場合には受託者〔注31）参照〕。以下では単に「債務者」という）による倒産手続開始の申立て（以下「自己申立て」という）を検討するについて，最も基本となるのは，債務者が自己申立てをしない旨の合意を債権者との間ですることであろう[13]。そこで，まずこのような合意の有効性を検討する。その際，法が債務者に倒産手続開始申立権を付与している趣旨から考えていく必要がある。そのような趣旨としては，個々の債権者からの強制執行を免れ，再生・更生手続の開始や免責によって経済的な再生を図ることができるという債務者自身の利益とともに，総債権者に対する公平な分配を図ることができるという公益的な観点も挙げられている[14]。そこで，第1に，

---

12)　倒産手続という制度は，まさにこのような早い者勝ちによって生じる囚人のディレンマ状態を克服するために設けられたものといえる。この点については，山本和彦『倒産処理法入門〔第4版〕』（有斐閣，2012年）1頁以下参照。

13)　仮にこのような合意が可能とした場合，その合意の効力が問題となる。考え方としては，直接的な効力を認めて申立てを却下するとするか，そのような合意によって申立ての利益がなくなり申立てを却下するとするか，分かれうるが（この点は不起訴の合意の効力と基本的にはパラレルな問題としてよいであろう），いずれにしても不適法却下が原則となろう。したがって，裁判所が仮に合意を見落として手続開始決定をしても，債権者等は倒産手続開始決定に対して即時抗告を提起することができよう。

前者の趣旨から考えると，債務者の利益を債務者が自ら放棄することは，私的自治の原則から原則として認められてよい。ただ，債務者が合意をする相手方債権者との力関係から，なおその効力が否定される場合が例外的にはありえよう。たとえば，債務者がオリジネータや融資を受ける金融機関からの自己申立権放棄の要請を相互の力関係から受け入れざるをえないような状況にあるときは，このような放棄の合意は（強迫に至らない場合でも）公序（保護的公序）に反して無効と解される余地があろう[15)]。第2に，後者の趣旨から考えると，債務者の申立権が公益性を含むとすれば，それを一部の債権者との合意で制限することは，他の債権者等の利益を害し，公序に反する可能性があろう[16)]。実際，倒産状態に陥り，企業に対する実質的な持分権を喪失した株主から信認を受けた経営者が何ゆえ企業の将来の命運を決する倒産手続開始申立てをすることができるかといえば，それは（企業自身の利益の保護というよりは）それによって債権者の利益の保護が図られるからに他ならないと言えるのではなかろうか。通常最も迅速・適切に事態に対応できるのは債務者自身だからである。特に，自ら倒産手続開始申立てや強制執行を申し立てることが通常期待できないような小口債権者などの保護のためにも自己申立権が付与されているのだとすれば，そのような保護を要しない（早い者勝ちで勝者になれる）立場の債権者との間の合意で，債務者が一方的にそのような申立権を放棄することは許されないと考えられよう[17)]。

---

14)　たとえば，中野貞一郎＝道下徹編『基本法コンメンタール破産法〔第2版〕』（日本評論社，1997年）204頁〔林泰民〕参照。

15)　また，状況によっては，独占禁止法上の不公正な取引方法等となりえ，強行法規違反として私法上の効力を否定される余地もあろう。

16)　アメリカ法では，自己申立権放棄条項の効力についてこのような趣旨から無効とする見解が有効のようである。なお，この点に関するアメリカ法の議論については，山本・前掲注2）109頁以下参照。

17)　この点で参考になる裁判例として，東京高決昭和57・11・30下民33巻9～12号1433頁がある。事案は，債務者と一部の債権者（労働組合）との間で，自己破産申立てをするには当該債権者との事前の協議を要する旨の約定があったにもかかわらず債務者が事前協議を経ないで破産申立てをした場合にその申立ての適法性が問題とされたものである。裁判所は破産申立てを適法としたが，その理由として「破産手続は（中略）いわば総債権者の利益のためのものであって，一部特定の債権者その他の権利者との間の合意によってその申立てを制限されるとするのは相当でない」点を指摘していることは，本章との関係でも注目に値する。

この点に関して，会社の取締役等については，かつて破産申立義務が認められていたものの（旧商174条・262条6号）[18]，昭和13年改正により当該規定は削除され，現在では申立義務が存しないとされている点に注意を要する[補注1]。仮に自己破産の公益性を破産法が強く措定しているとすれば，このような申立義務を肯定維持する方向に傾くはずであり，申立義務を認めない規律はその公益性が余り強くないことの徴表であるとの見方もありうる。しかし，申立義務の否定から申立権放棄の可能性を導くのはやや即断にすぎよう。前記改正による申立義務削除の理由は，取締役に自己の会社の破産の申立てを義務付けるのは酷であり，また債務超過の認定も容易ではないこと[19]から，実際上は当該規定が空文に帰しているという実際上の理由による[20]。つまり，上記のような自己申立ての公益性に対する否定的な評価が背景にあったとはいえない。このような観点からは，破産申立義務の不存在は前記のような議論を否定する材料にはなりえず，債権者保護をも目的とした自己申立権の合意による放棄は一般に認め難いと解される[21][22]。

---

18)　なお，ドイツでは現在でも申立義務が認められているようである（ドイツ株式法92条・401条参照）。この点につき，吉原和志「会社の責任財産の維持と債権者の利益保護(2)」法協102巻5号（1985年）944頁以下など参照。

[補注1]　近時，一部でドイツに倣って再び取締役等の倒産手続開始申立義務を導入すべき旨の議論がされることがある。これに対し，ドイツ法の現在の制度やかつての日本がそれを廃止した経緯等を紹介しながら，早期に事業再生に入ることを経営者に求める目的自体は正当であるとしても，それが過去に日本で失敗した歴史に鑑みれば，現在必要であるのは，そのような「ムチ」によるのではなく，私的整理の活用や法的手続との連続性の確保，また早期着手時の経営者の個人保証の限定といった，早期事業再生のためのインセンティブ（「アメ」）を充実させる政策である旨を論じたものとして，山本和彦「“ドイツ型倒産法制”導入の是非」ビジネス法務13巻7号（2013年）39頁以下参照。

19)　この点などからドイツでは債務超過をめぐる議論が発展しているが（ドイツの議論については，野村秀敏『破産と会計』（信山社出版，1999年）19頁以下参照），日本では従来十分な議論の蓄積はなかった。

20)　司法省民事局編『商法中改正法律案理由書（総則会社）』（清水書店，1937年）143頁参照。なお，今般の破産法改正〔平成16年〕により相続財産管理人等の破産申立義務（旧破136条2項）が削除され，さらに公益法人改革〔平成18年〕によって民法上の公益法人の理事の破産申立義務（民旧70条2項）も削除されたが，いずれも基本的には同旨の理由によるものと解される。

21)　以上のような前提に立ってもなお，仮に債務者が全破産債権者と放棄の合意をしているとすれば，その効力には議論の余地があろう。そこでは，破産により利益を受けるべきすべての関係者の合意が存することになるからである。しかし，破産手続開始申立

(2)　自己申立防止の方法

以上で見たように，自己申立権の放棄によって自己申立てを防止できないとすると，他に考えうる代替的な方策としては，(a) 優先株主の同意を申立ての際に要求する措置，(b) 独立取締役の同意を申立ての際に要求する措置などがありえよう[23)]。このうちまず，(a)の方法は，実質的には自己申立権の放棄を認めることに繋がり，前述の趣旨から認められる余地はなかろう[24)]。けだし，自己申立権の趣旨が債権者の保護にもあるとすれば，一部株主の同意を要求することで，株主よりも優先順位が上位にある債権者の利益を保護できないことになり，倒産法秩序の観点から相当でない結果になるからである。

次に，(b)の方途であるが，これについては取締役の地位平等の原則との関係が問題となろう[25)]。仮に独立取締役（オリジネータと実質的な関係のない取締役）が賛成しなければ倒産手続開始申立てができないと定める定款であれば，これはその取締役だけに倒産手続開始申立てに対する拒否権を付与するものであり，他の取締役との平等を害するおそれはあろう。日本において，アメリカ法のような取締役平等の原則が存在するかには疑問もあるが，取締役会の議決要件を定める会社法369条1項は取締役の頭数による平等原則を表すものとされ，旧法下の議論ではあるが，「取締役会の決議は出席した取締役の過半数にしてかつ出席した代表取締役全員の同意をもって決する」旨の定款は代表取締役に拒否権を認めるものであり，合議体としての取締役会の性質に反するとされてい

ての段階で債務者がすべての破産債権者との関係で申立権を放棄している旨を証明するのは（そもそも破産債権者の範囲が十分に特定できない点を考えても）実際上は困難と思われ，現実には破産手続の開始を阻止できないのではないかと思われる（但し，関係者が限定されている証券化のスキームではなおその可能性は残りうる）。

22)　上記につき，基本的に同旨として，『ファイナンス法大全』（前掲注1)）61頁以下〔前田ほか〕参照。

23)　このような措置がアメリカにおいて試みられていることについては，山本・前掲注2）110頁以下参照。

24)　なお，アメリカにおいては，破産手続開始原因がない場合に限って認められると解されているようであるが，日本では倒産原因なしに倒産手続が開始される場合は認められていないので，前提を異にする。

25)　これも，(a)と同様に，自己申立権放棄禁止の趣旨に反するという理解もありうる。取締役の地位も株主に淵源を有する以上，株主保護を債権者保護に優先させるという前記の批判は妥当しうるからである。ただ，ここでは，その対立がより間接的なものであるため，一応自己申立権の放棄とは両立しうるという前提で考えてみる。

た[26)]。このような点からすると，一部の取締役（独立取締役）に倒産手続開始申立てに対する拒否権を付与する定款条項も無効と解される余地があろう。ただ，この点は，倒産手続開始申立ての決議に全取締役の賛成を必要とする全員一致の定めを置くこと[27)]により，実質的な目的を達することは可能であろう。

むしろこの点について，より大きな障害となると考えられるのは，準自己破産を認める破産法 19 条 1 項 2 号の規定である。この規定により，各取締役は（取締役会の議決を一切必要とせず）取締役個人の資格に基づき単独で破産手続開始を申し立てることができるのである[28)]。前述（(1) 参照）の昭和 13 年商法改正により取締役の破産申立義務は廃止されたものの，申立権自体はなお当然のものとして残され，この点は今回の倒産法抜本改正でも特に問題とされずに残存された。問題となるのは，このように破産法が認めている申立権を定款によって剝奪することができるかという点である。この点はかなり困難であると思われる。なぜなら，このような申立権を認める趣旨は，会社が内紛状態になって取締役会の議決（会社としての意思決定）が困難であったり，代表取締役が行方不明であったりするときにもなお債務者側からの破産手続開始を可能とするものとされ[29)]，その意味で債権者保護をも目的とする自己破産制度を強化・補完するものと考えられるからである。したがって，この権限は（会社のためのみならず債権者全体の利益をも考慮した）破産法の定める公益的なものと考えられ，自己破産の場合と同様，一種の強行規定を成すものと解されよう。そうだとすれば，そのような権限を定款という単なる会社内部の規律によって剝奪することは，債権者との関係で許されず，結局オリジネータ等の出身取締役の準自己破産申立権限を事前に制限することは困難とみられる。したがって，アメリカ法などの議論する代替的な自己申立防止の方法も日本法上は実施不可能であると解されよう[30)]。

---

26)　大森忠夫ほか編『注釈会社法(4)〔増補版〕』（有斐閣，1980 年）343 頁〔堀口亘〕参照。

27)　これは会社法 369 条 1 項の「これ（著者注：過半数）を上回る割合を定款で定めた場合」に該当し，適法なものと認められよう。

28)　アメリカ法にはこの種の規定は存在しないようである。

29)　中野 = 道下編・前掲注 14）206 頁〔林〕など参照。

30)　以上につき，基本的に同旨として，『ファイナンス法大全』（前掲注 1））60 頁以下

(3) 自己申立ての可能性の残存の評価

以上のように，自己申立ての可能性を制限することは日本法上困難であると考えられる[31)]。このことは，一見すると，日本における証券化がアメリカに比較して制度上の脆弱性を抱えているように見られるかもしれない。しかし，この点は制度の一面を比較した場合の帰結にすぎず，他の点においても日本とアメリカではその制度・運用の状況を異にしているのであり，その比較は総合的な観点からされなければならないであろう。

本論点との関係では，すでに繰り返し指摘しているところであるが，特に倒産手続開始原因に関する規律の相違が大きな意味を持とう。すなわち，日本の破産法では，自己申立てであっても破産手続開始原因が必要である（破15条・16条）のに対し，アメリカ法では自己申立てでは倒産原因が不要とされている（連邦倒産法301条参照）。アメリカにおいて自己申立ての防止措置の必要性が特に議論されているのは，自己申立てについては，倒産原因がまったくなくても手続が開始されるおそれがある点が強く意識されているものと思われる。そこでは，そのような濫用的な事態によるリスクを防止し，投資家を保護する必要性がきわめて高いことは否定し難い。それに対し，日本では破産手続開始原因の要求自体がそのような濫用防止の役割をすでに果たしていると評価することも可能である[32)]。また，以上の点とも密接に関連するが，倒産手続の利用に関する両国の運用が大きく相違する点にも注意する必要があろう。日本では，少なくとも現段階では，アメリカのように経営戦略的な観点から倒産手続が利用されることは想定できず，オリジネータのそのような戦略にSPVや投資家

〔前田ほか〕参照。

31)　なお，信託がSPVとして利用される場合，受託者による信託財産破産の申立権の制限についても，同旨が妥当すると解される。受託者の破産手続開始の申立てについては，破産手続開始原因事実の疎明が不要とされること（破244条の4第3項），受託者は破産管財人に対して説明義務を負うこと（破244条の6第1項1号）など，信託財産破産について受託者は取締役と同等の地位に置かれ，実質的にも受託者の申立権には受益者等を保護する趣旨が含まれていると解されるからである。

32)　民事再生・会社更生といった再建型手続では確かに手続開始原因は緩和されている。しかしそれでも，破産手続開始原因の生ずるおそれや事業継続に著しい支障を来すことなく弁済期にある債務を弁済できないことといった要件は要求されており（民再21条，会更17条），およそ財務状況の悪化が認められないのに手続が開始されるといった濫用的事態は考えられない。

が巻き込まれるといった場面は余り念頭に置く必要はないであろう[33]。そのように考えてくれば，日本法上，自己申立てに関して十分な規制が困難であるとしても，総合的に見れば，そのような規制の必要性自体がアメリカに比べて小さいとも評価できるのであり，この点は日本における証券化のスキームについて決定的なマイナス要因とはならないものと考えてよかろう。

3　非自己申立倒産手続の防止措置

(1)　債権者による申立権放棄の効力

次に，非自己申立権，特に債権者による申立権を制限する可能性を検討してみる[34]。ここでも最も直截に問題となるのは，債権者の倒産申立権の放棄の合意である。日本では[35]，原則としてすべての債権者がその債権額にかかわらず単独で倒産手続の開始を申し立てることができ（破 18 条，民再 21 条 2 項）[36]，少額の債権者や一般投資家にも倒産手続開始申立権が認められる。すなわち，多数の投資家の利益を害するような SPV の倒産手続が一部債権者によってきわめて容易に申し立てられうるため，その防止措置が必要不可欠とされるのである。

それでは，そのような倒産手続開始申立権を債権者が放棄する債権者・債務者間の合意は日本法上有効であろうか[37]。債権者による破産申立権の放棄の可能性については，従来若干の議論がある。すなわち，破産申立権は公権であ

33)　もちろんこの点は将来変容する可能性がなくはない。しかし，一般国民のメンタリティや制度の社会的役割など奥深い点と関連する問題であり（近時の産業再生機構や私的整理をめぐる議論はその点をよく示しているように思われる），一朝一夕にその運用が変化するとは考え難い。

34)　この点に関するアメリカ法の議論については，山本・前掲注 2) 117 頁以下参照。また，以下の議論は，SPV として信託のスキームが用いられる場合の信託債権者および受益者の申立権の制限にも同様に妥当するものと解される。

35)　これに対し，アメリカでは，債権者申立ての場合の債権者数・債権額に一定の限定が設けられている。

36)　但し，会社更生については，資本金の額の 10 分の 1 以上の債権額という制限が課されている（会更 17 条 2 項 1 号）。以下では，更生手続は基本的に捨象して考える。

37)　合意の有効性が認められれば，その効力が問題となるが，その点については自己申立ての場合と基本的に同旨が妥当しよう（注 13）参照）。

るから放棄できない[38]，破産申立権は総債権者の共同利益のために認められた権利であるから放棄できない[39]などの理由でその放棄を否定する見解は少数説であり，多数説は，破産手続開始申立権も強制執行請求権などと同様に放棄することができるとする[40]。著者も多数説の見解が相当であると考える[41]。けだし，民事訴訟における不起訴の合意や民事執行における不執行の合意の適法性[42]が，民事手続における当事者の処分権主義（さらに遡れば私法における私的自治の原則）に由来して広く認められるものとすれば，倒産手続の不申立ての合意もその一種として，原則として尊重の対象になると解されるからである。

ただ，倒産手続開始申立権の放棄については，不起訴の合意や不執行の合意と比べて若干異なる考察を要する面がないではない。すなわち，倒産制度は，債務者の倒産状態においては個別的な債権回収を見合わせて集団的な処理を図ることが債権者全体の利益に繋がるという判断を前提に，倒産状態における債権者間の取引コストの増大を理由に，強制的に債権者の個別的権利行使を制限しながら後見的に債権者集団のパレート最適を実現する手続と考えられる[43]。そのような意味で，公益的な性格を有する点で，個々の債権者のために行われる訴訟手続や執行手続とは異なる面を有するともみられる。実定法的にも，倒産手続開始を申し立てるか否かは確かに各債権者の任意に委ねられているが，いったん倒産手続が開始した後はたとえ申立債権者であってもこれを自由に取り下げることはできないとされ（破29条前段参照），その限りでは当事者の処分

38）　加藤正治『破産法要論』（有斐閣，1950年）277頁，斎藤常三郎『破産法・和議法』（有斐閣，1956年）265頁，石原辰次郎『破産法和議法実務総攬』（酒井書店，1966年）316頁など参照。

39）　松岡義正『破産法論上巻（手続規定）』（巖松堂書店，1929年）440頁など参照。

40）　中田淳一『破産法・和議法』（有斐閣，1959年）61頁，岡村玄治『破産法要義』（明玄書房，1954年）130頁，宗田親彦『破産法概説』（法学書院，1974年）97頁，斎藤秀夫ほか編『注解破産法（下）』（青林書院，1999年）185頁〔谷合克行〕，伊藤眞『破産法〔第4版補訂版〕』（有斐閣，2006年）83頁注67など参照。

41）　アメリカ法でも不執行の合意の一種として原則として放棄が認められていることにつき，山本・前掲注2）118頁参照。ドイツ法でも放棄を認める見解が通説であることにつき，斎藤ほか・前掲注40）185頁〔谷合〕参照。

42）　近時，不執行の合意の適法性を前提とした判例として，最判平成5・11・11民集47巻9号5255頁，最決平成18・9・11判時1952号92頁など参照。

43）　このような観点からの倒産制度の存在意義の説明につき，山本・前掲注12）1頁以下参照。

権は制限されている[44]。このように考えると，上記のような倒産法の後見的な配慮をおよそ無にしてしまうような処分（倒産手続開始申立権の放棄）は，公序に反すると解される余地もあろう。特に個別執行については何ら手当をしないまま，全債権者から倒産手続開始申立権を放棄させるような場合を想定すると，債務者が倒産状態に陥っても各債権者はなお自由に個別執行が常にできることとなり，倒産法の制度趣旨が完全に損なわれる結果になろう。また，倒産手続開始申立てと併せて不執行の合意もされるとすれば，申立権を放棄した債権者は強制的な権利実現の方法を一切奪われることになり，そのような判断に際しては当該債権者の十分な判断能力が前提とされなければならない。以上のような点を考えると，債権者による倒産手続開始申立権の放棄の有効性は原則として認めながら，それに一定の限定を付するアプローチが適当ではないかと思われる[45]。

そのような限定の方法として，第1に，このような合意の当事者の特性を考える必要がある。相手方が金融機関や弁護士・公認会計士，また投資家であってもいわゆる機関投資家などであって，十分なリスク評価や法的判断が期待でき，個別執行の「競争」の対象としても特に問題はない者である場合には，処分権の自由を広く認め，申立権放棄の合意の有効性を承認することに問題はなかろう。それに対し，個人投資家等を相手方に約款等によって一律に放棄の合意を調達するような手法には疑問が大きい。そのような零細な債権者は，債務者の倒産状態の際には，倒産手続によって裁判所が公正な集団的処理を行ってくれることを期待しているのが通常と見られるし，個別執行まで放棄するのに十分な判断能力を有するかは疑問であろう[46]。したがって，倒産手続開始申立権放棄（及び不執行）の合意が公序に反するもの[47]と評価される余地はあると思われる[48]。

44）これに対し，訴訟や民事執行では，原告や債権者の申立ての取下げは（相手方の同意などの要件はあるものの）原則として手続終了まで自由に行うことができる。

45）上記につき基本的に同旨として，『ファイナンス法大全』（前掲注1））62頁以下〔前田ほか〕参照。

46）伊藤・前掲注40）83頁注67は，「債権者の無知に乗じるなどの特段の事情が存在する場合」には放棄の合意の効力を否定する。

47）あるいは消費者契約に該当する場合には，消費者契約法10条により無効とされる余地もあろう。

第2に，合意の合理性自体は一応認められるとしても，その効力は合理性が認められる最低限の範囲に限られるべきであろう。すなわち，何らかの期間や条件を合意に付して，必要最小限の場合に限って放棄を有効と認めるのが適当であろう。また，前述のように，判断能力が十分な債権者に対象を限定するという前提の下では，倒産手続開始申立権のみならず不執行の合意も併せて行い，個別執行のリスクも予防しておくことが一般には相当であろう。

(2)　申立権放棄の期間制限

前述のように，倒産手続開始申立権放棄の特約に一定の制限を加えるとして，最も問題となるのはその時期的な限定であろう。この点の検討については，倒産法上の否認権の制度に関して日米の規制に大きな差異がある点を考慮する必要がある。すなわち，日本法の下では，偏頗行為の否認は原則として支払不能をその基準時としており（破162条1項1号，民再127条の3第1項1号），この点は受益者が内部者である場合にも変わりがない（破162条2項，民再127条の3第2項参照）。基準時が遡及するのは，僅かに債務者の行為がその義務に属しない場合に限られる（破162条1項2号，民再127条の3第1項2号：30日間遡及）。SPVの投資家に対する弁済は当然に義務行為と考えられるので，倒産手続開始申立ての時期を先送りすることによって否認の基準時を遅らせ，投資家に対する弁済を否認不能のものにするという配慮は，日本法では特に必要がないことになる[49]。

他方，これとは別の観点から日本法の否認の規律には特徴的な点がある。それは，破産法162条3項及び民事再生法127条の3第3項の支払停止による推定の限定の規律である。これによれば，破産・再生手続開始申立ての日から1年以上前の支払停止には支払不能を推定させる効果が存しない[50]。したがっ

---

48)　この点で，実務において，投資家との間で，責任財産限定特約があっても倒産手続開始申立権放棄条項まで締結することはほとんどないとすれば，一定の相当性があろう。

49)　アメリカではこの点が大きな問題とされていることは，山本・前掲注2）118頁参照。

50)　なお，同趣旨の規定として破産法166条及び民事再生法131条がある。これらの規定は，倒産法改正によって，倒産手続開始ではなくその申立てを基準時とし，また支払停止の悪意だけではなくその事実を基礎とする否認にも適用対象が拡大された。改正の趣旨については，小川秀樹編著『一問一答新しい破産法』（商事法務，2004年）233頁

て，①支払停止→②投資家に対する弁済→③倒産手続開始申立てという経過を辿る場合に，申立権放棄特約により，②と③との間を1年以上あけることができれば，必然的に①と③の間も1年以上あき，上記条項によって支払停止に基づく否認を免れることになろう。その意味で，1年の申立権制限にはそれなりの合理性がある。ただ，支払停止に基づく否認を防止するというだけで，投資家に対する弁済を倒産手続上完全に保護した結果にはならない点には注意を要する。けだし，偏頗行為についてはさらに支払不能を基準時とする否認が別途存在し，この場合には期間制限は設けられていないからである。したがって，管財人又は監督委員が前記推定規定の適用を求めず，端的に支払不能に基づく否認を求めてくれば否認を免れることはできないことになる。ただ，その場合には，管財人は支払不能の事実を証明しなければならず，証明責任の負担を負うことを考えると，なお支払停止に基づく否認を回避しておく実益はある程度認められよう。そのような意味で，1年の申立権制限を置くことは相当と評価できようが，逆に投資家に対するすべての弁済が終了してから1年を超えた期間についても申立権を放棄するような合意は，合理性のないものとして公序に反すると解される余地はあろう。

(3)　放棄債権者倒産時の申立権放棄の効力

やや細かい問題であるが，倒産手続開始申立権放棄の合意をした債権者自身が倒産してしまった場合に，当該債権者の破産管財人等に対する当該合意の対抗可能性の問題がある[51]。ただ，この点は日本では余り問題にならないと思われる。すなわち，日本法上，管財人等は破産者等の契約上の地位を原則として引き継ぐものと解されているが[52]，例外的に，当該契約が双方未履行の双務契約であれば，管財人等は契約の解除により契約関係から離脱する余地が認められている（破53条，民再49条）。しかし，倒産手続開始申立権放棄の合意は債権者にのみ義務を負担させる片務契約と考えられるので，上記条項の適用

参照。

51）　この点についてはアメリカで議論されているが，その議論については，山本・前掲注2）119頁参照。

52）　この点を明らかにする近時の判例として，最判平成18・12・21民集60巻10号3964頁参照。

の余地はない。そもそも相手方当事者の倒産というSPVとは何ら関係のない事柄に基づき，従来は倒産手続開始申立てが許されなかった債権者の申立てが可能になるというのは不合理であり，また前述のような債権者保護のための措置が施されている限り，倒産手続開始申立てが（一定期間）認められないとしても，債権者の破産財団等が被る損害は余りないであろう。このような実質的な観点からも，債権者の破産管財人等に対する倒産手続開始申立権放棄の合意の対抗可能性は一般に認めてよいものと考えられる[53]。

以上のように，倒産手続開始申立権放棄の合意は，一般投資家などとの関係を除き，一般にその有効性を広く認めてよく，SPVの倒産手続防止措置として有効な道具となりうるものと解されよう。

4　責任財産限定特約

(1)　責任財産限定特約の意義

以上のように，一般投資家との関係では倒産手続開始申立権放棄特約の締結を一律に求めることは，公序に反する可能性があるものとみられる。そこで，前述のとおり，実務は投資家に対しては上記放棄特約という形ではなく，責任財産限定特約という別個の合意によって対処しているとされる[54]。たとえば，投資家は自らの債券の裏付けとなっている資産（アセット）についてのみ遡及できる旨の特約である。このような特約は，1個のSPVが複数の種類の債券を発行している場合に典型的に問題となるものであるが，1種類の債券を発行する場合でも付されることがあるという。こうした特約は，投資家による倒産手続開始申立てを防止することを主な目的とするものではないが，なお投資家からの倒産手続開始申立てを事実上防止するものとして機能する余地がないではない。その意味で，このような特約も倒産手続防止措置の一翼を担う可能性

53）　なお，この点は倒産手続開始申立権を放棄したのが金融機関の場合でも同様である。アメリカでは金融機関の倒産の場合には管財人等の解除権を広く認める特則があるようであるが（山本・前掲注2）119頁），日本には更生特例法などでもそのような特則は存在しないからである。

54）「証券化取引においては，責任財産限定特約が付されるのが通例である」とするものとして，『ファイナンス法大全』（前掲注1））63頁〔前田ほか〕参照。

があるといえる。そこで，以下では責任財産限定特約の有効性及びその効果についても，本章の問題意識の範囲内で簡単に検討しておく55)。

以下で検討する責任財産限定特約としては，①投資家の債券の引当財産は，当該債券の発行の根拠となった資産（アセット。以下「責任財産」という）に限定され，他の資産（他の投資家グループの引当資産等）から弁済を受けられないこと，②償還期限における債券の未償還金額が責任財産を超過する場合には，投資家は当該超過債権を放棄すること，③投資家は責任財産以外の資産に対して強制執行を申し立てる権利を予め放棄すること，④ SPV が爾後債券を発行する場合には，それについても同様の特約を付することなどを内容とするようである。これにより，まず債権の償還中は仮に責任財産が不十分になっても，投資家は他の資産を引当てとしては期待できず，それに対する強制執行もできないし，さらに償還期限を迎えたときは，仮に残債権があったとしてもそれは放棄され，実体法的に消滅してしまうので，投資家も追及のしようがないことになる。そして，すべての証券化スキームについてこのような合意がされることが予定されるとすれば，一部の投資家グループのアセットが仮に不調を来した場合であっても，その損害は当該グループ内に限定され，他のスキームにまで影響を及ぼす事態は回避できることになる。

(2) 責任財産限定特約の効力

そこで，上記のような責任財産限定特約の効力について考えてみる。まず，上記特約のうち，②の合意は実体法上の停止条件付債権放棄の合意とみられ，原則的には適法と解される。そして，債権放棄の合意の効力が一般的に倒産手続の中でも主張できるとすれば，②の合意も SPV の倒産手続の中で主張できるということになろう。仮に償還期限が SPV の倒産によって到来するものと理解すれば56)，倒産手続開始時点で未償還金額が責任財産を超過していれば

55) 責任財産限定特約の問題一般については，金融法委員会「責任財産限定特約に関する中間論点整理」金法 1625 号（2001 年）6 頁以下，山田誠一「責任財産限定特約」ジュリ 1217 号（2002 年）47 頁以下など参照。同特約が用いられる他の取引として，ノン・リコース・ローンの場合があるとされる（山田・同 49 頁参照。なお，信託との関係では，新信託法で限定責任信託の制度〔信託 216 条以下〕が導入された関係で，今後も特約の利用が維持されるかは定かでない）。

債権放棄の実体法上の効果が発生し，それは倒産手続の中でも当然に前提とされよう[57]。そして，このように投資家の権利が責任財産の範囲に圧縮されると，他に大きな債務がない限り，SPVの債務超過状態自体がその時点で消滅してしまい，結果として責任財産限定特約のこの条項は倒産予防措置としての性格を有することになろう。ただ，このような債権放棄の効力が常に認められるかについては，なお検討を要する。とりわけこの放棄は合意の時点では放棄の内容（債権額等）が必ずしも明確ではない点が問題となろう。このような不明確な意思表示が有効なものとして認められるかはそれ自体として疑問が残る[58]上，債権放棄という片務的かつ不利益な事項をその対象とすること，さらに一般投資家を対象とする場合にはその意思表示が約款等により一般個人から調達されることなどを考え併せれば，その有効性に疑問を呈する余地もあり，②の条項だけでスキームとして万全であるとは言い難いようにも思われる。この点が，あるいは実務が①や③の条項をも加えている理由ともみられ，実体法理論の側面からのさらなる検討を要すると考えられるものの，現段階では妥当な態度と評価することができよう。

そこで，①及び③の条項であるが，これらは結局，執行対象財産を債務者の責任財産の一部に限定する合意ということになる。この点について，民事執行法上，「特定のまたは特定種類の対象（財産または財産集団）に対してのみ執行する旨あるいはそれに対しては執行をしない旨の合意」である責任制限契約の有効性は広く認められている[59]。けだし，執行拡張契約が民事執行法にお

56）　但し，当事者の意思解釈からこの点が明確ではないのだとすれば，償還期限の到来時とともに，倒産手続開始申立時の残債権の放棄も特約上明示しておくことがより適当であろう。

57）　この点につき，金融法委員会・前掲注55）9頁参照。

58）　民法519条の解釈においては，従来このような点の問題意識は余りなかったようである。この点は，従来の債権放棄は一般に和解等を契機に即時的・確定的なものを前提にしていたからではないかと思われる。ただ，債権放棄とは異なるが，債権の強制的実現を放棄するという点で共通性を有する不起訴の合意については，民事訴訟法上，その有効性を原則として承認しながら，「特定のまたは一定の範囲の紛争を対象とするものに限り」有効とするのが通説であった（竹下守夫「不起訴の合意と訴取下契約」三ケ月章＝青山善充編『民事訴訟法の争点』（1979年）158頁など参照）。その意味で，責任財産限定特約は責任財産という歯止めはあるものの，債権額がネットでどこまで減価するか明らかではないことを考えると，その有効性にはなお疑問の余地も残ろう。

ける債務者の利益の強行的保障に反して許されないのに対し，責任制限契約を含む執行制限契約については，債権者をその意思に反してまで保護する必要はないことから，その有効性を広く認めてよいからである。もちろん第三者との関係でも一定の財産を責任財産から除外するような合意は差押禁止財産の法定に違反するが，本契約はあくまで当該債権者がある財産に対して執行できなくなるだけであるので，問題はないと思われる。確かに一般投資家による倒産手続開始申立権の放棄は，前述のとおり，公序に反するおそれがあるが，責任財産限定特約は，倒産手続開始申立て（さらに執行申立て）による救済の余地を残しながら，救済の範囲を合理的範囲に限定するものに止まるので，相手方の特性を理由とした一般的な公序違反の疑いは否定できよう。したがって，民事執行との関係で，上記特約は原則として有効なものと解される[60]。

そして，個別執行の場合に上記の合意の有効性を認めることができるとすれば，包括執行である倒産手続においてもその効力を認めてよいと思われる。すなわち，形式的には，当該合意は双務契約ではないので，管財人等は倒産手続開始のみを理由としてその契約から離脱できないと考えられるし，実質的にも，当該合意は債権者にとって不利益な（配当を減少させる）特約にすぎず，他の手続債権者に何らの不利益をもたらすものでもないからである。また，特約債権者は対象責任財産の配当においては他の債権者と同等の地位にあり，ただ配当対象財産が異なるだけであるので，債権者平等原則に反するものでもない。もちろんこれによって換価・配当は特約がある財産ごとに区分してせざるをえず，手続の追行が若干複雑になることは否めないが，それをもって特約の効力を否定することはできないであろう。結局，（前述の実体的な債権放棄の効力が認めら

59) 中野貞一郎『民事執行法〔増補新訂5版〕』（青林書院，2006年）80頁参照（このような見解が通説であるとされる）。なお，執行制限契約に違反した場合の救済として，執行異議説と請求異議説とがあるが，現在では後者が判例・通説である（前掲注42）最判平成5・11・11，前掲注42）最決平成18・9・11参照）。ただ，責任財産限定特約については，当該債権者の責任対象ではない財産に対する強制執行がされた場合には，債務者又はそれを責任対象とする他の債権者は第三者異議の訴えで対抗できるものと解されよう（中野・同81頁，金融法委員会・前掲注55）7頁参照）。

60) 金融法委員会・前掲注55）7頁参照（なお，同7頁以下では，限定される対象財産の範囲について，特約対象財産の処分の対価や同財産の果実に特約の効力が及ぶかが論じられている）。

れない場合には）SPVの財産全体について倒産手続が開始されるが，配当の段階では各債権者についてそれぞれの責任財産の範囲内で配当されるべきことになろう[61]。

これに対して，このような合意に対するより原理的な観点からの問題提起として，それが実質的には法人に関する法規制や担保に関する法規制を潜脱するものではないかとの疑念がありうる。すなわち，Aグループの財産をXグループの債権者の責任財産とし，Bグループの財産をYグループの債権者の責任財産とするのは，実質的には，Aグループの財産による法人Aを作り，Bグループの財産による法人Bを作るのに等しい法的効果を生じるからである。また同時に，それは資産AをXの，資産BをYの担保に供することとも類似する[62]。これは，このような法形式を契約で創造することにより，一般に強行法規とされる（有限責任）法人関係規定や担保関係規定を潜脱することにはならないか，という疑問である。

しかし，法人関係規定が強行法規性を有するとしても，その趣旨は，独立の

61）たとえば，破産財団が資産A（400万円）と資産B（800万円）から成っており，責任財産限定特約をしていない債権者X（債権額300万円），資産Aについて責任財産限定特約をしている債権者Y（同700万円），資産Bについて責任財産限定特約をしている債権者Z（同800万円）があると仮定する。この場合の配当については，以下のような3通りの考え方がありえよう。第1に，まずXについて総資産（1,200万円）と総負債（1,800万円）から配当率（67%）を算出し，配当額を200万円とし，それを各資産に割り付けた残りをY（333万円），Z（667万円）に配当するという考え方である。第2に，最初にXの債権額を各資産の価値に応じて割り付け，競合する債権者と平等弁済とするもので，資産AについてはX100万円・Y700万円の債権者，資産BについてはX200万円・Z800万円の債権者が存在することになり，結局，X210万円（50万円＋160万円），Y350万円，Z640万円の配当となる。第3に，Xは債権額全額について各資産の配当に参加するというもので（これについては，金融法委員会・前掲注55）11頁注12参照（そこでの①の方法である）），これによれば，資産Aについては，X300万円・Y700万円の債権者，資産BについてはX300万円・Z800万円の債権者が存在することになり，結局，X300万円全額，Y約294万円，Z約606万円の配当となる。いずれの方法を相当するかは，ここでは留保したい。なお，金融法委員会・前掲注55）は，特定の配当を実現するための取決めの方法を提言している。また，この問題に関する詳細な検討として，山田・前掲注55）49頁以下参照（同52頁は，第2の考え方は「各シリーズの対象資産に抵当権が設定されたかのようになること」，第3の考え方は「各シリーズが独立した責任財産となったかのようになること」と評している）。

62）但し，Xは資産Bに，Yは資産Aに追及できなくなるという意味で，担保権設定以上の効果を生じることになる。

人格とされる法人と取引する相手方に不測の不利益を生じることを防止する点にあると思われ，契約において明示的に（ある法人格の）責任財産の範囲を限定することは取引相手方に何ら不意打を与えることにはならないであろう[63]。また，担保権の強行法規性については，一般に民法175条の物権法定主義にその根拠を有するとされるが，ここでの法律関係はあくまで契約当事者間の関係のみを規律するものであり，物権性を問題とするものではないし，また仮に物権類似の機能を有するものと考えられるとしても，担保権についてはすでに物権法定主義が十分に機能していないことは各種の非典型担保の存在をみても明らかである。したがって，法人格や担保権に関する強行法規の潜脱を理由として責任財産限定特約の効力を否定することはできないものと解される。

最後に，さらに上記①〜③の条項を通じて，公序違反の問題を検討しておく必要があろう。特にこの契約が零細な個人投資家との間で結ばれることもありうることを前提とすると，いわゆる保護的公序が問題となる余地がある。しかし，この点については，投資家について，対象資産に対する実質的な優先性を認めながら，他の資産に対する劣後性を認める枠組みとしては，このような契約が実効的なものであり，それは（責任財産を含めて一切の財産に対する強制力の行使を禁じる倒産手続申立権放棄・不執行の特約などに比べて）投資家にとっても合理性を有するものであるといえよう。この点においては特に，④の合意の存在が重要である。すなわち，この合意が対象資産に対する投資家の事実上の優先性をもたらし，①〜③の合意による劣後性を補完するものと考えられるからである。仮に投資家だけが自己のアセットに責任を限定され，オリジネータや他の金融機関等の債権者がすべてのアセットに自由に権利行使できるとすれば，それは公序に反する法状態と評価される可能性がある。したがって，個人投資家等との責任財産限定特約の有効性は，他の投資家や投資家以外の債権者との間で倒産手続申立権放棄・当該責任財産に対する不執行特約を結ぶことにより，倒産手続及び個別執行の申立てを許さないことにかかっており，仮にこのような特約が結ばれなかったり，特約外の債権者（不法行為債権者等）が出てきたり

63）　なお，この点で，会社法規定の強行法規性についてその意味・範囲について詳細な検討を加える，神田秀樹「株式会社法の強行法規性」法教148号（1993年）86頁以下が参考になる。

したような場合には[64)]，投資家は責任財産限定特約を解除することができるものと解すべきであろう[65)]。以上のような前提の下で，責任財産限定特約の有効性を肯定することができよう。

(3)　責任財産限定特約の実効性

責任財産限定特約の実効性について最大のポイントは，この特約によって投資家の倒産手続開始申立てを防止することができるか否か，そして防止できないときにも責任限定を倒産手続の中でも貫徹できるか否かという点である。

まず，倒産手続開始申立ての防止であるが，不執行の合意があれば確かにそれが倒産手続開始申立権の放棄まで含意するかが問題となりうるが，責任財産の限定は少なくとも責任財産の範囲内では強制執行は可能であり，包括執行である倒産手続開始の申立ても許されると解されることになろう。そして，その場合には，債務者の一部の財産についてのみの倒産手続というものが制度上観念されていない以上，債務者の全財産との関係で倒産手続が開始するということにならざるをえない。したがって，このような特約には倒産手続の開始それ自体を阻害する効力はないと考えることになろう[66)]。

次に，それでは開始した倒産手続の中で，責任財産限定特約は効力を有する

64)　もちろん少額・少数の特約外債権者が現れた場合にも常に責任財産限定特約の解除が認められると解するべきではなかろう。特約外債権者とその他の債権者の債権額等を比較し，前者の規模が比較的小さいものである場合や特約外債権者が未だ自己の債権の回収に着手していない場合には，投資家側からの上記特約の解除の主張は解除権濫用と評価され，その効果を生じないこともあろう。

65)　なお，このような場合に，特約外債権者等による侵害の可能性を事前に開示しておけば，解除権を否定できると考える余地もあろう。その場合は，投資家はそのようなリスクを十分に織り込んで投資しているのであり，解除権を否定しても公序に反することはないとも考えられるからである。確かにディスクローズに基づく自己責任を強調する考え方は魅力的ではあるが，投資の際の予見には限界があることは否定できず，巨額な特約外債権者が生じてスキームが崩壊した場合でもなお投資家を特約に拘束することには，やはり躊躇を否定できない。現段階では，そのような開示の実施を解除権濫用の判断（注64）参照）の際の有力なファクターとして考慮するに止めるのが穏当であるように思われる。

66)　但し，この特約の前記②の部分の効力が認められれば，倒産手続開始の申立てによって債務超過の状態が解消される結果となり，申立てが却下される余地はあろう（(2)参照）。

であろうか[67]。仮にこれを実体法上の効果を有する契約であると理解すれば，当該債権の実体的属性として債務者の一部資産に債権の引当てが限定されているもの（一種の部分的な自然債務）と理解することができ，破産手続における配当もその責任財産からのみに限定されると考えることができる。他方，これを単なる手続的な契約と解すれば，個別執行の場合とは異なり，破産手続においてはその特約の効力は問題にならないと見る余地もある。そこで，この特約の趣旨が問題になるが，現在，執行制限契約に反した場合の不服申立ての手段として請求異議説を支持するのが通説・判例であるとすれば（注 59）参照），それは実体的な効力をこのような合意に認めているということになろう。そうだとすれば，倒産手続においても責任限定の趣旨が肯定されるものと解されよう。そのように解することができれば，投資家は破産手続をあえて申し立てても，他の資産からの配当は受けられないことになるので，破産手続開始申立てのインセンティブに欠けることになろう。

以上のように，責任財産限定特約は十分にその有効性・実効性が認められる余地があり，投資家との間では，倒産手続開始申立権放棄の特約に代わる手段として実質的な倒産手続防止措置として機能しうるものであると解される。

（初出：徳岡卓樹 = 野田博編『企業金融手法の多様化と法』
（日本評論社，2008 年）35 頁以下）

67)　これは，限定特約の対象投資家自身が倒産手続開始を申し立てた場合のほか，自己申立てや準自己申立て，倒産手続開始申立権放棄合意の対象外債権者の申立てによって手続が開始した場合についても同様に問題となる。

第 15 章

国際倒産に関する最近の諸問題

1 はじめに

国際倒産法制の整備については，旧法下においてさまざまな研究や議論があり，国際的にも諸外国における法整備や UNCITRAL 国際倒産モデル法（以下「モデル法」という）の制定等があった。そのような動向を受けて，倒産法制の抜本改正に際し，平成 12 年に「外国倒産処理手続の承認援助に関する法律」（以下「承認援助法」または単に「法」という）の制定及び破産法など各倒産手続法における国際倒産関連規定の整備が図られた[1)]。著者自身，このような立法の過程に際して，モデル法の策定について日本政府代表として，国際倒産法制の立案について法制審議会倒産法部会幹事として関与し，立法当初の解釈等についてもまとめる機会をもった[2)]。

その後，法律が施行され，実際に整備された手続が利用される状況が生じている（2 参照）。そこでは，立案段階で想定されたものや想定されなかったものを含め，さまざまな法律問題が発生している。そこで，国際倒産法制の成立に若干の参画をした者としては，そのような問題について一定の見解を明らかにする責任があるように感じる。しかし，現在の著者には，問題を網羅的に取り

1） すでに平成 11 年の民事再生法の立法に際して，一部，国際倒産関連の条項が前倒し的に規定されていた。このような立法の経緯については，山本和彦『倒産処理法入門〔第 4 版〕』（有斐閣，2012 年）276 頁以下参照。

2） 山本和彦『国際倒産法制』（商事法務研究会，2002 年）参照。

上げて論じるだけの用意はない。そこで，そのような網羅的検討は他日を期することとし，本章では，やや恣意的ではあるが，著者の観点から興味深いと考える論点をいくつか取り上げ，論じることとしたい。

2 国際倒産事件の状況

具体的な法律問題を論じる前提として，最初に国際倒産事件の状況について簡単に確認しておく。まず，承認援助事件であるが，この手続は，承認援助法の立法当初は，実際に利用されることはきわめて稀なものと想定されていたように思われる。しかし，現在の状況をみると，必ずしもそのようには言えないようである。2001（平成13）年4月の同法施行後，2003年11月の香港法人ジンロに対する香港手続の承認事件が第1号のものである[3)]。その後，2006年2月の麻布建物に対する米国連邦倒産法第11章手続の承認事件が第2号となった[4)]。さらに，2009年にはリーマンブラザーズ関係等で5件の申立てがあったようである。そして，最近では同一法人に対する複数の外国手続につき承認申立てがされる事態まで生じている（*4*参照）。このような状況については，立法当時の予想以上にこの制度が活発に利用されているとの評価が可能ではないかと思われる。

また，外国手続の日本での承認と鏡像関係にあるのは，日本の国内倒産手続について外国において承認等を求める事件である。このような事件も相当数に上っているものとみられる。JAL（日本航空），エルピーダ・メモリ，三光汽船など海外に展開する大規模事業者の倒産事件においては，外国における資産の差押えやそれに基づく一体的な事業再生の困難化を避けるため，外国において日本手続の承認を求める事態が一般化しているように見受けられる[5)]。

---

3) この事件については，山本和彦・判批・櫻田嘉章＝道垣内正人編『国際私法判例百選〔第2版〕』（有斐閣，2012年）242頁以下など参照。

4) この事件はその後に日本でも会社更生手続が開始し，並行倒産の状態になった。その点も含めた事件の概要については，片山英二ほか「日米にまたがる麻布建物（株）にみる承認援助手続と国際並行倒産」事業再生と債権管理127号（2010年）67頁以下参照。

5) ただ，そのような観点からは，承認申立てが唯一の方途ではなく，外国では私的整理を求めるとか，並行倒産を求めるなどの方策も考えられる。そこで，そのような選択に係る方針決定のあり方が実務上の関心を集めるが，この問題については，事業再生迅速

さらに，日本と外国で並行倒産手続が進捗し，その間の調整が重要な問題になる場面も増大しているとみられる。前述の麻布建物事件においては，協調的な並行倒産であったが，相互の手続の効力をどのように調整するかが大きな課題となった。この場合に，外国手続の効力（外国管財人の権限や外国再建計画の効力等）をどのように考えるかは，困難な解釈問題である（*3*参照）。また，純粋な並行倒産の場面ではないが，親子会社が日本と外国で倒産手続に陥り，相互の手続をどのような形で調整するかが問題となる事案も生じている[6)]。外国に親会社・子会社等関連法人が存在する事件はきわめて頻繁に出現するところであり，どのようにグループとして実効的に処理するか（特に再建する場合に事業価値を最大化することが可能か）は，実務的に重要な問題である[7)]。

最後に，国内倒産手続において外国債権者が存在する事件や外国に資産・取引先（法律関係）が存在する事件は，まさに日常茶飯事になっているものと思われる。このような場合も，そのような外国債権者の取扱いの問題（*6*参照）や倒産関係のさまざまな準拠法の問題（*5*参照）など困難な課題が生じているものとみられる。

以上のように，広義の国際倒産の問題が多発することによって，国際倒産法の立法時には必ずしも考えられていなかった新たな法律問題や必ずしも十分な検討のされていなかった法律問題が多数発生しているものと考えられる。本章は，文献等において論じられているそのような問題の一部について，（解決策を示すことは難しいが）今後さまざまな場で検討されていくための１つの手掛かりを与えることを目的としたい[8)]。

化研究会「倒産実務の国際的側面に関する諸問題（上）」NBL 994号（2013年）76頁など参照。

6)　１つの典型的な案件として，Spansion Japan の事件がある。これについては，嶋寺基ほか「DIP型会社更生を検証する── Spansion Japan ⑴〜⑹」NBL 951号〜956号（2011年）参照。

7)　このような局面に係る法律問題に関する私見について，山本和彦「親子会社と国際倒産の諸問題」清水直編著『企業再建の真髄』（商事法務，2005年）737頁以下参照。

8)　このほかの問題として，たとえば，金融機関の国際的な破綻処理に関する枠組み整備の問題がある。外国銀行支店の破綻処理の問題や国際金融システムに重要な意味をもつ金融機関の破綻処理に関する国際協調等の問題である。これらに関する近時の議論については，山本和彦「金融機関の秩序ある処理の枠組みについて」金法1975号（2013年）26頁以下参照。

3　外国倒産処理手続の効力の問題

まず，外国倒産処理手続の日本国内における効力の問題である。この点は，まさに承認援助法がその規律の対象としたところであり，立法で一定の解決が図られている。ただ，その解決がどの範囲に及ぶのか，あるいはそこでは解決の対象とはならなかったと考えられる問題点も残されており，現に実務上議論の対象とされている。そこで，以下では，外国管財人の権限の問題及び外国再建計画・免責決定による権利変更の問題について順次検討する[9)]。

(1)　外国管財人の権限

承認援助法制定前においては，外国管財人の権限について，いわゆる準拠法アプローチをとる可能性があり，そのような見解も有力であった[10)]。これらは，準拠法上発生している債務者の財産の管理処分権の変更に関する効果を日本法も認めるという考え方をとるものであった。しかし，そのような管理処分権の変更が裁判（倒産手続開始決定）によって生じているものであるならば，本来は裁判の承認という行為が前提となるはずであるところ[11)]，当時の日本には外国倒産手続の承認の制度が存在しなかったため，便宜上以上のような解釈がされていたものと解される。

したがって，承認援助法の制定によって，多数説が，外国管財人が日本国内で権限を行使するためには当該外国倒産手続の承認を前提とすると解するようになったこと[12)]は自然な展開であった。この考えによれば，外国倒産手続の

9)　これらの問題については，坂井秀行「国際倒産(2)」ジュリ 1451 号（2013 年）74 頁以下など参照。

10)　裁判例として，東京高決昭和 56・1・30 判時 994 号 53 頁，東京地判平成 3・9・26 判時 1422 号 128 頁など参照。

11)　たとえば，一般的な考え方によれば，離婚の確定判決によって準拠法上婚姻解消の効果が発生していたとしても，当該判決の承認なしに離婚の効果を当然に認めることにはならない。

12)　松下淳一「承認の効果」山本克己ほか編『国際倒産法制の新展開』（経済法令研究会，2001 年）137 頁，深山卓也編著『新しい国際倒産法制』（金融財政事情研究会，2001 年）215 頁（立案担当者の立場から，承認援助法では上記準拠法アプローチの「解釈論のよ

承認決定及びそれに基づく援助処分としての管理命令（＝承認管財人としての選任）がなければ，外国管財人は日本国内で権限を行使できないことになる。これに対して，少数説としていわゆる併存説がある[13)]。これは，管理命令等に時間がかかるので，近い将来管理命令が発令されることが確実に予測されるような場合などには，それなしに管財人の権限を認める見解である[14)]。これは，倒産手続開始当初の混乱に対する対処を重視する見解と言えよう[15)]。

しかし，このような見解は（問題意識は理解できないではないが）解釈論として成立可能とは思われない。そもそも，そのような並行ルートが認められるのであれば，何故に承認決定＋管理命令という厳格なチェックシステムが設けられているのか，説明がつかないように思われる。これは，準拠法国の考え方はともかく，日本法として，管理権限付与の適格性を審査するという考え方であり[16)]，それをパスするルートを認めることは制度として一貫しないであろう。確かに倒産手続開始直後の混乱は想定できるが，それに対しては，保全管理命令（承認援助法51条）によって対応するというのが法の考え方であるし，承認要件の審査はそれほど厳格なものではなく，問題とされる公序の要件審査についても，一定の国の手続について承認の実例が積み重なってくればそれほど重くないはずであろう。また，国内手続でも倒産手続開始申立て直後の問題は保全措置によって対応できているとすれば，国際倒産においても別段の措置は要しないと思われる[17)]。以上のように考えれば，この問題について多数説の見

うな規律は採用しなかった」と明言する），山本・前掲注2）112頁など参照。

13）　これについては，森下哲朗「国際倒産と銀行倒産」国際私法年報3号（2001年）253頁以下，貝瀬幸雄『国際倒産法と比較法』（有斐閣，2003年）161頁など参照。

14）　森下・前掲注13）254頁は「承認援助手続における管理命令とは別枠で，外国管財人の権限を承認する余地がある」とするが，「別枠」ということの趣旨は必ずしも明らかではない（保全管理命令発令等までの暫定的な〔繋ぎの〕ものなのか，管理命令等と完全に並び立つ選択肢であるのかなど）。

15）　坂井・前掲注9）77頁は，このような見解の存在等に鑑み，「実務上確定的に依拠可能な司法的規範が形成されたとは断じ難い状況が続いている」と評価する。

16）　特に管理命令の発令は裁判所の裁量に委ねられており，外国手続を承認しても，承認管財人としては日本の弁護士等を別途選任する事態も想定されるところ，準拠法アプローチではこのような裁量権行使の機会が奪われる結果になる。

17）　森下・前掲注13）253頁は，日本語による申立ての問題を指摘するが，これも日本の弁護士を代理人とすれば問題はないと考えられよう。

解を変更すべき理由はないものと解される[18)]。

(2) 外国再建計画・免責決定による権利変更

次に，外国における再建計画及び免責決定等倒産法上の措置による権利変更の日本における効力が問題となる。この点は承認援助法において対応が図られていない問題点であるが[19)]，実際の事案で問題が生じているようである。これも，外国管財人の権限の問題と同様，外国裁判所の裁判に基づき権利変更が生じているとすれば[20)]，基本的に外国裁判の承認の問題として理解することが相当であろう。そして，認可決定や免責決定は非訟事件の裁判であるので，外国非訟裁判の承認が問題となる。

この点については，現在一般的な規律が存在しないが[21)][補注1]，解釈としては，基本的に民事訴訟法118条と同等の要件に基づき承認が認められるべきものと解される[22)]。そして，これは実体権の権利変更に関わる裁判であり，訴

18)　そのほか，少数説が理由とされるところとして，外国管財人からの損害賠償については，日本法上まったく理由がないと解されるし，外国倒産裁判所等からの公法的制裁については，日本の法令に基づき適切に対処していることを理由に制裁を加えることは，日本国の主権の侵害にもなる。その意味で，仮に外国で一定の損害賠償や制裁の事実上の可能性があるとしても，それを理由に日本における取扱いを変更する理由にはならないと解されよう。

19)　外国免責決定の国内における効力については，古いものであるが，大判明治35・6・17民録8輯6巻85頁は，破産を強制執行と同視して，その効力は国外に及ぶことはないとして，免責決定の効力を認めた原決定を破棄している。ただ，その理由からみて，現行法の下での先例とはならないと解される。

20)　再建計画の発効について，裁判所の認可決定を要しない仕組み（債権者の多数決等のみで発効する仕組み）を採用している国があるとすれば，その点は別段の考慮が必要となり，準拠法アプローチが妥当する可能性はあろう（ただ，公的機関の関与なしに多数決で少数債権者の権利変更がされるとすれば，公序の問題が発生する余地はある）。

21)　この問題については，山本和彦「国際非訟事件における手続上の諸問題」判タ1361号（2012年）67頁以下参照。この点に関する立法の前提となる研究活動が開始されていることについては，堂薗幹一郎「人事訴訟事件等についての国際裁判管轄法制をめぐる動向」NBL 992号（2013年）71頁以下参照。

［補注1］　平成26年4月以降，法制審議会国際裁判管轄法制（人事訴訟事件及び家事事件関係）部会において審議がされている。ただ，そこでは，人事訴訟及び家事事件の国際裁判管轄のみが審議対象とされており，非訟事件一般の国際裁判管轄法制については今後どのように法制化が進められるのか（あるいは進められないのか）なお明らかではない。

訟事件に近い処理が必要なものと解されるので[23]，裁判所の裁量は限定的なものと考えられる。具体的な要件として，国際裁判管轄については，承認の場合と同様の判断になるものと解される[24]。民事訴訟法上の送達の要件は，非訟事件については実質的な手続保障の要件に換置されると解されるが，これについては，債権者に意見聴取の機会が与えられ，認可決定等に対する不服申立ての可能性があれば，満たされていると解されよう[25]。最後に，最も重要な問題となるのは，やはり公序の要件と考えられるが，実質的平等原則，清算価値保障原則，公正衡平原則等の担保が問題となろう。どこまで国内法との乖離を認めうるかが問題であるが，倒産法秩序の多様性を前提とすれば，一般論として比較的緩やかに認めるべきものと解されるものの，清算価値の保障は不可欠になるのではなかろうか[26][27]。

4　複数の外国倒産処理手続の承認の問題

(1)　調整に関する法規範

次に，複数の外国倒産処理手続の承認が日本において求められた場合の取扱いについて考える。この点については，承認援助法 62 条がルールを規定する

---

22)　相互の保証については，非訟事件一般の議論としても，少なくとも純粋の非訟事件では要件として不要と解される（山本・前掲注 21）69 頁参照)。加えて，倒産の局面では，承認決定との関係では相互の保証は明文で不要とされており（その趣旨については，山本・前掲注 2）39 頁参照)，倒産手続の普遍性の観点から，この場面でも否定すべきものと解される（坂井・前掲注 9）78 頁参照)。

23)　争訟的非訟事件裁判の承認については原則として外国判決の場合と同旨の規律が妥当すべきと解されることにつき，山本・前掲注 21）70 頁参照。

24)　複数の倒産手続国があり，相互の再建計画が調整されていないような場合は，困難な問題となるが，やはり承認援助法と同様の判断となろうか（この問題は，*4* 参照)。

25)　再建計画の場合に，債権者に対して決議の機会が付与されていなくても（たとえば，フランス法などは債権者の決議を前提としない再建手続の認可を認めている。山本・前掲注 1）8 頁参照)，手続保障の要件としては問題ないと解される。

26)　近時の金融機関の破綻処理に関する国際的枠組みを定める FSB（金融安定理事会）の策定に係る「金融機関の実効的な破綻処理の枠組みの主要な特性（Key Attributes of Effective Resolution Regimes for Financial Institutions)」においても，処理のセーフガード（前提条件）として，清算価値保障原則（“no creditors worse off” の原則）が特に重視されている。山本・前掲注 8）28 頁参照。

27)　具体的事案を踏まえた詳細な検討として，坂井・前掲注 9）78 頁参照。

ところである。すなわち，外国主手続（外国主手続の定義については，承認援助法2条2号参照）が承認された後に，他の外国手続について承認が求められたときは，後行の承認申立ては棄却される（同法62条1項1号）。他方，後行の外国手続が主手続である場合には，当該手続が承認され，先行の外国従手続の承認援助手続は中止される（同条2項）。主手続優先の原則である。他方，いずれの外国手続も従手続である場合には，後行の手続に援助処分をすることが債権者の一般の利益に適合すると認められないときは承認申立てが棄却され（同条1項2号），逆に債権者一般の利益に適合すると認められるときは当該手続が承認され，先行の手続が中止される（同条2項）。すなわち，いずれの従手続を承認援助した方が「債権者一般の利益」に適合するかが基準とされる[28]。

(2)　東京地裁平成24年7月31日決定の内容

以上のように，法律は一定の基準を設けて手続の調整を図っているが，現実には複数の外国手続が日本で承認を求めるという事態が頻繁に生じるということは想定されていなかったのではないかと思われる（*2*参照）。しかるに，グローバル化が進む中で，現実にそのような事件が出来するに至っている。東京地決平成24・7・31（金法1961号99頁）である。事案は，イタリア倒産手続の管財人とアメリカ倒産手続のDIPからそれぞれの手続についての承認の申立てがあったというものである。そこでは，いずれの手続が外国主手続であるかが中心的争点とされた。本件の債務者は「営業者」であるので，外国主手続は債務者の「主たる営業所がある国で申し立てられた外国倒産処理手続」ということになる（承認援助法2条2号）。そこで，当該債務者の「主たる営業所」の所在国が問題となった。

同決定は，まず「主たる営業所」概念の判断の基準時について論じる。そこでは，各国における統一的把握の望ましさ，判断の統一性の確保の要請から，承認の対象とされた最初の倒産手続開始の申立日と考えることが相当であるとする[29]。そして，「主たる営業所」の判断基準としては，「債務者に関連する

28)　以上の規律の内容及び意義については，山本・前掲注2）118頁以下参照。

29)　但し，承認申立てまで長期間が経過している場合や最初の申立ての直前に主たる営業所が移動している場合などには特段の事情による例外を認める。

諸要素をすべて全体として視野に入れて検討し，事案に応じた判断を行う」ことを相当とするが，特に，「本部機能ないし中枢，あるいは債務者の主要な財産及び事業の認められる場所，債務者の経営管理の行われている場所，債権者から認識可能な場所といった要素」について重点的に斟酌すべきものと判断する。そして，同決定は結論として，アメリカの倒産処理手続を外国主手続として承認決定をした。

このような事案の登場は，それ自体予想を超えたグローバル化の進展を示すものと言えるが，そのような事情は今後ともさらに進展するとすれば，このような事案が将来続出する可能性は否定できない。そこで，本決定の（具体的な判断の当否はともかく）判断の基準は重要な問題として検討に値しよう。以下では，本決定を素材に，外国主手続の判断の基準時点及び判断要素について簡単に検討する。

(3)　「主たる営業所」の判断時点

まず，判断の基準時点である。本決定は，各国における統一的判断の要請を重視して，モデル法と同様の考え方を採用すべきものとしている。しかし，日本法とモデル法とでは，主手続概念の機能が大きく異なることに注意を要する。すなわち，モデル法では，承認の効果が外国主手続と従手続とで異なるため[30)]，承認手続においては常にこの点が第1次的に判断される構造となっているのに対し，日本法では，それは複数の承認申立て等の調整のメルクマールにすぎず[31)]，複数の手続が登場して初めて問題となる性質のものである。その意味で，本決定は，モデル法における承認基準であるCOMIの概念[32)]と日本における主たる営業所の概念の機能の相違を軽視した判断として，賛成し難い。

そして，日本法の概念の機能場面は，結局，具体的な複数手続のどちらに日

30)　モデル法20条は外国主手続については自動的効果を認め，外国従手続については21条による裁量的な効果を認めるに止まる。その差異の内容及び根拠については，山本・前掲注2）274頁以下参照。

31)　複数の外国手続の場合に加えて，国内倒産手続と外国手続の承認援助手続とが競合する場合にも問題となる（承認援助法57条1項参照）。

32)　主たる利益の中心地（Center Of Main Interest）の略称である（モデル法2条b項の外国主手続の定義に用いられている文言である。その意義につき，山本・前掲注2）210頁参照）。

本として協力するか（どちらを優先するか）という問題であり，そうであるとすれば，協力を決める時点で，どちらの手続が以下に述べるような基準の下で協力の目的に適合的であるかを判断することが相当であろう。その意味で，最初の倒産手続の開始申立ての時点で判断を固定する意味はない[33]。むしろその後に事情の変動があったような場合には，現時点では当該手続に協力する意義が小さくなっている可能性があり，それにもかかわらず当該手続に日本として協力することは本制度の趣旨に適合しないことになろう。本決定も，そのような点を考慮してか，承認申立てまで長期間が経過している場合等を除外するが（注29）参照），承認の基準時が問題となるのは，ある程度の期間があって事情が変動している場合であるとすれば[34]，そのような例外を認めること自体，基準としての機能不全を自認しているに等しいものと思われる。したがって，日本法の解釈としては，第2の承認申立てがあった時点を基準として判断すべきものと解される。

(4)「主たる営業所」の判断要素

次に，判断要素であるが，本決定が諸要素を総合的に考慮していることには賛成できる。問題は考慮の観点である。本決定は一部の要素を重点的に斟酌するとするが，その根拠は明らかではない[35]。しかし，この点は以下のように考えるべきものと思われる。承認援助法の構造から，重要な点はあくまでも「債権者一般の利益」であると解される。双方従手続の場合には，まさに正面からこの点が基準となるが，一方が主手続の場合には，いわば当然に主手続が債権者一般の利益に適合すると擬制されていると考えてよい[36]。そうであるとすれば，主手続の決定基準についても，債権者の視点からどの手続に協力することがその利益に適うかを考えるべきである。そのような観点からみたとき，

33）逆にモデル法の場合には，最初の手続の承認判断の基準時と後の手続の承認申立ての場合の基準時がずれると，大きな混乱を生じるおそれがある。

34）先行手続，後行手続及び承認援助手続がほぼ同時に行われるような場合には，どの時点を基準としても結論に差異が生じることはないであろう。

35）視点が必ずしも明確ではなく，単に外国でそのように考えられていることを理由にしているようにも見える。

36）立法の仕方としては，主手続については債権者一般の利益を推定するという手法もありえたが，規定の明確性を重視したものであろう。

債務者の主要な財産や事業の所在を基準とすることは相当であると解されるものの，債務者の本部機能や経営管理に重要性があるかは疑問である。これらの点は通常債権者の利益とは関連性を有さず，また倒産手続では債務者の経営権は奪われる可能性があることが前提であり，経営陣の都合を重視すべきではない[37)]。この点からは，むしろ主要な取引先，従業員，債権者等の所在地を重視すべきではないかと思われる。そのような地は，債権者の手続参加の便宜や取引の一括的把握による事業再生の便宜等の観点から，債権者一般の利益に適合する可能性が大きいと考えられるからである。その意味では，債務者の主要な財産や事業の所在地，重要な取引先・従業員・債権者の所在地等を重視しながら，最終的には総合判断で決していくことが相当であると解される。

以上のような検討によれば，事実認定や結論の当否はともかく，本決定の判断基準の一般論には疑問が多いように思われる[38)][補注2]。近い将来，この点について最高裁判所の判断が示されることを期待したい。

5　倒産準拠法の問題

(1)　否認権の準拠法

倒産手続において問題となる準拠法について，先般の国際倒産法制の整備においては解決されなかった[39)]。また，その後に行われた国際私法の改正（法の

---

37)　経営陣の中心地でDIP型手続，債権者の多い国で管財型手続が行われて，両手続が対立することが一般的であるとすれば（本決定の事案もそのような例であろう），上記のように，債務者の本部機能等を重視する基準は，結局DIP型の手続を優先することに傾斜するおそれがあるが，そのような判断に合理性があるかは疑問である。

38)　本決定は，一般的に国際的潮流に大きく配慮しているように思われる。そのような国際的な観点の重視は一般論としては望ましいものであるが（山本・前掲注2）358頁は，モデル法8条の解釈につき国際的配慮を求める規定との関係で，「国際倒産関連規定は国際協調のための規定であるところから，その規定の解釈に際しては，同様の淵源をもつ他国の解釈等にも十分な配慮がされる必要はあり，実務的な配慮が求められるところではある」としている），異なる趣旨の概念について，その趣旨や日本法の全体的な整合性を軽視して，無闇に国際潮流を鵜呑みにして解釈していく姿勢がもしあるとすれば，疑問を否めない。

［補注2］　その後，本決定に対する抗告審の決定として，東京高決平成24・11・2判時2174号55頁が出された。同決定においては，本決定の基本的な判断は維持されており，本文における批判がなお妥当するものと見受けられる。

適用に関する通則法の制定）においても，倒産関係の準拠法については議論の対象とされなかった。ただ，渉外的要素を含む倒産事件が増加する中で，この点は実務的にも大きな問題となっている[40]。以下では，この問題について若干の検討を加える。

まず，この点に関する代表的な問題である否認権の準拠法については，手続開始国法とする見解が多数である[41]。著者もこのような見解を基本的に相当であると考える。否認権は倒産手続上認められる権利であり，その意味で手続開始国が最も密接な関係を有し，また制度の目的からしても，それによってすべての対象取引に統一的な解決をもたらすことが可能になるからである。ただ，この見解の問題点としては，受益者の保護の問題があるように思われる。すなわち，これによれば，受益者は，取引の時点では，どのような要件で否認がされるかをおよそ予測できないことになるからである[42]。仮に実質法上の価値判断として否認について取引の安全を保護する要請があるとすれば[43]，どの国になるか分からないすべての否認準拠法に受益者の対応を求めることが相当かという疑問は残る。ただ他方で，対象取引（契約）の準拠法を（重畳的にでも）基準とすると，当事者間の合意によって否認を困難にする準拠法を指定するなどの策動を生じるおそれがある。そこで，手続開始国法を前提にしながらも，それに対して一定の制限を加える方法は考えられないか，たとえば（合意による準拠法指定は認めないものの）対象取引の密接関連地国法を重畳適用して，予測できない否認のリスクを回避できないか，といった点は，なお今後引き続

39） この間の経緯については，山本・前掲注 2）13 頁以下参照。

40） 実務家の手になる近時の分析として，福岡真一郎「国際倒産⑴」ジュリ 1450 号（2013 年）85 頁以下，事業再生迅速化研究会「倒産実務の国際的側面に関する諸問題（下）」NBL 995 号（2013 年）88 頁以下など参照。

41） 従来の議論については，河野俊行「倒産国際私法」山本ほか編・前掲注 12）147 頁以下，櫻田嘉章＝道垣内正人編『注釈国際私法⑴』（有斐閣，2011 年）585 頁以下〔早川吉尚〕など参照。

42） 常に債務者の本拠地で倒産手続が開始するとすれば，予測可能性が維持できるが，倒産管轄としては，営業所所在地や財産所在地をも認める考え方が国際的に一般的である（日本の破産手続について，破産法 4 条参照）。

43） 日本の倒産法改正においては，予測可能性の確保・取引安全の保護が否認権の改正の 1 つの主眼であったことについては，伊藤眞ほか編『新破産法の基本構造と実務』（ジュリスト増刊，2007 年）375 頁以下など参照。

き検討の必要があるように思われる。

(2) 複数の倒産手続がある場合の否認準拠法

仮に倒産手続開始国法を否認準拠法とするとして，複数の倒産手続がある場合に，どのように考えるかがなお問題として残る。この点については，必ずしも従来十分な議論があるとは言えないが，主手続国法による（双方が従手続であれば債権者一般の利益に適合する国の法による）のが相当と考えられよう[44]。前述のように（**3**参照），外国倒産手続の承認基準としてはこのような考え方がとられており，それが日本としてどの手続に協力するべきかを決する基準であるとすれば，否認権の準拠法を定める基準としても一般に相当なものであると解されよう[45]。ただ，このような考え方を実際の手続において適用することは，複数の手続が常に同時に開始されるものでないとすれば，さまざまな問題を生じえよう[46]。

まず，すでに複数の倒産手続について承認申立てがある場合である。この場合は，いずれの手続を優先するかについて承認裁判所の判断が前提とされることになろう。承認裁判所の判断は，もちろん否認裁判所に対して既判力をもつわけではなく，論理的には否認裁判所が別個の判断をすることはありうるが，それは考えにくく，また相当でもないであろう[47]。したがって，この場合には，承認された主手続の管財人が承認管財人として主手続国法に基づき否認権

44）　これについては，福岡・前掲注40）87頁など参照。

45）　否認権も倒産手続の目的を達成するために行われるものであり，その準拠法を承認の対象となりうる手続国の法にすることによって，当該手続に対する協力の趣旨がより達成できるものといえよう。

46）　前提として，仮に主手続国法が準拠法になるという場合に，従手続国の管財人等はその要件の下で否認権を行使できるのかが1つの問題である。主手続国法を適用するということは，主手続国が認めている行使権者（主手続国の管財人等）にしか行使を認めないという趣旨まで含むか，という問題である。困難な問題であるが，結論としてはそのような考え方が相当であると解する。主手続国の管財人等が諸般の事情を考慮して否認権を行使しないとの決断を下している場合に，従手続国の管財人等に（主手続国の要件に基づいてであれ）否認権を行使させることは，主手続に対する優先的共助の姿勢と矛盾すると解されるからである。

47）　承認裁判所の専門性が承認援助事件における管轄集中（承認援助法4条）の意義であるとすれば，その判断が否認権の問題との関係でも尊重されるのが相当であろう。

を行使することになろう[48)]。

次に，複数の国で倒産手続が開始されているがそのうち1つの手続についてのみ承認申立てがある場合は，いずれの手続が主手続となるかは否認裁判所が判断することになろう。したがって，仮に日本で承認されている手続が従手続であると解される場合には，当該手続の管財人等は否認権を行使できないことになる[49)]。他方，主手続国の管財人は，否認訴訟の当事者適格を取得するためには承認決定及び管理命令を取得することが必要であるが，主手続国がDIP手続であり，DIPが否認権を行使できる場合には，承認手続を経由しなくても否認権の行使は可能と解される[50)]。そして，このような判断は，従手続国においてすでに否認判決があり，当該判決の承認が求められた場合も同様と解される。すなわち，否認準拠法は主手続国法によるべきであり，主手続国法の規律が強行法規になるとの理解を前提にすれば，その結果と異なる判決は公序違反として承認できないこととなろう（民訴118条3号）[51)]。

最後に，そもそも否認権が日本で行使される場面で，従手続国においてしか倒産手続が開始していない場合はどうであろうか[52)]。このような場合は開始国法によると理解すると，従手続国法が準拠法となる[53)]。しかるに，仮に否認訴訟係属中に主手続国[54)]でも手続が開始したとすれば，どのように扱うかが問題となる。前述のような考え方によれば，この場合は，主手続国の管財人等のみが否認権の行使適格を有することになり，その時点で従手続の管財人等

---

48) DIP手続の場合において，準拠法上DIPが否認権を行使できるときは，管理命令は不要である（これに対し，DIP型手続でも，日本の民事再生法の監督委員による行使のように，準拠法上第三者が否認権行使権者である場合には，当事者適格を取得するためなお管理命令を必要とする）。

49) この点は，注46）も参照。

50) 福岡・前掲注40）88頁は，DIPについても否認訴訟の当事者適格の前提として承認を求める趣旨か。

51) この点については，福岡・前掲注40）89頁参照。

52) 主手続国でしか開始していない場合は，同国法を準拠法として主手続国の管財人等が否認権を行使できることに問題はない。

53) 論理的には最初から主手続国のみを基準とする考え方もありうる。しかし，それでは，主手続国で倒産手続が開始しないと，永久に否認権が行使できなくなり，従手続国も共助対象にするという承認援助法の趣旨にそぐわない結果になるように思われる。

54) 債権者一般の利益の観点から優先性が認められる他の従手続が開始した場合も，問題としては同様である。

は当事者適格を失い，訴訟手続が中断するという考え方がありえよう。また，すでに否認訴訟に係る判決が確定している場合に，否認権の行使の結果がどのようになるのかという問題もある。否認判決まで効力を失うとは考え難いが，従手続の管財人等が敗訴判決を受けた後に，主手続の管財人等が再度否認権を行使できるのかは困難な問題である。受益者の利益の観点からすれば，そのような再訴は認めるべきではないように思われるが[55)]，なお考えるべき点は多く，今後の議論が期待される。

(3)　双方未履行の双務契約の準拠法

倒産法で他の準拠法が問題となる他の場合も，基本的には否認の場合と同様の考え方になろう。たとえば，双方未履行双務契約についての解除履行の選択について，一方の手続で解除が選択され，他方の手続で履行が選択された場合に，日本においてはどのような効果を前提にすればよいかという点が問題となりうる[56)]。この点については，まず当該選択の準拠法は倒産手続開始国法と考えられ[57)]，複数の開始国がある場合には主手続国法（あるいは債権者一般の利益に適合する従手続国法）によることになろう。ただ，一部の手続のみが承認を申し立てている場合や従手続国のみで倒産手続が開始している場合などについては，やはり困難な問題が生じよう[58)]。

6　外国債権の取扱いの問題

前述のように，企業活動の国際化に伴い，日本の倒産手続においても外国の

---

55)　主手続を適時に開始しなかった債権者集団に否認不能の結論が帰責されてもやむをえないとみることもできようか。

56)　前掲東京地決平成24・7・31の事案では，実際にそのような事態が生じていたようである。

57)　但し，否認の場合と同様，契約相手方の予測可能性の問題は残る可能性がある。これについては，(1)参照。

58)　たとえば，従手続国の管財人が解除権を行使していたが，主手続国では倒産手続が開始していなかった場合において，後に主手続国で手続が開始し，当該手続の管財人は当該契約の履行を選択したときに，日本で当該契約の帰趨がどのように扱われるかは困難な問題である。

債権者が参加する機会が増えているようである。現行法は，内外債権者平等の原則を採用し[59]，外国債権者も内国債権者と基本的には同じ扱いがされている。その意味で，特別の問題は生じないようにも思われるが，なお実務的にはいくつかの法律問題が生じているようである。以下では，そのうち，債権の優先順位の問題，外国の公的債権の取扱いの問題，外国で係争手続の対象となる債権の確定手続の問題について，順次簡単に検討する[60]。

(1) 債権の優先順位

第1に，債権の優先順位の問題である。ある債権に優先権（担保権等）が認められるかどうかは，原則として当該債権の準拠法によって定まることに異論はない。したがって，同様の種類の債権に日本法（民法）が優先権を認めていない場合であっても，当該債権の準拠法が優先権を認めていれば，日本の倒産手続でも優先権が認められることになる。たとえば，外国法を準拠法とする損害賠償債権について，当該外国法が一般の優先権を認めていれば，日本の倒産手続でも，優先的破産債権・更生債権ないし一般優先債権（再生手続）として処遇されることになる。逆に，労働債権の準拠法である外国法が優先権を認めていないときには，日本の倒産手続でも一般の破産債権等の扱いに止まる。但し，そのような扱いが日本の公序に反するという評価（法適用42条）はありえて，その場合は，当該外国法の適用は排除され，日本法が適用されることになろう。たとえば，前述の労働債権の事例で，優先権を認めない外国法の扱いが公序に反すると評価されるとすれば，日本法が適用され，倒産手続では日本の労働債権と同じ扱いがされることになる。

また，財団債権や共益債権の範囲についても問題がある。これらの債権は手続上優先的地位が認められるが，仮にこのような扱いを実体法上の取扱いとは無関係のものと捉えるならば，実体法上の優先権がなくても，同様の範囲で財団債権性等を認めうることになる。確かにそのような地位が純粋に手続上の理由で付与されているのであれば，準拠法上の取扱いは無関係と言えるが，実体

59) 山本・前掲注2) 181頁参照。旧法における外国人の地位に関する相互主義の原則（旧破2条，和議11条1項）を変更したものである。

60) 以下の問題については，事業再生迅速化研究会・前掲注5) 80頁以下など参照。

法上の優先権がその基礎にあると解される場合には，必ずしもそうとは言い切れない。たとえば，破産法上，労働債権の一部が財団債権とされているが（破149条），それが実体法上の優先権を引き上げたものとすれば，その前提を欠く場合には財団債権性を認めるべきではないということになろう[61]。

(2)　外国の公的債権の取扱い

第2に，外国の公的債権の取扱いの問題である。一般に倒産手続における公的債権に係る権利行使は，外国における主権の行使となり，原則として認められず，その結果，外国の公的債権には倒産手続上の地位は付与されないものと解される[62]。その例外として，税務行政執行共助条約加盟国の租税債権がある。これについては，現行法は，優先権は認めないものの，国内手続における権利行使を容認している（破100条2項など参照）。ただ，それ以外の租税債権・罰金債権などは，依然として手続参加は認められない。課徴金債権のようなものも[63]，基本的には同様と考えられよう[64]。

ただ，日本の倒産手続への参加が認められない公的債権は，当該債権の本国では当然に自由な権利行使が可能である。しかるに，そのような権利行使（債務者財産に対する滞納処分等）が認められると，事業の再建等が困難になる場合も考えられよう[65]。そうだとすれば，日本の手続においてこれらの債権に対する弁済の可能性が認められる必要があろう。これらの債権がそもそも更生債権等ではないとすると，更生債権等を対象とする弁済禁止の効果は被らないとも考えられる。このように考えると，倒産債務者の地位を承継する立場の管財

61)　実定法上も，共助対象外国租税債権については，優先権が認められない取扱いがされている（租税条約等の実施に伴う所得税法，法人税法及び地方税法の特例等に関する法律11条4項において国税徴収法8条が準用されていない）ところ，破産法148条1項3号も当該外国租税債権を財団債権の対象外と規定している。

62)　外国租税債権等の扱いに関するモデル法13条のオプションの趣旨については，山本・前掲注2）239頁以下参照。

63)　これはJALの事件で燃油サーチャージ等との関係で実際に問題となったようである。

64)　但し，それが当該行為の被害者を代表するような形で，実質的には不当利得の徴収に当たるような場合には，主権行使性を否定する余地はありうるかもしれない。

65)　このような権利行使は，当該外国に承認援助手続があっても，なお執行を止められない可能性がある。たとえば，日本の承認援助法でも，援助処分として滞納処分を中止することは認められていない（承認援助法25条・27条参照）。

人や再生債務者は自己の裁量によって自由に弁済できるとも思われる。しかし，これらの債権も，手続開始前に原因を有するという限りで更生債権等の定義には該当するとすれば，原則はやはり弁済できず，当該弁済によって事業価値を維持できる範囲内において，例外的に弁済が許容されるという理解もありえよう[66)]。この点は解釈問題としてなお残るところである。

(3)　外国で係争手続の対象となる債権の確定手続

最後に，外国で係争手続の対象となっている債権又は対象となりうる債権の確定手続の問題がある。すなわち，当該債権について，①外国で訴訟手続中・仲裁手続中の場合，②外国における国際裁判管轄合意・仲裁合意がある場合である。ここでは，当該債権が日本の更生手続等で債権届出され，管財人等が争った場合に，どのような手続で当該債権の確定が行われるかが問題となる[67)]。

まず，①の手続は，国内の訴訟手続と同様（会更156条など参照），中断・受継の対象となるか，それとも無視されるか（結果として債権査定手続の対象となるか）が問題となる。当該外国手続において形成されている当事者の地位を重視するとすれば，中断・受継によって，そちらの手続において確定させるという理解もありえないではない。しかし，当該訴訟等の係属国が中断・受継の取扱いを認めるとは限らないし[68)]，より根本的には，この問題は基本的に国際的訴訟競合の取扱い一般とパラレルな問題と考えられる。そして，近時の国際裁判管轄に関する平成21年民事訴訟法改正の過程でも，国際的訴訟競合の規律が問題とされながらも，最終的には規律が設けられず[69)]，外国訴訟の係属は原則として[70)] 国内訴訟の提起追行を妨げないとされているとすれば，この場

66)　会社更生法47条5項等の規律を類推適用することになろうか。この場合は，対象債権が特殊なものであり，かつ事業価値の毀損防止のために弁済が不可避のものであるとすれば，少額性の要件は類推されないものと解されよう。

67)　なお，仲裁手続においては，これは必ずしも外国仲裁手続に固有の問題ではなく，国内の仲裁手続の対象となる債権に関しても同様の問題がある（現実には，国内を仲裁地とする仲裁合意は少ないため，実務的には表面化していないものとみられる）。

68)　もちろんそれを前提に，そのような取扱いを認める国の手続のみを日本法でカウントするという規律も考えられる。

69)　その間の経緯の詳細については，佐藤達文＝小林康彦『一問一答平成23年民事訴訟法等改正』（商事法務，2012年）174頁以下など参照。

合も，国内の査定手続に優先性を認め，解釈論としては外国訴訟の係属は無視されるとする理解も十分ありえよう。

次に，②の国際裁判管轄合意や仲裁合意がある場合には，別の考え方も可能である[71]。ここでは，そのような合意が管財人等に対して対抗できるかが第1次的な問題になる[72]。一般には，このような合意は双方未履行の双務契約には該当せず，管財人等は解除できず，原則として拘束力をもつものと理解されよう[73]。そして，仮に倒産手続に対する対抗可能性が認められるとすれば，次には当該合意が公序に反するかが問題となりうる。ここでは，とりわけ倒産手続における査定手続の存在を公序として理解するかが問題となろう。確かに査定手続は迅速かつ円滑な倒産手続の遂行を可能にする手段であり，その意味では倒産法的公序の側面を有する。しかし，現行法も，既存の訴訟手続がある場合には査定手続に集中することを放棄しており，その意味では無制限の公序とまでは言えないであろう。結局，査定手続に集中する利益や当該合意によって倒産手続に生じる不利益などを総合的に考慮して，そのような合意をそのまま認めることが倒産手続の目的を達成するために容認し難いと認められる場合には，当該合意は倒産手続上の公序に反するものとして効力を認められず，査定手続によって確定すべきことになるものと解される。

（初出：法の支配170号（2013年）6頁以下）

70）　ただ，外国訴訟の係属は国内訴訟の国際裁判管轄の有無を検討する場合の特別の事情（民訴3条の9）の一要素としては考慮されうる。佐藤＝小林・前掲注69）159頁など参照。

71）　①の係属中の訴訟や仲裁手続がこれらの合意に基づく場合も同様の評価となろう。

72）　以下の詳細については，立法論を含めて，山本和彦「倒産事件における各種訴訟の立法論的課題」島岡大雄ほか編『倒産と訴訟』（商事法務，2013年）484頁以下も参照。

73）　仲裁合意について，福永有利「仲裁契約当事者の破産と仲裁契約の効力」同『倒産法研究』（信山社，2004年）254頁以下，松下淳一「倒産法制と仲裁⑴～(4・完)」JCAジャーナル41巻4号～7号（1994年）など参照。ただ，倒産手続に過大な負担をもたらすような合意にまで拘束力を認めるべきかについては，少なくとも立法論としては議論がありえよう。

Ⅵ　倒産ADR

第16章 事業再生 ADR について

1 はじめに
――私的整理と法的整理の連携

本章は，事業者（企業）の経営危機の場合における私的整理と法的整理の連携を図る新たな枠組みとして創設された，いわゆる事業再生 ADR 制度について，その創設の経緯，意義及び概要を紹介することを目的とする1)。すなわち，本章の対象とするのは，産業活力再生特別措置法（以下「産活法」という）の平成 19 年改正（平成 19 年法律 36 号）によって導入された特定認証紛争解決手続（以下，単に「事業再生 ADR」ともいう）である[補注 1]。これは，ADR 法（裁判外紛争解決手続の利用の促進に関する法律）上の認証紛争解決手続2) であって，特

---

1) 個人・消費者の経済破綻の場合の私的整理と法的整理の関係も考える必要がある問題である。現在，消費者倒産関係の ADR としては，特定調停（司法型 ADR）の他，クレジットカウンセリングが民間型 ADR として存在する（山本和彦『倒産処理法入門〔第 2 版補訂版〕』（有斐閣，2006 年）（以下「山本・入門」という）34 頁以下など参照）。これら ADR と法的手続（自己破産，個人再生）の役割分担及び相互連携の理論的検討は重要な課題ではあるが，本章の対象とはしない。この点に関する著者の一定の見通しについては，山本和彦「21 世紀の消費者倒産処理手続」国民生活研究 42 巻 1 号（2002 年）1 頁以下参照。

［補注 1］ 産業活力再生特別措置法（後に産業活力の再生及び産業活動の革新に関する特別措置法）は，平成 25 年 12 月の「産業競争力強化法」の制定により廃止され，同法の中に吸収された。以下では，産業競争力強化法の条文番号を〔 〕内に示す。

2) ADR 法 2 条 3 号に規定する手続，すなわち認証を受けた業務として行う民間紛争解決手続（民間事業者が，紛争の当事者が和解をすることができる民事上の紛争について，

定認証紛争解決事業者[3]が事業再生に係る紛争について行うものを指す（産活法2条19項〔産業競争力2条16項〕）。

私的整理と法的整理の関係をどのように捉えるかについてはさまざまな考え方がありえよう。法的整理の充実を中心に考えるべきで，私的整理は関係人間の合意がたまたま調達できるような場合に成立すればよく，私的整理の促進を政策として考える必要は特にないという理解も十分成立しうる。確かに，私的整理の促進の理由としてしばしば説かれる「法的整理に入ることによる事業価値の劣化」という現象が実証的に証明されている事柄であるかについては，（特に近時においては）十分異論を差し挟む余地もあるように思われる。ただ，やはり関係人間で合意が成立し，それに基づき事業の再生を図ることができるとすれば，それが望ましいことである点は誰も否定しないであろう。その意味では，関係人間の合意を促進するような仕組みについて，それが公正かつ効率的なものである限り，制度として構築・促進することにはそれなりの意義があるように思われる。そのような選択肢として提示されたものが事業再生ADRの制度であると考えられよう。

また，近時の司法制度改革の中で，ADRの拡充・活性化が説かれている。司法制度改革審議会意見書（平成13年）は，ADRの意義について「司法の中核たる裁判機能の充実に格別の努力を傾注すべきことに加えて，ADRが，国民にとって裁判と並ぶ魅力的な選択肢となるよう，その拡充，活性化を図るべきである」としている。そして，具体的な施策として，ADRに関する関係機関等の連携強化やADRに関する共通的な制度基盤の整備などが提言され，その結果として仲裁法やADR法が制定されるに至っている[4]。このような議論は，主に訴訟手続に代替する紛争解決手続としてのADRを念頭に置いていることは間違いない。しかし，倒産手続の局面においても，裁判手続に対してADRの有する利点とされる事項，たとえば，簡易性，迅速性，秘密保持性，

紛争の当事者双方からの依頼を受け，当該紛争の当事者との間の契約に基づき，和解の仲介を行う裁判外紛争解決手続）を指す。

3）認証紛争解決事業者（ADR法2条4号）であって，産活法48条1項〔産業競争力51条1項〕により認定を受けたものを指す。

4）ADR法については，内堀宏達『ADR法 概説とQ&A』（別冊NBL 101号，2005年），山本和彦＝山田文『ADR仲裁法』（日本評論社，2008年）89頁以下など参照。

廉価性，宥和性などの利点が妥当する場合ないし事件はあると思われる[5)]。その意味では，ADRの拡充・活性化の趣旨は，倒産＝事業再生の分野でも同様に妥当しうる余地があろう。本章は，そのような視点も踏まえて事業再生ADRの意義を検討してみようとするものである[6)]。

2　事業再生ADR創設の経緯

(1)　私的整理のルール化とその限界――私的整理ガイドライン・産業再生機構

従来広く行われてきた私的整理について，近時それを一定の範囲でルール化する動きが生じていた。1つは，私的整理に関するガイドライン（以下「私的整理ガイドライン」という）である[7)]。これは，不良債権処理と企業の過剰債務問題を一体的抜本的に解決するため，私的整理の手続を透明化することを目的に，2001年9月に金融界・産業界の代表や研究者から成る「私的整理に関するガイドライン研究会」により策定されたものである。この手続では，債務者が主要債権者と連名で再建計画案を提出し，対象債権者[8)]に呼びかけ，一時停止の通知を発し，第1回債権者会議を開催する。第1回会議では，経営破綻の原因や再建計画案の説明がされ，一時停止の期間，債権者委員会の設置・委員の選任，専門家アドバイザーの選任等が決定される。アドバイザーの報告書，さらに債権者委員会による調査結果報告書などが対象債権者に送付され，債権者は再建計画案を受諾するかどうかを決断する。大方の債権者から賛成の意向が表明されたときは，各債権者の同意書が提出され，全員の同意書の提出により私的整理は成立したものとされる。このような手続は，従来不透明であった私的整理の手続を相当程度ルール化したものであり，後述のように，事業再生ADRのスキームにも大きな影響を与えている。

---

5)　倒産ADRにおけるこのような利点は私的整理の利点とされる点と共通する。私的整理の利点については，山本・入門17頁以下参照。

6)　このような観点からの先駆的業績として，佐藤鉄男「裁判外倒産処理と法的倒産処理の関係」田邊光政編集代表『最新倒産法・会社法をめぐる実務上の諸問題』（民事法研究会，2005年）525頁以下参照。

7)　私的整理ガイドラインについては，田中亀雄ほか編『私的整理ガイドラインの実務』（金融財政事情研究会，2007年）など参照。

8)　対象債権者は原則として金融債権者とされ，取引債権者は一般に除外される。

このような私的整理ガイドラインは一定の成功を収めたということができるが，それでは十分に対応できない場合も生じていた。いわゆる「メイン寄せ」の発生である[9)]。「メイン寄せ」とは，私的整理の話合いにおいて，メインバンク以外の取引金融機関が，メイン行に対して平等の負担（プロラタ）ではなく，より大きな負担を求め，メインバンクが私的整理を成立させるためにそれに応じざるをえない状態を指す。これは，メイン行にも十分な経営余力がない場合には，私的整理自体を不発に終わらせるおそれもあるものである。そこで，下位行の金融債権を合理的な価格で買い取って，メイン行との交渉を円滑に進めるものとして導入されたのが産業再生機構（以下「機構」ともいう）のスキームである[10)]。そこではまず，債務者及びメインバンクが事業再生計画案を作成し，連名で機構に申込みをする。機構は，事業再生計画案の実行可能性を審査し，基準を満たすときは支援決定をする。次に，機構は，関係金融機関等に一時停止の要請をし，機構に債権買取りの申込みをするか事業再生計画案に同意するかの回答を求める。そして，この買取申込み又は同意が一定額を超えれば，機構は債権買取りの決定をする。これによって，私的整理が成立し，事業再生計画が実行に移される。機構は，DES等によって株式を取得することもあり，収益力を回復させた後に債権や株式を転売して，資金を回収することになる。すなわち，産業再生機構の仕組みは，公的機関が自らプレイヤーとなって，再生可能な債務者企業の再生を直接的に支援することにより，私的整理における債権者間調整の困難（及び法的整理への移行による「事業価値の毀損」）を回避し，いわば「私的整理と法的整理の間隙を埋める」役割を果たしていたと言えよう。

以上のように，産業再生機構のスキームは一定の成功を収めたと評価できるが，これはあくまで時限的な臨時の措置であった。機構は，平成17年3月末に債権買取りの業務を終了し[11)]，平成18年には予定の期限を1年前倒しして

9)　経済産業省が平成17年8月に全国3,000社を対象として行ったアンケート調査によると，私的整理の問題点としては，「債権者全員の合意に向けた調整」が指摘され(90.2%)，その原因としては「非メイン行によるメイン寄せ」が最も多かったとされる(87.0%)。

10)　産業再生機構による再生スキームについては，山本和彦ほか『倒産法概説』（弘文堂，2006年）300頁以下〔水元宏典〕など参照。

解散した。そして，日本経済における不良債権処理の問題も概ね峠を越し，緊急避難的な処理が不要となったことは間違いない。ただ，恒常的な仕組みとして，私的整理ガイドライン等に基づく私的整理のスキームと裁判所における法的整理（倒産手続）との中間に何らかの実効的な処理スキームが必要ではないのか，あるいは両者を連携させるようなシステムが必要ではないのか，という点はなお問題として残っていたところである。そこで，産業再生機構のスキーム終了と相前後して，新たなスキームに関する議論が行われるようになった。

(2) 企業活力再生研究会における議論

まず議論が展開されたのは，経済産業省に置かれた企業活力再生研究会（座長：須藤英章弁護士）においてであった。この研究会は，平成16年12月に設置され，弁護士，公認会計士，産業界，金融界，法律・経済学者など多様な委員によって構成されたものである[12]。この研究会のテーマは大きく，早期再生をめぐる問題，私的整理及び法的整理の課題，事業再生市場の課題，地方・中小企業における課題の4点に分かれていたが，本章と関係するのは第2の課題である。以下では，平成17年5月に示された同研究会の中間とりまとめ「今後の事業再生メカニズムの在り方について」に基づき，その議論の内容を簡単に紹介する。

企業活力再生研究会では，私的整理の問題点，法的整理の問題点及び私的整理から法的整理に移行した場合の問題点が検討され，結論として，私的整理と法的整理の円滑化を図るために，私的整理の円滑化の方法と私的整理と法的整理の間隙を埋める仕組みについて検討・提言している。まず，前者については，私的整理ガイドラインの見直し[13]や多数決原理の契約の合意[14]等のほか，

11）　合計41件の案件について支援決定をしたとされる。

12）　なお，著者も委員の1人として議論に関与した。

13）　具体的には，ファンド等の金融債権者以外の債権者の関与の可能性や，将来の事業価値の増大を図る計画策定（コンサルタントのような第三者アドバイザーの参加やDCF法・EBITDA倍率法の活用等）などが提言されている。

14）　これは，債権者間の調整の前に，計画がまとまらなかった場合は多数決に委ねるという合意を含む契約を予めしておくような実務運用を提言するものである。また，このような合意をシンジケートローンの契約フォーマットに盛り込むといったアイデアも紹介されている。

「債権者調整の円滑化のための中立・公正な第三者の関与」の提言が注目される。これは，産業再生機構がその公的位置づけを踏まえて中立公正な立場から債権者調整を図ってきたとの認識を前提に，産業再生機構の解散後，そのような機能を果たす何らかのメカニズムが必要であるとの問題意識に基づく。そして，「弁護士，公認会計士等の事業再生に専門的知見を有する中立・公正な第三者の関与を通じて資産査定や再建計画の客観性・妥当性を高めることによって，私的整理の公正性を向上させ，債権者間の調整コストを下げることが考えられる」としていた[15)]。これは，今回の事業再生 ADR の創設に繋がる最初の提言として重要な意味をもつものと評価できよう[16)]。

次に，私的整理と法的整理の間隙を埋める仕組みとしては，①両者の連続性を確保するための仕組み及び②私的整理の枠組みで完結する仕組みの各々について複数の案が提議されている。①については，(a) 私的整理について，中立公正な第三者の関与も含めた手続の厳格化を定める一方，私的整理における合意を裁判所が事実上尊重することを期待する案である（私的整理の事実効案）。運用の中で，近時の倒産裁判所の柔軟性に期待するものといえるが，予測可能性に難があるとされる。これに対し，(b) 公正中立な第三者が関与した私的整理における一定の合意に法的拘束力を与える仕組みも提言された（私的整理の法的効果案）。これは，(a)に比して，私的整理をより厳格に手続化する一方，その効果についても，私的整理期間中のプレ DIP ファイナンスや商取引債権を法的手続で共益債権とすることや私的整理におけるスポンサーの選定を法的手続でも尊重することなど，法的な効果を認めるものとする提案である[17)]。

他方，②の方向は，私的整理について全員一致の合意が得られない場合にも，それを完結させることで法的整理への移行という問題自体の発生を防止しようとするものと位置づけられる。具体的には，まず(c) 同意に代わる裁判所の決

15)　具体的には，私的整理ガイドラインを活用した私的整理全般について，専門家アドバイザーの集合体を中立公正な第三者として活用することが示唆されている。

16)　ただ，このようなスキームに対しては，第三者の関与のみによって調整が円滑化する保障はないとか，計画の妥当性・実現可能性を高めるためにはリスクテイクするプレイヤーの視点が重要であるとかの批判もあったとされる点には注意を要する。

17)　具体的なスキームとしては，ADR 法を参考に，一定の要件を満たした専門家アドバイザーを国が認証するという仕組みが示唆されている。この点は，事業再生 ADR の直接の原型を構成するものと評価することが可能であろう。

定で解決する仕組みが挙げられた（同意に代わる決定案）。これは，反対債権者がいる場合，裁判所が当該債権者の「同意に代わる決定」を行い，それによって全員の同意を擬制するという構想である[18]。同決定については，当該計画が所定の手続に従って策定され，かつ反対債権者の反対が合理的理由を欠くことを要件とするとされるが，一種のミニ倒産手続を構成するものであり，前提となる私的整理の手続的・実体的要件に問題があるとの批判も示されていた[19]。そこで，(d) 決定に対して反対債権者の異議を可能とする仕組みを提言する（調停に代わる決定案）。これは，多数決原理に上記のような問題があることに鑑み，特定調停と同様の仕組みを導入し，私的整理における再建計画を裁判所に持ち込み，裁判所が調停に代わる決定に類する決定をして，反対債権者がその決定に対する異議申立てをしない限り，確定するものとする構想である。決定により強制的な権利変更を生じるわけではなく，債権者の消極的同意を前提として，前述のような批判に応じるものである。ただ，これによっても，債権者が合理的な理由なしに反対することは事実上防止でき，私的整理の実効性を増大できるとする。後述のように，これは，事業再生ADRと特定調停を組み合わせることで，新たな制度の源泉の1つにもなっている考え方であると評しえよう。

企業活力再生研究会においては，以上のようなさまざまな考え方のいずれを相当とするかの結論までは出さず，「自律的な事業再生メカニズムの構築に向けて，上記のような仕組みについて更に検討を深化させていくべきである」と指摘するに止まっていた。

18）　借地非訟事件における当事者の承諾に代わる裁判所の許可（借地借家17条2項等）を参考にしたものとされる。

19）　更生手続の合憲性や免責決定の合憲性について判断した判例からこのような限界が指摘された。たとえば，更生手続における権利変更が財産権を保障する憲法29条に反しないとした最大決昭和45・12・16民集24巻13号2099頁は，その理由として「法は，更生手続が裁判所の監督の下に，法定の厳格な手続に従って行われることを定め，ことに，更生計画は，（中略）綿密な規定に従って関係人集会における審理，議決を経たうえ，さらに裁判所の認可によって効力を生ずるものとし，その認可に必要な要件を（中略）詳細に定めるなど，公正かつ衡平に前記目的が達成されるよう周到かつ合理的な諸規定をもうけている」とする。これによれば，単なる私的整理に基づく裁判所の決定によって権利変更をすることが財産権保障の憲法規定に反しないと解することは相当困難なものであろう。

(3)　事業再生制度研究会における議論

以上のように，企業活力再生研究会においては，いくつかの制度的な選択肢が提示されたものの，最終的な結論を出すには法的問題を中心に更なる専門的検討を要するものとして，結論が留保されていた。そこで，これを受ける形で，平成18年6月，経済産業省と法務省が共同事務局を務める形で，事業再生制度に関する専門家からなる事業再生制度研究会（座長：須藤英章弁護士）が組織された。同研究会は，倒産実務に造詣の深い弁護士3名と倒産法研究者3名からなる純粋に専門的な研究会であり[20)]，6回にわたる会合の結果，同年8月，「事業再生制度研究会報告書」を公表している[21)]。以下では，この報告書に基づきその議論を簡単に紹介してみる。

同研究会では，中小企業・地域における事業再生を円滑化するための方策も検討されたが，本章との関係では，私的整理の円滑化のための方策及び私的整理と法的整理の連続性を確保するための方策が重要である。まず，前者については，迅速な特定調停手続を行うために認証 ADR の利用が提言されている[22)]。すなわち，ADR 法が関係機関の連携を重視している点（ADR 法3条2項），とりわけ認証 ADR を経ている場合には調停前置を適用しないことにしている点（ADR 法27条）に着目し，「認証 ADR が特定調停手続における調停委員等に代替するような仲介機能を果たし得ることを根拠に，例えば，私的整理ガイドラインの専門家アドバイザー等が認証 ADR の手続実施者として紛争解決手続を行い，その後，特定調停手続を申し立てた場合であれば，裁判官による調停を原則とすることや，裁判所が事前に仲介を行った認証 ADR の意見を聴取することなどによって，債務者に迅速な再生を図るスキームを検討することが考えられる」とする。そして具体的には，認証 ADR を経ている場合には民事調

20)　なお，著者も同研究会の委員を務めた。

21)　これについては，日野由香里「『事業再生制度研究会報告書』の概要」金法1789号（2006年）14頁以下参照。

22)　このほか，その他の措置として，新たな集団調停スキームも提言されている。これは，個別手続の集積である特定調停とは別に，債権者全員を集団的に処理する1個の集団調停という手続を設け，管轄の特則や債権者1人の異議で調停に代わる決定がすべて失効するなどの特別規定を置く構想である。確かに，現在の調停制度が倒産処理を目的としたADRとして適合的であるかには疑問もあり，抜本的な問題提起として（今回は十分検討されなかったが）将来的には真剣な検討に値するものであろう。

停法5条2項の適用を除外することや，調停案の検討についても裁判所が認証ADRの手続実施者の意見を聴きながら迅速に手続を進行して調停に代わる決定を行うことなどが提言された[23]。このようなスキームは，まさに今回の事業再生ADRの直接の出発点となった構想と言うことができよう。

次に，私的整理と法的整理の連続性を確保する方策として，まず私的整理中のつなぎ融資や商取引債権の保護について，①不利益を受ける債権者の同意による対応策，②裁判所の衡平考慮規定による対応策，③少額債権の規定による保護の対応策が検討されているが，本章との関係では，②が重要である。これは，株式会社産業再生機構法の規定[24]に倣って，認証ADRなどがプレDIPファイナンスや商取引債権について一定の要件を満たしていることを確認した場合には，ADR失敗後の再生手続・更生手続において，裁判所は，他の一般債権と権利変更の内容に差を設けることが衡平を害しないかどうかを判断することができるとの規定を設けることが提言される。これにより，プレDIPファイナンス等が保護される考慮要素が明示され，それが法的手続で優先される蓋然性を高め，私的整理中の融資や取引への萎縮を除去する効果を期待したものである。また，私的整理中に選定したスポンサーの保護についても，法的手続に移行した際のスポンサーにとっての予測可能性を高め，スポンサーのリスクを軽減する措置を必要とする。具体的には，法的整理の申立てと同時に裁判所からスポンサーとの仮契約の許可を得るファーストデイ・オーダーの仕組みやスポンサーが法的手続の中で代わっても事業価値の毀損の防止に寄与した当初のスポンサー候補に対してブレークアップ・フィーを払う仕組みなど実務上の工夫を提言する。

⑷　産業活力再生特別措置法の改正

以上のような議論を受けて，平成19年5月11日に公布されたのが改正産業

---

23)　なお，この場合には，認証ADRにはさらに何らかの要件を課すべきものとされた。

24)　同法31条～33条は，産業再生機構がプレDIPファイナンスについて事業の継続に欠くことのできないものであること及び事業再生計画におけるその優先性の確認をした場合，裁判所は，再生手続・更生手続の中でも，他の一般債権と権利変更の内容に差を設けても衡平を害しないかどうかを判断しなければならないとする。その規定ぶりも含めて，事業再生ADRに応用されている（**4**⑶(c)参照）。

活力再生特別措置法である。この改正により，同法の中に新たに第 4 章として「事業再生の円滑化」に関する規定（48 条〜54 条）が設けられた。そこでは，認証紛争解決事業者のうち一定の要件を満たす者を経済産業大臣が認定し，その認定を受けた者（特定認証紛争解決事業者）が行う紛争解決手続について，特定調停に関する特則，中小企業信用保険法の特則，資金借入れについての再生手続・更生手続の特則等を規定したものである。その詳細については後述するが（*4* 参照），これは日本で初めて事業再生 ADR を公認したものであり，その意義はきわめて大きいといえる。なお，この改正法は平成 19 年 8 月 6 日に施行されたが，同日具体的な認定要件等を定める「産業活力再生特別措置法第 48 条第 1 項の規定に基づく認証紛争解決事業者の認定等に関する省令」（平成 19 年経済産業省令 53 号。以下「省令」という）が公布・施行されている[補注 2]。

3　事業再生 ADR の意義

(1)　事業再生（倒産）制度から見た意義

以上に概観してきたように，今回の事業再生 ADR 制度の導入は，さまざまな観点から画期的な意義をもつと考えられるが，まず倒産制度の観点から見た意義について述べてみたい。事業再生を図る倒産制度は，近時の倒産法制の抜本的改正の中で飛躍的に前進したことは事実である。和議法に代わる民事再生法の制定及び会社更生法の改正，また倒産実体法の整備，さらにそれらに伴う実務の積極的運用によって，法的な再建手続の姿は大きく変容し，より実効的なものになったことは間違いがない。

そのような中で，私的整理とその延長線上にある事業再生 ADR をどのように位置づけるかについてはさまざまな議論がありうるところであろう。この点につき，アメリカ法などをモデルにして，事業再生は基本的には法的手続の中で行われるのが本来であり，たまたま関係人の意向が一致した場合に私的整理等で行うことはあっても，そのような処理をあえて促進するような特別の措置

［補注 2］　現在では，その内容は，「経済産業省関係産業競争力強化法施行規則」（平成 26 年経済産業省令 1 号）の中に規定されている。以下では，現在の同省令の条文番号を〔　〕内に示す。

は必要ないという意見も（新倒産法制の下では特に）十分に成立しうると考えられる。そもそも法的手続による事業価値の毀損という事態は必ずしも実証されたものではなく，倒産手続の中でもさまざまな規律においてそのような毀損の発生を防止しようとしている[25)]。むしろ近時の法的手続の制度・運用の実状を関係者が正確に理解すれば事業価値の毀損などは発生せず，その意味でこれは啓蒙の問題であるとの見方である。

著者自身このような見方には相当の魅力を感じる[26)]。将来的には，法的手続が正当に活用され，（必要があればそれを適切に改正しながら）裁判所が中心となって事業再生が行われることが望ましいと考えている。しかし，事業価値の毀損というものは相当に主観的なものを含む点もまた事実である。極端に言えば，多くの関係者が価値が毀損すると考えれば，事実として現実に価値の毀損が生じることもある（自己実現的予言）。その意味で，啓蒙活動に加えた現実の対応策も不要とは言い切れない。また，より積極的観点からも，法的整理の前段階として私的整理との中間的な処理手続があることは決して不当なことではない。ヨーロッパを中心として諸外国においてもそのような例はあるし[27)][補注3]，倒産以外の法的手続において，訴訟手続に関するADRの議論はもちろん，執行手続についても執行ADRの議論が存在する[28)]。法的手続と比

25)　たとえば，倒産手続開始申立後のDIPファイナンスの共益債権化（民再120条，会更128条），債務者の事業の継続に不可欠な債権者に対する少額債権の弁済の特則（民再85条5項，会更47条5項）等があり，さらに実務運用として手続迅速化の努力なども，いわゆる事業価値の毀損を予防する措置として重要であろう。

26)　かつて著者は私的整理等に過度に期待する見方に対して，そこには「無限後退」のおそれがある旨の警告をしたことがある（山本和彦「『無限後退』からの脱出を目指して」NBL 800号（2005年）91頁参照）。この点の見方は現在も変わらない。

27)　たとえば，フランスの2005年倒産法改正が注目される。そこでは，従来から存在した調停制度（conciliation）をより充実させ，アメリカの連邦倒産法第11章手続を模した新たな法的手続（再生手続：sauvegarde）の導入にもかかわらず，主要債権者との合意により柔軟な処理を図る調停をより強化し，裁判所の認可した調停案に基づく信用供与については事後の倒産手続で優先権を認めるなど法的手続との連携も図っている。その意味で，日本の事業再生ADRの手続は，国際的に見ても（とりわけ大陸法の観点から見て）決して異質なものではないと評価できよう。

[補注3]　フランスにおいては，その後，2010年に調停手続から倒産手続に簡易に移行して，事実上調停手続に多数決原理を導入する仕組みとして，迅速金融再生手続（sauvegarde financière accélérée）の制度が導入された。同手続については，山本和彦「私的整理と多数決」NBL 1022号（2014年）15頁以下参照。

較した ADR の利点とされる簡易性，迅速性，秘密保持性，廉価性，宥和性などは倒産手続の局面でも大きな利点と位置づけられるものであろう。その意味で，事業再生 ADR を整備していくことには十分な意義があると考えられる。

(2)　ADR 制度から見た意義

次に，ADR 制度の側から見た事業再生 ADR の意義についても考えてみたい。ADR については，司法制度改革の中で，その充実・活性化の必要性が提言され，そのための方策の1つとして，認証制度が導入された。その趣旨は，利用者が民間型 ADR を利用しやすくするように，信頼できる ADR についての目安を提供するとともに，裁判や司法型 ADR とのイコールフッティングを確保するため一定の法的効果を付与することにあったといえる。

このような観点から見れば，事業再生 ADR についても，その充実・活性化を図るためには同様の措置が必要であると言うことができよう。利用者からみれば，当該 ADR が信頼に値するものであるかどうかが明確でないとすれば，その利用を躊躇せざるをえない。とりわけ倒産処理という分野は，私的整理においてかつて（一部では今でも）反社会的な団体や個人がそれに関与してきた歴史があり（いわゆる「整理屋」など），信頼確保の要請には大きいものがあろう。また，民間 ADR と対峙する法的手続は，近時抜本的な法改正や実務運用の改善がされており，それと対抗するには民間 ADR に競争の武器を与える必要があると考えられるところである。したがって，事業再生の分野でも，ADR による処理が望ましい分野・事件があるとすれば（この点は，(1) 参照），ADR の充実活性化のために一定の政策的対応が必要である点は，通常の ADR の分野と径庭はないといえよう。

それでは，ADR 法の制定，それによる一般の認証制度の導入がされれば，事業再生 ADR の振興も図ることができるかと言えば，それには疑問がある。けだし，事業再生の分野は，通常の裁判の分野とは大きく異なるところがあり，ADR 法の定める要件・効果のみでは必ずしも十分とはいえないからである。そこで，ADR 法の認証を前提にしながら，事業再生 ADR の特色に合わせた

---

28)　これについては，たとえば，西川佳代「執行 ADR の可能性」判タ 1043 号（2000 年）8 頁以下など参照。

別途の要件効果をそこにプラスアルファする形で制度化を図る必要があったと考えられる。そして，このような試みは，事業再生以外の特殊分野のADRの充実活性化を図る際の1つのモデルともなりうるように思われる。ADR法の認証を基盤（1階部分）としながら，必要に応じてそれに付加的要素（2階部分）を加えて，分野の属性に応じた振興を図っていくという構想である［補注4］。著者は，このような構想は，ADR法制定時には見送られ，将来の検討課題とされているADR和解に対する執行力の付与の問題などについても，1つの打開策になりうるのではないかと考えている29)。

4　事業再生ADR制度の概要

以下では，今回〔平成19年〕の産活法の改正によって導入された事業再生ADR制度の概要について簡単に紹介する。但し，同法は施行直後であり，未だ現実に認定を受けたADR機関も存在しないようであるので［補注5］，詳細な解釈運用は将来の課題とされる部分も多い点に注意を要する。

(1)　ADR機関――特定認証紛争解決事業者

まず，事業再生ADR，すなわち特定認証紛争解決事業者となるためには，ADR法による法務大臣の認証と産活法による経済産業大臣の認定を併せて受

［補注4］　そのような他の制度として，いわゆる金融ADRの制度がある。これは，事業再生のような2段階型のものではなく，金融庁が一元的に指定を行う仕組みであるが，実質的に見れば，認証ADR一般の規律に相当する部分と金融ADR独自の規律の部分に分かれており，事実上の2段階型の仕組みと評価できる。金融ADRに関する著者の評価等については，山本和彦「金融ADRの意義とその可能性」金法1887号（2010年）28頁以下，同「金融ADRの機能の評価と今後への期待」金法1955号（2012年）45頁以下など参照。

29)　ADR和解の執行力の問題に関する私見については，山本和彦「ADR和解の執行力について（上）（下）」NBL 867号・868号（2007年）参照（なお，同868号29頁後注は，事業再生ADRを挙げて，「このような枠組は，執行力を付与するADRを創設するに際しても参考に値するものであり，仮に本文のように，付加的な要件を求めるとすると，そのような要件を満たすADR機関を別途認定して，特別の効力（執行力）を付与するスキームが考えられよう」としている）。

［補注5］　施行と同時に，事業再生実務家協会が認定を受けており，2014年8月現在，当該1事業者のみが認定機関となっている。

ける必要がある（産活法 2 条 18 項〔産業競争力 2 条 15 項〕）。

(a) ADR 法の認証基準・欠格事由

ADR 法における認証の基準は同法 6 条に，認証の欠格事由は同法 7 条に詳細に規定されている。ここでは詳細に検討する余裕はなく，関連する文献を参照いただきたいが[30]，事業再生 ADR の関係で重要と思われる点として，第 1 に，手続実施者が弁護士でない場合における法的助言のための措置の必要がある（ADR 法 6 条 5 号参照）。これにより，利用者の法的権利が不当に侵害されないことを保障したものである。第 2 に，当然のことではあるが，暴力団員の排除の規定である（ADR 法 7 条 8 号～12 号参照）。前述のように，倒産処理の分野は，このような反社会的集団の進出のおそれが歴史的にも特に大きい分野であると考えられるので，事業再生 ADR にとって重要な規定であろう。

(b) 産活法の認定基準

次に，産活法による認定の基準は大きく 3 つある。第 1 に，紛争の範囲（ADR 法 6 条 1 号）を事業再生に係る紛争を含めて定めていることである（産活法 48 条〔産業競争力 51 条〕1 項柱書）。これによれば，事業再生だけを対象とする必要はなく，他の紛争範囲とともに事業再生を書き込んでいれば要件を満たすことになる。第 2 に，事業再生の専門家を手続実施者として選任できることである（産活法 48 条〔産業競争力 51 条〕1 項 1 号）。ADR の命は人であり，事業再生は特に専門性が高い分野であることに鑑みれば，手続実施者の専門性の確保は何よりも重要な課題と考えられるからである（具体的に求められる専門性の内容については，(2)(a) 参照）。第 3 に，特定認証紛争解決手続の実施方法が所定の基準（省令 6 条〔19 条〕参照）に適合することである（産活法 48 条〔産業競争力 51 条〕1 項 2 号）。ADR においては人が重要であるといっても，専門家が実施すればどのような手続・内容のものであっても尊重されるべきかと言えば，やはりそうではない。一定の合理的な手続があり，その尊重も求められてしかるべきである。とりわけ事業再生の分野では，私的整理ガイドライン以降一定の手続ルールが運用され，実績を挙げてきた歴史があり，その上に事業再生 ADR があるとすれば，それを踏まえた手続のあり方が必要と考えられるから

30） 内堀・前掲注 4）14 頁以下，山本 = 山田・前掲注 4）226 頁以下など参照。

である。

(c)　認証・認定の手続

以上のような基準を満たすADRは認証・認定を受けることができるが，具体的な手続はそれぞれの法律による。ADR法上の認証については，認証申請（ADR法8条）に基づき法務大臣がすることになるが（ADR法6条1項），所管大臣等との協議，警察庁長官の意見聴取[31]，認証審査参与員[32]の意見聴取の手続がとられることになる[33]（ADR法9条）。認証がされると，官報公示等利用者に知らせるための措置がとられることになる（ADR法11条）。産活法上の認定も同様に，認定申請（省令2条〔15条〕）に基づき経済産業大臣が要件を認定してすることになる（産活法48条〔産業競争力51条〕2項）。なお，認証業務の内容等について変更があった場合には変更の認証がされるし（ADR法12条）[34]，法務大臣は監督権限を有し，一定の場合には認証の取消しの措置をとることができる（ADR法23条）。また，経済産業大臣も，特定事業者が認定要件を満たさなくなったり，資金借入れの確認（(3)(c)参照）を適切に行っていないとされたりした場合は，認定を取り消すことができる（産活法48条〔産業競争力51条〕3項）。

(2)　ADRの手続

(a)　手続実施者

前述のように，専門家を手続実施者として利用できることは事業再生ADRの認定要件となっている（(1)(b)参照）。そこで，その専門性判定の具体的な基準が問題となるが，以下の4つのいずれかに該当することが要件とされている（省令4条〔17条〕）。すなわち，①認定支援機関[35]において中小企業再生支援

31）　主として暴力団員の排除の徹底をその目的とする。

32）　認証等について法務大臣に対し民間ADRに関する専門的な知識経験に基づく意見を述べる者であり，2年の任期で選任される（ADR法10条参照）。

33）　認証手続については，山本＝山田・前掲注4）241頁以下参照。

34）　変更認証等があった場合には，遅滞なくその旨を経済産業大臣にも届け出なければならない（省令3条〔16条〕参照）。

35）　認定支援機関とは，中小企業再生支援業務を行うものとして経済産業大臣により認定された者をいう（産活法41条1項〔産業競争力127条1項〕）。事業再生を行い，又は行おうとする中小企業者の求めに応じ，必要な指導又は助言を行うことをその業務の

業務の統括責任者又はその補佐の経験を有すること，②事業再生 ADR の手続実施者を補佐する者として 2 年以上事業再生に携わった経験を有すること，③産業再生機構において事業再生に携わった経験を有すること，④一般に公表された債務処理を行うための手続[36] についての準則に基づき，事業再生に係る債務者と債権者の間の権利関係を適切に調整した経験を有することである。ここで注目されるのは，法的手続における経験が含まれないこととされている点である。法的手続における管財人や監督委員あるいは申立代理人等と ADR における手続実施者に求められる専門性の違いに着目したものとも考えられるが，これにより適切な手続実施者の人材が十分に確保されるか，運用が注目されるところである[補注 6]。

以上のような手続実施者の規律によれば，手続実施者に弁護士が含まれないことも想定されるが，そのような場合には，前述のとおり，ADR 法上，弁護士の助言が必要となる。すなわち，認証紛争解決手続の実施に当たり法令の適用に関し専門的知識を必要とする場合に弁護士の助言を受けることができるようにするための措置が必要とされるが（ADR 法 6 条 5 号），事業再生 ADR においては，この助言にも専門的知見が必要とされ，単に弁護士であれば当然に適切な助言ができるとは限らない。そこで，この助言弁護士の資格にも一定の制限が設けられている（省令 5 条〔18 条〕）。すなわち，上記①～④の経験のいずれかを有するとともに，⑤再生手続の監督委員・管財人の経験，又は⑥更生手続の管財人の経験が必要とされる。適切な事業再生計画を策定していくためには，相当の倒産法の知識が不可欠であり，そのための客観的指標としては裁判所による選任の対象となる法的倒産手続の機関の経験が有効なものである

1つとし（産活法同条 2 項 5 号〔産業競争力同条 2 項 1 号〕），そこに中小企業再生支援協議会が置かれるものとされる（産活法 42 条〔産業競争力 128 条〕）。

36）　公正かつ適正なものと認められるものに限るとされる。私的整理ガイドラインが念頭に置かれているものと考えられるが，他にどのようなものが含まれるかは明らかでない。

［補注 6］　本文でも予想したとおり，ADR の申立件数の増加に伴い，手続実施者は不足ぎみとなり，本文記載の要件は緩和された（これは，事業再生 ADR 制度検討研究会の提言に基づくものである）。具体的には，②の 2 年以上の経験を 3 回以上の経験とすること，③について企業再生支援機構及び地域経済活性化支援機構における経験を加えたことであるが，依然として法的手続における経験は除外されている。

が[37]，破産管財人は現在相対的に経験の少ない弁護士も選任対象となっており，また事業再生 ADR の特質から特に再建型手続の経験が重要と考えられるため，適任者は相当に少なくなることを覚悟の上で，上記⑤・⑥に限定したものと思われる[38]。

(b)　一 時 停 止

特定認証紛争解決手続は，前述のような経緯から，私的整理ガイドラインの手続に依拠したものとなっている。私的整理ガイドラインにおいては，まず債務者とメインバンクの連名で一時停止の通知が対象債権者に対してされる。事業再生 ADR では，中立公正な第三者が関与する ADR の特質上，通知の主体は特定認証紛争解決事業者になる。すなわち，特定認証紛争解決事業者は，債権者に対し一時停止を要請する場合には，債務者と連名で債権者に対し，書面により通知しなければならない（省令7条〔20条〕前段）。一時停止の要請は ADR 手続の必須の要件ではなく，必要に応じて ADR 機関が判断できるものとされる。一時停止の対象となる債権者は，認証手続における紛争の当事者である債権者に限られる。ただ，これは第1回債権者会議の前にされることが想定された手続と思われるので，厳密には手続実施契約を締結した債権者には限られず[39]，その見込みのある債権者であれば足りよう[40]。一時停止の要請は

37）　その意味で，そのような裁判所によるスクリーニングを経ない倒産手続の申立代理人については有効な能力担保指標とはなりえないと考えられたものであろう。

38）　なお，債権者会議において債権者全員の同意によって手続実施者を定めることができるが（省令9条〔22条〕2項2号。(b)参照），その場合は，その中に，監督委員又は再生・更生管財人の経験者を1名以上含まなければならないとされる（同条3項）。この規定と省令5条〔18条〕との関係は必ずしも明確ではない。考えられるのは，①手続実施者は債権者会議で定める必要はなく，その場合には監督委員等の経験者を含む必要はないが，省令5条〔18条〕による助言者の規律が妥当するとの理解，②監督委員等の経験者は必ずしも弁護士とは限らないので，省令5条〔18条〕はその場合の助言者について規定したものとの理解である。①は，ADR としてはやや異例の解釈になるとすれば，②として，更生管財人等であるが弁護士でない者が手続実施者となっている場合の規定ということになり，省令5条〔18条〕の適用はきわめて例外的な場合に限定されようか。

39）　認証紛争解決事業者の義務として，手続実施契約の締結に先立ち，紛争当事者に対し，標準的な手続の進行等を記載した書面を交付するなどして説明する義務がある（ADR 法14条）。

40）　その意味で，この通知は，未だ法律関係の生じていない第三者に対してされる純粋に事実上のものと解される。

書面によるが，書面にはファクシミリも含まれると解される。

一時停止とは，債権者全員の同意によって決定される期間中に債権の回収，担保の設定又は法的倒産手続開始の申立てをしないこと[41]をいう。この決定は，第1回の債権者会議で行われることが想定されよう。したがって，債権者会議までの間はここでいう一時停止の要請には厳密には含まれず，事実上の回収停止の要請という位置づけになる（注40）参照）。ただ，そのような期間を可及的に限定すべく，一時停止の通知を発した場合は，通知発出日から原則として2週間以内に第1回債権者会議（事業再生計画案の概要の説明のための債権者会議）を開催しなければならないとされる（省令7条〔20条〕後段）。そして，債権者会議における全債権者の同意により一時停止が実際に発動されることになる。

(c) 債権者会議

事業再生 ADR は，その集団性の特質に鑑み，債務者と債権者の1対1の話合いという通常の ADR の手続とは異なり，債権者会議という集団の協議手続がとられることになる。そして，ここでも私的整理ガイドラインの手続に倣って，3回の会議が想定されている。すなわち，特定認証紛争解決事業者は，事業再生計画案の概要の説明のための債権者会議（第1回債権者会議），事業再生計画案の協議のための債権者会議（第2回債権者会議），事業再生計画案の決議のための債権者会議（第3回債権者会議）をそれぞれ開催しなければならない（省令8条〔21条〕）。ただ，これらの会議を併合して開催することも認められると解される[42]。

まず，事業再生計画案の概要の説明のための債権者会議においては，現在の債務者の資産・負債の状況及び事業再生計画案の概要の債務者による説明とこれらに対する質疑応答及び債権者間の意見の交換が行われる（省令9条〔22条〕

41) したがって，一時停止が債権者会議で同意されれば，当事者である債権者は倒産手続開始申立権を（ADR 手続期間中）放棄したものと解され，仮にその者によって倒産手続開始申立てがされたとしても，不適法として却下されることになると解される。

42) 同様の会議（関係人集会）を想定していた会社更生法の旧法（昭和27年法律172号）時代に期日の併合の規定があった（旧会更168条）。そこでは，特に第2回集会と第3回集会の併合が一般的であったとされる（兼子一監修『条解会社更生法（下）〔第3次補訂〕』（弘文堂，1998年）31頁参照）。

1項)。法的手続の第1回債権者集会に類似するが，事業再生計画案の概要の説明が必要とされる点が異なる。ADR においては手続の迅速な進行のため，早い段階で一応の計画案が策定できることが前提とされることによる。また，この債権者会議では，債権者全員の同意により，①議長の選任，②手続実施者の選任，③一時停止の具体的内容・期間，④第2回・第3回の債権者会議の開催日時・場所を決議できる（同条2項)。②及び④は ADR の手続の当然の規律ということができるが[43)]，①は集団的交渉という事業再生 ADR の特色を反映したものであり[44)]，③は，前述のとおり（(b) 参照)，これにより一時停止が実効性をもつ重要な合意である。

次に，事業再生計画案の協議のための債権者会議が開かれる。ここでは，事業再生計画案が債権者に提示され，債権者間で協議されるが，その際の重要な資料として，手続実施者は，この会議において，当該計画案が公正かつ妥当で経済的合理性を有するものであるかについて意見を述べるものとされる（省令10条〔24条〕)。事業再生計画案がこのような内容を有するものであることは，それが破綻処理のスキームである以上当然に要請される[45)] とともに，税務上の取扱いの根拠ともなるところである。手続実施者はその専門的知見を駆使して，このような意味での当該計画案の当否を検討することになろう。

最後に，事業再生計画案の決議のための債権者会議が開かれる。そこでは，債権者全員の書面による合意の意思表示によって事業再生計画案の決議をすることができる（省令11条〔26条〕)。当該決議により，事業再生 ADR は成功裡に終了し，そこで成立した事業再生計画に基づき当事者の権利義務関係は実体的に変更されることになる。ADR 手続の当然の帰結として，これはあくまで合意した当事者（債権者）しか拘束しない。ただ，当該計画案に反対する債権者が手続から離脱し，当事者としての地位を失えば，残余の債権者全員の合意

43)　ADR 法も手続実施者が当事者の同意（ADR 機関規則に対する包括的な同意を含む）に基づき選任されることを当然の前提としている。

44)　ADR の特質から，通常は手続実施者が議長に選任されるのではないかとも考えられるが，ADR 機関（事業者）の職員等が議長を務めることも考えられようか。

45)　特定調停手続において調停委員会が提示する調停条項案についても同様の要請（公正かつ妥当で経済的合理性を有する内容）があることにつき，特調法（特定債務等の調整の促進のための特定調停に関する法律）15条参照。

はここでの「全員の合意」の要件を満たすことになり，決議は成立することになろう。ただ，残余の債権者は，その手続保障上，決議に際して他の一部債権者の手続離脱の事実を知る機会を与えられる必要はあろう。なお，決議に至らなかった場合でも，債権者全員の同意があるときは，続行期日を定めることができる（省令 12 条〔27 条〕）[補注 7]。

(d)　事業再生計画

最終的に当事者の協議・決議の対象となるのは，事業再生計画案である。事業再生計画案は，債務者によって作成される（省令 8 条〔20 条〕括弧書参照）。再生手続や更生手続のように，債権者提出の事業再生計画案は想定されていない（そのような敵対的な状況はそもそも ADR による処理に馴染まないと考えられたものであろう）。事業再生計画案の内容として，①経営が困難になった原因，②事業の再構築のための方策，③自己資本の充実のための措置，④資産・負債及び収益・費用の見込みに関する事項，⑤資金調達計画，⑥債務の弁済の計画，⑦債権者の権利変更，⑧債権額の回収の見込みが含まれなければならない（省令 13 条〔28 条〕1 項）。直接の権利変更に関わる⑥～⑧のほか，計画の前提となるさまざまな事項，特に②のような事項についても必要的な記載を求めている点が注目される。ADR が当事者（債権者）の同意を調達する手続であることから，その同意の真意性を担保するために慎重な情報提供を確保しようとしたものであろう。

また，④については，（これも私的整理ガイドラインに倣って）(1) 債務超過の状態にあるときは 3 年以内に債務超過を解消すること，(2) 経常損失が生じているときは 3 年以内に黒字に転換することを原則として求めている（同条 2 項）。単なる債務弁済計画ではなく，真の意味での事業の再生の計画を求める趣旨といえる。さらに，⑦については，権利変更の内容が債権者の間で平等でなければならないとする（省令 13 条〔28 条〕3 項本文）。プロラタを原則としたものである。例外として，債権者の間に差を設けても衡平を害しない場合が挙げられるが（同項但書），これは法的手続の場合と同じ文言であり（民再 155 条 1 項，会

［補注 7］　期日の続行については，その後の改正で，第 1 回債権者会議（現行省令 23 条）及び第 2 回債権者会議（現行省令 25 条）でも認められるに至っている。なお，この場合の続行の要件は，債権者の過半数の同意があることに緩和されている。

更168条1項），相当強度の実質的平等主義が採用されたものと言えよう。最後に，⑧については，ADRによる回収の見込みが，破産手続による債権額の回収の見込みよりも多くなければならない（省令13条〔28条〕4項）。いわゆる清算価値保障を担保したものである。ADRでは債権者の全員同意が前提であり，理論的には清算価値保障原則が妥当しなくても問題はない[補注8]。しかし，事業再生を目的とする手続において清算価値が保障されないとすれば，それ自体経済合理性を欠くものと評価せざるをえず，またそのような事業をこのような手続を使ってあえて市場に残存させる必要もないので，法的再建手続と同様に，清算価値の保障を最低限のラインに置くことを相当と認めたものであろう。

以上のような一般的な事業再生計画案に加え，債権放棄を伴う事業再生計画案においては，①適切な資産評定[46]が行われ，その評定による価額を基礎とした貸借対照表が作成されていること，②資産・負債の価額及び事業再生計画における収益・費用の見込み等に基づき債務免除の金額が定められていること，③株主の権利の全部又は一部の消滅，④役員の退任[47]を含まなければならない（省令14条〔29条〕1項）[補注9]。そして，この場合の手続実施者は公認会計士1名を含む3名以上で構成される必要があり（省令8条〔22条〕3項但書），特定認証紛争解決事業者は，事業再生計画案が要件を満たしていること等について，その手続実施者に書面による確認を求めなければならない（省令14条〔29条〕2項）。これにより，債権放棄を伴う再生計画については，より慎重な手続で，会計的にも妥当性を有する計画が策定できるように配慮がされている。

(3)　ADRの効果

(a)　特定調停手続の特則

上記のような要件を満たす手続が行われた場合には，いくつかの特則的な効

［補注8］　清算価値保障原則については，本書第4章参照。

46）　これは経済産業大臣の定める基準により，公正な価額によって行われるものである必要がある。

47）　但し，その退任が事業の継続に著しい支障を来すおそれがある場合は除かれる。

［補注9］　省令のその後の改正で，株主の権利の消滅及び役員の退任については，それが「事業再生に著しい支障を来すおそれがある場合」が除外されている。逆に言えば，株主の権利及び役員体制の維持も，それが事業再生に資する場合には認められることになる。

果が定められている。まず，特定調停における調停機関に関する特則である。すなわち，特定調停の申立ての前に特定認証紛争解決手続が実施されている場合には，裁判所は，その実施を考慮した上で，裁判所だけで調停を行うことが相当であるかどうかの判断をするものとされる（産活法 49 条〔産業競争力 52 条〕）。通常の調停手続においては，調停委員会で調停を行うのが原則であり，例外的に，裁判所が相当と認めるときは，裁判官だけで調停を行うことができるものとされる（民調 5 条 1 項）。この特則は，その相当性の判断に際して，事業再生 ADR の実施の事実を考慮することを義務づけたものである。ただ，これはあくまで考慮の義務づけに止まり，考慮した結果，調停委員会での調停実施を裁判所が相当と判断する場合は当然ありうる。また，当事者の申立てがあるときは，調停委員会で調停を実施しなければならない点（民調 5 条 2 項）も同様である[48]。裁判所は，事業再生 ADR の具体的内容（手続実施者や手続内容の実際）に鑑みて，判断することになろう。ただ，このような規定ぶりでも，事業再生 ADR が実際上相当なものであれば，裁判所は裁判官調停を選択することが強く想定され，そして必要があれば迅速に調停に代わる決定（民調 17 条）に踏み切ることが期待できよう。この特則は，その意味では，裁判所に対する一種のアナウンスメント効果に期待した規定であり，その趣旨を踏まえた裁判所における運用が予想されるとともに，ADR の内容の充実を図り，迅速な特定調停及び 17 条決定の実際的可能性を背景にした ADR の成功が期待されるところである。

(b) 信用保証の特則

次に，信用保証による資金調達のための特例が定められている。すなわち，特定認証紛争解決手続が行われる場合には，中小企業基盤整備機構は，その開始から終了[49]に至るまでの間，債務者の事業の継続に欠くことができない資金の借入れに関する債務の保証を行うものとされる（産活法 50 条〔産業競争力

48) 立案時の議論では，この場合にはそもそも裁判官調停を原則とし，当事者の申立てがあっても当然には調停委員会による調停にはしないとする案も検討されていたが，最終的には採用されなかった。

49) 手続の終了が中小企業基盤整備機構に明らかになるよう，特定認証紛争解決事業者は，その終了を遅滞なく同機構に対して通知しなければならないものとされる（省令 15 条〔30 条〕）。

53条〕1号)[50]。これによって，(次に述べるDIPファイナンスの特例と併せて)運転資金の確保を可能にする趣旨である[51]。

(c)　プレDIPファイナンス等の特則

私的整理の問題点として，交渉期間中に資金の借入れ等を受けた場合において，私的整理が失敗に終わって法的手続に移行したときに，十分保護されないという点が指摘されてきた。そこで，この事業再生ADRの制度では，ADR機関の確認を受けた借入れについて，再生手続・更生手続の中で一定の優先的取扱いの可能性を付与しているものである[52]。

ADRの債務者は，特定認証紛争解決事業者に対し，その手続の開始から終了に至るまでの間における債務者の資金の借入れが，①その事業の継続に欠くことができないものであること[53]，②当該債権の弁済を当事者である債権者が資金借入時に有する他の債権の弁済よりも優先的に取り扱うことにつき債権者全員の同意を得ていることのいずれにも適合することの確認を求めることができる(産活法52条〔産業競争力58条〕)[54][補注10]。そして，ADRの終了後に行われる再生手続又は更生手続において，そのような確認がされた借入債権と他の手続債権との間に権利変更の内容に差を設ける再生・更生計画案が提出又は可決されたときは，裁判所は，その計画案を付議する場合又は計画を認可する

---

50)　同様の取扱いは，認定支援機関による支援がされている期間についても適用される(産活法50条〔産業競争力53条〕2号)。

51)　また，中小企業信用保険法の適用についても，事業再生円滑化関連保証(ADR手続期間中に事業の継続に欠くことのできない費用のための資金の借入れに係る債務の保証)については，保険価額，負担割合，保険料等の取扱いにおいて，特例的に有利な扱いがされている(産活法51条〔産業競争力54条〕参照)。

52)　このスキームは産業再生機構法の規律(注24)参照)に倣ったものである。

53)　その具体的内容は，合意成立見込日までの間における債務者の資金繰りのために合理的に必要なものであると認められること及び借入金の償還期限が合意成立見込日以後に到来することである(省令17条1項)。

54)　この確認は，第1回債権者会議において行わなければならないとされ(省令17条〔33条〕2項)，債務者及び債権者に対し通知される(同条3項)。

[補注10]　その後の省令の改正で，確認を得る債権者会議について，第1回債権者会議に限定されず，第2回又は第3回の債権者会議でも可能とされている(現行省令33条2項参照)。従来，第1回債権者会議までに借入れや確認の準備作業が間に合わない場合に，第1回会議を続行して第2回会議等と併合して行うなどの方策が取られていたところ，正面から第2回会議以降でも確認を可能としたものである。

場合に，上記確認がされていることを考慮した上で，当該計画案が差を設けても衡平を害しない場合（民再155条1項，会更168条1項）に該当するかどうかを判断するものとされる（産活法53条・54条〔産業競争力59条・60条〕)。

このような規定によって，裁判所は，計画の適法性を検討する際に上記確認がされている事実を考慮に入れる義務を負うことになる。ただ，これも特定調停手続の特則（(a)参照）と同様，法律上はあくまで考慮義務を負うだけであり，考慮の結果，当該借入資金債権を優先することが衡平でないと裁判所が判断することも理論的にはありうるものである。ただ，実際には，ADRが相当なものであれば，特段の事情のない限り，そのような判断がされることは考えられず，当該権利変更の差は衡平なものとされ，事業再生ADR手続中の与信は優先性が確保されることになると期待される。その意味で，いわゆるプレDIPファイナンスの安定性を高める効果が見込まれよう。なお，ここで確認の対象となるのは，「資金の借入れ」一般であり，いわゆるプレDIPファイナンス（消費貸借契約）がこれに含まれることに疑問はないが，与信売買取引による売掛代金債権（商取引債権）などもやはり資金の借入れに該当し，ADR機関の確認を得ておけば優先的な扱いを法的手続で受ける余地があるものと解すべきであろう。

5 おわりに

以上が今回制定された事業再生ADRの概要である。著者自身は，産業再生機構の創設当初から，法的な枠組みとしては中立公正な第三者が手続を主導するADRの手続として仕組んでいくことが相当ではないかと考えていた。その際には，不良債権処理の喫緊の課題のために債権者（プレイヤー）が債務調整手続を行うというやや変則的な制度が構成され，そのこと自体は当時の経済状況に鑑みれば相当なものであったといえるが，平時の手続のあり方としては，むしろ今回のADRは望ましいものであったと考えられる。ここで認められた法的効果は（ADR法一般と同様）必ずしも十分なものではないかもしれない[55]。

55) 前述のとおり，実際上，その中核はむしろアナウンスメント効果に対する期待，あるいは一種の象徴的な効果にあるのかもしれない。

しかし，事業再生について専門的な知見・経験を豊富に有するような適切な手続実施者を集めた ADR が複数設立され，相互の競争（さらに法的倒産手続との競争）の中で切磋琢磨していけば，それは日本の事業再生の質の向上にとってきわめて大きな意義を有するとともに，ADR 制度一般にとっても大きな意味をもつであろう。今後適切な機関がこのスキームに参加し[56)][補注 11]，純粋の私的整理，事業再生 ADR 及び法的再建手続の間で事業再生に向けた適切な役割分担が図られていくことを期待したい。そのためには，ADR 利用者やその代理人の側にも，このような手続の意義・内容に関する十分な理解が不可欠となるところである。本章がそのような理解を深めるための一助となることができれば，幸甚である。

（初出：名古屋大学法政論集 223 号（2008 年）387 頁以下）

［補論］　本章は，次章とともに，事業再生 ADR に関するものである。著者自身は，この制度の立案の検討及びその創設の当初から，そのあり方に強い関心を有してきたものである。けだし，この制度は，著者自身の主要な研究の対象である倒産法（事業再生法）と ADR 法に跨るものであり，理論的にも大変興味深いものであったからである。著者は，本章の基礎的な研究の後に，山本和彦「事業再生 ADR への期待」事業再生と債権管理 123 号（2009 年）34 頁以下，同「裁判外事業再生手続の意義と課題」「裁判外事業再生」実務研究会編『裁判外事業再生の実務』（商事法務，2009 年）1 頁以下，同「事業再生手続における ADR」事業再生実務家協会事業再生 ADR 委員会編『事業再生 ADR の実践』（商事法務，2009 年）2 頁以下といった論稿において，この制度を継続的に検討してきた。そして，［補注 6］に記載した事業再生 ADR 制度検討研究会の座長等を務め，制度改革の議論にも携わり，さらに次章のような制度改革の方向を明らかにしてきた。この問題は，より抜本的には，全員一致を前提とする私的整理と多数決原理に基づく法的整理との機能分担の再検討にも誘うもの

---

56)　2008 年 1 月現在，事業再生実務家協会が産活法上の認定を視野に入れて ADR 法上の認証の申請をしているようであり，他にも申請を考えている事業者は存在するようである。ただ，想定される手続実施者の範囲からすると，それほど多くの機関が認定を受けるということは考えにくい。

［補注 11］　前述のとおり（［補注 5］参照），現在でも，認定を受けている機関は，事業再生実務家協会だけである。

であり，［補注 3］で引用した論稿など著者の近時の 1 つの研究課題となっている。

第 *17* 章

事業再生 ADR と法的倒産手続との連続性の確保について

1 はじめに

事業再生 ADR は，実際に制度の運用が始まってから 3 年半以上経過するが[1)]，立法当初の予想を超えて大きく発展していると言ってよく[2)]，現在では，事業再生のための，法的手続等と並ぶ有力な選択肢となっている。他方で，そのような事業再生 ADR の活用の結果，ADR 失敗後に法的手続に移行する例も増加している。そのような事例の中には，当初から意図的に法的手続への移行を目指したもの，当初はそのような事態をまったく想定していなかったものなどさまざまな形態がある。いずれにしても，事業再生 ADR の更なる発展のためには，法的手続との関係を考えるべき時期に来ているのではないかと思われる[3)][補注 1]。

1）事業再生 ADR 創設の経緯については，本書第 16 章参照。

2）事業再生 ADR の運用については，松嶋英機「事業再生 ADR から法的整理への移行に伴う諸問題」東京弁護士会倒産法部編『倒産法改正展望』（商事法務，2012 年）84 頁以下に，2011 年末までの利用状況の紹介がある。

3）この点については，かつて事業再生 ADR 制度検討研究会で若干の検討がされ（その成果については，「事業再生 ADR 制度検討研究会報告書」NBL 943 号（2010 年）13 頁以下参照），現在は，経済産業省の事業再生関連手続研究会でも検討がされている。著者はそのいずれの研究会でも座長を務めているが，本章は研究者としての私的な見解であることは言うまでもない。

[補注 1] 注 3）掲記の事業再生関連手続研究会の検討結果（同研究会の中間とりまとめについては，尾坂北斗 = 阪口朋彦「事業再生の局面における社債の元本減免について――事業再生関連手続研究会における検討結果」NBL 999 号（2013 年）4 頁以下）を

本章の問題意識は，端的にいえば，事業再生 ADR で事業再生のために行われるさまざまな取引について，その法的な効果をどの範囲で法的手続の中でも尊重することができるか，という点にある。このような効果について，仮に法的手続の中でも可及的に尊重することができれば，ADR から法的手続への円滑な移行が可能になると思われる。他方で，法的手続における債権者の利益等を考えれば，ADR の中での取引の効果を認めるべきではない場面も当然に存在する。その意味で，これは全か無かという選択ではなく，尊重できる範囲や程度の問題ということができるが，本章はその点を考えてみようとするものである[4)]。

本章が取り扱う問題領域は，以下の点である。すなわち，① 事業再生 ADR 手続中の信用供与（いわゆるプレ DIP ファイナンス）の法的手続における効力の問題，② 事業再生 ADR 手続中の商取引に基づく債権の法的手続における効力の問題，③ 事業再生 ADR 手続中のスポンサー契約の法的手続における取扱いの問題（すなわち，その契約内容＝スポンサー合意自体の法的手続における尊重の問題や契約違反等の効果＝ブレイクアップ・フィーに係る合意の法的手続における尊重の問題）である。①の問題については現行法においてすでに一定の規定が存在するが，それで十分かという問題があり，②③についてはそもそも法規定がなく，何らかの立法措置の必要はないかという問題がある。

受けて，事業再生 ADR 手続において社債権者の多数決によってその権利変更を可能にする仕組みが導入された。これも事業再生 ADR と法的倒産手続の連続性の確保に資するものと評価することができる。具体的には，事業再生 ADR による所定の要件の確認（産業競争力 56 条）を前提に，社債権者集会決議の裁判所による認可の要件（会社 733 条）の明確化を図っており，裁判所は，その認可に際して，社債の減額が事業者の事業の再生に欠くことができないものであることが確認されていることを考慮した上で要件該当性を判断しなければならないものとする（産業競争力 57 条。なお，同様の仕組みは，地域経済活性化支援機構の支援手続についても認められている）。

4)　なお，他にも両手続の連続性確保の観点から考えるべき問題はある。たとえば，対象債権者の範囲（リース債権者を含めるか）や担保権評価の問題，更に手続実施者の法的手続における活用の問題等である。これらの点は，著者の能力の問題及び紙幅の関係により，本章の対象外とせざるをえないことをご了解いただきたい。これらの点については，松嶋・前掲注 2）及び事業再生関連手続研究会（注 3）参照）における多比羅誠弁護士のご報告（多比羅誠「私的整理から法的倒産手続への連続性の課題」http://www.meti.go.jp/committee/kenkyukai/sansei/jigyo_saisei/pdf/003_06_00.pdf）などを参照いただきたい。

以下では，まず，事業再生ADRと法的手続の連続性を確保する必要性自体について確認する（*2*参照）。次いで，この問題について総論的な観点から検討する（*3*参照）。その後に，そのような総論的な観点を前提にして，上記①～③の問題領域ごとに各論的な検討を加えることとしたい（*4*参照）。

2　事業再生ADRと法的倒産手続との連続性確保の必要性

事業再生ADRが成功せずに法的倒産手続に入るという事態を前提に，両手続の連続性を確保し，円滑な手続移行を可能にする必要性はどこにあるのであろうか。両手続の連続性の確保のための措置を検討するに際しては，そのような確保の必要性の存在が前提になるものと考えられるので，自明な部分はあるものの，最初にこの点を確認しておきたい。

この点については，そのような連続性の確保によって，事業再生ADRの側に生じるメリットと法的倒産手続の側に生じるメリットがあると考えられる。まず，事業再生ADRの側のメリットとしては，ADRにおける合意が容易になる可能性がある点が指摘できよう。すなわち，仮にADRにおいて参加債権者の100％の合意が得られない場合においても，法的手続との連続性が確保されていれば，債務者は速やかに法的倒産手続に入って，同じ再建計画を法定の多数決で実現することができることになる。そして，そのような事態の推移が予想されるのであれば，ADRにおいて反対している債権者も，合理的に判断すれば，ADRの中で譲歩して合意に至ることになろう。しかるに，法的手続への移行が実際には困難であると債権者が判断すれば，以上のようなメカニズムは働かず，結果として，反対債権者が自己の立場に固執し，不当な要求を継続するおそれがあろう。俗に言う「足元を見られる」わけである。以上のように，両手続の連続性を確保することによって，ADRにおける合意調達の可能性が高まることが期待される[5]。

5）　このような効果はADR一般において認められる（ADRと裁判手続の間の手続移行の問題一般については，山本和彦＝山田文『ADR仲裁法』（日本評論社，2008年）85頁以下参照）。ADRの充実活性化を目的としたADR法（裁判外紛争解決手続の利用の促進に関する法律）において，たとえば，認証ADRにおける時効中断効を認めたこと（ADR法25条）は，ADRが失敗した場合にも円滑に訴訟手続に移行することを可能

次に，法的倒産手続の側のメリットとしては，以下のような点がある。すなわち，事業再生 ADR が実効化すれば，そもそも法的倒産手続に入る事件が減少するとともに，法的手続が迅速・円滑に進行することが期待できる。敷衍して述べれば，第1に，前述のように，両手続の連続性の確保によって ADR における合意が容易になれば，それによって解決できる事件が増え，結果として法的手続により処理すべき事件は減少する。換言すれば，当事者間でどうしても合意できない困難な事件のみが法的手続に来ることになる。それは，単に裁判所の負担軽減をもたらすだけではなく，本来裁判所の助力が必要な事件に対して，裁判所の有限かつ貴重な資源を集中して投下することができることを意味する[6)]。第2に，ADR から法的手続に事件が移行してきた場合において，仮に ADR における合意が法的手続でも一定の範囲で尊重されるとすれば，それに基づき法的手続を進行できることになり，その進行，すなわち事業再生が容易になる可能性があろう。事業再生にとって最も重要な要素の1つがスピードであることは言うまでもない。法的手続の中ですべてが一から始まるよりも，ADR における既存の成果を活用することができるとすれば，法的手続のスムーズな進行が可能となり，結果として事業再生という法的手続の目的の実現の可能性が高まるものと解される[7)]。

にし，その結果として ADR による解決が活性化することを期待したものである。

6) このような資源の「選択と集中」という発想は，法曹人口の増大に伴う事件数の増加や社会の複雑多様化に伴う事件の質的困難化の予想される今後の民事司法において，一般に重要な意味をもち，その中で ADR に期待される役割は大きいと思われる。

7) 一般の ADR においても，ADR における争点整理等審理の結果を訴訟手続において活用することによって訴訟手続を円滑に進行できる利点がある旨が指摘される（これについては，たとえば，最高裁判所事務総局『裁判の迅速化に係る検証に関する報告書（施策編）』（平成 23 年 7 月）26 頁は「ADR 機関の手続において作成された主張整理結果や証拠等を訴訟で活用できる制度の導入」を提言する）。但し，このような訴訟における資料の活用が，他方では ADR の本来的な機能を阻害しうることも指摘されており（山田文「調整型手続における秘密性の規律」谷口安平先生古稀『現代民事司法の諸相』（成文堂，2005 年）415 頁以下など参照），事業再生 ADR の場合においてもそのような観点は有用であると考えられる。

3　総論的検討
——基本的考え方

以上のように，事業再生ADRと法的倒産手続の連続性を確保することが有用であるとしても，当然のことではあるが，そのような連続性確保を無制限に行うことができるものではないし，また行うべきものでもない。そこには一定の限界があると考えられ，そのような限界線を引くことこそが具体的な制度論・運用論の課題ということになる。以下では，具体的な場面においてそのような限界を考察する前提として，理論的・総論的な観点から，そのような限界がどこに在るべきであるのかを考えてみたい。

まず，最初のキーポイントになると考えられるのは，そもそも事業再生ADRをどのような性質の制度ないし手続として理解するか，という点であろう。その性質の理解によって，法的手続との関係が規定されていくからである。この点については，事業再生ADRもADR（裁判外紛争解決手続）の一種であることは言うまでもない。そして，ADR法はADRについて，「訴訟手続によらずに民事上の紛争の解決をしようとする紛争の当事者のため，公正な第三者が関与して，その解決を図る手続」をいい（ADR法1条括弧書），さらに，事業再生ADRが妥当する「民間紛争解決手続」は，「民間事業者が，（中略）紛争の当事者双方からの依頼を受け，（中略）和解の仲介を行う裁判外紛争解決手続」である（ADR法2条1号）。すなわち，これはあくまでも私的当事者間の和解の仲介に係る手続に止まるものである。その意味で，事業再生ADRは，法的な根拠を有するとしても，法的手続ではなく，私的整理の一種であることは言うまでもない。

事業再生ADRと法的手続との連続性の限界を考える際に，特に重要であると思われるのは，両手続における対象債権者の相違である。法的手続では，すべての債権者が対象となるが，事業再生ADRは金融債権者のみを原則的な対象とする手続である。その結果，仮に事業再生ADRの中ですべての債権者がある事柄に同意していたとしても，法的倒産手続との関係では，必然的に，一部の類型の債権者の部分的な同意に止まることになる。したがって，一般に，不利益を受ける債権者全員の同意の存在によってある法的効果の承認を説明できるとしても，法的手続との関係では限界があることになる。つまり，事業再生 ADR 手続中の取引の法的効果について，同意を根拠として法的手続において承認することには，必然的な限界があると解される。

以上のように，事業再生 ADR は一部債権者のみを対象にした和解の仲介という私的整理の一種であり，その意味で法的手続との性質の相違，それに伴う断絶の要素は否定できないが，他方で，事業再生 ADR の一定の特色についての配慮も必要である。それは，①債務者の経済状態が実質的な破綻状態であることが前提とされ，法的手続の発動要件と近似していること，②中立的専門家の関与，すなわち手続実施者の中立性・専門性の担保によって，純粋の私的整理とは異なり，手続の客観性・専門性が担保されていること，③法的手続における債権者とは（同一でない部分があることは前述のとおりであるが）相当の重複があり，少なくとも債権額から見れば重要性を占める債権者集団がすでに ADR の段階で関与しており，そのような債権者集団の同意を得て行われた行為は，法的手続の中でも一定の重みをもったものとして受け止める可能性があること，などの特徴である。このような特色は，一般的な私的整理の場合とは相当に異なり，事業再生 ADR と法的手続との同質性を担保する要素であり，両者の連続性を認める取扱いを支える根拠となりえよう。

以上のような点を前提に，著者はこの問題についての基本的な考え方として，以下のような認識を有している。すなわち，まず事業再生 ADR も法的手続も債務者の事業の再生を目的とする点ではまったく同じであることを確認すべきであろう[8)]。そうであるとすれば，事業再生 ADR の中で行われた取引等が事業再生に寄与した場合には，その内容はやはり事業再生を目的とする法的手続においても寄与するはずのものであり，法的手続の中でも尊重されてしかるべきであろう。その取引等が実際に事業再生に寄与しており，それによって得られた債務者の利益が当該取引等の負担に比して大きいとすれば，それは結果と

8)　ここでは再建型の手続のみを検討の対象として考えている。民事再生法の目的は「経済的に窮境にある債務者……の事業又は経済生活の再生を図ること」であり（民再1条），会社更生法の目的は「窮境にある株式会社……の事業の維持更生を図ること」である（会更1条）。

して，ADRに関与していなかった債権者の利益も増大していると解されよう[9)]。そこでは，パレート改善が実現されているのであり，ADR外の債権者についても，その利益を享受する反映として，その負担を引き受けさせることが相当であると解されよう[10)]。

以上のように，当該取引等が現実に債務者の事業再生に資することが証明できる範囲では，必ずしも事業再生ADRを前提にしないでも，それは法的手続において保護されるべきであり，現に一定の範囲で保護されている[11)]。しかし，以下のように，それでは解決できない問題がなお残される。第1に，ある具体的な取引等が事業再生に寄与したかどうか，必ずしも明確に認定できるものではない場合があるという点である。換言すれば，ある取引等による事業価値の増大ないしその毀損の回避は，その取引等がされなかったという仮定の場合との比較を常に免れず，高度の蓋然性をもった証明はそもそも相当に困難である。第2に，ある取引等が事後的に事業再生に寄与しなかったと判明した場合には保護されないとすれば，相手方の予測可能性が奪われるという点である。取引等の相手方としては，そのような不安定さが残るとすれば，あえてリスクを冒して危機状態にある債務者との取引等に応じなくなるおそれがある。

以上のような点を考えれば，事業再生ADRと法的手続との連続性を確保する措置を採用するに当たって，それが実効的なものとなるためには，① 具体的な事業価値の維持増大との個別的因果関係の厳密な証明がなくても，相当程度の蓋然性あるいは類型的な形でその保護を図る必要があり，また，② 取引等の相手方に予見可能性を付与するため，取引等の時点でそのような蓋然性等が認められるのであれば，事後的にその取引等が事業再生に寄与しなかったこ

---

9)　ADRに関与していた債権者については，当該取引等についてADR手続の中で，それらの者の同意が要件になっていたとすれば，すでに同意が存在することになり，それらの者の保護を問題にする必要はないことになる。

10)　逆に法的手続でその負担を免れ，取引による利益のみを取得する結果を認めることは，当該取引の相手方等との関係で一般に公平とは言い難い。

11)　たとえば，手続開始前の少額債権の弁済の規定（民再85条5項後段，会更47条5項後段）は，そのような考え方を背景にしているものと解される。このような見方について，JALの更生事件における商取引債権の弁済の取扱いとの関係で検討したものとして，山本和彦「JAL更生手続に関する若干の法律問題」事業再生と債権管理128号（2010年）6頁以下参照。

とが判明したとしても，なおそれを保護する必要があろう。そのような枠組みとして，事業再生 ADR の手続において，当該取引等が事業再生に寄与することが手続実施者等によって合理的に認定され（さらに債権者によって承認され）たのであれば，それを法的手続においても尊重してよいのではないか，と考えられる。これは，上記のような事業再生 ADR の特色に鑑み，法的倒産手続が開始してもおかしくない状態で，中立的専門的な第三者が事業再生のために当該取引等の必要性を認め，また倒産手続の債権者と大きく重なり合う債権者集団がそのような取引等に同意しているのであれば，基本的には，そのような取引等は，その段階で事業再生に資するものであったことが相当の蓋然性で証明されていると類型的に言えるのではないか，という考え方である。もちろん，前述のように，事業再生 ADR に関与していない倒産手続上の債権者の利益の保護はきわめて重要な問題である。そのような観点からは，以上のような基本的な考え方の下，前提として，具体的な制度ごとに，そのような合理的認定を可能にするような事業再生 ADR の仕組みの構築が必要になってこよう。そこで，以下では，各論として個別の問題に応じて，以上のような総論的立場を若干敷衍していくことにしたい。

4 各論的検討

以下では，各論的な問題として，事業再生 ADR の中で行われる取引等として，融資債権の問題（いわゆるプレ DIP ファイナンスの問題），商取引債権の問題，スポンサー契約の問題について，順次検討していくことにする。

(1) 融資債権について（いわゆるプレ DIP ファイナンス）

事業再生 ADR の過程で債務者会社が新たな資金を必要とする場合において，融資を受ける必要があるが，債務者会社が必ずしも十分な担保を供することができないことも考えられる。そのような場合に，事業再生 ADR が将来失敗して法的手続に移行した際に，融資債権の回収が保護されない（一般更生債権・再生債権にしかならない）とすれば，債務者が融資を受けることは困難になり，ひいては事業再生 ADR による事業の再生は困難になる。そこで，この問題については，事業再生 ADR の創設当初からすでに一定の対応がされている。すなわち，事業継続のための不可欠性及び当該債権の優先性に対する債権者全員の同意を前提に，ADR 機関の確認（産活法〔産業活力再生特別措置法〕52条）[補注2]を受けた借入れについては，再生手続又は更生手続において，他の債権との間に権利変更の内容に差を設けても衡平を害しない場合（民再155条1項，会更168条1項）に該当するかどうかを裁判所が判断するものとされている（産活法53条・54条）[12][補注3]。

以上のように，この点ではすでに，事業再生 ADR と法的手続との連続性の確保について一定の対応がされているところである。問題は果たしてそれで十分か，という点にある。第1に，この規定はあくまで考慮規定にすぎず，考慮した結果は全面的に裁判所の判断に委ねられている。その結果，結局優先的な取扱いはされないという可能性が常に残り，融資債権者の立場からは予測可能性を確保できていないことになる。第2に，融資債権者はいずれにしても計画弁済を強いられる結果になる。すなわち，共益債権などとは異なり，法的手続中には回収できないことになる。

そこで，この局面での連続性をより円滑に確保するため，以上のような問題に対処しようとすれば，考えられる改正の方向性としては，以下の2つのものが思いつく。すなわち，(a) このような融資債権について共益債権化の規定を設けること（これによれば上記のいずれの点についても対処が可能である），(b) 法的手続中の弁済可能性を認める規定を設けること（これによれば第1の問題には対処できないが第2の問題には対処が可能である）が考えられよう。

まず，(a)の共益債権化についてであるが，これは事業再生 ADR の過程での貸付債権について，常に優先権を認めるという意味で，きわめて強力な権利を付与することになる。共益債権化するということは結局，手続債権者が自分の計画弁済分から拠出して当該債権者に弁済するという理論的な性格をもつものであり，当該債権者が事業再生に対して実際に寄与していることが大前提にな

［補注2］　産業活力再生特別措置法（後に産業活力の再生及び産業活動の革新に関する特別措置法）は，2013年12月の「産業競争力強化法」の制定により廃止され，同法の中に吸収されている。本文の条文は，産業競争力強化法58条に相当する。

12）　この制度の詳細については，本書第16章386頁以下参照。

［補注3］　これは，産業競争力強化法59条及び60条に相当する。

ると考えられる。現行の事業再生 ADR の仕組みでも，確かに ADR 機関が事業継続のための不可欠性を審査することになっているが，国による認証認定は受けているとしても，そのような民間の機関に裁判所に代替する権限を認め，実質的に債権者の権利を処分する効果[13]を認めることまでできるのか，疑問は否めない。そのような代替が認められないとすれば，裁判所による共益債権化の許可をかませる制度構成が問題となろうが，それは次の(b)の制度と大きな違いはなくなる。

そこで，(b)の法的手続中の弁済可能性を認める案であるが，これは，再生債務者又は管財人の判断＋裁判所の許可によって弁済を認めるものである。そして，そのような裁量的な弁済可能性の前提として，やはり事業再生への実際の寄与が前提となるべきであろう。現行法でも，その債権者との取引が事業の継続に不可欠であり，かつ，それが少額債権である場合には，裁判所の許可により弁済を認めるスキームが存在する（民再 85 条 5 項，会更 47 条 5 項）。本章で問題とする場面は当該債権の性格（過去に事業再生に寄与したか）を問題にし，少額債権弁済の制度は当該取引の性格（将来的に事業再生に寄与するか）を問題にする点で，観点を異にするが，1つの制度的可能性としては，その債権＝融資が事業再生に寄与する旨の専門家＝事業再生 ADR 機関の認定が存在し[14]，かつ，法的手続においても当該債務の弁済に基づいて債権者が融資（取引）を継続する約束があり，その融資が事業の再生にとって有益であるとすれば，少額性の要件を外して，裁判所は弁済を許可することができる旨の規定が考えられるであろうか。これは，過去に事業再生への寄与の蓋然性があり，将来も寄与するであろうと認められる債権者に優先性を付与する考え方であり，債権者からも比較的異論は出にくいのではないかと思われる[15]。

---

13)　ADR 手続に関与していない債権者の将来の計画弁済の一部を予め処分する効果をもつ措置ということになる。

14)　前述のように，これは事業再生への実際の寄与を担保するものではないが，融資時点における寄与の蓋然性の存在を証明するものとはいえよう。

15)　もちろん，これによっても結局，最終的には裁判所の判断に委ねられることになり，融資段階での完全な予測可能性は担保できない（前記の第1の問題には応えられない）。ただ，それでも現在に比べれば，融資債権者の地位を安定させる効果は期待できるのではなかろうか。

(2) 商取引債権について

以上にみてきた現在の考慮規定の対象は，「資金の借入れ」，すなわち融資債権に限定されている。このような限定はやや異例のもののようにも思われる。かつて平成 14 年の会社更生法の改正の際に，商取引債権者等は手続の対象から除外し，金融債権者のみを対象とする特別の手続（「特定更生手続」などと呼ばれた）を創設できないかが議論された。しかし，そこでは，金融債権，すなわちファイナンス性を限定することの難しさが論じられた。大口の商取引債権者（商社等）による弁済の猶予は実質的経済的には融資と同じ機能（信用供与機能）を果たしている。そうであれば，このプレ DIP ファイナンスに関する規定がなぜ商取引債権その他の債権を対象にしていないのか，が疑問となりうる[16)]。換言すれば，「資金の借入れ」に対象を限定する規律に合理性は少ないのではないかという疑問である。

そのような考え方を前提とすれば，商取引債権についても，融資債権と同じ内容の考慮規定を設けることが考えられる[17)]。しかし，この場合，融資と商取引とは前提を異にする面があることも間違いない。第 1 に，事業再生 ADR では商取引債権は当然に弁済されることが前提になっている（それに対し，金融債権は拘束されることが前提になっている）[18)]。第 2 に，融資を受ける場合には債権者会議の議決（合意）が必要であるが，商取引についてはそのような合意は不要とされ，むしろ当然に取引の継続が前提とされている。

以上のような融資債権と商取引債権の性質の差異を前提にすれば，考えられる規律としては，以下のようなものがありえよう。すなわち，(a) すべての商取引債権を規律の対象として優先的取扱いの余地を認める方法，(b) 事後的に商取引債権の有用性を裁判所が個別に判断する方法，(c) 商取引債権にも事前の債権者会議の議決及び ADR 機関による確認の手続を設ける方法である。

---

16)　前述の民事再生法 85 条 5 項や会社更生法 47 条 5 項の弁済許可の規定は，実質的には商取引債権を対象とするものであるが，規定上は対象債権の範囲を限定していない（金融債権等も含みうるものとなっている）。

17)　さらに，前記 (1) によって弁済許可等の規定を設ける改正がされる場合には，それと同旨の規律を商取引債権との関係でも置く可能性もある。

18)　これはあくまでも ADR 開始前の債権に関する話であり，開始後の債権には直接は妥当しないが，基本的な手続の性質に関する問題である。

このうち，(a)は，確かに債務者の判断で取引を継続することができる現在の仕組みに適合的な規律であると思われる。しかし，当該取引が事業の再生にまったく寄与しないものであった場合[19]（極端にいえば奢侈品の購入等の場合）にまで，それを他の債権者に優先させる根拠はまったくない。その意味で，このような規律は合理性を有しない。そこで，それが事業の再生に寄与する可能性があったかどうかを事後的に裁判所に判断させるとすれば，(b)の考え方になるが，はたして裁判所にそのような判断ができるのかという問題を生じる。会社更生法 47 条 5 項などで裁判所に求められるのはあくまで今後の見込みに関する判断であるのに対し，これは遡及的にそのような取引が当時の状況を前提にして合理的であったかどうかという判断であり，きわめて困難なものになることが予測される。

そうだとすれば，結局，ADR の手続中においてその時点で予め取引の有用性を判断する仕組みを設けるほかはないのではなかろうか。つまり，(c)の方法であり，結局，現在の融資債権とパラレルな制度を設けるということになる。ただ，融資の場合に比べて，商取引は数も多く，債権額もそれほど大きくないのが通例であろう。それにもかかわらず，すべての取引について，事前に債権者会議の同意を得るものとすることは余りに煩瑣である。そこで，たとえば，一定額を下回るような取引[20]については，債権者の同意を省略し，手続実施者の確認を求めることで足りるようにも思われるし，このような確認も個別認定では煩瑣になるので，ある程度包括的な形で確認することも認める余地はあろう[21]。

(3) スポンサー契約について

最後に，スポンサー契約の問題であるが，これを法的倒産手続との連続性の観点から考えるとき，2 つの問題があると思われる。1 つはスポンサー契約自体の尊重の問題であり，もう 1 つはそれが尊重されない場合の違約金条項等の

19) より厳密にいえば，その取引の時点においても事業の再生への寄与が合理的に予見できないような場合である。
20) 融資についてもこのような枠組みにする可能性はあろう。
21) 法的手続における手続開始前の共益債権化に近いイメージの運用になろうか。

尊重の問題である。

まず前者については，事業再生ADRと法的手続の連続性の側面のみを考えれば，スポンサー契約をそのまま尊重するのが最も実効的である。しかし，前述のように，両手続を構成する債権者群の相違を考えれば，事業再生ADRにおいてそのようなスポンサーが債権者の同意を得たからといって，法的手続の債権者が同様にそれを受け入れなければならない必然性は存在しない。その意味で，やはり基本的にはADRプロセスにおけるスポンサー契約をそのまま法的手続で尊重することはできないであろう。結局，法的手続においては，再入札を含むスポンサー選定プロセスを再施せざるをえない。ただ，そのような前提に立つとしても，事業再生ADRのスポンサーに一定の優位性を認めることができないかはなお問題となりうる[22)]。たとえば，法的手続において事業譲渡等をする場合には，ADRにおけるスポンサーが提示していた価額を最低限10% 上回る価額で譲り受けなければならないといった入札方法をとるというようなものである。すなわち，法的手続における入札に一定割合のプレミアムを前提とする考え方である。このような考え方は，事業再生ADRの時点で，一定のリスクを前提に手を挙げたスポンサー候補の既得権を尊重するとともに，法的手続における入札が一種の「後出しジャンケン」になることに配慮したものである[23)]。これは，やはり倒産債権者の利益を害する場合はありうるが[24)]，事業再生ADRにおけるスポンサー候補の存在による事業価値毀損の回避をも考え併せるならば，債権者の地位を不当に損なうものではないという理解もありえないではなかろう。その意味では，検討に値する制度ということになる。

後者の問題は，基本的には上記(1)や(2)と同旨の問題であると思われる。すなわち，当該スポンサーは危機時期にスポンサーとなることを約束することに

22)　このような観点から参考になると思われるのは，いわゆるストーキング・ホースの考え方である。ストーキング・ホースについては，事業再生関連手続研究会（前掲注3)）における高木新二郎弁護士の報告（高木新二郎「ストーキング・ホース・ビッド」http://www.meti.go.jp/committee/kenkyukai/sansei/jigyo_saisei/pdf/003_05_01.pdf）など参照。

23)　同様の考え方はすでに，破産法における担保権消滅制度における買受申出価額の増額の手続などにもみられる（破188条3項）。

24)　たとえば，5% の上乗せであれば買ってもよいと考える者がいたとしても，その者は入札を断念し，結局その5% 分は債権者への弁済に回らなくなる。

よって債務者の事業価値の毀損を防止したとすれば，それによって債権者は弁済増加の利益を得ていることになる。そのようなスポンサー候補者の貢献を他の債権者の負担によって賄うとしても，そのスポンサーがいなかった場合の事業価値の毀損を考慮すれば，パレート改善になっているという理解である。したがって，スポンサーがそのために負担したコストについては，理論的に優先性を認める余地があると考えられよう。問題はその範囲である。実費に相当する部分（スポンサーから債務者への人の派遣や資金の援助等）については，(1)や(2)と同様に，債権者の同意と手続実施者の確認によって保護の対象とする可能性があろう。しかし，問題は，①スポンサー候補に生じる無形のコスト（リスクをとったことによるプレミアム等）や，②違約による損害賠償相当分である。これらについても，それがスポンサーになるための必要不可欠のコストであるとするならば，優先性を認めて保護する余地はあろう。ただ，実際にはその金額を厳密に算定することは難しく，他方でスポンサーと債務者が合意した金額（いわゆるブレークアップ・フィーの額）をそのまま前提とすることができないことも明らかである。その意味で，この点は，現行法の枠組みでいえば報奨金（民再 91 条，会更 124 条）として裁判所の裁量に委ねるのが穏当であろうが[25]，一定の相場が形成されてくれば，上記のようなスキーム（債権者の同意＋ADR 機関の確認，さらには裁判所の許可）に載せていく可能性はあろう。

5 おわりに

著者はかつて，法的整理による事業価値の毀損を恐れることによって，私的整理の枠組みを強化することは，結果として，当該私的整理をとることによる事業価値の毀損をもたらし，「無限後退」に陥るおそれがあることを警告した[26]。しかし，事業再生 ADR は，現在そのような無限後退を巧妙に回避し，事業再生の手法の１つとして順調な発展を遂げているということができる。そこで，事業再生 ADR と法的整理との連続性をより有効に確保することによっ

25）もちろんこのような制度構成は，スポンサーとなる者の予見可能性を害し，結果としてスポンサー候補の幅を狭めるというデメリットがあることは否定し難い。

26）山本和彦「『無限後退』からの脱出を目指して」NBL 800 号（2005 年）91 頁参照。

て，ADR・法的整理双方の更なる活用の方途を模索しようとしたのが本章執筆の目的であった。そのような目的を達することができたかは疑問であるが，本章の問題提起を契機としてこの分野の議論が一歩でも前に進むことを希望したい。

（初出：松嶋英機先生古稀記念論文集『時代をリードする再生論』
（商事法務，2013 年）255 頁以下）

Ⅶ　民事執行

第18章

強制執行手続における債権者の保護と債務者の保護

1 問題関心

本章の問題関心は，強制執行手続における債権者・債務者間の利害のバランスを再調整する必要があるのではないか，という点にある。私見では，現在の執行法制およびその運用は，やや債務者の利益の保護に傾いているように見受けられる。このことは，ある意味でやむをえないところである。執行手続の現場は，債務者対国（執行機関）という対立局面であり，そこでの問題の定式は，国家権力の行使からの市民の保護ということになりがちだからである。しかし，言うまでもなく，そこでの国家権力の背後には債権者というもう１人の市民が存在するのであり，実質的な利害対立は債権者と債務者との間にある。そうだとすれば，債務者の利益保護を図る際には，常にそれによって自己の権利の実現が阻害されるおそれがある債権者の利益を比較衡量しなければならないはずである。しかも，ここで注意しなければならないのは，強制執行の場面では，原則として，すでに債権者の権利の存在は公証され，前提とされてよいという点である[1)]。つまり，問題は，基本的には，債権を有しながらその実現を得られない債権者と，債務を負担しながら履行をしない債務者との対立と定式化できる[2)]。そうであれば，特段の事情のない限り，債権者の権利実現が実効的に

1)　確定判決であれば既判力という形で明確になっているし，その他の債務名義についても，何らかの形での裁判所の公権的判断が存在するか，または債務者の債務存在にかかわる意思表示（黙示のものも含む）が存在する。

担保されるように配慮することは，自力救済を禁じ，権力を自らに集中した国家の当然の責務である。

このような点は，司法制度が改革され，民事訴訟が利用しやすいものとなり，一般市民も訴訟を利用して判決を取得し，それに基づき強制執行をすることが増えてくると，より大きな問題となってくる。訴訟制度を利用する市民にとって，その目的は，言うまでもなく，判決を得ることではなく，判決に体現された権利内容を実現することである。ところが，仮に判決を取得できたとしても，それを強制執行することができなかったときは，市民の司法制度に対する不満は，訴訟が利用できない場合よりも，かえって大きくなるおそれすらあろう。けだし，すでに国から自己が正当な権利者であることが公認されていながら，その内容を司法が実現してくれないことになるからである。この点が，今般の司法制度改革において，執行制度の改善が強く求められた理由であったと思われる[3)]。

以上のように，債権者の権利実現の担保という観点から，強制執行手続のあり方が見直されるべきものと考えるが，それでは債権者の権利を強化すればそれだけでよいかといえば，やはりそうは言えない。債権者の権利を強化し，執行手続がより利用しやすいものとなっていく中で，債務者の利益保護が本格的に問題とならざるをえない。そのような目で見直してみると，現在の強制執行手続は必ずしも十分でない面もあるように見受けられる。真に必要な場面では，債務者の手続上の権利を拡大し，それによって債権者の権利実現が一定程度阻害されることになったとしても，それを正面から容認する必要があろう。重要なのは，そのような権利保護を不透明な形で（たとえば，執行官の事実上の措置というような形で）行うのではなく，より制度的に目に見える透明な態様で行い，

---

2)　この点が，原告が権利を主張していてもそれが真に存在するか否かは審理をしてみなければ分からない訴訟手続との大きな違いである。訴訟では，被告の側が不当な訴訟に巻き込まれているという事態を常に想定して議論を立てなければならないが，執行の場面ではそのような懸念は原則として不要である。

3)　伊藤眞ほか「座談会・司法制度改革の視点と課題」ジュリ 1167 号（1999 年）57 頁〔山本和彦〕参照。このような著者の認識について，「少額訴訟の欠席判決を得たものの請求金額を手にすることが容易でない現実に直面する彼らの戸惑った様子を見ていると」「全く同感である」とされるのは，相原尚夫「少額訴訟の実務覚書」判タ 1047 号（2000 年）40 頁参照。

それに対する批判（があるとすれば，それ）を正面から受け止め，制度を構築していくという態度であろう。

以上のような問題意識に基づき，以下では，債権者の権利保護の拡大（*2*参照）および債務者の権利保護の拡大（*3*参照）につき順次論じていくが，具体的に取り上げる問題は，著者の能力・関心から大きな制約を受け，決して網羅的なものではないことを最初にお断りしておく。まず，債権者の権利保護の点であるが，著者の見るところ，現在の強制執行制度は，具体的な執行手続のあり方もさることながら[4)]，それを利用する手段の担保ないしその多様性の欠如に，より重要な問題があるように思われる。そこで，第1に，強制執行手続に入っていく可能性を拡大するため，債権者による債務者財産の把握方法について検討し，第2に，多様な強制執行方法を認めることにより強制執行の実効性を確保するため，間接強制の強化について考えてみる。次に，債務者の権利保護の問題であるが，この点についても，差押禁止等個別的な問題もあるが，より一般的な論点として，金銭執行に絞って，苛酷な執行からの債務者の保護の問題を考えてみる。この点で，現在の執行実務の運用が債務者利益を著しく害しているとは考えないが，その利益調整の不透明性という点がここでの問題意識である。この点をより透明なものとし，制度の正面からその保護を考えてみたい。また，検討の手法としては，著者の能力の関係で，ドイツ法及びフランス法における制度構成を参考に検討を進めてみる[5)]。上記のような点は，現在，まさに民事執行法の改正として論じられているところであるが[6)][補注1]，本章

4)　現在の執行手続に問題がないというわけではない。たとえば，動産執行については，現在の軒下競売が望ましくないとの認識には大方のコンセンサスがあるように思われる。また，債権執行についても，より優先性を拡大する方向での制度改正は考えられるかもしれない。

5)　独仏法の比較研究については特に，F. Werth, Der Ausgleich des Gläubiger- und Schuldnerinteressen im französischen und deutchen Zwangsvollstreckungsrecht (1997). 本章の叙述も，同研究に負う部分が大きい。

6)　この点について，本章の取り上げた課題について包括的かつ周到な検討をされるものとして，福永有利「民事執行の実効性を高めるための方策」銀法601号（2002年）81頁以下参照。

［補注1］　本章は，司法制度改革審議会の議論等を経て，法制審議会担保・執行法制部会において民事執行法の改正が論じられていた時期に執筆されたものである。同部会の答申に基づき，いわゆる平成15年担保執行法改正が行われた。同改正については，谷口

は直接それに寄与することを目的とするものではなく，前述のような，より一般的な理論的関心に基づく。著者個人としては，かつて責任財産である賃金債権についての債権者・債務者の利益保護のあり方を検討したが[7]，本章はそれをより一般化した問題意識に基づくものである。

2 適切な債権者保護

(1) 債務者財産情報の開示

(a) 問題の意義

強制執行において，債権者の権利の適切な保護を図るための１つの，そしておそらく最大の問題は，債権者が債務者の責任財産の内容を知り，自己の債権回収のために資産を特定して，強制執行の開始を申し立てる必要がある点にある。理論的には，債権者が債務者を特定して強制執行を申し立てれば，執行機関の側が債務者の資産を調査し，必要十分な財産の差押えをしてくれるような手続も考えられないわけではない。しかし，管見の限りでは，そこまで債権者にサービスをするような制度は存在せず[補注2]，執行対象財産の特定は債権者の責任とされるのが一般である。そうだとすれば，債権者による債務者の資産情報へのアクセスが，債権者の適切な権利保護を図るに際して，大きな問題となる。ただ，従来はこの点はそれほど大きな問題として意識されなかった。確かに，人の保有する資産の内容が，不動産・動産など一般に目に見えるものであることが多かった時代には，特段の制度を用意しなくても，債権者は容易に差押対象財産を把握できたであろう。しかし，大量生産・大量消費社会の進展の中，動産の資産価値は下がり，他方で資産の中で債権の占める割合が高まった[8]。現金が銀行預金債権となると，債権者にとってその把握は著しく困難と

園恵＝筒井健夫編著『改正担保・執行法の解説』（商事法務，2004年），道垣内弘人ほか『新しい担保・執行制度〔補訂版〕』（有斐閣，2004年）など参照。

7) 山本和彦「消費者信用における賃金の責任財産性の検討」三ケ月章先生古稀祝賀『民事手続法学の革新（下）』（有斐閣，1991年）279頁以下参照。

[補注2] ただ，中国の執行制度はこれに近い性質を有するようであり，裁判所が債権者の執行申立てを受けて，債務者の責任財産等の調査を自ら行い，債権全額の回収がされない限り，執行手続が終了しないものとされる。この点については，一橋大学大学院博士課程の史明洲氏のご教示（同氏の修士論文）に負う。

なる。また，知的財産権などそもそも目に見えない財産が重要な価値を持つ方向にある。従来はさまざまな弥縫策で問題を回避してきた[9]が，今やそれも限界に達しつつある。いわゆる証券化の発達なども，そのような傾向を助長するものと考えられよう。

以上のような「目に見えない」資産を債権者がいかに把握し，適切な強制執行申立てをすることを保障するか，が現代執行法の中核的課題となっていると言って過言ではない。したがって，この問題を司法制度改革審議会が執行制度改革の中心の1つとしていることは[補注3]，きわめて適切なものと考えられる。そして，この点は，諸外国においても大きな課題として認識されている。著者がかつて出席の機会をもった欧州評議会（Council of Europe）の民事執行セミナー[10]においても，債権者による債務者財産の把握方法を重要な課題とする点で，各国代表の認識は完全に一致していた。日本でも，裁判制度が今後真に国民に利用しやすいものとなれば，従来は訴訟を利用しなかった者が債務名義を取得する機会が増大することは必至である。その場合に，強制執行が制度の不具合の結果，効を奏さないとすれば，その際の国民の司法制度に対する不信は，債務名義を取得できないで諦めていた場合以上のものになるおそれがあろう（前出注3）も参照)。その意味で，この問題についての検討は喫緊の課題と考えられる。

(b)　ドイツ・フランスの制度

この問題については，すでにドイツ法については詳細な紹介があるし[11]，また，フランス法に関しても，かつて著者は若干の紹介を試みたことがあ

8）　不動産は資産としての価値が依然大きいとしても，金融制度が発達する中で，それが担保に取られる割合が増大し，一般債権者による強制執行の引当てにはならなくなっていった。

9）　たとえば，銀行預金債権の差押えについて，その種類や支店等の特定を緩和して申立てを認める傾向などは，このような回避策として位置付けることができよう。

［補注3］　司法制度改革審議会意見書は，Ⅱ第1の6「民事執行制度の強化――権利実現の実効性確保」の中で，「民事執行制度を改善するための新たな方策」として「債務者の財産を把握するための方策」などを導入すべきものとしている。

10）　Council of Europe, The execution of court decisions in civil cases（1998）, p. 137.

11）　特に，内山衛次「強制執行における債務者の財産開示」大阪学院大学法学研究25巻1号85頁以下，同2号33頁以下（1998～1999年）参照。

る[12]。そこで，詳細はそれらの文献に委ねることとし，以下では，本章の叙述に必要な範囲でその概略を概観するにとどめる。

(i)　ドイツ法

ドイツ法における債務者情報の開示制度として，宣誓に代わる保証の制度（ド民訴807条・899条）と執行官による質問の制度（ド民訴806a条）がある。

まず，宣誓に代わる保証は，ドイツ民事訴訟法制定以来の制度であるが，当初，立法者にとっては，有効な権利実現のための最後の手段として考えられていたようである。まず，開示宣誓義務の要件であるが，(a) 強制執行の失敗又は見込みのなさが必要とされる（ド民訴807条1項1文)。この点は，動産執行については，執行調書や執行の不奏効確認書等で証明される。これに対し，不動産執行については，同等の迅速・簡易な救済を保障しないので，本要件についてはカウントされないものとされる。他方，差押え可能な債権が顧慮されるかについては肯定説が通説であるが，執行による回収の見込みのない旨の疎明でも十分とされる。次に，(b) 金銭支払に向けられた（仮）執行可能な債務名義を債権者が所持していることが要件とされる。執行の見込みがない場合でも，何ら債務名義を有しない債権者にまでこの制度の利用を認める必要はないからである。ただ，執行失敗の見込みがある限りでは，仮差押命令でも開示宣誓の申立ては可能とされていることに注意を要する[13]。

以上のような要件を満たす場合に，宣誓に代わる保証の手続が行われる。同保証手続は，開示宣誓のための期日指定を求める債権者の申立てにより開始する（ド民訴900条)。その申立てに対し，債務者が3ヵ月以内の弁済の見込みを疎明するときは，裁判所は開示宣誓期日を3ヵ月以内の日に設定することができる。当該期日では，債務者は執行可能な積極財産をすべて開示する義務を負う。債務者がここで不完全な開示や誤った開示をした場合には，虚偽保証罪（ド刑156条・163条）ないし詐欺罪（ド刑263条）により処罰される。開示期日は非公開で行われる。債務者が出頭し財産目録が提出されるときは，開示保証

12)　山本和彦「フランス新民事執行手続法について（上)」ジュリ1040号（1994年）71頁参照。

13)　なお，金銭執行ではなく，物の引渡執行においても，執行官が当該物を執行時に発見できなかった場合には例外的に開示宣誓が可能とされている（ド民訴883条2項)。

がされる。他方，債務者が欠席するか開示保証を拒否するときは，裁判所は債務者に対し拘禁命令を発する（ド民訴901条)。債務者の拘禁は執行官により執行され（ド民訴909条)，最大限6月間認められる（ド民訴913条)[14]。なお，開示保証の提供により，いつでも拘禁を終了することができる（ド民訴902条)。但し，拘禁の執行は債務者の健康上の重大な危機があるときには許されない（ド民訴906条)。

開示保証の効果として，「ブラックリスト」への掲載が認められている。すなわち，宣誓に代わる保証をした債務者及び拘禁命令が発令された債務者については，執行裁判所の管理する債務者表に掲載される。これは，取引の安全を確保するため，1953年に導入された制度である。従来は誰でも自由に債務者表を閲覧できたが，情報の自己決定権を侵害するとの批判があり，データ保護法制の発展や憲法裁判所の判断に基づき，1994年に法改正がされた。改正法では閲覧目的が制限され，閲覧は，強制執行，経済的義務の履行，経済的信用の確認，公的給付の付与要件確認，経済的不利益の回避を目的とする場合に限られる（ド民訴915条2項)[15]。債務者表への掲載期間は3年が原則であるが，債権者に弁済したり掲載理由が消滅したりした場合はより早い段階で抹消しうる（ド民訴915a条1項)。また，開示保証がされた場合には，再度の開示宣誓が禁止され，3年以内は他の債権者との関係で保証の必要はない。ただ，例外的に，債務者が財産を事後的に取得した事実の疎明がある場合や労働関係の変更があった場合にのみ，再度の保証義務が発生する（ド民訴903条)。そして，この場合に，宣誓保証の対抗を受ける債権者は，債務者の財産目録を閲覧謄写できる。当該債権者は，執行文ある債務名義を所持することが原則となるが，債務名義を有しない場合にも，法律上の利益を立証して閲覧を求めることができる。

---

14)　但し，裁判所が債務者について無資力の心証を持つ場合には，拘禁命令は認めないとするのが憲法裁判所の判例である（BVerfGE 61, 134)。しかし，債務者の資力は開示手続で初めて正確に把握されるとしてこれを批判するのは，O. Jauernig, Zwangsvollstreckungs- und Konkursrecht（20. Aufl. 1996), S. 133.

15)　さらに，債務者表の定期的複製については，商工会議所等特別の利益がある主体に限られる。そして，上記主体はそのメンバーのみに複製を交付ないし定期的配布できるにとどまる。

次に，執行官による質問の制度（ド民訴806a条）は，1990年12月17日法により，従来の実務運用を立法化したものである。その目的は，①債権者の満足の機会増大，②無駄な執行の防止による費用・時間の節約，③開示宣誓による執行裁判所の負担の軽減，④開示宣誓・債務者表への掲載を防止できる債務者の利益にあるとされる。ただ，この制度はきわめて緩やかなものであり，執行官の質問義務や債務者の制裁ある開示義務を定めるものではなく，執行官が確知した情報の一部を債権者に告知する法的根拠を付与するものにすぎず，執行の実効性を大きく拡大するものではないとされる。執行官が執行過程で取得した債務者の回答や文書閲覧の結果得た債務者の第三者に対する金銭債権に関する知識について，当該差押えが奏効しなかった場合か明らかに完全な満足に至らないと認められる場合に限り，債権者に通知することができる（ド民訴806a条1項)。開示要件は以上のように限定される上，執行官の質問に対し，債務者に回答義務はないとされる。ただ，債務者の回答が虚偽または不当なものである場合には，執行詐欺として処罰対象とされる。また，この制度は，執行官に債務者の住居への立入権や調査権を付与するものではない。文書の閲覧も，あくまで任意ベースのものに限られる。この制度による書類の探索だけを目的とした立入りは不適法とされ，債務者は拒否できる。但し，債務者が住居にいない場合に，差押えが奏効しなかったか明らかに完全な満足に至らないと認められるときは，執行官は，当該住居に居住する成人に対し，債務者の使用者につき質問することができる（ド民訴806a条2項1文)。ただ，この場合も当該者に回答義務はなく，執行官はその点を予め教示すべきものとされる（同項2文)。執行官は，この手続に基づき確知した事実を債権者に告知する権限を有する。これはあくまで権限の付与であり，義務ではない点に注意を要する。なお，執行官は，債務者の情報自己決定権を尊重し，企業秘密を保護するデータ保護義務を負うので，他の執行手続に情報を流用することはできない守秘義務を負う。この義務に対する違反は，執行官の責任を発生させる[補注4]。

［補注4］　この制度に関するドイツ法の近時の状況については，青木哲「ドイツ法からみた金銭執行の実効性確保」三木浩一編著『金銭執行の実務と課題』（青林書院，2013年）173頁以下など参照。

(ii)　フランス法

次に，フランス法であるが，フランス法は，債権者による債務者の資産情報獲得の手続として，旧法時代から利用されていた使用者のレフェレ手続への呼出しとともに，新民事執行法が新たに定めた検察官による開示手続を有する。まず，後者の開示手続は，執行士の申立てにより，検察官が，債務者の住所，使用者の住所，口座を有する金融機関の住所を調査する制度である（フ民執39条〔L. 152-1条〕1項）[補注5]。調査申立ての要件として，①債務名義を添付すること[16]，②事前に執行士によって十分な情報追及の努力がされたが失敗に終わったこと，③執行士により追及方法が特定されていることが規定されている。このうち，②の要件は，事前の追及努力が十分でないと判断するときは，検察官は開示手続を拒否できるとするもので，過度の負担から検察を保護する趣旨とされる[17]。そして，3ヵ月以内に結果に関する通知が検察官からないときは，調査の失敗が擬制され（同条2項），場合によっては債権者による検察の責任追及の可能性が開かれる。

以上のような手続に基づき，検察官から開示を求められた金融機関等は，原則として情報開示義務を負う。公的機関[18]については，上記の調査事項の範囲内で[19]開示義務が認められ，守秘義務を対抗できない（フ民執40条〔L. 152-2条〕1項）。そして，情報提供はアストラント（astreinte）により強制可能と解されている。次に，私的機関については，法律により預金口座の管理権限が認められている金融機関に対し，債務者名義の口座の有無とその開設場所の開示義務が認められる（同条2項本文）。これにより，債権者にとって最も確実な責

〔補注5〕　その後，フランスにおいては，民事執行法典が編纂され，既存の民事執行法の条文はこれに統合された（同法典については，山本和彦「立法紹介：民事執行法の法典化」日仏法学27号（2013年）154頁以下参照）。以下では，〔　〕内に同法典の対応条文番号を記載する。

16)　したがって，このような調査を保全の方法として用いることはできない。

17)　ただ，3,500フラン以下の少額債権に関する執行の場合には，使用者・金融機関の開示義務が8日以内に履行されないときは，執行士の追及努力義務なしに，検察官は調査義務を負うものとされ，手続が簡易化されている。

18)　これには，フランス銀行，郵便貯金，フランステレコム等が含まれる。

19)　法案段階では，公的機関の保有するすべての情報が対象とされていたが，プライバシー保護との権衡から，最終的には上記の情報に限定されたとされる。

任財産たりうる預金口座へのアクセスが保障される。但し，債務者のプライバシー保護のため，債務者の住所や使用者等上記以外の情報は，金融機関からの開示の対象とされない旨が明示されている（同条2項但書）。

次に，開示の効果に関しては，開示手続の濫用からの債務者の保護につき慎重な配慮がされている。すなわち，この手続により取得されたデータの利用等に関する厳格な制限が規定される。この手続により取得されたデータは，その請求の根拠とされた債務名義の執行に必要な範囲でのみ利用することができる（フ民執41条〔L. 152-3条〕1項前段）。この結果，データの他目的利用が禁止され，業務目的はもちろん，他の債務名義の執行にも利用できない。また，当該情報は，いかなる理由があっても第三者に漏洩してはならず，データベース化も禁止される（同項後段）。前記の義務違反については，1～5年の禁錮または2万～200万フランの罰金に処されるほか，懲戒や損害賠償も妨げられないとされる（同条2項）。以上のように，フランス法は，きわめて詳細かつ実効的な財産情報開示の手続を設けているが，実際の運用としては，（債務者のプライバシー保護等を完全にするため）必ず検察官を経由する方式を採用したところ，検察の人員不足のため，必ずしも十分な成果を挙げていないと評価されているようである。

新民事執行法の定める情報開示手続とは別に，旧法以来認められてきた債権者の情報収集の手続として，債務者の住所解明のための使用者のレフェレ呼出しの手続がある。これは，債務者の使用者が判明しているが，債務者の住所が明らかになっていない場合に，債権者が使用者をレフェレ手続に呼び出し，使用者に住所開示命令を発し，その開示をアストラントにより強制するものである。その根拠として，使用者による債務者住所の開示拒否は債権者の執行権の阻害として合理的な利益を欠くとの判断があるとされる。ただ，債務者のプライバシーの不当な侵害を防止するため，債権者が債務名義を所持することが要件とされる。この手続は，レフェレという簡易手続で開示を得られるため，検察官を経由する新法の手続より遥かに簡易なものとされる。そして，新法の開示手続は排他的な手続ではなく，従来のレフェレ手続も利用可能とするのが通説である。そのような別手続を認めることは，迅速かつ実効的な強制執行の保護という新法の目的に適い，また検察官の負担軽減にも繋がるからである[補注 6]。

(c)　日本法への示唆

(i)　制度の選択

以上のように，ドイツ法は債務者による財産情報開示の手続を主に採用し，フランス法は第三者に対する債務者財産照会の手続を主に採用する。これについて，ドイツ法は立法時からこの手続によるのに対し，フランス法では，法改正時に議会ではドイツ法類似の制度も検討されながら[20]，非効率として両院で否定された点が興味深い[21]。そこでは，ドイツ法のように，債務者の供述のみに基づく制度では虚偽供述のおそれが常にあり，虚偽供述に対する制裁が不可欠であるが，民事上の請求権を刑事罰で担保するのはフランス法の基本原則に反するとされ，結局，債務者の関与しない検察官の探知手続を採用したものである。フランス法がこのような態度を採ったのは，フランスでは，債務者財産，特に預金債権について有効なデータベースが存在し，それを利用するコストが大きくない点が重要と見られる。つまり，照会の負担は関係者にとって小さいし，実効性は大きいのである。これに対し，日本でそのような制度を採用するについては，実効性に疑問が大きいと言わざるをえない[22]。

以上のように，第三者に期待する開示制度は，現段階で一般的に採用することは困難と見られるが，なお対象を限定して導入する余地はあるように思われる。すなわち，現在，たとえば，預金保険法附則 14 条の 2 において，預金保険機構の職員による債務者財産占有者や第三債務者，資産譲受人等に対する質問権・帳簿提示請求権等が認められている[23]が，このような情報取得制度は，

［補注 6］　この制度に関するフランス法の近時の状況については，山本和彦「フランス法からみた金銭執行の実効性確保」三木編著・前掲［補注 4］124 頁以下など参照。

20）　R. Perrot, J. -Cl. proc. civ. 1993, fascic. 2010, n. 18.

21）　なお，財産照会手続は第三者に依拠するため，開示の範囲は，債務者による開示の場合に比べて狭くならざるをえない。その結果，このような方式は，有効な情報を第三者が保持していない限り，債権者にとってはやはり実効性に乏しいものになるおそれがあろう。

22）　預金の総合的データベースは現在存在せず，各銀行ごとに照会するのであれば，現在の第三債務者陳述の制度と大差ないと言えよう。ただ，これはあくまで現段階の話であり，将来的にデータベースの構築等が図られた際には，フランス方式も考慮に値しよう。

理論的には，金融機関の不良債権の回収時に限定する合理的な根拠があるわけではないように思われる。むしろ，たとえば，一定額を超える債権について，このような情報開示の方策を考えていく余地はあるのではなかろうか24) [補注7]。そして，このような調査について，特に公的機関の協力に関しては，一定の考慮を図りうるのではなかろうか。もちろん，ドイツ法やフランス法の経緯が示すように，個人情報保護や企業秘密との兼ね合いの問題は常に残るが，何らかの限定を付して開示を認める方向はありえよう。ただ，一般的な執行方法との関係では，債務者による情報開示の手続を整備する方途が現状では妥当と考えられる。

(ii) 財産開示手続

以上のように，原則的な開示の方法として債務者による財産開示の手続を構想するとしても，ここでは，その具体的な制度設計の詳細について立ち入ることはできない。ただ，制度の基本に関わる部分の問題として，開示手続開始の要件と違反に対する制裁の問題についてのみ簡単にふれておく。まず，開始の要件については，ドイツ法は，前述のとおり，差押えにより満足を得られなかったか，満足が得られないであろう旨の疎明を要件としている。この点は，開示に応じない場合の制裁との兼ね合いの問題であるが，制裁を後述のように重くする場合には，やはり原則としては執行に対する補充性を要求しながら，例外的に，一定の事由の疎明によって直ちに開示に入れる制度が相当ではないかと思われる25)。

次に，この制度を構築する際の最大の論点は，制裁の問題にあると考えられ

---

23) この違反については，50万円以下の罰金という刑罰が科される（預保附則24条2項）。

24) さらに，破産の場合について管財人の強制的な情報収集権限を拡大すべき旨の議論もある。これが実現すれば，包括執行と個別執行とを過度に切断することに疑問も呈されよう。

［補注7］ 平成16年の破産法の改正により，破産者の子会社等に対する破産管財人の調査権限が認められた（破83条2項。「子会社等」の意義については，同条3項も参照）が，一般的な第三者に対する調査権までは認められていない。

25) フランス法も，執行士による独自の情報収集の不奏効か，債務者の住居における執行の際の債務者による情報開示の拒否が要件とされ，開示は最後の手段として位置付けられている。

る。実際に宣誓がされた場合に，それが虚偽であったときの制裁は，偽証の問題として刑事罰の問題となると考えられるので，ここでは，開示手続への債務者の不出頭・不陳述に対する制裁の問題を考えてみる。ここで実効的な制度構成を図るため，ドイツ法のように，債務者の拘禁をも認める可能性が論じられるが，これに対しては，日本の法体系全体との整合性に欠けるとの批判がある。仮にそれを正しいとすれば，可能な制裁は，間接強制，過料，罰金等に限定され，その実効性に大きな疑問が生じることになる。けだし，ここでは，金銭執行の実施が困難になっている局面であり，それに対する制裁として金銭の支払を認める意味は小さいからである[26)]。しかし，著者は法体系全体の整合性に関しては，一定の説明は可能ではないかと考える。つまり，ここでは，債務者の不協力によって金銭執行の途が閉ざされている点に問題があるのである。間接強制という究極の強制方法も，最終的には金銭の賦課による制度であり，金銭執行がおよそ不可能であれば，機能の余地がない。このような問題の特殊性を勘案すれば，金銭執行の機能を最終的に維持するというこの場面に限って，身体執行を認めていく余地は十分にあるのではないかと思われる。その意味で，執行裁判所の命令による拘禁の制度を認めるような制度構成もなおありうるものと考える[27)][補注8]。

(iii)　債務者保護制度の併設

以上のように，債権者の権利行使をより実効的に保障するとして，それに対応して債務者の利益を保護する制度も併せて必要になると考えられる。1つは，債権者が以上のような手続によって取得した情報に対する保護の問題である。債務者の資産情報は，保護に値するプライバシー関係情報であり，債務者の情報に関する自己決定権を可及的に保護する必要があり，債権者の適正な情報開

26)　刑事罰として，懲役・禁錮まで認めれば，それなりに意味があるが，刑罰の均衡の問題のほか，偽証罪の立件実績に鑑みれば，実際に制裁として機能するかは疑わしい。また，罰金に代わる留置の制度は，余りに迂遠なものであろう。

27)　実定法の制度として，すでに破産法に，破産者の説明義務を確保するための引致の制度がある（破148条・154条〔現行法38条・39条〕）。実際の立法に際しては，このような制度を参考にする余地はあろう。

[補注8]　この点は，現行の財産開示制度においては認められていないが，立法論として債務者の監置処分を提言するものとして，執行法制研究会「民事執行制度の機能強化に向けた立法提案」三木編著・前掲［補注4］358頁以下参照。

示請求権と債務者の情報自己決定権との利害調整が不可欠となろう。この点で，フランス法は，検察官に権限を集中するとともに，情報伝達も債権者ではなく執行士のみを対象とし，執行士には第三者にその結果を漏洩してはならず，当該執行手続についてのみ利用可能とする義務を課し，その履行を刑事罰で担保している。また，ドイツ法は，財産目録の閲覧権を，執行官だけでなく，債権者やすべての第三者に認めている[28)]。その意味で，人格権への介入の度合いはドイツの方が遥かに大きく，ドイツの立法者は，債権者の執行権を債務者の情報自己決定権に比べてより重視していると評価できる（但し，債務者表の閲覧については一定の制限を課していることは，前述のとおりである）。日本法においては，少なくとも当面は，フランス法程度に債務者のプライバシーに慎重な配慮をすることが望ましいのではなかろうか。その意味で，債務者表は設けず，また債権者には守秘義務を課して，当該執行手続以外に情報を流用することを禁じ，それらの違反には刑事罰で対処する等の厳格な手続が必要であると考えられる[補注9]。

次に，債務者の差押可能財産の範囲を変更することも考えられてよい。けだし，財産情報開示制度の導入により債務者財産の透明化が図られ，従来は事実上債権者の攫取の対象とされていなかった財産の責任財産化がもたらされるため，そのような透明化の代償として，差押可能範囲を限定し，債務者の自由になる財産を正面から広げる必要があると考えられるからである。この点は，特に，多重債務状態にある個人や消費者債務者にとって大きな問題となろう。財産開示により，債務者の全財産が実際にも執行の引当てになることを考えると，むしろ破産の自由財産の拡大とパラレルに，その範囲を拡大していくことが妥当ではなかろうか。具体的には，賃金債権に対する差押範囲について差押最低額を認めるなど再検討の必要があるし[29)]，動産執行の差押可能上限額（民執

28)　この点は実効的な執行手続の追行に不可欠とされるが，それは，ドイツでは，執行の主導権が執行機関よりも債権者にあることの反映と言えようか。

［補注9］　現行の財産開示制度は，債務者表の制度は設けておらず（立法論として債務者目録制度の創設を提言するのは，執行法制研究会・前掲［補注8］「立法提案」364頁以下），債権者による情報の目的外利用については（刑事罰ではなく）過料の制裁を科している（民執202条・206条2項）。

29)　具体的な提言として，山本・前出注7）290頁以下参照。

131条3号参照）の引上げなども検討に値しよう[補注10]。

(2) 間接強制の活用

(a) 問題の意義

日本法においては，現在，強制執行方法としては，直接強制と間接強制の2種類がある。そして，現在の理解では，間接強制は直接強制によることができない場合にその利用が限定され（間接強制の補充性），原則として非代替的作為義務及び不作為義務の場合にしか利用できないとされる[補注11]。この点は，直接強制が実効的に機能している限りにおいて問題はないと言えるが，現在，金銭執行・明渡執行・代替執行など直接強制制度が十分機能していない場面があるとすると，このような制度構成には問題がありえよう。債務名義を有する債権者の権利を適切に実現するという本章の問題意識に鑑みれば，債権者の実効的な権利保護のため，間接強制制度の活用が有用な場面があると見られる。特に，弁済能力が十分にあるにもかかわらず弁済しない債務者に対する強制方法や建物明渡しで第三者占有により直接強制が困難な場合の強制方法などとして，実際にも間接強制が有効な履行方法となりうる場合はありえよう[30)][補注12]。そこで，以下では，このような間接強制制度の活用の可能性を検討する。ただ，間接強制の補充制の由来やそれに対する批判等についてはすでに詳細な研究もあるので[31)]，ここでは，補充性は克服されるべきものであるとの認識自体は

［補注10］　平成15年民事執行法改正によって，差押禁止現金について，従来の標準必要生計費1月分を2月分に拡大している（民執131条3号）。その趣旨について，谷口＝筒井・前掲［補注1］97頁以下参照。

［補注11］　後述のように，この点は，平成15年及び平成16年の民事執行法改正により拡大され，現在では，代替的作為義務，物の引渡義務及び扶養料等一部金銭債務にも適用されるに至っている。

30)　なお，金銭執行については，遅延損害金が間接強制の機能を果たすことも考えられる。この点で，たとえば，判決確定後は遅延損害金の率を増加する（民法419条を改正する）ような制度構成などもまた，考慮の余地があるように思われる。

［補注12］　民法（債権法）改正の中で，遅延損害金（法定利率）について市場金利に連動させて低下させる旨の改正案が議論されている。その関係で，注30）記載のような判決確定後の遅延損害金増加が更に考えられ（そのような立法論的提言として，執行法制研究会・前掲［補注8］「立法提案」369頁以下参照），著者も同改正に係る立案過程で問題提起したが，採用には至っていない。

議論の前提として，フランスの間接強制に関する判例等の展開を参考に，具体的な制度のあり方を考えてみる。けだし，日本の間接強制制度は，強制金を国家ではなく債権者が取得する点，拘禁が認められない点[32]などで，ドイツの強制金・秩序金の制度よりも，フランスのアストラント制度に近い側面を有すると考えられるところから，フランスの制度の展開が参考になると思われるからである[補注 13]。

(b) フランスの判例の展開

以下では，履行対象となる債務の性質に応じて，フランスの判例の事例・判断について簡単に紹介する[33]。まず，代替的作為債務については，フランス民法 1144 条により，日本の代替執行とほぼパラレルな執行方法が認められているが，それに加えて，確定判例はアストラントによることを認めている。まず，破毀院審理部 1900 年 2 月 6 日判決（S. 1904. 1. 397）は，通行権の妨害排除のために壁の取壊しが求められた事件で，下級審が一定期間内に取壊義務を履行しない場合に備えて仮定的なものとして損害賠償命令を言い渡したところ，破毀院は（理由は示さないものの）そのような言渡しが適法である旨を判示した。また，破毀院民事部 1913 年 1 月 20 日判決（S. 1913. 1. 386）は，債務者によって提供された装置の除去を求める事案で，下級審がその除去を命じるとともに，除去の遅延 1 日あたり 100 フランの支払を命じるアストラントを発したところ，破毀院は，損害賠償としてそのような支払を命じる権限は裁判所にあり，本件のような威嚇的支払命令の場合には，アストラントの額が損害額と正確に一致

31） この点で特に，森田修『強制履行の法学的構造』（東京大学出版会，1995 年）315 頁以下参照。

32） いわゆる人的執行については，フランス法は債務者の人格権保護を理由に，1867 年 7 月 22 日法により，民事債権の執行手段としては禁止することを明示している。これに対し，ドイツ法は，非代替的作為債務ないし不作為債務の執行方法として，人的執行を現在も認めている（ド民訴 888 条・890 条）。いずれも補充的なものであるが，非代替的作為債務につき，上限 2.5 万ユーロの強制金（Zwangsgeld）に加え，上限 6 ヵ月の強制拘禁（Zwangshaft）が認められ，不作為債務については，同様に，上限 25 万ユーロの秩序金と上限 6 ヵ月の秩序拘禁が認められる。

［補注 13］ フランスのアストラント制度全般については，大濱しのぶ『フランスのアストラント』（信山社出版，2004 年）参照。

33） 注目される点として，日本で中心的な適用領域と理解されている不作為債務について，実際には判例が少なく，実務的にも利用は多くないと言われている。

する必要はないとした[34]。なお，このように，すでに民法が債権者・債務者の適切な利益衡量を前提とした執行方法を定めているにもかかわらず，アストラントによる実例がある理由については，履行のイニシャティブを債務者に委ねることになる結果，債務者にとってより費用・負担の少ない方法で履行ができるという債務者にとってのアストラントの利点を強調する見解が存在する[35]ことは，注目に値しよう[36]。

次に，給付の債務は，アストラントの中心的な適用範囲と目されているものである。たとえば，動産の引渡しとして，自動車の引渡しについてアストラントを認めた破毀院民事第3部1966年12月12日判決（Bull. n. 478）及び書類の引渡しについてアストラントを認めた破毀院審理部1841年11月22日判決（S. 42. 1. 170）があり，不動産の引渡しとして，家屋の明渡しについてアストラントを認めた破毀院民事第3部1974年1月16日判決（Bull. n. 19）がある。さらに，非有体物の給付として，電気の供給について，1日あたり100フランの支払を命じるアストラントを相当とした破毀院審理部1897年12月1日判決（S. 99. 1. 174）がある。これらの領域において，破毀院の判例は，給付の目的物の種類や直接履行の難易等の事情は基本的に問題にせず，きわめて広くアストラントの利用を認めているように見受けられる。

最後に，最も興味深いのが金銭の給付に関するアストラントの適用の問題である。この点については，破毀院の判例の変転がある。まず，破毀院民事部1918年10月28日判決（S. 1918-19. 1. 89）は，金銭の支払義務について，下級審が一定の履行期限を設定して事前に期限徒過の場合の損害賠償を命じたとこ

34）　比較的近時の事案として，破毀院民事第3部1970年6月5日判決（JCP1970 Ⅳ 196）も，修理工事について，やはりアストラントの適用を認めている。

35）　P. Vellieux, note, JCP1956, Ⅱ, 9330.

36）　この他，代替的作為債務か非代替的作為債務かが微妙なものとして，建築工事の完成に関して仲裁判断において遅延1日あたり50フランの支払命令がされたが，威嚇的なもので裁判所による減額は可能としたものとして，破毀院民事部1882年7月25日判決（S. 1883. 1. 345）があり，相続財産の清算について，清算しない場合に関する相続財産に対する7万ルピーの支払命令は，威嚇的な損害賠償であり，正確な損害額についての説明義務はなく，定額であってもアストラントであり，遅延の期間に対応させる必然性はないと判示したものとして，破毀院民事部1933年7月5日判決（S. 1934. 1. 337）がある。

ろ，そのような事前の命令ができるのは，作為義務・不作為義務及び金銭以外の物の引渡債務に限定されると判示して破棄したものである。しかし，この判決に対しては，学説を中心に，損害賠償とアストラントの区別が不十分である旨の強い批判が加えられた[37]。このような状況の中で，従来の判例を変更したのが[38]，破毀院商事部 1956 年 4 月 17 日判決（JCP1956 II 9330）であった。この判決の事案は，原告が被告マルセイユ市に対して，すでに判決のあった収用補償金の支払を求めて，レフェレ裁判官にアストラントの申立てをしたもので，同裁判官は弁済期間経過後不払 1 日ごとに一定額の支払を認めたところ，原審であるエクス控訴院 1949 年 12 月 27 日判決（D. 1950. J. 80）も，金銭債務の不履行の際に，1 日あたり 1,000 フランの支払をレフェレ裁判官が威嚇的に命じることは適法であるとした。判旨は，上記命令は「義務の履行を拒否する債務者に対する制裁の警告（menace）」であり，「これによって，債務者は，その苛酷さが参考的（indicatif）な形でのみ表示される制裁にさらされることが警告され」，これは「義務の履行に対する抵抗を屈服させる一方法にすぎない」として，損害賠償とは明確に区別して金銭債務の履行に関するアストラントの利用を正面から容認した[39]。このような判例[40]は，「圧力の手段（moyen de pression）」としてアストラントを理解し，金銭債務の支払のため，より多額の金銭の支払を脅しとして命じることは非論理的ではないとする学説の流れに判例が合流したものと理解されている。

以上のように，フランスのアストラントは，あくまで任意履行に向けた 1 つの方法として位置付けられており，代替執行や財産執行が可能な場合には秩序

37） 代表的な見解として，R. P. Kayser, L'astreinte judiciaire et la responsabilité civile, Rev. trim. dr. civ. 1953, p. 209。この見解は，破毀院の判例変更にも大きな影響を与えたようである。

38） すでに同旨の判断を示したものとして，最高仲裁委員会 1939 年 3 月 29 日判決（Gaz. Pal. 1939. 1. 912）があった。

39） なお，本判決は，アストラントの利用を債権者が他の回収方法を持たないときに限定するが，これは本件の特殊性，すなわち債務者がマルセイユ市という公法人であることに由来し，一般的な意味での限定ではないと解すべきものとされる（P. Vellieux, op. cit. (35)）。

40） 金銭債務につきアストラントを認めた最近の判例として，破毀院社会部 1990 年 5 月 29 日判決（Bull. V 224）（労働債権の支払に関するもの）など参照。

罰等を認めないドイツ法とは異なり，代替的作為が可能な場合等にも認めている（フ民執33条〔L. 131-1条〕1項参照)。ただ，フランスの実務においては，上述の判例などからも分かるとおり，理論的にはあらゆる債務の履行についてアストラントの利用が認められるとしても，実際には，代替執行や物の引渡しなどで活用されており，金銭支払債務については，公共団体の債務支払，さらには賃金の支払や扶養料の支払等債務者が弁済資力を有しながら，嫌がらせや感情上の理由から故意に弁済をしないという悪質な場合に限定的に利用されるに止まっているようである。

(c)　日本法への示唆

(i)　適用される債務の範囲

以上のようなフランスの判例を前提に，日本法において得られる示唆を若干考えてみると，まず，適用される義務の範囲について，代替的作為義務に関し，代替執行の実施が実際には困難な場面は確かに存在すると見られる。そこで，選択的な方法として，間接強制によることを認めることに（間接強制の補充性という理論的問題を除けば）大きな問題はないと考えられる。次に，引渡・明渡義務についても，不動産等の明渡しを債務者が妨害し，または任意に引き渡さない場合には，確かに賃料相当損害金を請求することは可能であるが，それを超えた金額の強制金を課して，実効的に任意の明渡しを求める選択肢が債権者にあってもよいと思われる[補注14]。ここでの損害額と強制金額の齟齬については，不作為債務でもその違反に基づく損害賠償を上回る強制金は当然に認められているので，特別の問題はないと考えられる。その場合，具体的な金額は個別の債務者との関係で債務の履行を実現するのに必要な額として，裁判所が定めることになろう（したがって，債務者の資力が大きければ，より多額の強制金額を裁判所が命じる余地があることになる)。

間接強制の範囲について，最大の問題は金銭債務についても適用を認めるか，にある。確かに遅延損害金が一種の制裁的機能を有することは間違いないが（注30）も参照)，ここでも，具体的な債務者（特に大きな資力を持つ債務者）との

［補注14］　このような代替的作為義務や物の引渡・明渡義務についての間接強制の適用については，平成15年担保執行法改正において実現された（民執173条)。その制度に関する私見については，道垣内ほか・前掲［補注1］155頁以下〔山本和彦〕参照。

関係では，やはりそれを超えて，実効的な債務履行のために強制金の支払を認めてよいと考えられる。つまり，金銭債務の間接強制の実際の活用場面としては，債務額に比して債務者に十分な資力がありながら，意図的に弁済しない場合（たとえば，フランス法で利用されているという公共団体の債務や賃金債権・扶養料債権のほか，費用倒れにより執行しないことを債務者が見越して履行に応じない少額債権など）が考えられる[補注 15]。他方，債務者に資力がない場合には，間接強制としての実効性に欠けるので，債務者の申立てにより，裁判所は強制金命令の取消しを認めるべきであろう[補注 16]。このように制度を設計することができれば，消費者金融業者等による濫用の懸念は回避できるのではなかろうか。以上の点から，間接強制の適用債務の範囲に制限を設ける必要はなく，間接強制の補充性を一般的な形で外すことは可能ではないかと考える。

(ii) 執 行 方 法

次に，間接強制による方途が認められるとして，それ以外の執行方法が存する場合に，両者の執行方法の関係をどのように仕組むかが問題となる。すなわち，債権者の自由選択に委ねるか，一定の要件判断によって裁判所が決定するか，の問題である。(i) に述べたような理由で間接強制の方法を認めるとすれば，その選択についても，原則として債権者の自由選択に任せてよいのではないかと思われる。ただ，例外的に，間接強制が具体的な場面で実効性を欠き，債務者に無意味な損害を及ぼすと判断される場合には，債務者の申立てによって個別に強制金決定の変更・取消し（民執 172 条 2 項）を認めればよいであろう。

以上の延長線上における将来の課題としては，任意の債務履行を促進する方法として，判決の中で，債務者が債務を履行しない場合には，金 X 円の強制金の支払を命じうる旨の主文を掲げる可能性が検討に値しよう。これは，(b)

[補注 15] 金銭債務についての間接強制の適用については，平成 16 年民事執行法改正の際に議論されたが，結局，扶養料債権等限定的な範囲に限って実現された（民執 167 条の 15）。その制度については，小野瀬厚＝原司編著『一問一答平成 16 年改正民事訴訟法・非訟事件手続法・民事執行法』（商事法務，2005 年）149 頁以下など参照。

[補注 16] このような点は，債務者が支払能力を欠くために債務弁済ができないときや債務弁済によって生活が著しく窮迫するときは間接強制を認めない規律（民執 167 条の 15 第 1 項但書），強制金額の決定の際に債務者の資力を考慮要素とする旨の規定（同条 2 項），事情の変更により遡及的な間接強制決定の取消しを認める旨の規定（同条 3 項）などにおいて実現されている。

で見たフランスの実務の中で行われている威嚇的アストラントと同旨の制度ということになる。すなわち，執行段階で強制金額については再調整の余地を認めながら，債務者に不履行の制裁をいわば予告し，不履行の発生自体を予防する目的ということになる。現在も，不作為義務の事前強制として，違反行為があったことを条件に強制金の支払命令を認める見解があるが[補注 17]，ここでの提案は，それをさらに一般化して，判決段階で（変更の余地を前提に）強制金決定を認めるものである。実際，債務者の資力等強制金決定に関して必要な情報は，受訴裁判所の方が多く持っている可能性はあるし，特に少額訴訟判決の場合に問題となるような少額債権については，可否の明らかでない間接強制の申立て自体が債権者にとって負担となる可能性もあるからである。さらに理論的な検討を要すると考えられるが，問題提起としたい。

3　適切な債務者保護

(1)　苛酷執行の問題局面

債権者による苛酷な金銭執行から債務者を適切に保護するという問題[41)][補注 18]について，実定法はすでに差押禁止財産等に代表される方法で一

［補注 17］　このような考え方は，その後，判例において受け入れられている。最決平成 17・12・9 民集 59 巻 10 号 2889 頁参照。

41）　本来は，明渡執行からの債務者の保護の問題も重要な論点であるが，紙幅の都合もあり，ここでは割愛する。考えられる方途として，一定の明渡猶予期間を付与することが考えられる。これは，現在も実務の事実上の措置として，実施されているようであるが，やや不透明な面は否定できない。諸外国の制度として，フランスでは，冬季（12 月 1 日から 3 月 15 日まで）の明渡執行に対して法定の猶予期間が定められているし（フ建設住居法典 613-3 条），2 ヵ月の一般的猶予期間（フ民執 61 条）に加えて，裁判所の裁定猶予として，季節や気象状況上債務者に異常な苛酷さをもたらす場合に，執行裁判官はさらに 3 ヵ月猶予期間を延長できる（フ民執 62 条 2 項，デクレ 198 条）。また，ドイツでも，訴訟裁判所は明渡判決において，申立てまたは職権で，状況上相当な明渡期間を裁定できるとする制度がある（ド民訴 721 条）。このような猶予期間を付与するか否かは裁判所の裁量に係り，裁判所は，債権者の住居確保の必要の急迫性，解約期間・事由，債務者の財産・生活関係上の住居の重要性，賃貸借期間，債務者が適時に他の住居を見出せる可能性，債務者の年齢・健康状態・子供の数・妊娠等個人的状態を考慮するとされる（この他，補充的に，ドイツ民事訴訟法 765 a 条は，1 年を超える期間の付与の可能性も認める）。

定の対処を図っている。その範囲・手続等についてはなお改善すべき点がありうるが，ここではそのような個別的な論点には立ち入らず，より一般的な苛酷執行の問題を考えてみたい。

問題を2つに分けて考えてみる。第1に，債務者が複数の財産を保有する場合に，債務者にとってより打撃の大きな財産に対して執行がされることを回避するという問題である。第2に，債務者が将来において収入を有しうる場合に，現在の資産に対する差押えを回避するという問題である。すなわち，何らかの形で債務弁済を将来に繰り延べることで，現時点の金銭執行を回避する可能性を認めるか，という問題である。たとえば，財産としては土地建物があるだけのサラリーマンが債務全額を直ちに弁済することが困難である場合[42]，債権者が弁済猶予の申出に応じず，土地建物を差し押えたとすると，現状では債務者には打つ手がない[43]が，この場合の債務者に一定の防御手段（土地建物を守る手段）を与える必要はないか，という問題意識に出たものである。

以下ではまず，第1の点に関連して，諸外国で議論されている執行順序の法定の問題につき紹介した後（⑵参照），第2の点に関連して，やはり諸外国で一定の議論・制度が存在する債務弁済猶予期限の付与の問題につき，近時の執行ADRの議論も踏まえながら，考えてみたい（⑶参照）。

⑵ 執行順序の法定

まず，執行順序の法定の問題であるが，周知のとおり，日本法ではこの点は現在，執行法上の権利濫用の問題として，一般条項に基づき議論されているところ，その延長線上でより明確な法整備をすべきか否か，という点に関する[44]。他方，フランス法・ドイツ法では，この点は比例性の原則として議論

［補注18］ 注41）記載の明渡執行における猶予期間の制度として，平成15年改正において建物の明渡しの催告の制度が導入された（民執168条の2）。その意義については，谷口＝筒井・前掲［補注1］116頁以下参照。

42） 但し，未だ支払不能の状態には至っておらず，民事再生（個人再生）等の申立てはできないことを前提とする。

43） やはり前提として，土地建物を担保とした借入れをすることによって対処する方策は不可能であるとの状況を前提とする。

44） この他に興味深い問題として，少額債権に基づく執行も権利濫用の問題として論じられることがある。この点については，ドイツ法で議論が盛んであるが，下級審には，

されているようであり，まず，その内容を簡単に紹介してみる。

(a)　フランス法における執行の比例性

まず，フランス民事執行法では，比例しない差押えを禁止する一般的条項が規定されている（フ民執22条〔L. 111-7条〕1項2文）。そこでは，「強制執行の実施は，債務の弁済を得るために必要であることが明らかな範囲を超えてはならない」とされる。新法制定前は，権利濫用に基づく判例法理があったところ，一般条項の趣旨を明確化したものと評される。この新規定を重視する論者の中には，これは比例性原則に対する立法者のきわめて高い要求を示すものとされ，執行順序として，銀行口座，金銭債権（賃金以外），賃金債権，住居外の対象物，住居内の対象物の順序によるべきものと解する[45)]。また，明示の規律として，3,500フラン（約7万円）以下の債権に基づく強制執行（扶養債権に基づく場合を除く）は，住居内の目的物については，労働債権・銀行口座の執行によって執行債権の完全な満足が得られなかった場合または執行裁判官の許可がある場合[46)]に限って許されるとして，債務者住居にある目的物の執行の補充性が定められている（フ民執51条〔L. 221-2条〕）。

しかし，この点は，一般に認められているとおり，立法者はあくまで3,500フラン以下の少額債権による執行について，債権執行を住居内動産執行に優先するという部分的な順序を付けたにすぎない。むしろ，原則として執行方法に関する債権者の自由の保護を規定していること（フ民執22条〔L. 111-7条〕1項1文）からも，前記条項において一般的な執行順序の法定を意図したとする理解

少額債権に基づく執行を，債権額と費用の比例違反により，権利濫用として却下したものがあり，5マルク以下の債権による執行は常に信義誠実に反し，権利濫用とする見解や，比例原則を満たすためには，債権者の効用が安価な換価による債務者の損害を上回る必要があり，買戻し困難な物件の少額債権による差押えは許されないとする見解等もあるが，多数の判例・学説は，少額債権による執行は，信義則・比例原則等により拒絶できないとする。けだし，確かに必要もないのに効用を超える損害を与えるのは許されないが，自力執行が禁じられているため，強制執行以外の選択肢は存在しないからである。そして，少額債権の執行を否定すると，債務者に少額債務不履行のインセンティブが付与され，不当とされる。むしろ，少額債権の場合には，債務者の側で任意弁済することが期待されているものとされている。

45)　H. Croze, La Loi n. 91-650 du 9 juillet 1991 portant réforme des procédures civiles d'execution, JCP 1992, I, 3555, n. 25.

46)　執行裁判官のこの許可は，例外的な場合に限り付与すべきものと解されている。

には無理があろう。立法者の意図は，権利濫用に関する判例法理を正当化し，従来の法状況を追認するにすぎないと見るのが一般的である。そこでは，執行が完全に不要で濫用的な場合にのみ比例性を欠くものとされ，その判断に際しては，執行方法の当否のほか，執行債権額と対象物価額との乖離や債務者の行状[47]なども顧慮され，総合的な判断がされる。したがって，フランス法上は，明確な形での執行方法の順序の定めは，現在でもやはり存しないと解される。

(b)　ドイツ法における執行の比例性

ドイツ法においては，すでに以前から，債権者の満足及び執行費用の回復に必要な範囲を超えて執行を拡張してはならないとされていたが，基本法（憲法）施行後は，比例性原則は基本法上の要請ともなったと解されている。そのような執行の比例性により，超過差押えの禁止（ド民訴 803 条 1 項 2 文）や無益差押えの禁止（同条 2 項）等が説明されるが[48]，より一般的な規定として，比例性を欠いた差押えからの債務者の保護を定める民事訴訟法 765 a 条がある。憲法上の比例原則が，どの範囲でこの一般条項について適用となるかについては争いがあるが，これを広い範囲で理解する見解も有力に存在する。たとえば，憲法裁判所におけるベーマー判事の特別意見では（BverfGE 49, 220），国家の強制方法及びその強さが債権者の恣意に係ってはならないとし，「執行目的が，より苛酷性・負担の少ない他の方法で実現できる場合には，直ちに比例原則に違反する」ので，「基本権違反を回避するためには，裁判所は執行処分の適切さを職権で審理する必要がある」とし，「少額債権について債務者の居住する住居の強制競売をすることは最後の手段としてのみ許される」と論じた。より一般的に，フォルコマー教授は，上記規定に基づき執行順序が拘束されると理解し，(1) 債権その他の権利，(2) 債務者の住居外の動産，(3) 債務者の住居内の動産，(4) 住居以外の不動産，(5) 債務者の居住する住居の順に執行がされるべき旨を論じられる[49]。

---

47)　たとえば，債務者が濫用的な執行妨害的行動に出た場合には，債権者による苛酷な執行も許容されるものと理解されている。

48)　その他に注目される規定として，家財道具の保護を定める民事訴訟法 812 条がある。これは，交換価値が少なく，債務者の日常生活に不可欠な財産を保護する趣旨とされる。

49)　M. Vollkommer, Verfassungsmässigkeit des Vollstreckungszugriffs, Rpfleger 1982, S. 8.

しかしながら，そのような広範な比例原則の適用は，立法者意思や執行法の文言と整合せず，債権者の執行方法の自由な選択権という法定の基本原則に抵触するとの理解がむしろ一般的である。その意味で，民事訴訟法 765 a 条はあくまで権利濫用禁止という一般規定の具体化にすぎず，仮に比例原則を広範に解すると，執行機関の調査・判断の負担が余りに大きくなると批判される。けだし，債務者への打撃が最も少ない執行方法を選ぶとすると，そのためには必然的に債務者の財産の全貌に関する情報が不可欠になるからである。したがって，執行方法の一般的な順位化は民事訴訟法 765 a 条の解釈としては認め難いものと解されている。

(c)　日本法への示唆

(i)　一般的な規定

以上のように，ドイツ法でもフランス法でも，一般的な形で執行順序の法定を説く見解はあるが，少数説に止まっており，債権者の執行方法選択権は基本的な権利として承認されている。問題は，例外的に，そのような執行方法選択権に制限を加えるような規律の可能性いかんということになろう。この点で，日本法でも，動産執行の関係では，抽象的な形であるが，「執行官は，差し押さえるべき動産の選択に当たっては，債権者の利益を害しない限り，債務者の利益を考慮しなければならない」と規定される（民執規 100 条）。その意味で，この規定の趣旨を一般的に拡大し，フランス法のように，執行処分の必要な範囲への限定を規定し，またドイツ法のような一般的な執行保護規定に類した条項を設ける可能性は十分にあろう。その際には，フランスの議論が示すように，執行対象物と比較した債権額だけではなく，債務者の挙動等も顧慮して総合的な判断がされる必要があろう。

(ii)　個別的な規定

より個別的な規律としては，フランス法が規定するように，住居内動産を特に保護するような規定の可能性があろう。その主たる趣旨である債務者の生活のための必要性については，原則として差押禁止動産の規律で賄われているが，それを超えた範囲でも緩やかな形で差押えの順位を法定する余地はあるのではなかろうか（なお，フランス法では，このような規律は，債務者のプライバシー保護の観点からも基礎付けられている）。特に少額債権に基づく執行については，銀行預金債権等に対する執行を優先する余地はあろう[50]。また，日本の現状では，賃金債権の保護の必要性がある。すなわち，債務者は賃金債権を差し押さえられることにより，解雇等の危機にさらされ，労働場所を奪われるおそれすらあるからである。その意味で，賃金債権執行を他の債権（預金債権等）に劣後させるという規律の可能性はあろう[51]。

(3) 債務弁済期限の猶予

(a) フランス法における弁済猶予命令

フランス法においては，裁判所の命令による執行猶予の一般的方法として，民法1244-1条以下の弁済猶予命令がある[52]。これは，フランス法の伝統的制度であるが，1989年改正前の制度においては，猶予には2年の期間制限があり，その付与は全面的に裁判官の裁量に委ねられていた。そして，裁判所は債権者の執行権に配慮して慎重な運用をしており，極端に例外的な場合にのみ猶予を付与していたという。猶予の目的は債務者の生活水準の維持ではなく，過剰な損害の回避に限定されていたため，債務者の帰責性や不誠実性も考慮され，また将来の弁済可能性も要件と解されていた。

これに対し，新民事執行法に伴う改正では，職権による猶予，さらには執行中止も認められている。裁判官の裁量権行使の際には，債務者の状態のみならず，債権者の要求をも顧慮する必要がある（フ民1244-1条1項）。この点は，立法者による債権者の権利実現強化の意図の表れとされる（但し，実際には，この点は従来の判例の確認であり，大きな変更はないとされる）。また，効果としては，法定利率への減額や元本充当命令の可能性も認められ（フ民1244-1条2項），さらに弁済猶予期間中は，利率の割増しや損害金の発生は禁止される（フ民

50) この点は，*2*で論じた債務者の財産情報開示の制度とも関連する。現行法ではそのような手段がないので，最も把握が容易な債務者住居の動産差押えが一般に許されるべきだとしても，前記の開示が機能するようになれば，執行順序の規律もより現実的なものとなろう。

51) その場合に，債務者に実質的にそのような機会を付与する可能性として，差押前に債務者審尋を認めることが考えられよう（この点については，山本・前掲注7）294頁以下参照）。

52) この制度につき詳しくは，町村泰貴「恩恵的債務猶予の現代的意義」商学討究46巻4号（1996年）129頁以下参照。

1244-2条2項)。これらは強行法規と位置付けられている（フ民1244-3条)。ただ，他の債権者の差押えがある場合には，債権者の平等取扱いの原則により猶予期間の付与はされない（フ民訴512条1項）(倒産手続の開始や契約上の担保の減少の場合も同様とされる)。

(b)　ドイツ法における換価猶予

ドイツ法において，苛酷な執行から債務者を例外的に保護する制度として，換価猶予（ド民訴813a条）がある[53)]。これは，裁判所が，債務者に対し，一定の支払期間を付与し，差押物の換価を猶予する命令を発するものである。発令要件としては，債務者の個性・経済状況，債務の性質から猶予が相当であること，債権者の利益を害さないことが求められ，換価猶予期間は1年を超えることはできない。そして，換価猶予が認められない場合として，債務者の粗雑な事業運営・悪意ある弁済拒絶等保護に値しない事情が債務者にある場合や扶養料に基づく執行の場合が定められている。また，差押後2週間を経過した猶予申立てで，債務者に執行引延しの意図または重過失があるときは申立ては却下される。換価猶予命令は，その取消し・変更が可能であり，特に弁済約束が守られなかった場合は，命令が取り消されうる。

(c)　日本法への示唆

(i)　弁済猶予制度

前述のように，フランス法では弁済猶予は実体法の問題として民法に規定されている。期限に関する実体権の内容を変更する権限を裁判所に付与したものという理解である。これに対し，日本法でも少額訴訟において弁済猶予を認める規律（民訴375条）があるが，これは一般的には手続的な理由で正当化されている。つまり，少額訴訟は，原告に選択権が認められているところ，原告がこの手続を選択したこと自体から，裁判所にこのような権限を付与することに包括的な同意をしたという説明である。その意味で，日本法では，そのような手続選択権が存しない場面では，弁済猶予は認められないことになる。

---

53)　この他に，一般的な執行猶予の制度もある（ド民訴765a条)。これは，債権者の保護の必要性を勘案したとしても，きわめて特殊な状況の下，善良な風俗を害する苛酷さをもたらす処分について，執行裁判所による執行処分の取消し，拒絶，中止を認めるものである。例外的性質の処分であり，判例はきわめて慎重な適用をしているとされ，「善良な風俗違反」は，生命侵害，重病，高齢等の事情に限られるようである。

このような状況において，日本法でも，その適用範囲を拡大する可能性が論じられている[54]。ただ，ここでは主に，実質的には債権者の同意がある場合が想定されている。消費者信用業者が取立訴訟の中で，被告の資力に応じた分割弁済を裁判所の裁判の形で求める場合が典型的である。このような場合，現在は調停に代わる決定が活用されているようであるが，そのような場合は実質的には話合いが想定されていないとすれば，付調停はまったくの便法である。そこで，より実質的に制度を組み立てるため，原告の同意または当事者の異議による失効を前提とした弁済猶予裁判の制度が構想されている。このような制度は，苛酷執行を未然に防止できるスキームの拡大として，本章の観点からも，大きな意義があろう[補注19]。

(ii) 執行ADR

以上のように，判決手続の段階で，支払猶予を認める方途の拡大が考えられるが，それとともに，執行手続に入ってからの再調整の機会を付与する必要がないかも別途検討すべきであろう。これは特に，債務名義作成段階ではそのような調整の機会がなかったような場合について，いわゆる執行ADRの可能性が検討に値しよう[55][補注20]。ここで再調整の対象となるのは，債務者の資力に基づく弁済方法の調整である（実体権の内容自体は，仮に欠席判決であっても，ADRによる再調整の理由はなく，再審・請求異議等によるのが筋である）。債務者の保護とともに，そのような再調整によって，債権者の回収負担も軽減されうる点に制度の正当化根拠が求められよう（但し，執行段階では，一般に債権回収の迅速性への期待が大きくなるので，債権者には話合いに対する強い拒否権が認められるこ

54) この点は，債権回収の実効化の問題としても議論されうる。すなわち，分割弁済を認めることで，債務者の任意弁済を誘導し，債権回収の可能性を高めようという論法である。

[補注19] このような制度は平成15年民事訴訟法改正によって実現し，簡易裁判所の特則としての和解に代わる決定の制度が導入された（民訴275条の2）。同制度については，小野瀬厚＝武智克典編著『一問一答平成15年改正民事訴訟法』（商事法務，2004年）83頁以下参照。

55) 執行ADRについては，井上治典ほか「民事執行における実効性と利害調整」判タ1043号（2000年）2頁以下参照。ドイツ法の定める換価猶予制度も，執行ADRの前提として，執行停止制度を認めれば，実質的には吸収できるのではないかと考えられる。

[補注20] 執行ADRについては更に，西川佳代「関係調整の場としての民事執行」民訴51号（2005年）177頁以下も参照。

とは間違いない）。そして，そのような点を考慮すれば，再調整の対象は，執行証書や欠席判決の場合のほか，訴訟で和解の機会があったとしても，対席判決をも含みうる。けだし，債権者側には判決取得後，債務者の資産についてより正確な認識が形成される可能性があるし，債務者側には敗訴判決の確定によって弁済方法に関する真剣さが増大し，調整の動機が高まる余地があるからである。

執行ADRの前提条件としては，執行手続を停止できることが求められる。この点で，一般的な規律として，弁済猶予文書による執行停止は，2回6月が限度とされている（民執39条3項）。民間型ADRにおいては，この一般規定によるほかない[56)]。この制度は，単なる話合いの合意だけがあり，そもそも弁済猶予の合意がない場合には使えないし，また6月の限度期間の短さも問題となる。しかし，前述のように，ここでは債権者のADR応諾の任意性を特に重視すべき局面であることを考えると，ADRの条件として，弁済猶予に応じる債権者の合意が大前提となるし，6月の期間制限も交渉を進展させる契機として捉えるべきであろう。他方，司法型ADRとしては，民事調停の可能性がある。ここでは，執行停止の可能性が明示的に認められているが（民調規6条），判決・和解調書等については許されていない。強制執行の弁済猶予について司法型ADRの実効性を高めるという観点からは，特定調停法（特定債務等の調整の促進のための特定調停に関する法律）7条と同旨の規定が必要ではないかと見られる。ただ，そのような強力な効果を認める前提としては，債務者による財産状況の開示（特定調停3条3項参照）などの措置が別途必要になろうか[補注21]。

（初出：竹下守夫先生古稀祝賀『権利実現過程の基本構造』
（有斐閣，2002年）273頁以下）

56）現在，いわゆるADR基本法の立法について議論がされているが，ADR申立てによる当然の執行停止やADR機関による執行停止命令の制度化は考えにくい。裁判所の援助の一環として，執行停止命令を求める制度はありえなくはないが，なお相当の検討を要しよう。

［補注21］執行ADRについて，執行官の新たな役割との関係で検討するものとして，本書第20章〔481頁以下〕参照。

［補論］ 本章は，司法制度改革審議会の提言を受けて民事執行法が改正される前の段階で，この問題に関する著者の見解をまとめたものである。総論部分における著者の基本的見解は変わっていないが，その後の制度の展開を受けて，具体的な制度構想については若干見解が変わっている部分もある。現段階の著者の見解は，補注の随所で言及した三木編著・前掲［補注 4］における著者の論稿に加えて，執行法制研究会の提言（同書 353 頁以下）に基本的に反映されている。

とりわけ，金銭債務の間接的強制については，現行制度の間接強制だけでは必ずしも十分ではなく，より多様な強制手段を（債務者名簿などの情報開示制度等を含めて）検討すべきではないかという認識に至っている。この点についての著者の近時の見解については（子の引渡執行の実効性強化なども含めて），山本和彦「民事訴訟の位置づけ」新堂幸司監修『実務民事訴訟講座〔第 3 期〕第 1 巻』（日本評論社，2014 年）279 頁以下，同「法の実現と司法手続」岩波講座『現代法の動態第 2 巻　法の実現手法』（岩波書店，2014 年刊行予定）所収参照。

第 19 章

担保不動産収益執行における管理人の地位と権限

——ドイツ強制管理人に関する議論を手掛かりに

1　本章の問題意識

平成 15 年のいわゆる担保執行法改正により，民事執行法に担保不動産収益執行（以下，単に「収益執行」ともいう）制度が新設された（民執 180 条 2 号参照）。これは「不動産から生ずる収益を被担保債権の弁済に充てる方法による不動産担保権の実行」であるが，実際に，差し押さえた不動産を管理し，その収益を収取・配当する任務を有するのは管理人であり，その役割には非常に大きなものがある。しかるに，法改正後，実際の制度運用が開始した後も，具体的な問題との関係で管理人の地位と権限についてはさまざまな議論が行われている。これらは，理論的にも実務的にも大変重要な課題であるということができる。

ただ，担保不動産収益執行手続において，この点に関する独自の規律は存在しない。この手続については，基本的には強制管理の規定が包括準用されており（民執 188 条），担保不動産収益執行の管理人にも，強制管理の管理人と同じ規律が妥当することになる。しかし，強制管理においても，その管理人に関する規定は必ずしも十分なものとは言い難い[1]上，従来，強制管理の手続が余り利用されてこなかったこともあって，その解釈に関する学説や裁判例の蓄積，運用の実績も十分なものとはいえない。その意味で，従来の議論は不十分なも

1)　管理人の地位・権限に関連する規定として，95 条（管理人の権限），96 条（強制管理のための不動産の占有等），99 条（管理人の監督），100 条（管理人の注意義務），101 条（管理人の報酬等），103 条（計算の報告義務）等の規定があるに止まる。

のに止まっているところ，実際に一定の件数が利用される[2] 収益執行制度が開始したため，いきなり実務的に多くの問題が発生しているものと見られる。

以上のような日本の状況に対し，日本の強制管理手続の母法国であるドイツにおいては，古くから担保権に基づく強制管理の制度があり，実際にも多数利用されているようである[3]。それを受けて，学説上もかなり詳細な議論がされており，また判例も豊富な蓄積があるように見受けられる。しかるに，これらの議論は（従来の日本における強制管理についての無関心を反映したものか）日本には十分な紹介がされてこなかったように思われる[4]。しかし，現在の収益執行の管理人をめぐる議論の中で，ドイツにおける議論が参考になる部分も大きいのではなかろうか。

そこで，本章では，収益執行制度に関して現在最も大きな問題とされている管理人の法的地位・権限について，ドイツ法の管理人に関する議論を参考にしながら問題を検討していこうとするものである。以下では，まずドイツ法における管理人制度の概要を紹介した後（*2* 参照），管理人の地位・権限をめぐる若干の論点について検討していく（*3* 参照）。

2　ドイツ法における管理人制度の概要

ここではまず，日本法で問題とされている論点に関するドイツ法の検討を行

---

2)　担保不動産収益執行手続の新受件数は，平成 19 年 1 月から 10 月まで全国で 99 件とされる（原克也ほか「担保不動産収益執行の実務上の問題点について」新民事執行実務 6 号（2008 年）37 頁〔三上照彦〕参照）。

3)　新井剛「ドイツ強制管理制度論(2)」大阪学院大学法学研究 32 巻 1 号（2005 年）140 頁の表によれば，2002 年の強制管理の申立件数は 3 万 3,700 件とされる（強制競売〔日本法の担保権実行を含む〕は同年で 8 万 1,116 件とされる）。なお，同表によれば，強制管理の申立ては近時急増しており，1992 年から 2002 年までの 10 年間で 4 倍以上になっている。

4)　最近のものとして，新井剛教授の一連の研究がある。新井・前掲注 3)「(1)」31 巻 1 = 2 号（2005 年）245 頁以下，「(2)」32 巻 1 号 121 頁以下では比較的詳細に，強制管理制度の前提，意義・目的，機能・実態について論じられている（関連条文の翻訳については，同 31 巻 1 = 2 号 258 頁以下参照）。また，管理人の報酬について，新井剛「ドイツ強制管理制度における管理人の報酬」稲本洋之助先生古稀記念『都市と土地利用』（日本評論社，2006 年）411 頁以下参照。

う前提として，一般的にドイツ法における強制管理（Zwangsverwaltung）における管理人（Zwangsverwalter）に関する一般的な規律を確認しておくことにしたい。

(1)　管理人の地位及び権限に関する規定

ドイツ法において，不動産に係る強制競売及び強制管理については，強制執行一般について規定のある民事訴訟法典の中では，独立の法律である強制競売強制管理法（ZVG：Gesetz über die Zwangsversteigerung und die Zwangsverwaltung. 以下，単に「法」ともいう）の中に規定されている。そして，管理人の権限・義務については，法152条が一般的に規定している[5)]。同条の規律は以下のとおりである。

法152条（管理人の任務）

1項　管理人は，不動産をその経済的な現況（wirtschaftlichen Bestand）において維持し，通常に（ordnungsmässig）利用するために必要なすべての行為を実施する権限と義務を有する。管理人はまた，差押えが及ぶ請求権を主張し，管理のために不要な収益を換価しなければならない。

2項　差押えの前に不動産が賃借人に引き渡されているときは，当該賃貸借契約は管理人に対しても効力を有する。

この規定は，同様の規律内容を有する日本法の条項（民執95条1項・2項）と比べて，以下のような特徴が看取される。まず，日本法は，単に「管理並びに収益の収取及び換価」ができるとだけ規定しているが，ドイツ法はその「管理」の内容及び態様等についてより詳細に規律している。他方，日本法は，管理人による不動産の賃貸について，その内容及び手続を独立に規定するのに対し，ドイツ法はその点について特段の規定を設けていない。このように，全体的にみれば，ドイツ法は管理人の権限・義務の内容を日本法よりも明確に規定しているように見えるが，より注目されるべきことは，このような規律を下位法令によりさらに詳細化している点である。

すなわち，かつては各州において管理人の任務や報酬についての定めが設け

5)　この規定のほか，管理人に対する裁判所の監督に関する法153条，管理人の責任に関する法154条などが存在する。

られていたが[6]，1970年2月16日，それらに代わるものとして，連邦司法省令が制定された（1970年3月1日施行）。それが「管理人の任務遂行及び報酬に関する省令（Verordnung über die Geschäftsführung und die Vergütung des Zwangsverwalters）」である[7]。これにより，全国的に統一された基準によって管理人の権限・義務や報酬が明確化された[8]。さらに，1990年12月17日，強制競売強制管理法施行法14条（注6）参照）の内容を法律の本体に移して，新たに法152条aの規定が制定された。それは以下のようなものである。

法152条a（授権規定）

　連邦司法大臣には，管理人の地位，任務及び業務遂行並びにその報酬について，連邦参議院（Bundesrat）の同意を得て，省令により詳細を規定することが授権される。（後段省略）

この規定に基づき，従来の省令に代わる形で制定されたのが，2003年12月19日の「管理人令（Zwangsverwalterverordnung）」である[9]（2004年1月1日施行。以下，単に「省令」ともいう）。この省令は全体で26ヵ条からなり，法律を補う形で管理人の業務の詳細について規定するものであり，日本法の検討に際しても参考になるところが大きい[10]。

(2)　管理人の地位及び権限の概要

以下では，上記省令の規定を中心にして，ドイツにおける強制管理の管理人の地位及び権限の概要について簡単に紹介しておきたい[11]。

6）　これは，強制競売強制管理法施行法14条にその根拠を有するものとされた。

7）　BGBl. 1970, 185.

8）　報酬の観点から同省令の制定の背景及び意義につき論じるものとして，新井・前掲注4）『都市と土地利用』415頁以下参照。

9）　BGBl. 2003, 2804.

10）　このような規定の方式をみると，日本法の規律のあり方それ自体にも再検討が加えられてしかるべきもののように思われる。現在は，かつてのドイツのように，それぞれの裁判所の自治に委ねられているが，運用がある程度安定してくれば，最高裁判所規則などでより明確な基準を定立して，運用を統一していくことが望ましいのではなかろうか。

11）　参考までに以下で取り上げた条項以外の条文の表題は，2条（証明書），3条（管理対象物の占有取得，報告書），4条（通知義務），7条（裁判による実現），8条（未払金・事前処分），11条（弁済），14条（強制管理の会計），15条（収益及び費用の区分），

まず，管理人の地位については，省令1条が次のように規定する。

省令1条（地位）

⑴　管理人は，義務適合的な裁量に基づき，独立して経済的に管理を行わなければならない。但し，管理人は裁判所による指示に拘束される。

⑵　管理人として，その能力及び事務態勢において強制管理の規定に則った実施及び遂行を保障する事務に精通した自然人を選任しなければならない。

⑶　管理人は，管理を他人に委ねることはできない。管理人は，管理を行うことに支障があるときは，その旨を遅滞なく裁判所に通知しなければならない。但し，猶予の余地のない個々の行為の実施については，管理人は，自己に支障がある場合，他の者を用いることができる。管理人はまた，自己の責任の下で，非独立的な行為につき補助者を使用することもできる。

これにより，管理人の業務の遂行については，管理人に裁量が認められること，ただ，その裁量は自由裁量ではなく，一定の審査を受ける裁量権であること，管理人の管理行為は独立して行われること，ただ，裁判所の指示には従うべき義務があることなどが明らかにされている。

次に，管理人による目的物の利用については，以下のような規定がある。

省令5条（強制管理目的物の利用）

⑴　管理人は，強制管理の命令まで存在した利用方法を維持するものとする。

⑵　利用は原則として賃貸借による。但し，以下の場合はその限りでない。

1　（農業・林業の自己管理）

2　債務者の住居で，法149条により無償で債務者の利用に供されるもの

⑶　管理人は，すでに開始している建築計画を完遂することができる。

この規定により，法152条の管理の一般原則が補充され，より明確なものとされている。それによれば，管理人は従来の利用方法を維持し，利用は原則として賃貸借によるものとし，さらに建築途中の建物工事を完成させる権限が認められることが明らかにされている。そして，管理人が締結する賃貸借契約に

16条（報告義務），17条（報酬及び費用立替），18条（通常報酬），19条（特別の報酬算定），20条（最低報酬），21条（立替費用），22条（確定），23条（土地と同様の権利），24条（省令の不適用），25条（経過規定），26条（施行）である（報酬基準に関する17条から22条の翻訳については，新井・前掲注4)『都市と土地利用』426頁以下参照)。

ついては，次の規定がある。

省令6条（賃貸借契約）

⑴　賃貸借契約及びその変更は，管理人が書面により締結しなければならない。

⑵　管理人は，賃貸借契約において，以下のことを合意しなければならない。

1　強制管理の目的物が賃借人への引渡しの前に強制競売により譲渡されたときは，賃借人は契約上の請求権を主張できないこと。

2　不動産が賃借人への引渡しの後に強制競売により譲渡され，賃貸人の地位に就いた買受人が賃貸借契約から生じる義務を履行しないときは，買受人により補償されるべき損害についての賃貸人の法律上の責任が排除されること。

3　賃貸人は解除（法57a条1項及び倒産法111条）の場合に生じうる損害賠償請求権を免除されること。

この規定により，契約締結の方式（書面性）のほか，契約の内容が明確にされている。その結果，管理人の賃借人に対する責任が限定されたものであることが契約上も明確にされるよう，配慮がされている。

次に，強制管理の費用については，以下のような規定がある。

省令9条（強制管理の費用）

⑴　管理人は，収益から流動財産を留保し，それを管理人報酬を含む管理の費用及び手続費用に充てなければならない。

⑵　管理人は，既存の資金で履行しうる義務のみを負うものとする。

⑶　管理人は，それが通常の管理に必要であると認める限りにおいて，強制管理目的物について，特に土地建物に関する火災，暴風，水道被害及び法的責任危険につき保険に付する義務を負う。管理人は，以下の場合に，このような保険を遅滞なく締結しなければならない。

1　債務者又は債権者が開始決定の到達から14日以内に既存の保険保障を書面で証明しないとき

2　債権者が無制限の費用の補償を書面で通知しないとき

これによって，管理費用との関係で管理人の負う義務の範囲が明確にされている。特に，本条3項において，日本でも議論の多い強制管理目的物に関する火災保険等保険契約の締結義務が明定されている点が注目される。

さらに，管理人と裁判所の関係に関連して，管理人が管理行為を行う際に裁判所の事前の許可を得なければならない事項が明示されている。

省令10条（裁判所の許可の制限）

⑴　管理人は，以下の処分をするについては，裁判所の承認を得なければならない。

1　5条所定の利用の重要な変更（すでに開始した建築計画の完遂も含む）

2　6条2項の条項と異なる契約

3　9条2項の要請に反し既存の資金でカバーできない費用

4　特に職人の給付に結び付いた請負人に対する前払金の支払

5　日常的な維持管理に属さない強制管理目的物の補修及び修復。特にその処分の費用が管理人による義務的裁量に基づき評価された目的物の市場価値の15％を超えるものである場合

6　5条3項による建築措置と関連する保証請求権の遂行

⑵　裁判所は，その裁判の前に債権者及び債務者を審尋しなければならない。

これにより，許可を得なければならない事項及びその際の手続が明確にされている。とりわけ，日本でも問題にされることの多い目的物の修繕等について，目的物評価額の15％といった基準に従って許可を要する場合を明確化している点は注目される。

強制管理が終了する場合の管理人の地位については，以下の規定がある。

省令12条（強制管理の終了）

⑴　強制管理の終了は，裁判所の取消決定によってされる。このことはまた，強制競売の場合の売却許可についても妥当する。

⑵　裁判所は，取消決定において又は申立てに基づく特別の決定において，管理人の意見を聴いて，それが適切な強制管理の終結に必要と認められる限りで，その者に対し，部分的にその職務を継続する権限を付与することができる。管理人が職務を続行する必要がないときは，開始決定及び任命文書は，計算報告又はその職務の終了の際に返却されなければならない。

⑶　強制管理の取消しにかかわらず，管理人は，自己によって生じた義務を既存の資金で履行し，履行期の到来まで準備金を積み立てなければならない。

債権者に対するさらなる求償は妨げられない。これは申立ての取下げの場合にも適用される。

⑷　管理人が債権者の債権及び強制執行の費用を支払ったときは，遅滞なく，その旨を債権者に通知しなければならない。債権者が満足を受けた旨を管理人に通知したときも同様とする。

ここでは，強制管理が終了する場合も，適切な強制管理の終結に必要と認められる限りで，裁判所による管理人の職務継続権限の付与が可能であること，管理人の行為によって生じた義務については，その弁済や履行準備金の積立て等が必要とされていることが興味深い。

最後に，財団の管理については以下の規定がある。

省令13条（財団管理）

⑴　財団資産は管理人の自己資産と分別して管理しなければならない。

⑵　管理人は，各強制管理について，支払取引をする個別の信託勘定を開設しなければならない。信託勘定は，弁護士独立勘定としても開設できる。

⑶　管理人は，適切な会計の一般原則を考慮しなければならない。決算書の作成は，あるべき収支と実際の収支との調整を可能にしなければならない。決算書とともに，口座の取引表及び証票が裁判所に提出されなければならない。

⑷　管理人は，債権者又は債務者の求めにより，現状についての情報を提供しなければならない。

これにより，管理人の資産の分別義務，さらには信託勘定の設定義務が認められ，管理人の個人資産と財団財産との分別に意が用いられている点は重要であろう。

以上のように，省令の存在は，管理人の権利・義務の範囲を明確にする機能を有していることが明らかである。ただ，これを前提にしても，解釈に委ねられた範囲は相当に広いことは言うまでもない。

3　若干の解釈論上の問題の検討

以上のようなドイツ法の管理人の地位や権限に関する諸規定を前提に，以下では，日本で議論のされている論点についてのドイツ法の議論を紹介しながら，若干の検討を試みることにしたい。

(1)　管理人の法的地位

まず，収益執行の管理人の法的地位に関する議論である。この点については，各論的な議論を展開する前提として，問題解決の1つの視点として論じられることが多い。たとえば，管理人が所有者と同等の権限しか持たないか，抵当権者の地位に関連する権限があるかによって，妨害的な賃借人に対する対応の仕方が異なるという指摘[12]，使用借人との関係で管理人がどのような権限を有するかという問題に関して，管理人が所有者的か第三者的かによって議論が変わってきうるという指摘[13]などがある。このような管理人の法的地位，その所有者の承継人的性格と抵当権者の地位を承継する第三者的性格との鬩ぎ合いは，周知のとおり，破産管財人についても活発に繰り広げられている類の議論であるが[14]，管理人との関係でも議論の必要があるということであろう[15]。

ドイツ法上は，この点に関して数十年に及ぶ論争があったとされる[16]。そ

---

12)　原ほか・前掲注2）48頁〔黒木正人〕参照。

13)　山野目章夫「担保不動産収益執行と執行官の実務」新民事執行実務6号（2008年）119頁以下参照。山野目教授は，「所有者か第三者かというと，所有者的」であると評価されている（同120頁参照）。

14)　原ほか・前掲注2）49頁〔小粥太郎〕は「管理人の地位に関する議論がどの程度行われているのか，私にはよくわかりませんが，少なくとも破産管財人の地位をめぐる議論に比べますと，活発ではない，ということはいえるのではないかと思います。これから，突っ込んだ議論を始める段階に入るのかな，などと感じているところでございます」とする。また，鎌田薫ほか「不動産法セミナー⒆――平成15年担保法・執行法改正の検証⑵」ジュリ1324号（2006年）100頁でも，管理人の第三者性が問題とされ，始関正光法務省民事局民事法制管理官（当時）の「破産管財人みたいな地位に立つわけではない，そこまでは行かないということですか」という問いに，松下淳一教授は「はい，そういう整理をしてきたのではないかと思います」と回答されている。

15)　一般に管理人は執行裁判所の補助機関ないし執行補助機関であると説明されるが（原ほか・前掲注2）48頁〔黒木正人〕・49頁〔生熊長幸〕など参照。福岡高決平成17・1・12判タ1181号170頁も「執行補助機関」と位置づける），このような説明が上記のような具体的問題との関係でどのような含意を有するかは明確ではない（このような補助機関性が第三者性を基礎付けているという理解もありえようか）。

16)　以下のドイツ法の叙述については，R. Böttcher, ZVG Kommentar（4. Aufl. 2005），§152. Rdn. 5 ; Steiner = Eickmann = Hagemann = Storz = Teufel, Zwangsversteigerung und Zwangsverwaltung Band 2（9. Aufl. 1986），§152. Rdn. 9 ; F. Zeller = K. Stöber, Kommentar zum ZVG（17. Aufl. 2002），§152. Rdn. 2.

こでは，従来の議論は一般に4説に分けられるようである。まず，① 代理人説（Vertretertheorie）がある。これは，誰の代理人であるかによってさらに，①－1債務者代理人説と，①－2債権者（管理財団）代理人説とに大きく分かれる。前者は，管理人を債務者の法定代理人として理解する見解であり，そのような理解は法案理由書にも言及されている[17)]。後者は，管理人を債権者団（又は当事者能力の認められる管理財団）の法定代理人として理解する見解である。立法当初は有力であったが，前者は，管理人の具体的な権能として債務者と明らかに対立するものが認められていること（たとえば，債務者から占有を奪うための明渡請求権等），後者は，債権者団の利益は必ずしも一致せず，その全体の代理人とする見方は困難であることなどから，現在では代理人説の支持者は少ない。次に，② 機関説（Organtheorie）がある。これは，管理人を独立した法人格を有する被差押財団の機関として理解する見解である[18)]。しかし，被差押財団にこのような実体法上の独立の法人格を認める基礎が現行法上欠けていることから，現在ではこのような見解を支持する者はいないようである。

さらに，③ 職務説（Amtstheorie）がある。これは，管理人を法律によって特別に与えられた私的な職務を執行する者として理解するものである。その意味で，倒産管財人や遺言執行者，相続財産管理人と同様の位置づけをする見解であり，今日の通説・判例と評価されている[19)]。これによれば，管理人は，裁判所の信任を受けた司法機関として，独立して自己の名で自己の権利に基づき債務者の費用で債務者の財産を管理するものとされる。そして，訴訟手続上は職務上の当事者として理解される。最後に，④ 中立説（Neutralitätstheorie）がある。これは，管理人について，債権者，債務者，国家いずれの立場にも偏らず，すべての利益に配慮して，中立的に客観的な目的を追求する主体として把握する理解である。近時の有力説である。論者によれば，この見解は，③の

---

17) 理由書では，「管理人は債務者の代理人である。勿論強制された代理人であり，少なくとも不動産の管理におけるその代理人である。管理人の地位は，管理に関与する債権者の代理人とされない点で，破産管財人の地位と異なる」と説明されている（Begründung, S. 329）。

18) その意味で，①－2の管理財団代理人説を含む代理人説の一亜種とも解される。

19) RGZ 29, 31; RGZ 120, 192; BGHZ 24, 396; BGHZ 32, 118など多数の判例がこのような理解を前提とするという。

見解が実体法上の管理人の権限の説明についてやや不明確である点[20]を補うものであるとされる。

以上がドイツにおける管理人の地位をめぐる学説の概観であるが，現在では，このような管理人の法的地位の議論は純粋に理論的性格のものであり，実務的に重要な帰結をもたらすものではないという点に広いコンセンサスがあるようである。このような見解は，「『説なし』説」（Theorie “onhe Theorie”）などとも呼ばれる。けだし，いずれの考え方によっても，具体的な問題については概ね同一の結論が導けると考えられるからである。結局，管理人がどのような地位に就き，どのような権限を行使するかは，ケースバイケースで個別の場面についてさまざまに判断されるべきものであり，法的地位に関する議論から演繹的に導かれるものではないとされる。

以上のような理解は，倒産法における管財人の法的地位に関する議論[21]とパラレルなものであり，このようなドイツ法の議論の経緯に鑑みれば，日本法の今後の議論でもこの点に大きな精力を割くことは余り生産的とは思われず，個別の具体的問題ごとに管理人の権限・義務等を考えていくのが相当ではないかと思われる[22]。

20）管理人が職務執行の主体であるとして，実体法上，管理人が債務者に一定の義務付けを行うことや，債務者のために権利等を取得できることの根拠が明確に説明できないという見方があるようである。Zeller = Stöber, a. a. O. (16), Rdn. 12.

21）日本法におけるこの点の議論について，たとえば，伊藤眞『破産法・民事再生法』（有斐閣，2007年）40頁以下参照。

22）この点に関連して，債務者について破産手続が開始した場合に，収益執行の管理人と破産管財人との競合が問題となることがある。このような場合，両者の関係について，基本的に別除権の行使として管理人の権限が優先するが，修繕費用の負担等は余剰部分等を見据えて，一種の実務の知恵として両者の交渉になるとされる（原ほか・前掲注2）49頁以下参照）。この点について，ドイツ法でも，強制管理の対象物が担保権者の別除権の目的になるかどうかが問題であり，別除権の目的であれば，管財人からは当該目的物の管理収益権は奪われており，管財人の不動産へのアクセスも管理人は防止できるものとされる。余剰部分がある場合には，管財人が費用を負担して修繕をする場合もあろうが，その場合も管理人から費用の支払を求める請求権は存在しない。このようなドイツ法の理解は日本法でも妥当するものと考えられるが，もちろん交渉に基づいて一定の割合で費用の負担を合意すること自体はありえ，実務的には望ましいことではあろう。

(2) 管理人の任務——総論

次に，管理人の任務ないし権限一般について検討したい。日本法では，管理人の権限については，強制管理の規定が準用される結果[23)]，民事執行法 95 条 1 項により，「管理並びに収益の収取及び換価をすることができる」とだけ規定されている。きわめて一般的な規定であり，結局は「管理」や「収益の収取」の解釈の問題となる。この点で，この規定の解釈として，「管理人は，その用法に従って最も多くの収益を生じるように目的不動産を使用収益する責任を負」い，「管理人は，債務者が不動産についてなし得る収益行為はすべてすることができるともいえるが，不動産の『管理』という制約があるので，当該不動産の通常の使用目的及び方法で利用，収益することは妨げないが，それと異なる管理方法を採るには民法 103 条の範囲を超えることはできない」と解され，それに基づきその権限の具体的な内容について検討されている[24)]。

これに対し，ドイツ法は，まず法律の条文上，管理人の権限の範囲はより明確にされている。すなわち，強制競売強制管理法 152 条において，管理人の権限及び義務として，①不動産をその経済適合的な状態（wirtschaftlichen Bestand）に維持するために必要なすべての行為を実施すること，②不動産を通常に（ordnungsmässig）利用するために必要なすべての行為を実施すること，③差押えの効果が及ぶ請求権を主張すること，④管理のために不要な収益を換価することが規定されている。これによって，日本法と比較して，特に「管理」の内容が明確にされているといえる。すなわち，経済適合性の維持と通常の利用が「管理」の内容ということになる。勿論これらの概念はなお解釈の余地があり，さらにこれらに「必要なすべての行為」としてどの範囲の行為が含まれるか[25)]については議論の余地があるが，日本法に比べれば明確な規律と

23） 原ほか・前掲注 2）52 頁〔小粥〕は「立法技術的には，既存の強制執行手続における規律を担保権実行手続に準用するという点で，無難なやり方であるということになるのでしょうけれども，その中身が実際のニーズに合っているのか，あるいは，適切な規律になっているのか，については，むしろ，これから検証されていくことが必要なのではないか」とする。

24） 鈴木忠一＝三ケ月章編『注解民事執行法(3)』（第一法規，1984 年）453 頁〔富越和厚〕参照。同旨として，石川明ほか編『注解民事執行法（上）』（青林書院，1991 年）962 頁〔布施聰六〕は，より具体的な場合を検討する。

25） たとえば，既存の法律関係への対応，契約の締結，既存の賃貸借関係の取扱い，訴

なっていると評価できよう[26]。

(3) 修繕義務

管理人の義務として実務上問題とされることが多いものに，収益執行の対象となっている建物の修繕義務がある。たとえば，修繕義務の範囲，収益を上回る費用を要するような修繕の義務の有無，修繕義務を果たす手続を経ている間の管理人の債務不履行責任等の問題である[27]。学説上は，① 雨漏り・壁の破損等の修繕は必要な保存行為として義務付けられ，② 契約目的を達成するのに必要な店舗の改装・建物内部の改造については，極端に多額の費用を要しない限り改良行為として認められるなどと論じられている[28]。

このような点に関するドイツ法の議論であるが，ドイツ法では，この点は，明文で認められている管理人の目的物維持義務の範囲の問題として論じられる。一般に管理人のこのような義務は広汎に及ぶものと解されている[29]。

そこでは，目的物の「維持」は，まず不動産の既存の経済的現況の保持を意味するとされる[30]。管理人の義務は基本的に用益権者（Niessbraucher）の義務（ド民1034条以下）とパラレルなものとされる[31]。そして，差押目的物の劣化

訟追行権，強制管理手続中の強制執行手続への対応などが問題になるとされる。

26）　なお，管理人の権限の時的範囲として，収益執行手続終了後の管理権が問題とされる。たとえば，原ほか・前掲注2）53頁〔生熊〕は，手続終了後の緊急を要する修繕について民法654条の類推適用により管理人の権限を認める。この点について，ドイツ法は，前述の省令12条2項によって，手続終了後も裁判所の決定による個別的な任務継続権を認めている。解釈論としては生熊教授の指摘が正当であろうが，管理人の権限をより明確にするためには，立法論としてはドイツ法のような規律も考えられよう。

27）　これらについては，原ほか・前掲注2）85頁以下など参照。

28）　石川ほか編・前掲注24）962頁〔布施〕参照。なお，土地改良行為についても，耕作地の整地や土地改良は耕作に必要な限度で認められ（但し，大規模で多額の費用を要するものは不可），駐車場の整地・舗装等も同様とされる。

29）　なお，事案によっては，建てかけの建物を完成させることも，賃貸により収益を取得するために適切でありうる（この権限は省令5条3項で規定されている）。この際には，特に状況により費やされるべき費用と収益との関係が顧慮されなければならず，建て始めたばかりのものとほとんど完成に近づいたものでは事情が異なるとされる。

30）　原則として，不動産のそれまでの利用方法が維持されるが（省令5条1項），例外的に，管理人は，異なる利用方法が相当であると認めるときは，裁判所の許可を得て，利用方法を変更することができる。その場合の判断基準は，当該不動産の通常の用法であるとされる。

を禁ずることも内容の維持に属する。その点で，見つかった建物の欠陥の適時の修繕（屋根の修繕，煙突の改修，窓の外枠のペンキ塗り等）は必須の義務として理解される。特に管理の目的物である住居が賃貸されている場合，当該住居を契約に適合した状態に維持することは目的物維持義務の範囲に属する。したがって，建物の欠陥が賃借人又は第三者の危険の原因となるようなときは（たとえば，沈下する階段，ぐらぐらする屋根瓦，エレベータの技術上の問題等），管理人は責任を防止するため改修の義務を負う[32]。このような義務は通常優先性をもつが，管理人には一定の裁量も認められる。たとえば，強制競売も同時に係属しており，そこで近々売却されることが予想される場合には，それが通常の管理の範囲内であっても，大規模な修繕を先延ばしにすることは許されるとされる。管理人は，通常の維持の範囲に属さない管理不動産の補修及び改修については，裁判所の許可によってのみ行うことができる（省令10条1項5号）。これは特に，建てかけの建物の完成や建物の改築に関する（省令5条3項）。許可を与える場合，執行裁判所は，債務者及び債権者を事前に聴取しなければならない（法153条1項）。

以上のような維持に必要な費用は強制管理財産から支出される。それで十分でない場合には，管理人は自己の財産から費用を拠出する必要はなく（省令9条2項），その場合はその旨を執行裁判所に通知し，費用の前払い[33]を裁判所に求めることができるとされる。そのような場合に，旧省令下の解釈では，維持義務自体がなくなるわけではないとする理解も有力であったが[34]，現在の省令9条2項の規定では，このような場合には義務は否定されているものと解されよう。管理人は費用を支出しても，関係債権者に対して直接求償権を行使することはできない。

以上のように，ドイツ法においては，不動産の通常の維持の範囲内かどうか

31）　用益権者の義務も，やはり「その経済的な現況（wirtschaftlichen Bestand）において維持」するよう努める義務であり（ド民1041条），管理人の場合と同一の文言が用いられている。

32）　家屋の管理人は，法152条・148条2項により，家屋所有者としての交通安全確保義務を負うものとされる。

33）　結局，そのような支出を必要と認める債権者が費用を予納することになる。この予納金は手続費用として優先的に弁済される。

34）　Steiner = Eickmann = Hagemann = Storz = Teufel, a. a. O. (16), Rdn. 36.

で区分し，その範囲内であれば管理人の義務を認め，その範囲外の場合には裁判所の許可を得る必要があるものとされる（そして，通常の維持といえるかどうかが明確でない場合も，裁判所の許可を求めるべきものとされている）。その意味で，管理人の行為規範はかなり明確なものになっていると言えそうである。ただ，管理人に一定の裁量が認められている点にも注意を要しよう。また，修繕費用は管理財団から支払われるものとされ，現在の法制では，十分な費用の前払いがない場合には，管理人の修繕義務は消滅すると解されるようである。この点でも，管理人の行為規範は明確なものになっている。以上のような規律は，日本法の解釈についても参考になりうるであろう。

(4)　保険契約の締結義務

次に，やはり収益執行の対象不動産の管理の一環として，さまざまな議論があるのは，管理人による不動産に関する保険（火災保険等）契約の締結義務の問題である[35]。この点は，東京と大阪でもやや運用が異なるようであり，東京では，保険契約を締結しなくても，直ちに管理人の善管注意義務違反が認められるわけではなく，管財人の裁量に委ねられているようである[36]。そのような運用の理由としては，保険金は直ちには担保権者の配当原資にはならず，それを債権者の予納金で賄うことに疑問がある点が指摘されている[37]。他方，大阪地裁では，もう少し緩やかに契約の締結を認めるようであり，実際にも裁判所の許可で保険に加入した例もあるとされる[38]。

ドイツ法では，前述のように，この点について明文の規定がある。すなわち，省令9条3項は，通常の管理に必要であるとの要件の下で，管理人の付保義務を肯定する。そして，管理人は，不動産の占有取得の際に既存の保険契約の有無について確認しなければならず（省令3条1項9号），債務者又は債権者が既存の保険保障を証明しないときや債権者が無制限の費用補償を通知しないとき[39]には，遅滞なく保険契約に加入する義務があるとされる。保険契約は強

35）　以下については主に，原ほか・前掲注2）54頁以下参照。

36）　その結果，実際に管理人によって保険契約が締結された事例はないようである。原ほか・前掲注2）54頁〔加藤彰〕参照。

37）　その意味で，いずれにしても債権者の意向が重要であるとされる。

38）　原ほか・前掲注2）54頁〔峰田和実〕参照。

制管理の開始により終了せず，管理人は債務者の承継人ではないので，譲受人として契約に拘束されるわけではないが，通常は，管理人の善管注意義務から既存の契約に加入するものとされる。他方，管理人が自己の責任により新たな契約を締結するか否かは，それが通常の管理の範囲内に含まれるか否かにより定まる。それは個々の不動産の特性により異なるが，火災保険等については一般に締結義務が認められるものとされる。損害保険[40]については議論があるが，債務者が通常付保するかどうかが基準とされ，大規模賃貸物件や事業用不動産については締結義務が認められる一方，更地等その他の場合については締結義務は否定されるようである[41]。なお，管理人によって締結された保険については，強制管理手続終了後も債務者はそれに拘束される。

以上のように，ドイツにおいては，比較的広く付保義務が認められている。これは，保険契約が通常締結されるべきものであれば，それは一種の費用として債権者に優先してもやむをえないという基本的発想があるように思われる。確かに，差押前に所有者が保険を付していなかった場合にまで，管理人に付保義務を認めることに対する違和感や保険金が担保権者に支払われるものでないことによる違和感も理解できる。ただ，一般的に見て付保が相当なものであれば，差押後は管理人が所有者に代わって不動産の管理の責任を負う（それに対応して債務者の管理権は奪われる）ものである以上，保険契約を締結する義務が認められてもやむをえないのではなかろうか。そして，いわば管理費用として保険料が支払われる以上，保険金が一次的に所有者の財産に帰属することもやむをえないことのように思われ，あとは物上代位等強制管理の手続とは別個の問題として処理せざるをえないのではなかろうか。いずれにしても，困難な問題であり，ドイツ法のように，何らかの立法的な対応策をできるだけ早く講じることが期待される。

---

39)　これからすれば，たとえば，申立担保権者が自己で付保しており，それが当該不動産の全価値をカバーしているような場合には，管理人の付保義務は生じないことになろう。

40)　建物の崩壊等によって賃借人や第三者に生じる損害賠償義務を保障する保険などが考えられるとされる。

41)　その場合に仮に保険契約を締結しても，保険料は管理財団からは支出されず，管理人が個人で負担する必要があることになる。

(5) 敷金の取扱い

管理人の中心的な任務である賃貸借契約において，特にその敷金の取扱いについて議論がある。道垣内弘人教授によれば[42]，収益執行開始後に管理人が締結した賃貸借契約と収益執行開始前に所有者が締結した賃貸借契約に分けられる。前者については，賃貸借契約終了後，管理人が敷金の返還義務を負うことは明らかであるとされる。他方，後者については，管理人は敷金の返還義務を負わないとされる。その理由として，管理人が賃貸借契約の拘束を受ける根拠は，所有者の有する管理収益権を与えられるという点にあり，賃借権が管理人に対抗できるからではない。したがって，「賃貸借契約そのものの関係，さらには，それに附随する敷金関係は，不動産所有者と賃借人との関係として残存すると考えることができる。不動産所有者と賃借人との間の賃貸借関係を前提としながら，管理人にはその管理権限だけが帰属する」ものと解される。

それでは，このような点についてドイツ法ではどのように考えられているであろうか。まず，管理人が締結した賃貸借契約において受領した保証金[43]については，やはり契約終了時に管理人にはその返還義務があるとされる。他方，従来の賃貸借で強制管理開始前に所有者に支払われていた保証金についてはやはり議論がある。まず，そのような保証金については，管理人は所有者に対してその支払を請求することができる。けだし，保証金は賃借人の義務を履行するための担保であるから，管理命令による差押えの効果が及び，管理人がその支払を主張できるし，請求する義務を負うとされる。管理人が債務者（所有者）からその支払を受けたときは，契約終了時には管理人に返還義務があることになる。

他方，管理人が所有者から支払を受けていない保証金については，依然として所有者が保証金返還義務の債務者であるとされる[44]。そして，管理人は返

42)　以下の叙述については，道垣内弘人ほか『新しい担保・執行制度〔補訂版〕』（有斐閣，2004年）45頁以下〔道垣内〕参照。

43)　ドイツ法上は保証金（Mietsicherheit〔現行法の表現〕ないしKaution〔旧法の表現〕）という用語が用いられ，その範囲（3ヵ月分に制限される）や保管（分別管理義務が認められる）等について民法典中に規定がある（ド民551条参照）。管理人が保証金を受領する場合にもこれらの規律は適用になり，管理人としては保証金の管理や利息について明確な合意をしておくべきであり，保証金は不動産の収益とは別個に管理する必要があるものとされる。

還義務を負わないと解される[45]。管理人は債務者の地位の承継人ではないからである。確かに賃貸借契約は管理人に対して有効であり，管理人は賃貸人としての義務を負う。しかし，この義務はあくまで不動産の利用を可能にする義務（Pflicht zur Gebrauchsgewährung）とそれに付随する義務に止まるものであり，賃貸人としての支払義務はその範囲外である。そのような支払義務は不動産の管理に際して生じるものではないので，そもそも管理の費用とはいえないとされる。したがって，賃借人は所有者の支払不能のリスクを負うが，それはやむをえない。また，賃借人は，管理人に対し，所有者に対する保証金返還債権から差し押さえられた賃料・損害賠償等の債務の差引きを主張することはできないとされる[46]。したがって，賃借人に対する敷金返還請求権が未払いでも，管理人に対しては賃料を支払わなければならない。

以上のようなドイツ法の議論は，概ね前記の道垣内教授の所論に沿うもののように思われる。ただ，異なる点として，管理人が所有者に対して敷金相当金の支払を請求できるか，そして実際に敷金を受領していた場合の返還義務を認めるか，という問題があるようである。ドイツ法ではこのような請求権を肯定し，実際に受領していた場合の返還義務を認めるが，道垣内教授の議論ではこの点は明らかにされていない。ドイツ法上，管理人に原則として返還義務を否定する論拠（管理人が負う義務は不動産を利用させる義務に止まること）と所有者に対する保証金の引渡請求を認めることとが果たして整合するか，疑問もなくはないが，この点はなお議論の対象となりうるであろう。また，最後に述べた差押えと敷金充当の問題は，日本法上は物上代位と敷金充当に関する判例法理[47]に鑑みれば，なお結論が異なる可能性はあろう[48]。いずれにせよ，敷金に関する一般的な規制の相違はあるものの，ドイツ法の議論は日本でも十分参

44）　これについては判例がある。BGH WM 1978, 1326.

45）　下級審のレベルでは裁判例に争いはあるようであるが，これが一般的な理解といってよいようである。

46）　この点についても判例がある。BGH Rpfleger 1979, 53.

47）　この点については，最判平成13・3・13民集55巻2号363頁など参照。

48）　上記判例法理が収益執行にも妥当するとすれば，収益執行に参加している抵当権のいずれかの設定が賃貸借契約の設定よりも先である場合には，ドイツ法同様，賃借人は充当を主張できず，逆の場合には，ドイツ法とは異なり，充当を主張できるのではないかと思われる。

照に値しよう。

(6)　新規の賃貸借契約の締結

次に，管理人が新規の賃貸借契約を締結する権限についてである。日本法上，管理人がこのような権限を有することは疑いがないが，収益執行手続中も競売手続は可能であり，実際もこの両者が並行する場合が多いとされ[49)]，競売により買受人が所有権を取得すると，収益執行は取り消されることになる（民執111条・53条）。そして，その場合には，管理人が締結した賃貸借契約であっても，それは抵当権に後れるものであるので，当然に効力を失うことになる。したがって，明渡猶予期間の保護を受けるが[50)]，賃借人は不動産からの退去を余儀なくされる。以上の点は法文から明らかであるが，それでは，契約中途で明渡しを強制される賃借人は，管理人又は所有者に対して損害賠償請求権を有するのであろうか。この点は必ずしも明らかとは言い難い。実際上は，管理人が締結する契約上で明確にされるべきものであろうが，この点は実務の裁量に委ねられているものと考えられる。

ドイツ法におけるこの点の大きな特色は，その契約の内容が省令により明確化されている点ではないかと思われる。すなわち，管理人は，法152条1項に基づく不動産をその通常の方法で利用する義務の発現として，土地又は個々の住居を，それまで賃貸がされていない場合であっても，賃貸する義務を負う（省令5条2項1号）。管理人が締結した契約は，強制管理手続終了後も債務者を拘束する。そのような契約は書面で締結しなければならない（省令6条1項）。そして，新たな契約は，以下の条項を含まなければならない（同条2項）。すなわち，①賃借人への引渡前に競売されたときは，賃借人は契約上の請求権を主張できないこと，②賃借人への引渡後に競売されたときは，買受人が契約上の義務を履行しない場合であっても，賃借人に生じる損害についての賃貸人の法律上の責任が排除されること，③賃貸人は，競売や倒産手続に基づく解除[51)]

49)　原ほか・前掲注2）41頁〔三上〕は「並立型も単独型も大体半分半分ぐらいかなというところでございます」とする。

50)　民法395条1項2号はこの点を明文で明らかにしている。

51)　強制競売強制管理法57a条1項による解除（強制競売の買受人による解除）や倒産

の場合に生じうる損害賠償請求権を免除されることである。管理人がこの条件から乖離する契約を締結しようとする場合には，執行裁判所の判断を得なければならない（省令10条1項2号）。

以上のように，ドイツ法は，法律の規定によって，競売等[52]によって管理人及び所有者[53]の責任が生じることを防止する旨を明確にしている。実務上の工夫に委ねれば足りるとも考えられるが，消費者契約法などについて生じる疑義[54]などもありうるとすれば，日本法でも規律を明確化することは考慮に値するかもしれず，その場合にはドイツ法の規定は一定の参考になりえよう。

(7) 管理人による業務運営

最後に，管理人の権利義務として最も問題とされるところの多いものとして，債務者が当該不動産を利用して一定の業務運営を行っている場合の収益執行の可否という問題がある。収益執行に関する最初の裁判例として注目された福岡高決平成17・1・12（判タ1181号170頁）はまさにホテルの業務運営に関するものであったが，ホテル営業の基盤が担保不動産にあり，その収益の中に不動産利用の対価が少なからず含まれていることなどから，ホテル運営委託契約に基づく対価[55]について収益執行の対象となりうるものとした。そして，このような問題については，上記のような運営委託料等が収益執行の対象となるかどうか，運営委託がされていない場合に管理人が管理権を取得して個々の顧客から収益を取得できるか，コインパーキングや時間貸しスタジオのような場合は

法111条による解除（管財人による賃貸目的物譲渡の場合の譲受人による解除）である。

52) ドイツ法は倒産管財人による契約解除の場合の免責も定めるが，日本法では，賃借人が対抗要件を備えている限りにおいて管財人は賃貸借契約を解除できないので（破56条など），この点の問題は生じないと言ってよいかもしれない。

53) 管理人の締結した契約に手続終了後の所有者も拘束されるとすれば，所有者の責任の排除も必要的であると思われる。そうでなければ，所有者にとって酷な結果（競売終了後も賃借人から個人責任を追及される）になりかねないからである。

54) 所有者が事業を行う法人であり，賃貸借の相手方が個人である場合には，そのような免責条項は消費者契約法8条1項1号により無効と解されるおそれがあろう。そのような可能性があるとすれば，明文規定によって管理人が定める契約条項の内容を規律する必要があるかもしれない。

55) 正確には，ホテルの総収入から人件費，再委託先への業務委託料その他の費用を差し引いた金銭の引渡請求権についての収益執行を認めたものである。

どのように考えられるか，このような場合とホテルが違うとすればその根拠はどこにあるか，などが詳細に論じられている[56)]。

ドイツ法においても，この問題について詳細な議論があるようである。本章では，残念ながらその詳細を検討する余裕はなく，詳論は別の機会に委ねざるをえないが，議論の概要は以下のようなものである。従来の通説は，管理人による営業継続が可能であるとしていた[57)]。このような見解は，その根拠を経済上の損失（不動産の価値の喪失やノウハウの喪失等）の回避を理由としていたようである。それに対し，近時の多数説はむしろ原則として管理人による事業の継続を否定する傾向にあるようである[58)]。その主たる根拠は，強制管理による差押えの対象として，事業用財産が含まれない点が指摘される[59)]。この点が倒産手続のような包括執行との相違である[60)]。しかし，このような見解をとる場合も，管理人による業務運営行為が全面的に許されないわけではないとされる。すなわち，その事業行為が不動産の管理・利用に必要なものであるとすれば，そのような行為も不動産の通常の利用に必要な行為として管理人の権限に含まれるとされる。換言すれば，不動産及び差押えの効力の及ぶ従物等が事業行為の財産的基礎を構成する場合には，管理人の事業行為も可能とされ

56）以上につき，原ほか・前掲注2）62頁以下，山野目・前掲注13）122頁以下（山野目教授は，当該収益が不動産を基盤として得られる収益であるかどうかという判断基準を提示される），鎌田ほか・前掲注14）106頁以下など参照。

57）また，ライヒスゲリヒト時代の判例も，公共水浴施設（Badeanstalt）について（RGZ 93, 1）及び飲み屋業（Zechenbetriebe）について（RGZ 135, 197），営業継続を可能とした例がある。

58）Zeller = Stöberの注釈書（注16）参照）がそのような見解に立ち，多くの学説がそれに追随したもののようである。債務者が営業の継続に同意したとしても継続はできないと解されている。これは管理人の法律上の任務・権限の問題であり，債務者や執行裁判所によって付与・拡張できる性質のものではないからである。また，その帰結として，管理人が新たな営業を不動産上で開始することも禁止されるとされている。

59）肯定説の指摘する経済上の理由については，立法者が事業財産の存在を認識しながらその点を強制管理の対象に含まないという決断をした以上は，やむをえないものとし，事業賃貸借や債務者に対する有償貸与等の方法によって損害を最小化するほかはないとする。

60）債務者の事業用財産は差押えに服する部分と差押えに服さない部分に分割されることになる。後者としては，従物ではない動産（たとえば在庫，原材料，半製品，完成品，機械）のほか，売掛金，納入先・得意先関係，営業基盤，ノウハウ，特許権，著作権，製品の商標権などがあるとされる。

る[61]。ただ，債務者の事業に属する経済財の重要な部分が不動産及び差押えに服する財産から形成されていることはありえ，この場合は事業の継続に該当するか，不動産の通常の利用の範囲内の行為に該当するか，区別がきわめて困難である場合はありうるとされる[62]。以上から，一般に，事業の継続として管理人の権限外と解される例としては，工場，デパート，ガソリンスタンド，映画館，病院，療養所，ホテル，飲食店等があるとされ，他方，管理人の事業行為も可能と解される例としては，駐車場，キャンプ場，ミニゴルフ場，テニスコート，フィットネススタジオ，自動車洗車場等があるとされる[63]。

以上のように，管理人が自ら事業をできるかどうかという問題[64]とは別に，事業賃貸借により不動産の管理・利用を図る場合がありうる。これは特に差押えの時点ですでにこのような賃貸借がされていた場合には有用であるとされる[65]。この場合には，差押えの対象となっていない部分も併せて賃貸借の対象とするためには，債務者との契約を要する場合もある。債務者が行っていたのと同じ事業を事業賃借人が行う場合も，それは債務者の事業を継続するものではなく，自ら新たな事業を開始するものである。したがって，債務者の締結した労働契約等を事業賃借人が引き継ぐものではないと解される。

以上のようなドイツ法の議論は，日本法の観点からも興味深い点が多々あろう。特に，管理人による債務者の事業の継続について，経済的理由からそれを可能とするかつての通説に対して，差押えの範囲という法律的理由からそれを否定する見解が多数になっている点，管理人の事業継続を否定しても，その事業運営行為が全面的に禁じられるとはされていない点，その区別は（困難では

61）この場合には，事業行為のために差押えの対象となっていない財産等が必要であれば，管理人は債務者からその部分を賃借等する必要があることになる。

62）このような場合は，裁判所の指示を待つのが実務上は相当とされる。

63）なお，このように事業行為を管理人が行う場合には，それに伴い事業に必要な契約（材料供給契約，労働契約等）が管理人の下で継続するかどうか，その場合に契約当事者となるのは誰か，といった困難な問題を生じさせることになる。

64）この場合でも，管理人がその責任の下で補助者を利用することが適切である場合はありうるとされる（省令1条3項参照）。これはあくまで管理人が主体となって事業を行う点で，次に述べる事業賃貸借とは異なる。

65）差押えにより用益の方法を変更しないのが原則である（省令5条1項）。その実質的な根拠としては，従来の利用方法が最も高い収益を可能にしているという推定があるとされる。前掲福岡高決平成17・1・12はこのような場合に当たろうか。

あるが）それが不動産の利用と考えられるか（不動産が事業行為の財産的基礎をなすと考えられるか）にあるとされている点[66]，具体的な事業行為について一応の区分が提示されている点（ホテル等は事業継続不可と解され，駐車場等は可と解される点）などは，日本法の解釈運用でも一定の参考となろう。この問題は日本の収益執行でも実際上重要なポイントであり，今後，ドイツ法の学説・判例の動向を仔細にフォローしていくことが有用ではないかと思われる。

4　おわりに

以上に検討してきたように，ドイツ法の強制管理は豊富な運営実績とそれに伴う豊富な議論の蓄積を有している。もちろん，日本とドイツでは，前提となる不動産の状況やそれをめぐる法制等が異なっている部分があり，ドイツ法の議論をそのまま無批判に日本法に反映させるべきものではない。しかし，何ら考える材料がないところで，同様の問題を考えてきた外国法の状況の参照は，日本法の解釈運用にも有益な示唆を与えてくれる場合があることもまた事実である。今後，この分野に関するドイツ法の議論が日本にも多く紹介され，十分な議論の蓄積がない中で実務を運用していかなければならない実務家（裁判官，弁護士，執行官等）の苦悩が少しでも和らぐことになれば，それは望ましいことであろう。本章は，ドイツ法の紹介やそれを踏まえた日本法の議論について甚だ不十分なものであり，更なる研究を要することは自覚しているが，今後，若手の研究者を中心に質量ともに備えた優れた研究が輩出することを祈念し，もし本章がその１つの契機となることができれば，望外の幸いである。

（初出：鈴木禄弥先生追悼論集『民事法学への挑戦と新たな構築』
（創文社，2008年）935頁以下）

66）　この点は，前述の山野目説（注56）参照）に近いものと言えよう。

［補論］ 担保不動産収益執行については，本章の元となった論稿の公表後，最判平成 21・7・3 民集 63 巻 6 号 1047 頁が出されている。同判決はまず，管理人の地位に関して，「管理人が取得するのは，賃料債権等の担保不動産の収益に係る給付を求める権利（中略）自体ではなく，その権利を行使する権限にとどまり，賃料債権等は，担保不動産収益執行の開始決定が効力を生じた後も，所有者に帰属しているものと解するのが相当」であるとして，担保不動産の所有者は賃料債権を受働債権とする相殺の意思表示を受領する資格を失わないと判示する。また，賃借人が抵当権設定登記前に取得した賃貸人に対する債権を自働債権とする相殺を管理人に対抗できるかという論点について，「担保不動産の賃借人は，抵当権に基づく担保不動産収益執行の開始決定の効力が生じた後においても，抵当権設定登記の前に取得した賃貸人に対する債権を自働債権とし，賃料債権を受働債権とする相殺をもって管理人に対抗することができる」とした。これは，物上代位と相殺に関する判例（前掲注 47）最判平成 13・3・13）を引用するものであり，物上代位の場合と担保不動産収益執行の場合とをパラレルに規律しようとする趣旨と解され，本文の理解と同旨のものと解される。

担保不動産収益執行に係る近時の議論としては，山野目章夫「担保不動産収益執行」新民事執行実務 11 号（2013 年）160 頁以下，同「担保不動産収益執行の実務上の諸論点」新民事執行実務 12 号（2014 年）14 頁以下などがある。特に，後者は，日本執行官連盟が全国の執行官室に対して実施した「担保不動産収益執行の管理人として遭遇した諸問題」に関するアンケート結果を踏まえて，さまざまな実務上の問題点について論じるものである（本章で取り上げた諸問題のほか，管理会社等の補助者との関係や電気・ガス・水道など継続的給付を行う事業者との関係なども論じられており，大変興味深いものである）。

第 20 章
執行官制度の比較法的検討
――フランス・ドイツとの比較を中心に

1 はじめに

本章は，執行官制度について諸外国の状況を紹介し，日本の執行官制度のあり方について得られる示唆について検討するものである。著者は，必ずしも現在の日本の執行官制度に大きな欠陥があるとの認識を有しているものではない。むしろ，執行官法制定以降の日本の執行官制度の改善には顕著なものがあり，現在の制度は世界的にみても誇りうるものではないかと考えている[1)]。しかし，国際的な制度の潮流を認識しておく必要性は大きく，もし採り入れることができるものが諸国の制度の中に見出されるのであれば，そこから積極的に学ぶ姿勢は不可欠である。詳細は後述するが，著者の見たところ，近時，国際的には大きな流れが見られる。すなわち，一方ではフランス型の自由専門職の執行士モデルが浸透しながら，他方ではドイツにおけるモデル転換の議論とその挫折の経過があるなど，注目すべき動向があるように思われる。日本でも，そのような動向を認識・精査しておく必要性は大きいように思われる。

本章における著者の問題関心は，以下のようなものである。執行官法制定前

1) かつて 2003 年 5 月，チュニジアのチュニスにおいて開催された国際執行官連盟（UIHJ）（*2* 参照）の国際シンポジウム「法の国際化と世界化」において，著者が日本の執行官制度の状況について報告した際，日本の制度は一般的にうまく運用されているものと評価され，諸外国の参加者はその原因がどこにあるかに大きな関心を寄せていた。そのことからみても，執行官制度を必ずしもうまく運営できていない国も多いものとみられる。

の執行吏の制度の特徴として，役場制，自由選択制，手数料制が挙げられるのが一般的であった[2)]。これに対し，執行官法は「従来の執行制度に附着していた，いわば個人経営的な色彩を払拭し，公務員性の純化に努め」[3)]，役場制と自由選択制は廃止したが，手数料制は維持した。手数料制度の維持については，「職務内容の性質上，執行エネルギーの確保のための現実的考慮が優先したとみるべきであろう」との評価がされている[4)]。他方，三ケ月章博士は，手数料制の欠点として，①債権者の代理人である印象を与えること（執行の権威を欠くこと），②手数料の多寡によって手心を加えたり，競売ブローカー等との不明朗な結びつきが生じたりすること，③素質・能力のある者を吸引し難く，大都会とそれ以外で収入の格差が大きいことなどを挙げ，「手数料制を脱却する以外に解決の道はない」と断じられていた[5)]。俸給制方式への転換を主張されるものであり，執行官法制定論議がされていた当時の一般的な認識を示すものとみられる。しかし，現実には，上記のような制度の欠点の相当部分は，手数料制の下でも解決可能であったことを現状は示しているように思われる。

それでは，何故そのような（結果として）「誤った」認識が学界等において一般化したのであろうか。著者は，そのような原因の一端が当時の学界等においてはこの問題の比較法対象としてドイツ法への傾斜が過度に大きかった点にあるのではないか，という仮説を有している。確かにドイツの制度は日本の母法ではあるが，執行官制度のような司法制度は法制度以外のさまざまな要因にも規定されるものであり，一国の制度と比較して日本の制度の当否や評価を論じることは余りに性急で危険ではないかと思われる。むしろ，一般的に言えば，比較法的な視点をより広くとって，できるだけ多くの国の制度を検討し，そこから普遍的な傾向を抽出することが望ましいのではなかろうか。そのような観点からドイツを含めたヨーロッパ諸国の執行官制度を概観するとき，ドイツ型モデルはフランス型モデルと並ぶ１つのモデルにすぎないことが明らかであり，

2)　たとえば，中野貞一郎『民事執行法〔増補新訂第６版〕』（青林書院，2010年）56頁以下など参照。
3)　中野・前掲注2）57頁参照。
4)　中野・前掲注2）57頁参照。
5)　三ケ月章「強制執行機関の再構成」同『民事訴訟法研究第２巻』（有斐閣，1962年）225頁以下参照。

後述するように，むしろ欧州ではフランス型モデルが拡大する傾向が看取される。そこで，フランス型モデルについて立ち入って検討するとともに，ドイツが何故フランス型モデルを採ろうとしたのか，しかし最終的には何故その採用に躊躇しているのかといった点を検討することは，日本の制度のあり方を省みるについて興味深い視点を提供するように思われる。

以上のような問題意識に基づき，以下では，不十分ながら，ヨーロッパの執行官の制度を比較検討しようとするものである。叙述の順序としては，まずヨーロッパの全体像を把握するため，欧州主要国の制度の概要を比較する（***2***参照）。その後に，フランス（***3***参照）・ドイツ（***4***参照）の制度をそれぞれより詳しくみて，最後に欧州との比較から日本の執行官制度の特徴やありうる改革の方向性について概観する（***5***参照）。

2　ヨーロッパ諸国の執行官制度

まず，ヨーロッパの主要国の執行官制度を比較して概観する。周知のように，日本の制度はドイツの制度を継受したものではあるが，当時のドイツの制度はフランスの影響を強く受けており[6)]，間接的には日本の制度はフランスの制度の影響を受けているといえる。そこで，日本の直接の母法国であるドイツや間接の母法国とも評することのできるフランスを含む，ヨーロッパ諸国の現状を比較対象として取り上げてみるものである。***1***で述べた観点からすれば，世界の主要な法制度として，アメリカ等の検討も必要であると考えられるが，純粋に著者の能力不足からこれらを対象とすることはできず，比較法の対象をヨーロッパに限定する[7)]。

---

6)　三ケ月・前掲注5）226頁も，ドイツの制度は「ドイツ固有のものというよりは，隣国フランスの執行吏制度をドイツ民事訴訟法制定の際に全国的規模でとり入れたものなのであって，いわばドイツの執行制度の伝統とはいささか異る形を立法で植えつけたものなのである」と評される。また，兼子一＝竹下守夫『裁判法〔第4版〕』（有斐閣，1999年）278頁注1も，ドイツ法はフランスの執行吏制度を取り入れたものと評価している。

7)　なお，比較法という観点からは，アジア諸国の動向も興味深いものがあるが，現段階の著者にはやはりこの点の検討の用意はない。ただ，韓国については，日本の制度に類似点が多いものの，①任命資格者について，10年以上法院主事補，検察主事補等に在

この点に関して，国際執行官連盟（Union International des Huissiers de Justice〔UIHJ〕）[8]において，欧州諸国の執行官制度の概要の紹介[9]がされており，以下では，その内容に依拠して紹介を行う。具体的には，①執行官の人数（人口比・女性割合・雇っている職員の数等），②執行官の地位・自由選択制の有無，③任命資格，④業務内容（執行業務，送達業務，確認業務，裁判所代理業務等）について，欧州の主要国（ドイツ，フランス，イギリス，イタリア），各地域の代表的な国（南欧：スペイン，北欧：スウェーデン，東欧：ポーランド）の合計7ヵ国の制度の概要を紹介したい[10]。国際執行官連盟の紹介においては，これ以外の合計26ヵ国の資料が掲載されているが，紙幅の関係もあり，また全体の概況を把握するという本章の目的からは，当面上記の国々の紹介で足りると考えたものである[11]。

職していた者とされ，資格が裁判所関係者に限定されている点，②任期4年で再任不可とされている点などの相違点が興味深い（韓国の執行官関連法制については，金炳学「大韓民国執行官関連法令・規則邦語試訳」行政社会論集23巻1号（2010年）99頁以下参照）。また，中国については，執行官という独立の官職は存在せず，裁判所職員が執行事務を担当しているようである。

8) これは，1952年に創立された組織で，ヨーロッパを中心にしたものであるが，アメリカ・カナダ・オーストラリアやアフリカ諸国など世界72ヵ国の執行官組織等が加入しているとされる（日本は未加入である）。

9) 同連盟のウェブページを参照した。これは同連盟から各国の執行官団体に対して問い合わせがされ，それに対する回答が掲載されたものとされる。

10) 上記資料にのみ依拠するものであるので，その正確性の担保は困難であり，あくまで全体の状況を概観する参考程度のものとして理解いただきたい。ただ，UIHJという国際組織の調査に対する各国の職能団体の回答であり，それなりの信頼性はあると思われるし，他に類似の資料がないため，今後正確かつ詳細な調査がされるまでの暫定的な資料として紹介に値すると考えるものである。

11) 執行官の人数及び人口比のみを他の主要国について簡単に紹介すると，以下のとおりである。ベルギー550人（1.9万人に1人），オランダ353人（4.7万人に1人），オーストリア36人（23万人に1人），デンマーク466人（1.2万人に1人），ギリシア3,000人（2.2万人に1人），ポルトガル412人（2.6万人に1人），ルーマニア393人（5.5万人に1人），ブルガリア162人（4.7万人に1人），チェコ121人（8.6万人に1人），ハンガリー198人（5.2万人に1人）となる。一般に東欧諸国は人口比の執行官数が少ないが，それ以外の国では，後述のように，純粋の公務員制を採用するオーストリアの極端な少なさが注目される。

⑴　ドイツ（Gerichtsvollzieher）[12]

① 執行官の人数：約4,600人（人口1.8万人に1人，女性25%，職員3,000人）。

② 地位：ラント（州）の公務員（但し，自由専門職に向けた改革の議論中）[13]。債権者による執行官の選択権はあるが，実際には各地域に1人しかいないので，選択の余地はない。

③ 資格：多くは裁判所職員から採用されているが，外部採用もある。学位は不要である。

④ 業務内容：執行業務は動産執行のみである。送達業務はあるが，独占権は認められていない。確認業務や代理業務は存在しない。

⑵　フランス（huissiers de justice）

① 執行官の人数：約3,250人（人口1.9万人に1人，女性21%，職員1万1,000人）。

② 地位：独立自由専門職であり，司法大臣の認定資格である。土地管轄権を前提とするが，債権者による自由選択制である。

③ 資格：法学修士以上の学位により，2年間の実習に基づき職業試験に合格し，株（charge）の取得が業務の前提となる。

④ 業務内容：執行業務は動産・債権執行であり，送達について独占権を有する。確認業務や代理業務も認められている。

⑶　イギリス（High court enforcement officers, Enforcement officers, County bailiffs）[14]

① 執行官の人数：HCEO 50人，EO数百人，CB 600人（人口3万～7万人に1人，職員数百人）。

12）以下，カッコ内は各国における執行官を表す現地語の名称である。

13）詳細については，***4***参照。

14）イギリスには，上記の3種類の職種があるようである。相互の役割分担は必ずしも明確ではないが，High court enforcement officers（以下「HCEO」という）及びEnforcement officers（以下「EO」という）は，比較的高額の執行事件を扱い全国単位で業務を行う職種であり，County bailiffs（以下「CB」という）は，下級裁判所に所属し，比較的少額の執行事件を扱う職種ということのようである。

② 地位：HCEO・EO は自由専門職であるが，CB は county court に所属する公務員（裁判所職員）である。

③ 資格：HCEO については法的教育と 2 年の研修が必要とされ，法務大臣により任命される。他の職種には明確な資格要件はないということである。

④ 業務内容：執行業務は，基本的に動産執行のみであり，600 ポンド以上は HCEO，600 ポンド未満は CB の独占的な管轄とされる（債権・不動産執行は弁護士〔solicitor〕が直接実行可能とされる）。送達については業務範囲に属するが独占権は認められない。確認業務や代理業務は存在しない。

(4) イタリア（Ufficiali Giudiziari）

① 執行官の人数：約 3,500 人（人口 1.6 万人に 1 人）。

② 地位：司法省職員（自由専門職に向けた改革の議論中である）。裁判所からの記録送付に基づき担当するもので，債権者に選択権はない。

③ 資格：学位は不要であるが，選考試験の合格が必要であり，司法大臣により任命される。

④ 業務内容：執行業務としては動産執行・債権執行を担当する。送達は業務範囲であるが独占権は認められていない。確認業務や代理業務は存在しない。

(5) スペイン（Procuradores）[15]

① 執行官の人数：約 8,900 人（人口 4,600 人に 1 人，女性 60〜70%）。

② 地位：自由専門職である[16]。

③ 資格：法学士以上の学位が必要であり，司法大臣が任命する。

④ 業務内容：執行業務のほか，送達にも関与する。確認業務は存在しな

15) このほか，裁判所職員として Agente judicial や Secretario judicial と呼ばれる職種も執行業務等に関与するとされる。Procuradores は当事者側で関与する者ということであるが，多様な者が多様な態様で関与しているようであり，その詳細は明確とは言い難い。

16) 前注の Agente judicial や Secretario judicial は裁判所職員であり，公務員である。

いが，当事者の代理の業務はある（この点がむしろProcuradoresの主要業務とされる）。

(6)　スウェーデン（Kronofogde）

① 執行官の人数：約260人（人口3.4万人に1人，女性過半数，職員約2,900人）。

② 地位：国家公務員である。債権者による自由選択権はなく，執行官庁により各事件の担当者が任命される。

③ 資格：法学修士以上の学位を前提として，2年以上の補助裁判官経験と1年間の執行官事務所における実習に基づき，執行権限官庁が任命する。

④ 業務内容：執行業務としては，動産・債権・不動産執行が幅広く含まれる。送達についても権限は認められるが，通常は裁判所によるとされる。確認業務や代理業務は存在しない。

(7)　ポーランド（Komornik Sadowy）

① 執行官の人数：約585人（人口7.1万人に1人，女性約30%，職員約6,000人）。

② 地位：自由専門職であり，債権者による自由選択制である。

③ 資格：法学修士以上の学位を前提に，2年の実習及び職業試験の合格を経て，司法大臣により任命される。

④ 業務内容：執行業務としては，動産・債権・不動産執行が幅広く含まれる。送達についても権限は認められるが独占権はない。また確認業務も認められるが，実際の運用は稀とされる。代理業務は存在しない。

(8)　若干の整理

以上のような各国の制度を概観すると，とりあえず以下のような整理が可能ではないかと思われる。まず，大きな制度モデルとして，フランス型の自由専門職・自由選択制[17]と，ドイツ型の公務員・割当制[18]があるように見える。ここで概観した国々においては，両者のモデルは拮抗しているといえる。すな

17)　ただ，このモデルに属する国においても全面的に内容は同じではなく，確認業務や代理業務など業務範囲の大幅な拡大はフランスに固有の現象であるように見受けられる。

わち，フランス型モデルに属するのはポーランドやスペインであり，ドイツ型モデルに属するのはスウェーデンやイタリアである[19]。しかし，これら以外の国，すなわち，ベルギー・オランダなどフランスの隣接諸国や東欧諸国においては，フランス型モデルの影響が大きいようである。また，ドイツやイタリアでも，注記したように，フランス型モデルへの改革の動きが存在する。そのような意味では，ヨーロッパの制度の現状においては，フランス型モデルがプレゼンスを高めていることは否定し難い。そこで，以下ではまずフランスの制度を概観し，その後，もう一方の雄であるドイツの制度の展開と現状，そしてとりわけフランス型モデルへの転換の改革の動きとその停滞について紹介してみたい。

3 フランスの執行士制度

まず，ヨーロッパにおいて徐々に主流になりつつあるといってよいフランス型の制度の典型として，フランスの執行士[20]の制度について概観する[21]。

(1) 沿　革

フランスの執行士の制度は16世紀から存在していたという。かつては，事件の呼上げや法廷内警察など裁判所内の業務を担当する法廷士（huissier）と，裁判文書の送達や強制執行の業務を担当する執達士（sergent）に分かれていた。

18) その意味で，ドイツ型モデルは日本と相対的に近似しているといえる。しかし，①基本的には給与制であり手数料制ではないこと，② 役場制であり裁判所に所在するものではないこと，③ 担当地区に1人しかいないことといった点で，相当異なる面もある点に注意を要する（①では日本よりも公務員的であるが，②は執行吏の時代に近い）。

19) イギリスは，英米法に属する国であり，基本的な法系を異にすることもあるし，いくつかの職種が複雑に併存するようでもあり，必ずしもその分類は容易ではない。

20) 著者はかねてからフランスにおける「執行官」の自由専門職性に鑑み，「官」の用語（あるいは「吏」の用語）を充てることに抵抗を覚えており，その実体をより端的に表すものとして，弁護士などと同様に「士」の語を充てている。山本和彦『フランスの司法』（有斐閣，1995年）414頁以下（特に415頁注2）参照。

21) この点については，かつて，山本和彦「フランスの執行士制度」新民事執行実務4号（2006年）65頁以下で詳しく紹介したところであり，以下は概ねその叙述を要約したものに止まる。

当初は公務員制度であったが，国の予算不足等のために，公証人制度などに倣って，株制度が採用され，自由専門職として発展していった。フランス革命後に上記両職種は統合され，現在の執行士の制度が誕生することになった。

執行士の歴史は，その業務範囲の拡大の歴史と言っても過言ではない。すなわち，1955年には確認（constat）の業務が公認されたし，1975年には裁判所の支払命令手続の代理権，さらに1987年には商事裁判所の訴訟代理権が付与された。このような傾向は近時も継続しており，2010年には強制執行において債務者の責任財産を直接調査する権限が付与されている[22)]。

(2)　業務内容[23)]

(a)　送達業務

裁判関係文書・裁判外文書の送達（signification）について，執行士に業務独占権が認められている。そのような業務の前提として，訴訟その他の裁判手続においては，手続開始（裁判所への申立て）に際して，訴状等の相手方への送達が要件とされる点がある。いわゆる当事者送達主義が採用されているものであり，日本法のように，まず裁判所への申立てが先行し，裁判所が職権で書類の送達を行う制度とは前提を異にする。ただ，フランスでも，近時は裁判文書の送付に際して郵便等の利用の可能性が広がっており，この面での執行士の業務範囲は縮小しているが，日本などと比較すれば依然として大きな比重を占める。その結果として，執行士は当事者側の法律家として位置づけられることになり，日本などドイツ型モデルとの位置づけの差異が大きい。

(b)　執行業務

強制執行について，執行士が権限を独占している（民事執行法典L122-1条[24)]）。

---

22)　このような財産調査制度の改革について，山本和彦「フランス法からみた金銭執行の実効性確保」判タ1379号（2012年）45頁以下参照。

23)　以下で説明するような業務のほか，事件の呼上げ，弁護士間通知の実施，法廷警察等の裁判所内業務がある（日本ではその一部が廷吏の業務とされているようなものである）。前述のように，これらは伝統的には執行士の一類型を占める重要なものであったが，最近ではその重要性は減少しているとされる。

24)　同条は，「執行を担当する執行士のみが強制執行及び保全執行の手続をとることができる」と定める。なお，民事執行法典は，従来の民事執行関係のさまざまな立法を整理し，2011年12月に法典化されたものである。同法典の制定の経緯や内容については，

そのような業務独占の代償として，債権者からの受任の義務を負い，委託を拒否できない。債権者は，土地管轄を有する執行士のうち，どの者に依頼するかは自由である（自由選択制）。執行業務の中心は，動産執行及び明渡引渡執行である。不動産執行や債権執行では，執行手続の開始文書の送達が（前述(a)のとおり）執行士の業務とされており，そのような送達によって差押えの効力が発生する。特に，債権の帰属差押え（saisie-attribution）[25]の場合には，差押えによって直ちに被差押債権が債務者から差押債権者に移転する効果が発生し，執行手続は終了するので，執行士が執行を担当するのと同じ形となる。他方，不動産執行においては，現況調査等の任務が認められていない点，売却手続に関与しない点などで，日本との相違があり，その役割はむしろ相対的に小さいように見える[26]。

(c)　確 認 業 務

事物の純粋に物理的な状況について，執行士が確認してその結果を記録に残すという業務である。確認の結果に公証的な効果はなく，あくまでも証拠的な価値に止まる。ただ，執行士の職務に対する信頼性からその証拠価値は一般に高いものと評価され，債権者は，訴訟やその前の話合いを視野に，証拠保全的な意味で活用しているという。裁判所の命令に基づく場合と私人の依頼に基づく場合とがある。他の職種との競合業務であり，執行士に独占権は認められていないが，前述のような効果に鑑み，家屋賃貸借の際の現状確認[27]，特許違反行為の確認，不貞行為の確認など広汎に利用されている。執行士の業務の中でも現実には大きな比重を占めるものである[28]。

山本和彦「民事執行法の法典化」日仏法学 26 号（2013 年）154 頁以下参照。

25）　帰属差押えの詳細については，山本・前掲注 20）69 頁以下参照。

26）　2006 年のフランスの不動産執行法制の改革においても，この点に大きな変化はないように見える。改正後のフランスの不動産執行制度については，山本和彦「フランスの不動産競売」金法 1806 号（2007 年）41 頁以下参照。

27）　そのような確認に基づき，立退きの際の敷金の控除等をめぐる紛争を予防する機能を有する。現実には，家屋の賃貸借において，賃貸借の開始時と終了明渡時に執行士の確認を経ることが実務上の慣行として確立しているようである。

28）　前述のように，フランス型モデルを採用する他の国との比較でも，この確認業務が発展している点にフランスの特色があるようである。

(d)　債権回収業務

裁判外で債権者の依頼を受けて債権の回収に当たる業務である。他の職種との競合業務であり，執行士に独占権は認められていないが，執行士は，裁判外の回収に失敗した場合の法的な回収業務について独占権を有するため，債権者からみれば執行士を活用するインセンティブが働くようである[29]。

(e)　債権者代理業務

裁判上で債権者の依頼を受けて債権の回収に当たる業務である。裁判所においては，結局，これは債権者を代理して裁判手続を行う権限ということになる。具体的には，支払命令や商事裁判所における訴訟代理権が認められている。このような業務が執行士に認められることで，債権回収手続の最初（手続開始文書の送達）と最後（執行名義の強制執行）に加えて，その中間部分（債権回収手続の追行）も含めた業務が認められ，いわば債権回収のワンストップサービスが可能となっている（さらに，前述(d)のように，裁判外の回収も可能とされることで，債権者からみれば，執行士に包括的に依頼すれば，専門的な観点から最も適切な方法による債権回収の実施が期待できることになる）。

(f)　総　　括

フランスの執行士の業務内容の特徴としては，まずもって業務範囲の多様性及びその拡大が指摘できよう。このような傾向は，自由業としてのいわば必然的傾向ともいうことができる。すなわち，職域拡大の動きである[30]。これによって，執行士は債権回収の専門職種として発展してきているといえる。ただ他方で，このような動向は，執行士の職務において，国家権力の行使の側面と債権者の代理人としての側面との矛盾ないし抵触を必然的に孕む性質のものであることも否定し難い。いわゆる「二重の帽子（double chapeaux）」の問題の尖鋭化である[31]。日本の執行官の歴史やドイツにおける改革の議論の中でも

---

29)　後述のように，ドイツにおいても，制度改正に際して，「回避手続」という形で（**4**(4)(a)参照），このフランスの債権回収業務に近いものを導入しようとする議論があった点が注目されよう。

30)　これは，国際的なレベルでも看取できる傾向である。前述の国際執行官連盟において，フランスがその中核的な位置を占め，フランスの主導でフランス型モデルを（東欧など）海外に積極的に輸出し，各国の職種の間で連携を進めているように見受けられるが，そのようなバイタリティは自由専門職性が必然的に要請するところなのであろう。

常に問題となる観点であり，当然のことながら，フランスの制度もこのような懸念の埒外にあるものではない。

(3) 地位・業務形態

フランスの執行士は，フランスに独特の法律家の地位形態である裁判所付属吏（officiers ministériels）の一種である[32)]。裁判所付属吏とは，自由専門職であるが，株制（office）を採用するものである（業務の実施には，資格・能力等の要件のほか，株の取得が義務付けられる）。すなわち，自由業ではあるが，株の創設や廃止は政府の責任で行われ，株の譲渡も政府の承認が必要とされるということで，一定の範囲で公的なコントロールを受けることになる。その意味で，弁護士など純粋の自由専門職とは異なる側面をもつものである。

業務形態としては，個人経営もあるが，1966年以来専門職民事会社（SCP）を組織して会社組織で事業を行うことも可能とされている。この場合には，株は会社が保有し，個々の執行士が保有する必要はないとされる結果，株の数自体が増えなくても，会社の社員数が増大していけば，執行士の人数自体は増えていくことになる。その意味で，株による政府の人数コントロールは実際上形骸化している[33)]。そのような観点からも，執行士の自由専門職性はより顕著になっていると評価できよう。

(4) 資　　格

執行士となる資格として，国籍・道徳性のほか，職業能力の証明が要件とされる。職業能力の証明は，実際には，学位，実務研修，適性試験によって担保されている。

まず，学位については，法学修士（maîtrise en droit：法学4年修了の学位）が

31） この問題については，山本・前掲注20）417頁参照（「企業のパートナー化の一方で，執行段階では国（公益）の代理人であることが求められ，執行の前後での役割の転換，即ち『二重の帽子（double chapeaux）』の問題がより先鋭化してきたことも否定できない」とされる）。

32） 裁判所付属吏については，山本・前掲注20）393頁以下参照。

33） 実際にも，フランス革命直後からみれば株の数は約7,000から2,000に減少しているが，執行士の数はむしろ増加しているとされる。

必要とされる。注目される点は，徐々にこの必要な学位が引き上げられていることである。1986年までは大学2年次の学位，1994年までは同3年次の学位で足りるとされていたが，現状は4年次の学位が必要とされる。この点は，執行士の専門能力に対する社会の要求が高まっていることの表れであろう。次に，実務研修（stage）は，執行士事務所で2年間の研修が必要とされる。そして，最後に適性試験の合格が要件となる。

そして，以上のような資格を有する者が，株を取得するか，あるいはSCP等の会社に入ることにより，執行士としての業務を開始することになる。大学法学部の学生にとっては，執行士は，弁護士，司法官，公証人などと並ぶ専門職の選択肢として位置づけられている。法学部では，執行士職の志望者に対して，執行士に進むための専門コースが開設されているようであり，いわば執行士の職務が法律専門家の1つのルートとして確立しているといえる。

4　ドイツの執行官制度
──近時の改革の動向を中心に

次に，現在のヨーロッパの主要国の中では，フランスに対峙する特徴的な制度を有する国としてドイツがある。そこで，ドイツの執行官制度について，その成り立ち，現在の制度及びその問題点，そして近時盛んに行われている改革論の動向について紹介する。以下の叙述については，ほぼ全面的に柳沢雄二准教授（名城大学）のご研究に依拠しているので，詳細については柳沢准教授のご論稿[34]を直接参照いただければ幸甚である。

(1)　沿　　革[35]

ドイツ普通法及び古プロイセン法時代には，判決裁判所の指揮下で，裁判所

34）　柳沢雄二「ドイツにおける執行官制度の民営化に関する議論(1)～(3)」比較法学41巻2号107頁以下，41巻3号1頁以下，42巻2号1頁以下（2008～2009年）参照。さらに，近時の展開について，同「ドイツにおける執行官制度の改善に関する議論」名城60巻別冊（2010年）664頁以下参照。また，著者による柳沢准教授のご研究の簡単な紹介として，山本和彦「民事執行に関する2，3の話題」新民事執行実務7号（2009年）60頁以下参照。

職員によって強制執行等は実施されていたようである。しかし，社会の発展や事件数の増加などにより，このような裁判所職員の業務執行については，その遅延や怠慢，さらには買収等に対する批判が強まった。そのような事情もあり，19 世紀の初めには，フランスによる占領地（ライン左岸地域）を中心として，フランス型モデルの執行士制度が導入されていった。それはやがて，ハノーファー，バイエルン等占領地以外にも拡大していった。

19 世紀後半にドイツが統一され，民事訴訟法・裁判所構成法等が制定される際に，連邦法による執行官の地位の統一は断念された。それは，各地域によって執行官制度がさまざまな状況にあって，その統一が困難であったことによる。その結果，執行官制度の構成は各ラントに一任されることになった。そこで，当時のドイツの中心的なラントであったプロイセンにおいて，1879 年に執行官制度が法定され，そこでは役場制，自由選択制，手数料制が採用された。その実質は，前記のフランス型モデルに近いものであったといえよう。このプロイセンの制度は大多数のラントでもモデルとされた。

このようなプロイセン型の制度は，当初は評判が良かったが，徐々に批判を受けるようになった。その批判の理由にはさまざまなものがあるが，まず自由選択制については，執行官の間の競争が激化し，結果として債務者に対する苛酷な執行，執行官を選択する弁護士との間でバックペイなどの望ましくない慣行が生じたことがあった。また，手数料制については，執行官の間の収入の格差をもたらした点なども問題とされた。

このような批判を受けて，1900 年には，プロイセンの執行官関係規則が改正され，自由選択制を廃止し，各執行官の担当区域を固定し，債権者の選任権を否定する固定区域制が採用された。また，手数料制も廃止され，固定給＋歩合制に転換された。そして，やはり多くのラントがこのプロイセンの制度改正に倣うことになった。しかし，ドイツ全体をみると，従来の制度を維持したラントもあり，逆に執行官を執行官庁に統合する官庁システムを採用するラント

35） ドイツの執行官制度の沿革については，柳沢・前掲注 34）「民営化に関する議論(1)」比較法学 41 巻 2 号 112 頁以下のほか，石神武蔵「独逸現行執達吏制度と改正草案に拠る構成」民商 1 巻 3 号（1935 年）531 頁以下，山口正夫「執達吏制度の研究」司法研究報告書 34 輯 11 号（1947 年）61 頁以下，寺田治郎「西ドイツの執行官制度」法時 35 巻 5 号（1963 年）34 頁以下など参照。

もあった[36)]。

そして，1954年の執行官規則等の連邦法は，統一的な執行官の職務規律を採用した。それは，役場制，固定区域制，固定報酬＋歩合制に基づくものであり，かつてのプロイセンの制度を一般化するものといえた。そして，その後1990年の東西ドイツの統一によって，旧東ドイツのラントも同様の制度によることになり，現在のドイツ型のモデルが確立されることになった。

(2) 現　　状

(a) 業務内容

訴訟文書の送達，動産執行，引渡・明渡執行等が中心であり，その点において基本的に日本の執行官と同じといえる。フランスのように，広汎な（とりわけ裁判外の）活動はしていない。ただ，最近の改正で注目される点として，執行官の斡旋機能の公認がある。これは，ドイツ民事訴訟法806b条[37)]に基づくものである。従来も実務的に行われてきた業務であり，その有用性の評価が高かったことの一方，法的にはさまざまな疑問点もあったため，立法によって明確化が図られたものとされる[38)]。

(b) 地　　位

ドイツの執行官は，（連邦の公務員ではなく）ラントの公務員である[39)]。各執

---

36)　なお，ドイツの隣国であるオーストリアは，ドイツにおける実験に批判的であり，執行裁判所を一元的執行機関として完全公務員性の採用に至った。三ケ月・前掲注5) 227頁は，「手数料制執行吏制度は，導入後僅々30年位の間に，外からはオーストリアの立法の批判を受け，内からは二雄邦（著者注：プロイセンとバイエルン）によって見放されてしまった」と評する。

37)　その条文は，「執行官は，強制執行手続のあらゆる段階で，和解的かつ円滑な解決に努めるものとする。執行官は，差押可能な対象を見出せず，債務者が債務を短期に分割で弁済することについて信用できる態様で約束した場合において，債権者がそれに同意したときは，分割額を徴収することができる。弁済は，原則として，6月以内に実施されるものとする」と規定するものである。

38)　この規定の制定の経緯や規定内容の詳細については，内山衛次「執行官による分割弁済の許容」福永有利先生古稀記念『企業紛争と民事手続法理論』（商事法務，2005年）555頁以下参照。内山教授は，「本条により，それまで実務で行われてきた手続が法律上認められることになり，また執行官は執行当事者間の仲介人としてその地位が強化されることとなった」と評価する（同559頁以下参照)。

39)　この点が執行官制度の財政的な負担について各ラントが神経質になる所以であり，

行官には担当区域が専属的に配分されており，各区域に1人のみの執行官が配置され，債権者による選択権は事実上否定されている。また，業務形態として，役場制がとられ，自己の計算で役場を経営し，事務員等を雇用している。さらに，収入については，固定給とともに，自ら徴収した手数料のうちから一定の割合の歩合金が給付される。加えて，役場の運営費に充てるため，各ラントから費用補償を受けるものとされている。公務員制という点では，日本と同じであるが，役場制や固定給制をとる点で，日本とは異なる。

(c) 資　格

一般の裁判所の司法職（事務職）採用試験に合格した後，18ヵ月の執行官役場における研修を経て，執行官最終試験の合格に基づいて任命される。大きな特徴は，学位が要求されない点にある。その結果，実際には多くは裁判所職員から採用されているとされる。この点は，学位に対する要求を強めているフランスの執行士の制度と異なることはもちろん，ドイツ型モデルにおいても，学位を要求する国が多い（*2*参照）中，ドイツの特徴となっており，日本と類似している。

(3) 問 題 点

ドイツの執行官制度については，この10年近く改革に向けた議論が繰り返されているが，それは，現在の制度にいくつかの問題点があるとされていることによる。ここでは，主要なものとして指摘されている点を2点挙げておく[40)]。

第1に，ラントの費用負担の増大である。固定給や役場運営費補償金によって，各ラントが執行官制度を維持するための費用が過大になっているとされる。ドイツにおいても，他の先進諸国と同様，一般的な財政状況の悪化の中，「小さな司法」による司法関係の人件費削減の要請が大きくなっている。その結果として，これ以上の費用負担をもたらす執行官の人員増加ができないため，

その結果，後述の改革においても，ラントの利害を反映する連邦参議院において主導権がとられる大きな理由となっている。

40）　他の問題点を含むより詳細な問題状況の紹介について，柳沢・前掲注34)「民営化に関する議論(1)」比較法学41巻2号122頁参照。

個々の執行官の負担は過重になっているとされる。

第2に，執行官間の競争の不在である。固定地域制によるため，債権者は執行官を選択することができず，執行官の間に競争メカニズムが働かない。また固定給制のため，執行手続を円滑迅速に進行することに対するインセンティブを欠くことになる。その結果，執行官全体のコストパフォーマンスに対する疑義が生じている。加えて，一部の地域では，個々の執行官の能力不足等の問題が直接当該地域全体の執行実務の状況に反映するため，執行手続に異常な長期間を要する例などが問題視されているという。

以上のように，ドイツの執行官制度に対して指摘されている問題点の中核は，固定給制度による非効率性及び公的セクターの負担の過大，固定地域制による執行官間の競争の不在による非効率性といった点にあるとみられる。

(4)　改 革 論

(a)　改革論の内容

このようなドイツの執行官制度の問題点を解決する選択肢としては，①手数料制公務員とすることによって固定給制を排除するか，②フランス型モデルに従って自由専門職制を採用することが考えられる[41]。

このうち，手数料制公務員モデルを採用する議論については，ドイツ執行官連盟などが改革の議論に際して当初主張していたもので，有力な立場ではあったが，結局，採用されなかった。その最大の理由は，ドイツにおける「公務員」の観念に関する憲法上の問題であったようである[42]。その意味で，これはドイツに固有の論点であったと評価できよう。その結果，もう1つの選択肢である自由専門職制（フランス型モデル）の採用を前提に，改革の議論が展開されていくことになった。

41)　実際の改革の論議の中では，役場制を廃止し，官庁システムを採用する議論（オーストリア的モデル（注36）参照）の導入論）もされたようである。これによって，場所的に裁判所の組織に組み込まれ，裁判所に事務室を有し，裁判所職員を補助者とする制度への転換を図る議論である。しかし，これは採用されなかった。これによれば，さらにラントの費用負担を増大させるおそれがあり，むしろ自由業への方向と逆行し，効率性が後退するおそれが指摘されたことによるという。

42)　その詳細については，柳沢・前掲注34）「民営化に関する議論(3)」比較法学42巻2号3頁以下参照。

この執行官の地位の問題が最大の論点であったが，ドイツにおける改革論においてはその他の多様な問題が取り上げられている。その中で日本法の観点からも興味深い点について，以下でいくつか取り上げてみたい。

まず職務内容の問題であるが，ここでは「回避手続」というものがドイツ執行官連盟によって提案されている点が興味深い[43]。これは，債権者に債務名義がなくても，執行官による債権の取立てを可能とする制度である。すなわち，執行官に対し，債務者からの任意弁済の受領権限を付与し，債務者が債務の存在を認めるが手元不如意で弁済できないような場合には，執行官が回避合意の調書を作成し，それが債務名義になるとする構想である。これは，いわば執行手続における前述のドイツ民事訴訟法806b条のシステム（注37）参照）を執行手続外に拡大するものといってよいであろう[44]。しかし，結局このような制度は採用されなかった。そこでは，執行官が債権者に代わって執行手続の枠を超えて債権を回収することは執行官の中立性と正面から矛盾すること，権力を行使する執行官が債務者に弁済を求めることは，債務名義が存在しないにもかかわらず債務者に対する不当な圧力となるおそれがあることなどが懸念されたものである。

また資格の問題については，執行官養成課程の重要性が各方面から指摘されている点が注目されよう[45]。執行官に必要とされる資質として，従来の単純な実力行使の業務から，仲介機能の重要性が高まる中，説得力，コミュニケーション能力，社会経済知識等の重要性が指摘されている。そこで，現在のように，まったく学位を要求しないようなシステムはもはや維持できない点にはコンセンサスがあり，具体的な改革の方向性としては，執行官に固有の教育課程のモデルを構築する「執行官学校」の構想と，既存の大学法学部教育の中で執行官の専門能力を養成する大学専門教育モデルの構想などが論じられたとされる。

43） その詳細については，柳沢・前掲注34）「民営化に関する議論(3)」比較法学42巻2号15頁以下参照。

44） フランスの任意による債権の取立ての権限（*3*(2)(d)参照）とも類似する。ただ，フランス法も，執行官による債務名義化まで認めるものではない点に注意を要する。

45） ドイツ執行官連盟自体もこのような教育の重要性を指摘している点は注目されよう。

(b)　改革論の現状[46)]

以上のような改革構想に基づき，2007年3月，執行官制度の改革のための法律案が議会に提出された[47)]。この法案は2007年5月に連邦参議院で可決されたが，連邦議会では採決されず，結局廃案となった。2009年9月のドイツ連邦議会選挙の結果，メルケル首相自体は変わらないものの，従来の保守党（キリスト教民主・社会同盟）と社会民主党の大連立政権から，保守党と自由民主党の連立政権に移行した。その結果，執行官制度の改革に相対的に消極的であった社会民主党が政権を外れたため，改革が実現に向かうのではないかとの観測があり，2010年2月には，前述の連邦参議院で可決された法案と同じ法案が再度議会に提出された。しかし，やはり連邦議会ではこの法案に対する対応はされていない状況にあるようである。

このように，改革が頓挫している理由としては，①自由専門職採用のためには基本法（憲法）の改正が前提として必要になるとされること[48)]（権力行使を私人に委ねることと基本法による権力の公務員独占の考え方との調整が必要になるためである），②ドイツ執行官連盟が改革に対して従来の積極的な姿勢を変更したこと（従来は自由専門職制への改革に賛成していたが，職務範囲の拡大や教育制度の充実等の執行官連盟の要請が十分に顧慮されないため反対に方針を転換したようである）などが指摘されている。

以上のように，改革が停滞している現状の中，ただ前述のような問題点は依然としてドイツの執行官制度には存在するため，現在の法案（自由専門職制）を前提としない改善の動きが生じている。そこで議論されている内容としては，まず成功報酬制度の導入がある。これによって，執行官にインセンティブを付与し，制度のコストパフォーマンスを高める狙いであるが，それに対しては，報酬を得やすい事件を執行官が優先的に処理するおそれがあり，相当ではないとの批判が強い。また，区域制の緩和の提案もされている。それによって，区

46)　以下については，柳沢・前掲注34)「改善に関する議論」名城60巻別冊664頁以下参照。

47)　この法案の日本語訳として，柳沢雄二「ドイツ『執行官制度の改革のための法律案』試訳」比較法学42巻3号193頁以下，43巻1号119頁以下（2009年）参照。

48)　現在の政権与党は基本法（憲法）改正に必要な絶対多数を議会において有していないようである。

域内に複数の執行官を配置し，執行官の間に競争環境を作り出そうとするものである。しかし，これに対しては，プロイセンの時代の自由選択制の弊害を再現するおそれがあるとする根強い反対があるようである。

5　比較法的にみた日本の執行官制度の特徴

以下では，いくつかの点で，上記に概観したヨーロッパ諸国（特にフランス・ドイツ）の制度と比較した日本の執行官制度の特徴について簡単にみておきたい。

(1)　人数の特徴

まず，執行官の人数である。欧州諸国では，前述のように，人口1万〜2万人に1人といったところが標準的であるように見受けられる[49)]。これに対して，日本では，2012年4月現在，執行官は504人であり，人口が約1億2,500万人であるとすれば，人口24.8万人に1人ということになる。これは，ヨーロッパ諸国に比べれば極端に少ないことは明らかであろう[50)]。この点は，補助者でカバーしている部分があるのではないかとも思われるが，欧州でも，**2**で示した各国の数字から分かるように，補助者（職員）が相当多い国もある。たとえば，スウェーデンやポーランドでは執行官の10倍以上の補助者がいるようである。その意味では，やはり日本の執行官の数は国際的にみて少ないということになろう[51)]。

---

49)　イギリス，スウェーデンやポーランドは3万人ないし7万人に1人ということで少ないが，それでも，後述の日本と比べ，人口比で3〜8倍の執行官がいることになる。

50)　唯一欧州諸国でこれに匹敵するのは，全体で僅か36人，人口23万人に1人しかいないオーストリアということになる。その意味で，オーストリアの執行官制度（その一端については，前掲注5）の三ケ月博士の叙述を参照）の実際には興味深いものがあるが，将来の研究にその解明を期待したい。

51)　また，女性執行官の比率という点も興味深い。現在，著者の承知しているところでは，日本には1人も女性執行官がいないのではないかと思われる。これに対して，欧州では，20% から，多いところでは過半数が女性であり，この点でも大きな相違がある。もちろん法律家全体でも欧州は女性の占める割合が高いが，弁護士等と比較しても，執行官の場合には日欧の差が際立っているといえよう。

このような状況について，著者は以下のような感想をもつ。すなわち，日本のように手数料制を前提とする場合には，業務範囲と業務需要によって全体のパイ（執行官全体の収入）が定まる。そして，そのような固定したパイを分け合う適正な人員規模が決定されるという構造にならざるをえない。その結果として，個々の執行官の負担過重が招来される可能性があることになる。著者は，かねてから現在の執行官の手数料が不動産競売の売却手数料に大幅に依存しており，その結果として不動産競売の事件数及び不動産価額の上下動によって執行官の経済状況が直接左右される状態にあることに問題を感じている。他方で，業務として大変な労力を要する現況調査，明渡執行，担保不動産収益執行の管理人等の報酬は必ずしも十分な水準とは言い難いのではないかとも考えている。その意味では，適切な手数料のあり方に対する見直しが必要ではなかろうか[52)]。加えて，手数料制を維持して執行官のパイを増大させていくためには，業務範囲の拡大の試みも必要ではないかと思われる。

(2)　職務内容

次に，執行官の職務内容の問題である。現状としては，執行官による送達業務は（証拠保全における執行官送達の活用等を除き）ほぼ消滅し，執行業務が中心となっている。その中でも，不動産売却業務の収入が中心的な位置を占める（前述のように，現況調査，動産執行，明渡執行等の収入は，業務負担に比して低廉に抑えられている状況であるように見受けられる）。このような業務のあり方は，不動産価格の低落の影響を正面から受けるなど執行官の収入の安定等の観点からそれ自体として問題を孕むし，将来，インターネット競売の導入等が議論されてくれば，売却手数料が現在の水準を維持できるか，疑問もあろう。現在の執行官が債権回収の実務において高度な専門能力を有している点に異論はないと思われるところ，そのような人材を有効に活用することは日本社会全体にとっても必要なことと考えられる。その意味では，業務範囲の拡大による人材活用の考え方があってよいと思われる。

---

52)　このような問題提起としては，三木浩一ほか「座談会・債務名義の実効性強化に向けた展望」三木編『金銭執行の実務と課題』（青林書院，2013年）348頁〔山本和彦〕も参照。

そのような観点から，各国の制度を見てみると，やはり何と言ってもフランス型モデル，特にフランスにおける職域の拡大が注目される。フランスの執行士はまさに債権回収の専門職として，裁判所における代理権，文書の送達，保全・執行，さらには債務者の責任財産の探知に至るまで幅広い活動領域の中で，保全・提訴段階から執行までワンストップサービスを実現しており，債権者にとって活用の価値が高い存在となっている。さらに，確認業務など裁判外の業務にも積極的に進出している。しかし，このようなアグレッシブな傾向はフランス型モデルをとる国であっても必ずしも一般的とはいえないことは，前に見たとおりである。その意味で，公務員型の日本にフランスの制度をそのまま導入することは，およそありえないであろう。ただ，フランスから示唆を得られるとすれば，裁判手続内の確認業務の拡大の可能性はありうるのではなかろうか。現況調査において築き上げられてきた執行官の経験・能力の活用である。現在，提訴前証拠収集手続における現状確認の制度が創設されたが，その利用は十分とは言い難く，むしろこのような制度を提訴後に拡大する可能性はありえよう[53)]。さらに，近時フランスで認められた債務者財産の探知に向けた機能も検討に値しよう[54)]。

また，ドイツ型モデルの展開の中で興味深いものとして，合意調整業務の拡大がある。この点の業務拡大は，日本でも十分に考えられるのではないかと思われる。一種の執行 ADR と呼ばれる構想である。日本法への応用の検討としてすでに，内山衛次教授は，「執行官は仲介人としてそのイニシアチブにより債権者と債務者との間で執行制限契約を締結する」ことが考えられるとしている[55)]。また，西川佳代教授も，「執行官が執行当事者間に関わる第三者として関係形成を促進する機能」を積極的に評価する[56)]。もちろんこのような構想に対しては，一定の留保が必要である。たとえば，従来の執行機関の役割とし

53) 山本・前掲注 21) 71 頁参照。さらに，裁判外の局面への拡大も長期的な課題としては検討に値すると思われる。

54) 浅生重機「執行官制度の歴史と将来の展望」民事執行実務 22 号（1992 年）10 頁以下も，債務者の財産状態に係る調査事務の執行官への委託について論じられる。これについては，山本・前掲注 21) 74 頁注 64 も参照。

55) 内山・前掲注 38) 575 頁以下参照。

56) 西川佳代「関係調整の場としての民事執行」民訴 51 号（2005 年）182 頁参照。

て前提とされてきたいわゆる「馬車馬」論[57]との調和の必要性があり，また制度的には，民事調停の考え方との齟齬の問題もある。現在の民事調停においては，債務名義がある場合に，強制執行手続を停止して話合いを要請するためには，債務者が倒産状態にあることが前提とされる。すなわち特定調停に限って認められるものとされる（特定調停 7 条 1 項，民調規 5 条 1 項但書参照）。この両者の問題をクリアするためには，ドイツと同様に，債権者の同意を要件とする必要がありそうであるが，執行官の養成課程を含めて，なお慎重な検討を要するものの，著者としてはこの方向を基本的には前向きに考えていくべきものと解する。

(3) 地　　位

前述のように，欧州の執行官のモデルを大きく分けるのは，公務員か自由専門職か，また当事者による自由選択を認めるか等の執行官の地位に関わる問題である。この点について，ドイツで問題とされている固定給制度による公的負担の増大や効率性に対する疑問については，必ずしもフランス型モデルの自由専門職制を前提としなくても，手数料制によって一定の範囲で回避は可能であると考えられる。前述のように，ドイツにおいては，特殊ドイツ的な理由で手数料制の公務員が困難とされたようであるが[58]，日本ではそのような懸念は存しない。そして，現在の日本の状況が示すように，日本において手数料制の公務員という位置づけは，それほど大きな問題を生じていないように思われる。

また，執行官のインセンティブを高める方策として，やはりドイツでは，成功報酬制度の導入が議論されている。日本では，執行官の報酬は，強制執行の成功によって必ずしも左右されないような仕組みが採られていると考えられる[59]。ただ，このような制度の問題点は，まさにドイツで議論されていると

57）権利判断機関と分離された執行機関は，権利判断機関の判断結果（債務名義）に従って，わき目も振らず「馬車馬」のように前に前にと執行を推し進めていくことが期待されるという基本的な考え方である。

58）なお，このような手数料制度について，公務員を前提になお採用できるかという問題を抱える国はドイツ以外にも存在すると思われる。たとえば，カンボジアの執行官法の立案の際に，カンボジア政府からも同様の疑問が出されて，結局，正面から手数料制の公務員として位置づけることは断念された経緯がある。

おりと思われ，その採用には疑問が否めないところである[60]。執行官による事件処理の順序ないしエネルギーの投入の恣意的選択のおそれや債務者に対する苛酷執行のおそれは現実の問題として否定できないとすれば，このような制度を安易に採用することはできないであろう。

また，手数料制を前提にした場合の執行官の間の格差の拡大の問題も，やはり論じられている。日本では，周知のように，この点は，1999 年から実施されている不動産売却手数料の全国配分制（プール制）による調整が図られており，これはそれなりにうまく機能しているように思われる。この点は，不動産の売却手数料に過度に依存しない報酬体系も含めて全体的に考える必要があるが（(1) 参照），全国配分制は，手数料の下で発生しうる過剰な格差の排除について有効に機能していると考えられ，その制度化も含めて現状を維持することが相当ではないかと思われる。

さらに，自由選択制の問題である。これは，必ずしも公務員制と両立しないものとは言えないと思われるが，やはり問題は，ドイツで議論されているように，プロイセン時代のドイツで生じたような弊害のおそれ，すなわち債権者との癒着のおそれや債務者に対する苛酷な執行のおそれ等の問題であろう。この点は，日本でもかつて執行吏の時代に同様の弊害の指摘がされていたところである。現在はそのような弊害が論じられることはなくなっている事実に鑑みれば，この点は（当時信じられていたように）手数料制の問題ではなく，自由選択制の問題であった可能性が高い。自由選択制が目的とする執行官間の競争は，それ自体が目的ではなく，効率的な業務達成のための手段にすぎない。換言すれば，執行官業務の効率化のためのその他の仕組みが機能するのであれば，弊害をもたらすおそれの大きい自由選択制を復活させる必要はないであろう。この点で，1つ考えられる方策として，情報公開の徹底があろう。各裁判所単位で，執行官の業務の状況を明らかにすること，たとえば現況調査の所要期間等の情報公開がされてもよいであろう。もちろん地域によってさまざまな事情が

59）ただ，売却手数料などは，売却の成功によって発生するものであり，一種成功報酬的な側面を有するが，売却の成否について執行官の努力により左右できる範囲は大きくない。

60）フランスにおいても成功報酬制は採られていないのではないかと思われる。

あることは否定できず，期間等の単純な比較には意味がないし，誤解を招くおそれはあるかもしれない。しかし，そのような誤解のおそれに対しては，丁寧な説明で応えていくことこそが本道であり，過剰な防御的姿勢は執行官制度に対する国民の信頼を醸成するという観点からはかえって望ましくないであろう。可及的な透明性の拡大が期待されるところである。

(4)　資格＝選任方法

執行官の選任方法について，ヨーロッパ諸国においては，前述のとおり，一定の学位，実習（場合により試験），任命という過程が一般的である。これに対し，日本はドイツなどと同様，裁判所職員経験者を中心にした選考過程により，その後に一定の研修を義務付ける形をとる。しかし，ドイツの執行官の養成をめぐる議論からも明らかなように，この点は，必ずしもフランスのような自由専門職制度を前提にしなくても，体系的な養成課程の検討は十分に考慮に値するところである。

執行官に要求される専門性は，現状ではすでにOJTのみで養成していくことには限界があるものになっているのではなかろうか[61)]。現在のような形で裁判所職員総合研修所の研修をさらに充実させていくか，あるいはその研修機能の一部を大学に委ねていくかはともかく，専門研修の充実は不可避の課題であろう。さらに，将来的には，むしろ「生涯の職業としての執行官」という考え方もありえてよいであろう。たとえば，法学部卒業生（法学士）や法科大学院修了生（法務博士）という学位を前提にして，選考試験によって執行官を採用し，一定期間の実習を経て，独立の業務を可能にするような方法である。この点も，前述のような職務範囲の拡大や手数料制のあり方の変容などが前提条件になるかもしれないが，人の一生を賭けるに値する法律専門職として，執行官を位置づける余地は検討されてもよいであろう。

---

61)　その点で，現在，日本執行官連盟がさまざまな部会等で果たしている専門的能力養成機関としての意義には大きなものがあろう。その意味では，制度的にも，連盟をそのように位置づけ，執行官の加入を義務付けるというような対応も考えられてよかろう。このような連盟の強制加入団体化に向けた議論として，柳沢・前掲注34)「民営化に関する議論(3)」比較法学42巻2号41頁参照。

6 おわりに

日本の現在の執行官制度は，約50年に及ぶ先人たちの努力によって，世界的にみても安定した制度として確立していると評価することができる。効率性と中立性・廉潔性という両立困難な課題について，可及的にバランスをとった制度を実現していると言ってよい。その意味で，この制度を将来にわたって維持していくことが望ましい。しかし，他方で，あらゆる制度は，時代の進展に応じて見直していく必要がある。「変わらないでいるためには，変わり続けなければならない」ものであろう。そして，そのような見直しの視点として（裁判制度・執行制度等の基礎的な相違には常に配慮しつつも）[62]，諸外国の制度との比較は有用かつ不可欠な作業である。本章は，その内容において甚だ不十分なものであることは明白であるが，執行官制度に関しては従来そのような検討が必ずしも十分ではなかったと考えられることに鑑み，あえて公にしたものである。本章を一つの契機として，アメリカなどヨーロッパ以外の国々との比較法の研究等もさらに進展し，日本の執行官制度のあり方の検討が深められることを祈念し，筆を擱くこととする。

（初出：新民事執行実務11号（2013年）115頁以下）

62）諸外国の制度の安易な導入の議論はときに真の問題点を見失わせ，改革の契機をかえって妨げるおそれがある。たとえば，かつて著者が座長を務めた競売制度研究会においても，当初はアメリカなど諸外国の制度の輸入という視点から問題が立てられていたが，研究会の議論の中で，日本の競売制度の現状を前提にしてどの点の改革にニーズがあるかという視点にとってかわられた（同研究会については，山本・前掲注34）53頁以下参照）。執行官制度のありうべき改革においても，同様の視点が重要であることは言うまでもない。

初 出 一 覧

第 1 章　「倒産法改正と理論的課題——利害関係人の法的地位を中心として」NBL 751 号（2002 年）23～36 頁

第 2 章　「倒産法の強行法規性の意義と限界——契約の「倒産法的再構成」に関する考察とともに」民事訴訟雑誌 56 号（2010 年）152～162 頁

第 3 章　「支払不能の概念について——偏頗行為否認の要件を中心に」新堂幸司＝山本和彦編『民事手続法と商事法務』151～173 頁（商事法務，2006 年）

第 4 章　「清算価値保障原則について」青山善充先生古稀祝賀論文集『民事手続法学の新たな地平』（有斐閣，2009 年）909～937 頁

第 5 章　「倒産手続におけるリース契約の処遇」金融法務事情 1680 号（2003 年）8～15 頁

第 6 章　「担保権消滅請求制度について——担保権の不可分性との関係を中心に」今中利昭先生古稀記念『最新倒産法・会社法をめぐる実務上の諸問題』（民事法研究会，2005 年）453～476 頁

第 7 章　「別除権協定の効果について——協定に基づく債権の共益債権性の問題を中心に」田原睦夫先生古稀・最高裁判事退官記念論文集『現代民事法の実務と理論　下巻』（金融財政事情研究会，2013 年）617～643 頁

第 8 章　「労働債権の立替払いと財団債権」判例タイムズ 1314 号（2010 年）5～14 頁

第 9 章　「定年による退職手当の更生手続における取扱い」東北学院法学 71 号（2011 年）151～173 頁

第 10 章　「倒産手続における敷金の取扱い⑴（2・完）」NBL 831 号 16～23 頁，832 号 64～71 頁（2006 年）

第 11 章　「船舶共有契約の双方未履行双務契約性」関西法律特許事務所開設 45 周年記念論文集『民事特別法の諸問題　第 5 巻（上巻)』（関西法律特許事務所，2010 年）271～297 頁

第 12 章　「保険会社に対する更生特例法適用の諸問題」民商法雑誌 125 巻 3 号（2001 年）279～352 頁

第 13 章　「マイカル証券化スキームの更生手続における処遇について」金融法務事情 1653 号（2002 年）44～53 頁

第 14 章　「証券化のスキームにおける SPV の倒産手続防止措置」徳岡卓樹＝野田博編『企業金融手法の多様化と法』（日本評論社，2008 年）35～59 頁

第15章　「国際倒産に関する最近の諸問題」法の支配170号（2013年）6〜19頁

第16章　「事業再生ADRについて」名古屋大学法政論集223号（2008年）387〜417頁

第17章　「事業再生ADRと法的倒産手続との連続性の確保について」松嶋英機先生古稀記念論文集『時代をリードする再生論』（商事法務，2013年）255〜269頁

第18章　「強制執行手続における債権者の保護と債務者の保護」竹下守夫先生古稀祝賀『権利実現過程の基本構造』（有斐閣，2002年）273〜305頁

第19章　「担保不動産収益執行における管理人の地位と権限——ドイツ強制管理人に関する議論を手掛かりに」鈴木禄弥先生追悼論集『民事法学への挑戦と新たな構築』（創文社，2008年）935〜965頁

第20章　「執行官制度の比較法的検討——フランス・ドイツとの比較を中心に」新民事執行実務11号（2013年）115〜129頁

索　　引

あ　行

か　行

さ　行

た　行

な　行

は　行

ま　行

や 行

ら 行

わ 行

倒産法制の現代的課題　民事手続法研究 II

2014年10月10日　初版第1刷発行

著　者　山　本　和　彦

発行者　江　草　貞　治

発行所　株式会社　有　斐　閣
郵便番号 101-0051
東京都千代田区神田神保町 2-17
電話(03) 3264-1314〔編集〕
(03) 3265-6811〔営業〕
http://www.yuhikaku.co.jp/

印刷・大日本法令印刷株式会社／製本・大口製本印刷株式会社

ISBN 978-4-641-13676-2